서울대학교 라틴아메리카 연구총서 6

라틴아메리카의 미래: 소통과 연대(하)

서울대학교 라틴아메리카연구소 엮음

한울
아카데미

이 저서는 2008년도 정부(교육부)의 재원으로 한국연구재단의 지원을 받아 연구되었음(NRF-2008-362- B00015).

이 도서의 국립중앙도서관 출판시도서목록(CIP)은 서지정보유통지원시스템 홈페이지(http://seoji.nl.go.kr)와 국가자료공동목록시스템(http://www.nl.go.kr/kolisnet)에서 이용하실 수 있습니다(CIP제어번호: CIP2018018403)

다른 세계는 이미 가능하다
트랜스모더니티와 비판적 유토피아

이데올로기의 종언이 선포되었던 1990년대 이후 라틴아메리카 대륙의 국가 대부분은 전례를 찾기 어려운 정치적·사회적 변화로 소용돌이쳤다. 정치·사회 전문가들은 1980년대까지 좌-우 대립이 극심하고 사회혁명과 진보적 개혁을 위한 기운이 확산되었던 라틴아메리카의 풍경이 이데올로기 종언 이후 민주주의, 자유 시장경제, 친미 성향의 정책으로 순식간에 탈바꿈되는 상황에서 좌파는 패배를 인정하고 기껏해야 시장경제와 대의민주주의의 변주를 탐색할 것이라고 예측했다. 그러나 이러한 예측을 벗어나는 변화가 주변부에서도 주변부에 속하는 소수자들의 사회운동으로부터 촉발되었다. 안데스 지역에서 시작된 원주민운동은 멕시코 치아파스의 사파티스타 무장봉기로 이어졌고 베네수엘라 카라카스에서는 대규모 도시빈민 시위가 발생했다. 콜럼버스의 이름이 역사에 기록되는 그 순간에 역사에서 지워졌던 원주민들의 저항과 20세기 후반 라틴아메리카에서 가장 모범적인 민주주의 시스템을 유지해온 것으로 평가받았던 베네수엘라에서 발생한 대규모 시위는 '반(反)역사적 돌발' 사태였다. 사회운동은 정치적 변화로 이어졌다. 1992년 브라질의 페르난두 콜로르 지 멜루(Fernando Collor de Mello) 대통령이 사임했고 1년 뒤인 1993년에는 베네수엘라의 카를로스 안드레스 페레스(Carlos Andrés Pérez) 대통령이 자리에서 물러났다. 사회운동은 1990년대 말까지 지속적으로 증가했고 그 결과 대륙 전체의 정치 지형이 크게 변화했다. '분홍빛 조류(pink tide)'는 라틴아메리카에서 발생한 다양한 정치적·경제적·사회적인 변화를 압축적으로 보여주는 비유적 표현이다. '분홍빛 조류'의 속도와 높이가 최고조에 달했던 시기(2004~2008년)에 베네수엘라의 차베스(Hugo Chávez, 1998년)를 선두로 아르헨티나의 네스토르 키르치네르(Néstor Kirchner, 2003년), 브라질의 룰라(Luiz Inácio Lula da Silva, 2003년), 우루과이의 타바레 바스케스(Tabaré Vázquez, 2004년), 볼리비아의 에보 모랄레스(Evo Morales, 2005년), 칠레의 미첼 바첼레트(Michelle Bachelet, 2006년), 에콰도르의 라파엘 코레아(Rafael Correa, 2006년), 니카라과의 다니엘 오르테가(Daniel Ortega, 2006년)를 비롯해 파라과이의 페르난도 루고(Fernando Lugo, 2008년), 파나마의 마르틴 토리호스(Martín Torrijos, 2004년), 도미니카의 레오넬 페르난데스(Leonel Antonio Fernández Reyna, 2004년)가 좌파 혹은 중도 좌파적 노선을 표방하며 정권을 잡았다.

그러나 21세기 두 번째 십년이 지나가면서 '분홍빛 조류'는 밀려올 때만큼이나 빠른 속도로 퇴조하고 있다. 대륙 전체의 정치적 변화의 전위에 섰던 베네수엘라는 차베스 사후 친차베스 진영과 반차베스 진영으로 분열되어 극심한 정치적·사회적 혼란을 겪고 있고 경제적 상황은 최악으로 치닫고 있다. 그런가 하면, "브라질 날아오르다(Brazil takes off)"라는 제목으로 2009년 11월호 ≪이코노미스트(The Economist)≫의 표지를 장식했던 브라질 경제는 불과 4년 뒤인 2013년 "브라질은 추락했는가?(Has Brazil blown it?)"라는 제목으로 또 다시 ≪이코노미스트≫ 표지의 주인공이 되었다. 2008년 리먼 브라더스(Lehman Brothers)의 파산으로 인한 세계경제의 충격에도 불구하고 2010년 7.5%의 기록적인 성장을 보였던 브라질 경제가 불과 2년 뒤인 2012년 0.9%의 성장에 그치면서 급락했기 때문이다. 2014년 월드컵과 2016년 올림픽을 연달아 유치하면서 전 세계에 경제 대국의 면모를 자랑했던 브라질은 2015~2016년 대규모 소요 사태로 몸살을 앓았고, 룰라 대통령의 뒤를 이어 브라질을 이끌었던 지우마 호세프(Dilma Rousseff) 대통령은 2016년 9월 회계 부정으로 불명예스러운 탄핵을 당했다. 정치권력의 구도에서도 좌파의 퇴조가 뚜렷해지고 있다. 2015년 이후 치러진 대선에서 보수 우파 정권이 재집권하면서(아르헨티나, 칠레, 브라질, 페루, 파라과이) 라틴아메리카의 정치권력이 또 다시 급격하게 우경화되고 있다. 또한 1994년 멕시코 사파티스타 봉기를 기점으로 대륙 전체로 확산되면서 중요한 정치적 주체로 등장한 원주민운동이 라틴아메리카의 정치 지형을 크게 변화시켰음에도 불구하고 원주민들의 경제적 삶은 여전히 궁핍하고 사회적인 측면에서도 뚜렷한 성과를 거두지 못했다는 평가를 받고 있다.

그렇다면 '분홍빛 조류'는 신기루였는가? 짧은 기간에 극적인 반전을 보이며 새로운 변화의 진원지로 등장했던 라틴아메리카는 또 다시 '영원한 위기의 정치경제의 대륙'이라는 불명예스러운 과거로 되돌아가고 있는 것인가? 멕시코 정치학자 호르헤 카스타녜다(Jorge Castañeda)가 유명세를 탄 자신의 책 『무장해제한 유토피아(Utopia Unarmed)』에서 권고했던 것처럼, 신좌파는 저항을 포기하고 공식적으로 시장의 논리를 받아들이고 서구 시장경제가 오랜 시간에 걸쳐 통합시킨 변화들, 규제들,

예외들, 변형들에 동조해야 하는 것인가? 밀물처럼 들이닥친 변화의 물결이 썰물처럼 빠져버린 이유가 무엇인가? 신자유주의 세계화에 대한 대안은 있는 것인가, 있다면 그것은 무엇인가?

라틴아메리카 대륙 전체를 휩쓴 사회운동과 사회운동의 지지를 배경으로 가능했던 정치 지형의 변화의 직접적인 원인은 1970년대 중반 이후 신자유주의 개혁이 다른 어떤 지역보다 라틴아메리카에 가장 먼저, 가장 강도 높게 적용되었고, 가장 먼저 심각한 부정적 결과들을 드러냈기 때문이다. 제임스 페트라스(James Petras)가 「전 지구적 변화와 라틴아메리카 사회주의의 미래(Transformaciones globales y el futuro del socialismo en América Latina)」에서 지적한 것처럼, 이데올로기의 종언을 가져온 동유럽의 위기와 정치적 변화가 서구 자본주의의 영향력을 확대시켰다면, 라틴아메리카의 위기는 자본주의의 미래에 대해 심각한 의문을 불러일으켰으며, 더 나아가 반자본주의적 정치체제의 출현을 위한 견고한 토대를 마련했다. 즉, '분홍빛 조류'의 사회적·경제적 여건은 이데올로기의 종언이 선언되기 훨씬 이전부터 성숙되고 있었다. 이러한 상황에서 신좌파에게 주어진 사명은 신자유주의 세계화에 대한 투쟁과 대안의 선택이었다. 그리고 무엇보다도 시급한 것은 재정 정책을 통해 단기적으로 경제적 평등을 촉진하는 것이었다. 빈곤 퇴치를 위한 브라질의 '기아 제로(Fome Zero)' 프로그램, '가족 기금(Bolsa Familia)' 프로그램, 빈민층 취학 지원 프로그램, 베네수엘라 차베스 정부가 추진한 '미션' 프로그램, 우루과이의 '사회적 긴급구호 계획' 등이 대표적인 평등 촉진 정책이었다. 그러나 이러한 프로그램을 지원하기 위한 재원은 라틴아메리카 국가들의 근본적인 경제구조의 변화에서 얻어진 것이 아니라 다분히 국제 원자재 가격의 상승 덕분이었다. 특히 중국의 경제성장이 가져온 원자재 수입 증가는 21세기 처음 10년 동안 라틴아메리카 경제가 지속적으로 성장하는 데 중요한 요인으로 작용했다. 그러나 2008년 월 스트리트에서 촉발된 금융 위기로 국제 원자재 가격이 하락하면서 원자재 수출에 의존하는 라틴아메리카 국가의 교역 조건은 크게 악화되었다. 교역 조건의 악화는 경상수지에 부정적 영향을 미쳤고, 불안감을 느낀 해외 자본이 유출되고 신규 자본의 유입이 제대로 이루어지지 않으면서 경제 상황은 더욱 나빠졌다. 차베스 정부가 전례를 찾기 어려운 규모의 사회적 지출을 미션 프로그램에 사용할 수 있었던 것은 석유 가격이 유례없이 상승했기 때문이었다. 신좌파 정부의 경제 정책은 여전히 세계시장과 국제 금융 기관에 종속되어 있고, 신좌파 정부들은 교역 조건 유지와 경상 수지의 확보를 위해 전임자의 신자유주의 프로그램을 계승하거나, 심지어는 전임자가 현재 권력을 장악한 신좌파 정당의 반대 때문에 추진할 수 없었던 개혁까지 도입했다. 이런 맥락에서 신자유주의에 대한 대안은 없으며, 신좌파가 신자유주의에 대한 대안을 가지고 있는지 묻는다면 대답은 '아니다'이다. 여기에 덧붙여 라틴아메리카 신좌파의 딜레마가 단지 자본주의 세계체제에서 라틴아메리카가 처해 있는 구조적인 종속에만 그 원인이 있는 것이 아니라, 진보적인 사회적·경제적 변화에 대한 국내 엘리트 지배계층의 거센 저항도 중요한 요인이라는 점을 지적할 필요가 있다. 자신들의 정체성을 자유주의로 규정하는 라틴아메리카 엘리트 지배 계층은 유럽의 자유주의와의 친연성을 강조해왔다. 그러나 유럽의 자유주의가 신흥 부르주아지의 이데올로기를 옹호했다면, 라틴아메리카에서 자유주의는 원자재 수출 모델을 앞세워 시장의 개방을 주장하는 전통적 과두 지배계층의 이데올로기이다.

이런 국내외적 요인을 고려하면 신좌파의 퇴조는 일국적이고 대륙적인 차원의 문제가 아니라는 것을 알 수 있다. 더 나아가 신자유주의 세계화에 대한 대안의 문제를 모색하기 위해서는 신좌파의 급격한 부침에 대한 질문의 방향을 전향적으로 바꿀 필요가 있다. 다시 말해, 신좌파의 성공과 실패에 초점을 맞추는 대신에 신자유주의 세계화에 대해 다시 질문을 던져야 한다. '대안은 없다'는 신탁(神託)이 자본주의의 승리를 의미하는 것인가? '대안은 없다'는 것은 자본주의의 승리를 의미하는 것이 아니라 서구의 정치적 상상력과 비판 이론이 심각한 위기에 처해 있다는 반증(反證) 아닌가? 라틴아메리카의 재(再)우경화가 선거를 통해 신좌파 정권의 무능력이 심판을 받은 결과라고 하더라도, 이러한 사태가 단지 라틴아메리카에만 국한된 것인가? 사회적 배제와 경제적 양극화로 인한 빈민 계급이 제1세계와 제3세계를 가리지 않고 출현하는 것은 자본주의의 자기 조정(self-regulation) 메커니즘이 작동하지 않는다는 증거가 아닌가?

이런 일련의 질문에 대한 대답의 단서는 1990년대 이후 재편되고 있는 세계 질서에서 찾을 수 있다. 제2차 세계대전 이후 세계는 발전주의(developmentalism)를 토대로 제1세계, 제2세계, 제3세계라는 지정학적 블록으로 재편되었다. 이데올로기 종언 이후 제2세계가 소멸되면서 세계는 전 지구적 북부(the global North)와 전 지구적 남부(the global South)로 재편되고 있다. 전 지구적 북부/남부에서 북부/남부는 지리적 위치가 아니라 정치적 위치이다. 즉, 전 지구적 남부는 자본주의 근대성(capitalist modernity)이 초래한 억압과 배제로 인해 고통 받는 지역/집단을 가리킨다. 북부/남부가 전 지구적이라는 것은 북부에도 남부(colonial North)가 존재하며 남부에도 북부(imperial South)가 존재한다는 것을 의미한다. 유럽연합에 속하지만 북부 유럽은 전 지구적 북부이고 남부 유럽은 전 지구적 남부이다. 전 지구적 북부에도 빈민 계급이 존재하며, 전 지구적 남부에도 부유한 자본가 계급이 존재한다. 또한 전 지구적 북부와 전 지구적 남부를 가리지 않고 이주노동자, 불법체류자, 난민, 여성은 전 지구적 남부의 주민이다. 따라서 세계가 전 지구적 북부와 전 지구적 남부로 재편되었다는 것은 자본주의 근대성의 문제가 어느 특정한 지역 혹은 국민국가에 국한되는 문제가 아니라 전 지구적 차원의 문제라는 것을 시사한다. 영토를 확장할 공간이 남아 있지 않은 상황에서 제국들이 자신들의 내부로 향한 결과로 제1차 세계대전이 일어났듯이, 오늘날 지역과 국가를 가리지 않고 신자유주의 세계화가 소수를 위해 다수를 배제시키는 사회적 파시즘(societal fascism)으로 치닫고 있는 현 상황을 '신자유주의의 역습'이 촉발시킨 제4차 세계대전이라고 불러도 크게 틀린 말이 아니다. 신자유주의라는 이름의 탈영토화된 자본이 지구 전체를 착취를 위한 영토로 재영토화하고 있는 것이다. 이런 맥락에서 이데올로기의 종언은 자유민주주의 진영의 승리가 아니라, 우리가 알고 있었던 20세기의 지배적 패러다임이 이행하고 있다는 것을 의미한다. 다시 말해, 전 지구적 북부/남부의 관점에서 보면 1990년대 이후 라틴아메리카의 '분홍빛 조류'는 지역적 차원의 문제가 아니라, 자본주의 근대성 그 자체와 관련된 문제이다.

'분홍빛 조류'의 쇠퇴는 신좌파의 소멸을 의미하는 것이 아니라, '대안은 없다'는 신탁을 전 지구적 차원으로 유포하는 국제 금융 자본 권력이 행사하는 식민성(the global coloniality)이 막강하다는 증거이다. 다시 말해, '분홍빛 조류'의 약화는 자기 조정 메커니즘이라는 허구적 논리를 앞세운 자본주의 근대성이 저지르는 식민성의 증거이다. 자본주의 근대성/식민성은 특정한 지역이나 국민국가에만 국한되지 않고 전 지구적으로 작동한다. 그러나 전 지구적 식민성이 확산되는 과정에서 근대성/식민성에 맞서는 전 지구적 대항 헤게모니 운동도 활성화되었다. 산투스(Boaventura de Sousa Santos)는 『전 지구적 좌파의 부상: 세계사회포럼, 그리고 그 너머(The Rise of the Global Left: The World Social Forum and Beyond)』에서 이데올로기의 종언은 (구)좌파의 전 지구적 위기(a global crisis of the left)를 의미하는 것이지 전 지구적 (신)좌파의 위기(a crisis of the global left)를 의미하는 것은 아니라고 강조했다. 이런 맥락에서 라틴아메리카 신좌파는 자본주의 근대성에 대한 전 지구적 좌파의 등장을 의미한다. 전 지구적 좌파운동의 출현을 알리는 신호탄이었던 1999년 시애틀 시위 이후, 국제 자본 권력의 회합 장소마다 시위가 벌어졌으며, 2001년 브라질의 노동자당의 정치적 성공을 상징하는 도시 포르투 알레그레에서 열린 세계사회포럼은 전 지구적 좌파운동의 소통과 연대의 장(場)이 되었다. '운동들 중의 운동'으로 불리는 세계사회포럼을 통해서 전 지구적 좌파는 '대안에 대한 대안적 사유(an alternative thinking of alternatives)'의 필요성을 인식하기 시작했다. 실패한 현실 사회주의의 경험에 대한 깊이 있는 토론 없이 자본주의 질서에 대한 민주적인 대안을 건설하거나 혁명적인 기획을 추진할 수 있는 가능성은 라틴아메리카뿐만 아니라 세계 어디에도 존재하지 않기 때문이다. 다시 말해, 전 지구적 좌파에게 필요한 대안은 우파의 유일사상(pensée unique)을 대체하는 좌파의 유일사상이 아니라 전 지구적 자본주의 식민성에 대한 '반대와 그에 대한 많은 대안들'이다(One No, Many Yeses).

대안에 대한 대안적 사유는 대안은 하나가 아니라 여러 개라는 것을 인식하는 것이다. '대안은 없다'는 주장에 대해 설득력 있는 대안을 제시하지 못한 것은 대안이 하나뿐이라고 생각했기 때문이다. '다른 세계가 가능하다(Another world is possible)'는 세계사회포럼의 슬로건은 두 개의 차원을 포함한다. 하나는 '다른 세계들(other worlds)'이 가능하다는 것이며, 다른 하나는 '다른 방식의 세계(worlds otherwise)'가 가능하다는 것이다. '다른 세계들'이 신자유주의 세계화에 종속되기 이전의 개별적인 지역의 삶과 역사에 바탕을 둔 세계들이라면, '다른 방식의 세계'는 '다른 세계들'이 배제되지 않고 포함되는 세계이다. '다른 세계들'은 각자의 삶의 터와 그 터에서 살아가는 몸으로 터득한 이치(一理, place-based and contextualized knowledge)의 세계들이다. 모든 철학과 우주론, 윤리학과 문화, 그리고 언어는 삶의 터와 그 터에서 살아가는 몸으로 터득한 일리에 뿌리를 둔다. 일리는 특정한 유형의 진리의 체계를 관념적으로 운용하는 진위(眞僞)의 판단이 아니라, 삶의 다양한 이치들을 맥락화하는 적부(適否)의 선택이다. 서구의 자본주의 근대성은 스스로를 총체적이고 보편적인 진리로 규정했고, 일리들을 무리(無理)로 전락시켰다. 그 결과, 일리의 세계들은 원시적이고, 미개하며, 부적절하고, 저발전된 세계들로 낙인찍혀 무시되고, 배제되었으며, 그 결과 존재하지 않는 것으로 취급되었다. 포르투갈 사회학자 산투스는 사회적 삶의 모든 영역을 포괄하는 전 지구적 자본주의가 정치적, 경제적, 사회적인 차원에서는 말할 것도 없고, 문화적이고 인식론적 차원에서도 '다른 세계들(일리의 세계들)'을 억압하고 지워버리는 현상을 '부재의 사회학(sociology of absences)'이라고 부른다. 전 지구적 자본주의는 '다른 세계들'을 배제해버리거나 지워버려서 소리 나지 않게 하려고 하지만, '다른 세계들'은 지워진 소리가 끊이지 않고 발생하는 진원지이다.

'다른 방식의 세계'는 소리 나지 않게 지워졌던 '다른 세계들'이 포함되는 하나의 세계이다. 다시 말하자면, '다른 방식의 세계'는 '단지 하나의 세계만이 포함되는 세계(a World where only a world fits)'가 아니라, 사파티스타들이 주장하는 것처럼 '다른 많은 세계가 포함되는 세계(a World where many worlds fit)'이다. '다른 많은 세계가 포함되는 세계'는 자기-조직적이며(self-organizing), 비선형적이고(non-lineal), 비위계적이며

(non-hierachical), 이질적인(heterogenous) 네트워크로 이루어진다. '다른 방식의 세계'는 물질적, 생물학적, 사회적 삶의 영역에 다 적용된다. 오늘날 우리가 흔히 경험하는 '다른 방식의 세계'의 전형적인 예는 공동성과 평등성을 토대로 만들어지는 사이버 공간이다. 가령 '위키피디아'는 전 세계적 규모에서 '자유로운 개인들의 자발적인 연합'에 의해 만들어진다. 또 다른 예로는 최근 인문학과 사회과학 분야에서 주목받는 행위자 네트워크 이론(actor-network theory)이다. 이러한 예들에서 볼 수 있는 것처럼, '다른 방식의 세계'는 질서, 중앙집중화, 위계의 논리로 설명되지 않는다. '다른 방식의 세계'의 또 다른 예는 '운동들 중의 운동'이라고 불리는 세계사회포럼이다. 세계사회포럼은 공동의 강령도 없고 운동의 방식을 결정하는 단위도 없고 공식적인 대표나 지도부도 없다. 세계사회포럼은 시민사회 집단과 운동들 간에 성찰적 사고, 민주적 토론, 제안 형성, 경험의 자유로운 공유, 효과적인 행동을 위한 상호 연계를 형성하기 위한 개방된 회합의 장이다. 산투스는 배제되고, 지워졌던 '다른 세계들'로 구성되는 '다른 방식의 세계'를 '창발의 사회학(sociology of emergences)'이라고 부른다.

엔리케 두셀(Enrique Dussel)이 제안하는 트랜스모더니티는 '다른 세계들'로 구성되는 '다른 방식의 세계'이다. 즉, 부재의 사회학을 창발의 사회학으로 전환하는 것이다. 부재의 사회학에서 창발의 사회학으로의 전환은 두 가지를 전제한다. 첫 번째 전제는 '세계에 대한 이해(the understanding of the world)'가 '세계에 대한 서구의 이해(the Western understanding of the world)'보다 훨씬 넓고 깊다는 것이다. 이러한 전제는 오늘날 인류에게 요구되는 세계의 변혁이 마르크스주의를 포함한 서구의 비판적 사유가 제시했던 방식과 달라야 한다는 것을 의미한다. 두 번째 전제는 세계에 대한 이해의 다양성에 비례해 세계도 다양하다는 것이다. 세계는 존재하고 사유하고 느끼는 방식, 시간을 인식하는 방식, 인간과 인간의 관계와 인간과 비인간(non-humans)의 관계를 인식하는 방식, 과거와 미래를 인식하는 방식, 집단적 삶을 조직하는 방식 등에 따라 달라지기 때문이다. 그렇다면 트랜스모더니티는 도래할 세계인가, 아니면 이미 존재하는 세계인가? '다른 세계들'은 엄연히 존재하지만 존재하지 않는 것처럼 취급되었다는 점에서 트랜스모더니티는 이미 존재하는 세계이다. 이와 동시에 해방의 기획으로서의 트랜스모더니티가 전 지구적 식민성의 권력의 배치를 전복하고 재배치해야 한다는 점에서는 도래할 세계이다. 이미 존재하면서 도래할 세계로서의 '가능한 다른 세계(other possible world)'는 인간의 역사에 끊임없이 현존해온 더 나은 삶과 사회에 대한 열망이다. 이런 맥락에서 트랜스모더니티는 유토피아의 차원을 갖는다. 에른스트 블로흐(Ernst Bloch)는 유토피아들은 나름의 시간표를 갖는다고 말했다. 서구 자본주의 근대성의 유토피아는 단선적이고 직선적인 시간표를 제시한다. 서구 자본주의 근대성의 유토피아의 목표는 하나뿐이며, 그러므로 '대안은 없다.' 트랜스모더니티의 유토피아는 '가능한 다른 세계'이다. '가능한 다른 세계'는 현 상태(status quo)를 변화시켜 더 나은 삶과 사회를 만들어가는 비판적 유토피아이다. 비판적 유토피아는 유토피아를 규정하는 것보다 대안의 가능성을 긍정하는 것이 더 중요하다. 또한 비판적 유토피아는 개방적 종국(open end)으로 대안은 하나가 아니라 여러 개다. 이런 맥락에서 유토피아가 의미하는 것은 투쟁할 가치가 있고, 인간으로서 추구할 권리가 있는 더 나은 세계를 위해 인간의 새로운 가능성과 의지의 유형을 탐색하고, 상상력을 발휘하여 억압적 현실과 맞서는 것이다.

서울대학교 라틴아메리카연구소는 2008년 정부(교육부)의 재원으로 한국연구재단이 지원하는 인문한국(HK)사업에 선정되어 "21세기 라틴아메리카와 트랜스모더니티"라는 어젠다를 가지고 연구를 진행해왔다. 1단계(2008~2011년)에는 "라틴아메리카의 전환: 변화와 갈등"이라는 주제로 1980년대 이후 라틴아메리카의 정치적·사회적 변화의 문제를 살펴보았고, 2단계(2011~2014년)에는 1단계의 연구 결과를 토대로 "라틴아메리카의 형성: 교환과 혼종"이라는 주제로 1492년 아메리카의 발견으로부터 19세기 독립 시기까지의 과정을 연구했다. 식민주의, 자본주의, 세계체제, 근대성은 아메리카의 발견/정복과 동시적인 사건이라는 점에서 1단계 연구와 2단계 연구는 되먹임(feedback) 관계를 이룬다. 3단계(2014~2018년) 연구 주제인 "라틴아메리카의 미래: 소통과 연대"도 1단계와 2단계 연구와 선형적 관계가 아니라 중층적이고 복합적인 되먹임 관계를 형성한다. 이 책에 실린 3단계 연구 결과물들은 최종적 결과를 도출하기 위한 것이 아니라 다양한 대안을 제시하기 위한 것이다.

10년이면 강산도 변한다는 속담처럼 지난 10년 동안 라틴아메리카는 많은 변화를 겪었다. 1단계 연구를 시작할 때 라틴아메리카에서 목격되는 변화들은 희망적이었다. 2단계 연구를 시작하는 시점에 희망은 우려와 낙담으로 변하기 시작했다. 그리고 지금 라틴아메리카는 또 다시 기로에 서 있다. 1단계 연구 총서의 책머리에 썼던 것처럼, 이론적 맹목성은 엄연히 진행 중인 실천을 보지 못하고, 실천적 맹목성은 이론과 실천을 무관한 것으로 여긴다. 이론과 실천이 조화를 이루지 못하면 실천의 측면에서는 혁명적 자발성과 패배주의적 자기 검열 사이에서 회의하게 되고, 이론의 측면에서는 사후적으로만 사건을 재구성하거나 이론으로 설명되지 않는 사태에 대해서는 냉담한 무관심을 보이게 된다. 또 다시 기로에 선 라틴아메리카의 현실을 제대로 이해하기 위해서 다시 이론과 실천 사이의 불화에 대해 성찰할 필요가 있다.

지난 10년 동안의 연구에서 얻은 작은 소득은, 한편으로는 라틴아메리카와 서구 근대성의 관계가 인과론적이 아니라 구성론적이라는 것이며, 다른 한편으로는 라틴아메리카는 단일한 구성단위가 아니라 이질적이고 복합적인 요소들이 네트워크를 이루는 세계라는 것이다. 라틴아메리카 국가들은 정복 이전의 원주민 문명에 뿌리를 두고 있고, 3세기에 걸친 식민화 과정을 겪었으며, 식민 시기에 형성된 계급 구조, 독립 이후의 경제발전과 제국주의 경험을 공유한다. 이 때문에 라틴아메리카는 개념적으로 단일한 구성단위로 취급되어왔고, 라틴아메리카에 대한 연구도 통상적으로 이러한 개념적 전제하에 이루어졌다. 그러나 라틴아메리카는 '다른 세계들'로 이루어져 있다. 이 때문에 전 지구적 식민성에 맞서는 의제와 전략도 역사적·경제적·사회적 맥락이나 사회적 지지기반에 따라 달라진다. 차베스 집권 시기의 베네수엘라의 경우처럼 혁명적으로 보이지만 개혁적인 변화도 있고, 멕시코 사파티스타와 안데스 지역의 원주민운동의 경우처럼 개혁적으로 보이지만 혁명적인 변화도 있다. 원주민운동이 변화의 주축이지만 볼리비아와 에콰도르의 원주민운동과 달리 멕시코 사파티스타는 정치권력을 잡는 것으로는 충분하지 않으며 권력 자체를 변화시켜야 한다고 주장한다. 에콰도르가 신발전주의(neo-developmentalism)와 포스트발전주의(post-developmentalism) 사이에서 갈등을 겪고 있는 반면, 볼리비아는 원주민의 세계관에 토대를 둔 공동체의 재구축에 강조점을 둔다는 점에서 차이를 보인다. 자연과 문화의 분리를 전제로 성립된 서구 근대 인식론에 의해 오류, 단순한 믿음, 혹은 낭만적 동경에 토대를 둔 문화적 관점쯤으로 취급되어온 원주민의 세계관(Sumak Kawsay/ Suma Qamaña)은 질주하는 자본주의가 만들어내는 죽음과 언제 터질지 모르는 재해 앞에서 고통 받는 현대인의 삶을 근본적으로 성찰하게 만드는 화두로 떠올랐다. 따라서 볼리비아와 에콰도르의 혁명적 개혁을 경제환원주의적 관점에서만 바라보는 것은 단순하고 일면적인 평가이다. 이런 맥락에서 지역 연구소로서 라틴아메리카연구소에 주어진 앞으로의 소임은 이론과 실천이 조화를 이루어 '다른 세계들'로 구성되는 '다른 방식의 세계'를 지속적으로 탐색해가는 것이다.

2018년 6월

서울대학교 라틴아메리카연구소

차례

제2부 초국가적 공간과 지역적 공동체

제1부

모더니티에서 트랜스모더니티로

제1장

다른 세계는 이미 가능하다

해방 철학과 트랜스모더니티*

김은중 서울대학교 라틴아메리카연구소 HK교수

1. 정치적 문제로서의 계몽의 태도

칸트(Immanuel Kant)는 「계몽이란 무엇인가에 대한 답변」에서 계몽이란 인간이 스스로 초래한 미성년 상태에서 벗어나는 것이라고 말했다(칸트, 2009). 칸트가 규정하는 미성년 상태란 이성이 요청되는 상황에서 다른 사람의 권위를 수용하려는 의지의 상태이다. 칸트는 "과감히 알려고 하라! 너 자신의 오성을 사용하려는 용기를 가져라!"는 표어를 계몽의 모토로 내세웠다. 푸코(Michel Foucault)는 「계몽이란 무엇인가?」라는 글에서 칸트의 답변은 근대 철학이 결코 해결하지도 못했고 동시에 제거하지도 못했던 질문이 사상사의 전면에 부각되는 계기가 되었고, 헤겔(Georg Hegel)로부터 니체(Friedrich Nietzsch)와 베버(Max Weber)를 거

* 이 글은 ≪스페인라틴아메리카연구≫ 9권 1호에 발표한 필자의 논문을 총서 취지에 맞게 수정 보완한 것이다.

쳐 호르크하이머(Max Horkheimer)와 하버마스(Jürgen Habermas)에 이르기까지 모든 철학은 직·간접적으로 이 문제와 대결하지 않을 수 없었음을 지적했다(Foucault, 1984). 계몽이라는 사건은 오늘날까지 근대적 사유와 행위를 규정짓고 있으며, 근대철학이란 2세기 전에 제기된 '계몽이란 무엇인가?'라는 질문에 대답하고자 하는 철학이기 때문이다.

푸코가 판단하기에 칸트의 글은 철학자가 지식과 역사에의 성찰, 그리고 자신이 글을 쓰고 있는 특정한 시점과 이유에 대한 분석을 스스로의 저작이 갖는 의의와 밀접하게 결합시키고 있는 최초의 예이다. 여기서 최초라는 표현은 시기적으로 최초가 아니라 방식에서 최초를 뜻한다. 칸트가 계몽에 대해 문제를 제기하는 방식이 완전히 달랐다는 것이다. 칸트에게 계몽은 세계사의 특정 시기도 아니었고, 미래의 사건에 대한 전조(前兆)도 아니었으며, 새로운 세계를 향한 전환점을 의미하지도 않았다. 칸트는 계몽을 부정적인 방식으로 정의해서 '출구(Ausgang)'로 해석했다. 즉, 계몽이라는 사건을 기원의 문제나 역사 과정의 내적 목적으로 보지 않고 '차이'로 보았다는 것이 푸코의 생각이다. 칸트는 '오늘이 어제와 비교해 무엇이 다른가?'를 물었던 것이다.

칸트는 어제와 오늘의 차이를 이성의 사용 방식에 두었다. 여기서 이성에 대한 칸트의 독특한 구분이 등장하는데, 이성의 사적 사용과 공적 사용이 그것이다. 칸트에 의하면, 인간이 '기계 속의 나사' 역할을 할 때 이성을 사적으로 사용하는 것이다. 그와는 반대로, 이성 자체의 목적을 위해서 사유할 때, 이성적 존재자로서 사유할 때, 그리고 이성적 인류의 일원으로서 사유할 때, 이성의 사용은 공적이 된다. 개인적인 사유의 자유가 보장되는 과정만이 계몽의 전부는 아닌 것이다. 계몽은 이성을 공적으로 사용하는 것이며 동시에 이성의 공적인 사용을 가능하게 하는 것이다. 요약하자면, 칸트가 제기한 계몽은 인식의 문제가 아니라 정치적인 문제이다.

> 이성의 공적 사용이 어떻게 하면 적극적인 방식으로 확보될 수 있겠는가? 계몽은 모든 인류에 영향을 미치는 일반 과정으로 단순히 간주되어서는 안 된다. 마찬가지로 계몽을 개인들에게 과해진 의무로 이해해서도 안 된다. 계몽은 **정치적인 문제**인 것이다. 이성의 사용이 어떻게 공적인 형태를 취할 수 있는가, 또 앎에의 용감한 의지가 어떻게 환한 대낮에 실천될 수 있겠는가 하는 것이 관건이라는 말이다(Foucault, 1984: 37, 강조는 필자).

칸트가 정의하는 계몽이란 이성을 아무런 권위에도 종속시키지 않고 자유롭게 사용할 수 있는 상황을 의미한다. 환한 대낮에 이성을 공적으로 실천하는 것이 계몽인 것이다. 따라서 계몽의 목표는 이성의 내용이나 내재적 완결성이 아니라 이성을 비판적으로 사용하는 것이다. 이런 맥락에서 계몽이란 비판을 의미한다. 즉 비판은 계몽이 낳은 이성의 사용 방법이다. 어제와 비교해 (칸트가 살았던) 오늘이 다른 것은 비판의 시대이기 때문이다.[1)]

---

1) 근대성의 가장 뚜렷한 특징은 비판이다. 근대는 종교, 철학, 도덕, 법률, 역사, 경제, 그리고 정치에 대한 비판과 함께 시작되었다. 근대성은 비판을 통한 전통과의 단절이었다. 근대를 형성하는 모든 것은 비판에 의해 이루어진 것이며, 비판은 탐구와 창조, 그리고 행동의 방법론으로 이해되었다. 근대의 핵심적 개념이자 이념인 진보, 진화, 혁명, 자유, 민주, 과학, 기술 등은 모두 비판의 산물이다. 계몽적 이성은 세계와 자기 스스로를 비판함으로써 고대의 이성주의와 고전주의 기하학을 근본적으로 변화시켰다. 또한 비판은 역사 속에서 미국 독립전쟁, 프랑스 혁명, 라틴아메리카 독립운동으로 구현되었다. 근대 역사의 토대가 된 위대한 혁명들이 18세기 사상에서 영감을 얻었다는 것은 결코 우연이 아니다.

칸트의 글에 대한 푸코의 해석에서 주목해야 할 것은 푸코가 계몽에 대한 칸트의 문제 제기 방식을 근대성에 적용하는 점이다. 칸트가 계몽을 역사의 한 시기로 보지 않고 철학함의 태도로 보았던 것처럼, 푸코는 근대성을 역사상의 시기가 아니라 태도로 이해한다. 여기서 태도란 에토스(ethos)와 비슷한 의미를 갖는 것으로, 지금의 현실에 관계되는 양식이며 자발적 선택이자 생각하고 느끼는 방식이다. 근대성은 흔히 전통과의 결별, 새로움의 감정, 현기증을 느끼게 하는 변화의 가속화로 인식된다. 이런 맥락에서, 근대성의 전통은 이전의 전통과는 다른 전통이다.[2] 즉, 근대성의 전통은 분리이다. 분리는 어떤 것과 갈라지는 것이며 단일성이 깨지는 것이다. 근대성은 초시간적 원리를 긍정하지 않으며 다시 태어나기 위해 끊임없이 자문하고, 검증하고, 파괴하는 비판적 이성의 전개 과정이다. 여기서 근대성의 모순이 등장한다. 근대성의 모순은 초시간적 원리 대신에 변화의 원리 위에 과거의 종교와 철학의 견고함에 못지않게 튼튼한 체계를 세우려는 모든 시도에서 나타난다. 근대 철학과 근대 예술은 이 지점에서 갈라진다. 보들레르(Charles

---

2) 근대성은 순간적이고, 유동적이며, 우연적인 것에 대한 인식이다. 보들레르는 『낭만주의 예술(L'art romantique)』에서 근대성의 전통을 단절이라고 말했다. 보들레르가 언급한 근대적 미학은 시간과 주체성, 경험을 이해하는 새로운 방식에 대한 것이다. 단절은 변화의 특권적 형태이다. 즉 근대성은 '과거의 부정'이면서 동시에 '무엇인가 다른 것의 추구'이다. 그래서 보들레르는 "아름답다는 것은 언제나 기이한(bizarre) 것이다"라고 말했다(Baudelaire 1863. Paz 1973: 36에서 재인용). 근대성은 결코 자기 자신이 될 수 없다. 그것은 언제나 다르다. 근대성의 특징은 새로움이며 이질성이다. 근대성은 늘 다름을 표방해야 하는 운명에 처해 있다. 과거의 전통이 늘 동일함을 유지하는 것이었다면, 근대의 전통은 끊임없이 달라지는 것이다. 근대성이 '전통의 단절(una ruptura de la tradición)'이라면 근대성의 전통은 '단절의 전통(una tradición de la ruptura)'이다(파스, 1999).

Baudelaire)는 근대성의 태도는 이 순간을 넘어서거나 다음에 있는 것을 찾는 것이 아니라, 이 순간에 내재하는 영원한 그 무엇을 포착하는 것이라고 말했다. 현재의 '영웅적'인 측면을 포착하는 태도가 근대성인 것이다. 푸코가 강조했듯이, 보들레르는 근대성의 태도를 규정하기 위해 "현재를 경멸할 권리가 우리에겐 없다"는 매우 의미심장한 수사법을 동원하고 있다. 그러나 근대 예술과 달리 근대 철학은 변증법을 통해 분리/분열을 치유하려고 했다. 헤겔이 자신의 철학을 분열에 대한 치유라고 불렀던 것도 이 때문이다.

> 변증법적 모순 해결 방식은 해결과 동시에 또 다른 모순을 낳을 수밖에 없다. 서구가 이룩한 최근의 위대한 철학적 체계는 단지 분열되기 위해 탄생한 체계로서 사변적 열광과 비판적 이성 사이에서 방황하고 있으며, 결국 분열에 의해 분열을 치유하려는 것에 지나지 않는다. 근대성의 한 극단에는 헤겔과 그를 계승한 유물론자들이 자리 잡고 있으며, 또 다른 극단에는 유물론자들에 대한 비판과 분석철학에 대한 흄의 비판이 자리 잡고 있다. 이러한 대립이 서구 역사이며 서구의 존재 이유이다. 또한 어느 날인가 서구의 사망 원인이 될 것이다(파스, 1999: 45~46).

칸트의 역사적 논술 대부분과 「계몽이란 무엇인가에 대한 답변」의 차이점은, 그가 역사적 논술들에서 시간의 내적 목적론을 규정하면서 인간의 역사가 움직이는 방향을 포착하려고 노력했다면, 「계몽이란 무엇인가에 대한 답변」에서는 계몽을 부정적 방식의 '출구'로 해석함으로써 비판적 성찰과 역사에의 성찰 사이의 교차점에 위치하려고 시도했다는 점이다. 네그리(Antonio Negri)와 하트(Micheal Hardt)는 칸트의 이러한 위치를 '다수자 칸트'와 '소수자 칸트'의 이중성으로 표현한다. '다수자 칸트'가 견고한 유럽 합리주의 전통에 참여하여 사회 질서를 보존하고 그것을 지탱하는 방향으로 '이성의 개선'을 이루려고 하는 반면에, '소수자 칸트'는 그 질서의 토대를 부수고 삶 정치적인 내재성의 평면에서 변이와 자유로운 창조로 가는 길을 연다(네그리·하트, 2014). 달리 말하자면, '다수자 칸트'가 사회적 규제로서의 지식(knowledge as social regulation)을 옹호한다면, '소수자 칸트'는 사회적 해방으로서의 지식(knowledge as social emancipation)을 지지한다. '다수자 칸트/사회적 규제로서의 지식'과 '소수자 칸트/사회적 해방으로서의 지식'의 이중성의 관점에서 볼 때, 계몽주의의 완성자임을 자처했던 칸트의 계몽의 태도는 유럽 계몽주의 내의 대안적 노선이었다. 계몽주의는 근대성을 끊임없는 진보, 도덕과 사회적 질서의 합리적 발전으로 규정함으로써 전통과 맞선 근대성의 손을 들어주었다(Habermas, 1997). 미학적 근대성 역시 전통의 단절을 통해 미래를 향한 문을 열었지만 그것이 진보를 의미하는 것은 아니었다.[3] 근대 미학이 과거나 어떠한 확고부동한 원리에 의지하지 않고 오로지 변화 속에서 자신의 근거를 찾고 있는 서양 문명의 극적인 상황의 표현이라면, 근대 철학의 의미가 명확하게 드러나는 것은 근대인의 역사의식이다. 근대인의 역사의식은, 한편으로 과거와 전통에 대한 비판이면서, 다른 한편으로 비판의 대상이 되지 않는 유일한 원리 위에

3) 근대성과 근대 예술의 관계는 동맹 관계이면서 동시에 적대적이다. 근대 예술은 비판적 이성에 대한 비판으로 직선적인 역사의 시간에 반대하여 역사 이전의 태초의 시간을, 유토피아가 기다리는 미래의 시간에 반대하여 열정과 사랑과 죽음의 순간적인 시간을 내세웠다. 근대 예술, 특히 낭만주의는 18세기에 비판적·유토피아적·혁명적 이성의 산물로 받아들여졌던 근대성에 대한 부정이었다. 그러나 그것은 '근대적인' 부정이었다. 즉 근대성을 벗어나지 않은 근대성 안에서의 부정이었다(Paz, 1973).

전통을 세우는 것이다. 계몽의 태도가 현실을 파괴하지 않으면서 현실을 다르게 상상하는 것이라면, 계몽주의는 현실을 폐기하고 변증법적 모순 해결 방식을 통해 합리성의 본질적 핵심을 붙잡으려고 시도한다.

2. 미완의 기획, 근대성인가 탈식민성인가?

하버마스가 「근대성, 미완의 기획」(1997)에서 지적한 것처럼, 계몽주의는 계몽의 태도와의 결별이었다. 칸트의 「계몽이란 무엇인가에 대한 답변」 이후 계몽의 태도는 계몽주의에 자리를 내주었고, '다수자 칸트/사회적 규제로서의 지식'은 '소수자 칸트/사회적 해방으로서의 지식'을 억압하고 배제했다. '다수자 칸트'를 계승한 사회민주주의 이론가들은 초월적이고 형식적인 도식에 기반을 둔 사회질서 유지를 목표로 한다. 달리 말하자면, 사회민주주의 이론가들은 합리성 위에 세워진 진보를 신뢰한다. 예를 들어, 베버는 사회적 진화를 본질적으로 지적 진보로, 즉 지성과 윤리가 조화를 이룬 인간의 합리성이 발전되어온 과정으로 이해했다. 베버는 진화의 단계에서 사람들이 점차 더 발전된 형태의 국가나 법률 체계, 관료제, 도시 같은 새로운 사회제도를 만들어왔으며, 당시의 유럽 자본주의를 이러한 사회적 진화의 정점으로 확신했다(블로트, 2008). '유럽의 기적'을 가능하게 한 것은 '오직 서구만이 가진' 합리성 때문이라는 베버의 주장은 유럽 문명을 합리성으로, 다른 문명들을 비합리성으로 설명하는 기본 모델이 되었다(베버, 2010).[4] 그러나 19세

---

4) 오직 서구만이 가진 합리성이란 자연과 사회를 완전히 분리할 줄 아는 것이다. '자연과 사회의 대분할(the Great Divide between Nature and Society)'은 '우리(서

기 후반부터 1930년대까지 부르주아 사회와 유럽 정치의 중심적 이데올로기를 구성했던 사회민주주의 개혁은 계몽의 자기 파괴이자 총체화된 이성의 도구화로 귀결되었다. 유럽의 비판 이론 1세대 학자들은 자신들의 시대를 더 이상 인간 해방을 실현하는 진보의 과정이 아니라고 진단했다. 인간의 노동이나 개념적 사유는 이제 더 이상 자연과 인간의 자기실현 행위가 아니며, 이성이란 자기보존의 행위가 갖는 효율성을 판단하기 위한 도구에 불과하다고 생각되었다. 즉, 근대적 합리성이란 타자에 대해서, 더 나아가 자기 자신에 대한 지배의 지침이 되는 도구적 이성일 뿐이다(김원식, 2007). 죽음을 목전에 두고 있었던 푸코가 200여 년 전에 칸트가 던졌던 질문, '지금 무엇이 진행되고 있는가? 우리에게 무슨 일이 발생하고 있는가? 우리가 살고 있는 이 세계, 이 시기, 바로 이 순간은 무엇인가?'라는 질문을 다시 던진 것은 이런 이유 때문이었다.

베버는 근대성에 대한 하버마스의 성찰에 좌표를 제시했다. 하버마스가 보기에 근대성의 문제는 세계를 인식하는 독자적 영역들이 전문화되고 절대화되기 때문이다.[5] 전문가의 등장으로 인식적-구조적, 도덕적-실천적, 미학적-표현적 합리성의 세 가지 차원으로 분할된 생활 세계는

구)와 그들(나머지 세계)의 대분할(the Great Divide between Us and Them)'로 이어졌다. 인간(사회)과 비(非)인간(자연)을 분할할 줄 아는 합리성은 근대인과 전(前)근대인을 분할하는 기준이 되는 것이다(라투르, 2009).

5) 베버는 근대성을 점진적 합리화 과정으로 이해했는데, 합리화 과정을 통해 종교와 형이상학에서 통전되어 있던 세계관이 붕괴되고 과학, 도덕, 예술의 세 자족적 영역으로 분화된다. 근대인이 세계를 보는 합리적 관점은 진리성, 규범적 정당성, 성실성과 미(美)의 독립적 영역으로 분화되는 것이다. 진리성은 지식의 문제이며, 규범적 정당성은 정의와 도덕의 영역이고, 성실성과 미는 취향과 관련된다. 그리고 각각의 영역은 과학적 담론, 도덕과 법률 이론, 예술의 생산과 비평으로 제도화된다.

각 영역의 내적 논리를 강화시키는 쪽으로 나아갔다는 것이다. 베버는 합리화의 편벽성이 초래하는 이성의 도착 현상을 근대성의 거스를 수 없는 흐름으로 보았고, 그 결과 근대사회를 일종의 '쇠 우리'에 비유했다.[6] 각 분야의 자율적이고 내재적인 논리를 발전시키고 구체화함으로써 근대성을 완수하려는 계몽주의의 과제가 위기에 처한 상황에서 하버마스는 두 가지 중 한 가지를 선택해야 했다. 계몽의 과제가 실패했음을 선언해야 하는가? 아니면 계몽의 의도가 아무리 허약하더라도 그것에 충실해야 하는가? 하버마스의 선택은 후자였다.

하버마스는 베버와 프랑크푸르트 1세대 학자들이 지나치게 경도되어 있던 도구적 합리성에 대한 비판에서 벗어나기 위해 의사소통적 합리성을 제시했다. 하버마스에 따르면, 사회의 합리화는 도구적 합리성과 의사소통적 합리성의 보완적 관계 속에서 진행된다. 도구적 합리성이 국가 경제와 행정의 영역에서 주된 역할을 한다면, 의사소통적 합리성은 생활 세계의 지배적 원리이다. 근대화의 역설인 '생활 세계의 식민화'는 도구적 합리성이 생활 세계의 의사소통적 합리성을 침범할 때 발생한다. 하버마스에 따르면 의사소통 행위에 참여하는 사람들은 언어를 매개로 상호 이해와 합의를 도출할 수 있다.

하버마스의 의사소통적 합리성은 착취와 지배가 없는 해방된 삶의 정형이 의사소통 행위 안에 구조적으로 내재한다는 보편 화용론으로 구체화되었다. 하버마스의 보편 화용론은 자유로운 '이상적 담화 상황'을 전제하는 담론 윤리학(discourse ethics)이다. 하버마스의 담론 윤리학은 도구적 합리성이 가져온 수단과 목적의 도착(倒錯)을 벗어나 근대성

---

6) 막스 베버의 이러한 생각은 그가 말년에 했던 두 번의 강연('직업과 소명으로서의 학문'과 '직업과 소명으로서의 정치')에 잘 나타난다.

이라는 미완의 기획을 완수하려는 시도이다. 이를 위해서 그는 의식을 토대로 하는 형이상학과 인식론에 대한 대안으로 이상적 담화 상황을 전제하는 담론 윤리를 제안한 것이다. 하버마스에 의하면 생활 세계의 합리화는 상호 주관적 합리성을 통해서만 수행될 수 있으며, 상호 주관적 합리성은 처음부터 언어 구조 자체의 내재적 원리임을 전제한다.

여기서 푸코가 계몽이란 비판이며 정치적인 문제라고 규정했던 지점으로 돌아갈 필요가 있다. 푸코는 계몽의 태도란 계몽에 포함되는 '좋은' 요소와 '나쁜' 요소를 변증법적으로 분별하는 것이 아니며, 더 나아가 계몽의 목표가 '합리성의 본질적 핵심(the essential kernel of rationality)'을 추적하는 것이 아니라는 점을 강조했다. 바꿔 말하자면, 계몽의 태도란 역사적으로 계몽에 의해 스스로를 규정한 존재인 우리 자신에 대한 분석을 통해 '필연적인 것의 현재적 한계(contemporary limits of the necessary)'를 해명하는 것이다.

> 비판은 더 이상 보편적 가치를 갖는 형식적 구조의 탐구라는 형태로 진행되어서는 안 된다. 우리 자신을 형성하고 우리 스스로를 우리의 행위, 언술, 사유의 주체로 파악하게 만든 사건에 대한 역사적 탐구로서 비판이 실천되어야 한다. 그런 의미에서 비판은 더 이상 선험적이 아니며, 형이상학을 가능케 하는 것이 비판의 목표가 될 수도 없다. 비판은 계보학적으로 설계되며 고고학적으로 실천된다. 고고학적 비판은 모든 지식이나 도덕적 행위의 보편 구조를 밝히려 하는 대신에, 우리의 사유와 언술과 행동을 형성한 담론을 역사적 사건으로 취급하는 태도이다. 계보학적 비판이란 현재의 우리 모습으로부터 할 수 없고, 알 수 없는 것을 연역해내는 대신, 우리의 현실을 만든 우연성과 우리의 존재와 행위와 사유를 넘어설 수 있는 가능성을 분리해내는 작업이다. 비판은 과학에 기초를 둔 형이상학

을 수립하는 대신에, 아직 규정되지 않는 자유의 영역을 최대한도로 확장 시키는 것이다(Foucault, 1984: 45~46, 강조는 필자).

푸코에 따르면, 계몽의 목표는 선험적이고 형이상학적 비판을 통해 보편적 가치를 갖는 형식적 구조를 탐구하는 것이 아니다. 계몽적 비판의 대상은 인식의 보편적 구조나 궁극적으로 형이상학을 구축하려는 과학이 아니며 '지식' 또는 '담론'과 권력의 상관관계이다. 푸코가 고고학적-계보학적 접근방식을 통해 밝히려고 한 것은 인간의 자유를 발명했다는 계몽주의 시대가 규율 권력이라고 불리는 새로운 예속 메커니즘을 수반한 시기였다는 사실이다.[7] 따라서 푸코의 계보학적 비판은, 한편으로는 담론이 어떤 경로를 따라 규제, 통제 형식 및 권력관계에 예속되는지를 밝히는 것이며, 다른 한편으로는 지식과 담론 분석을 통해 근대성의 태도가 형성된 이래 반근대성(countermodernity)의 태도와 어떻게 싸워왔는지를 밝히는 것이다. 다시 말해, 푸코의 계보학적 비판은 역사를 어떤 기획의 실현으로 해석하는 헤겔의 역사주의의 관점을 비판하면서 역사란 지식과 권력 간의 복합적인 연관관계임을 보여준다. 반복하자면, 계몽은 정치적인 문제인 것이다.

---

7) 푸코의 고고학은 모든 담론에 이미 존재하는 주체나 대상 같은 것은 없고 오히려 담론이 대상의 영역을 구성하는 것임을 보여주려는 시도이다. 푸코의 고고학적 관점에서 보면 주체와 대상이 모두 특정한 방식으로 담론을 조직하는 역사적 에피스테메에 의해 구성된다. 푸코의 고고학이 '진리'를 자처하는 시대적 장치들의 담론적 특징을 밝히는 것이라면, 계보학은 이러한 장치들의 탈-담론적 특징들을 드러내는 것이다. 따라서 계보학은 지식과 권력이 뒤얽혀 있는 투쟁의 연대기를 기록하는 것이다(신충식, 2010).

> 근대성은 언제나 둘이다. 근대성은 이성, 계몽주의, 전통과의 단절, 세속주의 등의 관점에서 묘사되기 이전에 하나의 권력관계로, 다시 말해 지배와 저항, 주권과 해방을 위한 투쟁으로 이해되어야 한다(네그리·하트, 2014: 113).

'근대성은 언제나 둘이다'라는 명제에서 '둘'은 사회적 규제로서의 근대성과 사회적 해방으로서의 근대성을 가리킨다. 푸코의 계보학적 연구가 보여주었고 네그리와 하트가 강조하듯이 "근대성을 권력관계로 정의할 때 도출되는 한 가지 최종적인 귀결은 근대성을 끝나지 않은 기획으로 여기는 일체의 관념의 토대를 허무는 것"(네그리·하트, 2014: 118)이며, 근대성을 지배와 저항, 주권과 해방을 위한 투쟁으로 보는 것이다. 근대성을 미완의 기획으로 여기는 사회민주주의 이론가들은 사회적 규제로서의 지식과 사회적 해방으로서의 지식을 동일한 사태의 양면으로 보지 않는다. 그리고 합리적 이성에 토대를 둔 근대성이 유럽에서 출현해서 '나머지 세계'로 확산되어 간다고 본다. 예컨대, 유럽과 아메리카 대륙 전체에서 18세기 내내 그리고 19세기에 이르기까지 공화주의적 국가의 핵심적 토대를 이루었던 흑인 노예제는 근대성의 '일탈'이나 '부작용' 정도로 취급된다. 공화주의자들은 노예제를 전근대적 세계의 잔여물로 여기고 미완의 기획인 근대성이 역사로부터 추방하게 될 역사의 오점으로 인식한다. 진정으로 근대적인 최초의 혁명인 아이티 혁명이 근대 역사에서 그토록 무시되어왔던 이유는 사회적 규제로서의 근대성과 사회적 해방으로서의 근대성을 동일한 사태의 양면으로 보지 않기 때문이다. "아이티 혁명은 적어도 한 가지 핵심적인 측면에서, 즉 모든 인간이 평등하고 자유롭다면 분명 어느 누구도 노예가 될 수 없다는 측면에서 영국, 미국, 프랑스의 혁명들보다 훨씬 더 공화주의 이데올로기에 충실하다. 그럼에도 불구하고, 아이티는 저 '혁명의 시대'에 대한 역사적 서술에서 거의 등장하지 않는다"(네그리·하트, 2014: 123). 역사에서 아이티 혁명이 침묵당하고 삭제된 또 다른 이유는 근대 노예제의 본질을 이루고 있는 인종주의이다.

> 사실상, 노예화된 아프리카인들과 그들의 후손이 자유를 얻고 보장받을 수 있는 전략들을 구상하는 것은 고사하고 자유를 마음에 그릴 수조차 없었다고 하는 주장은 경험적인 증거에 기초하기보다는 세계와 세계에 살고 있는 주민들을 암묵적으로 조직하는 형이상학에 기초하고 있었다. 이러한 세계관은 결코 획일적으로 똑같지는 않지만 유럽과 미 대륙 백인들 간에, 그리고 백인이 아닌 많은 농장주들 간에 널리 공유되어 있었다. 이들이 가지고 있던 세계관에는 차이의 여지가 있기는 했지만 그 어떤 세계관도 노예 농장들에서 혁명적 봉기가 일어날 수 있으리라는 가능성은 포함하고 있지 않았고, 그 봉기가 성공적으로 독립국가의 탄생을 가져오리라는 가능성은 더더욱 포함하고 있지 않았다(트루요, 2011: 140~141, 강조는 필자).

하버마스가 생활 세계의 식민화 테제를 통해 근대를 미완의 기획으로 규정하고 본래적인 근대의 기획을 완성하려고 노력한다면, 라틴아메리카의 탈식민적 전회(de-colonial turn)는 식민성의 논리를 통해 근대성의 수사학을 비판함으로써 미완의 기획인 탈식민화를 완성하려고 시도한다. 미완의 기획은 근대성이 아니라 탈식민성이라는 것이다.[8] 탈식민적

---

8) 두 번의 세계대전 이후 근대성의 위기는 더 이상 숨길 수 없는 사실이 되었다. 세계대전이 가져온 파괴적 참상은 근대성의 발원지로 여겨졌던 유럽의 위기를 의미했고 유럽의 위기는 적어도 세 가지 변화를 가져왔다. 첫째, 제2차 세계대전 이후 근대 세계체제의 권력 축이 서유럽에서 미국으로 이동했다. 이와 더불어 아메리카주

전환은 19세기 초에 정치적 독립을 이루었음에도 불구하고, 경제적 측면뿐만 아니라 인식론적이고 문화 자본의 측면에서 신식민주의 상황에 놓여 있었던 라틴아메리카가 현실을 새롭게 인식하는 틀/관점이었다. 유럽 중심주의는 추종해야 할 매혹의 대상이 아니라 환멸의 대상이 되었다. 즉, 탈식민적 전환은 유럽 중심주의적 근대성으로부터의 이탈(de-linking)이면서 동시에 라틴아메리카가 달성해야 할 역사적 기획은 근대화가 아니라 탈식민화라는 각성이었다. 막스 베버가 '전통' 혹은 종교의 미몽에서 깨어나는 것을 근대성으로 정의했다면, 탈식민적 전환은 두셀(Enrique Dussel)이 '근대성의 신화'라고 불렀던 유럽 중심주의적 근대성의 미몽에서 깨어나는 것으로 정의될 수 있다.[9]

의, 더 구체적으로 말하자면 19세기 말 미국이 스페인과의 전쟁에서 승리한 이후 세력을 키운 미국의 우월주의와 동화주의 이데올로기가 전 지구적으로 확산되었다. 동화주의 이데올로기의 대상은 유럽 출신의 비기독교도 이민자들이었고, 이들 중에는 유색인종도 포함되었다. 둘째, 냉전과 더불어 소련 공산주의가 미국 헤게모니의 대항 세력으로 등장했다. 소련식 공산주의와 사회주의는 파시즘과 자유주의 이데올로기가 제시하는 미래와는 다른 미래를 위한 선택이었다. 사회주의의 등장으로 유럽은 두 개의 진영으로 갈라졌다. 세 번째 변화는 탈식민적 전환이다. 탈식민적 전환은 유럽 내부와 외부에서 발생한 역사적 사건이 결합된 결과였다. 유럽 내부의 역사적 사건이 나치즘의 발호였다면, 유럽 외부에서 발생한 역사적 사건은 아시아와 아프리카의 식민지의 독립이었다. 유럽의 권력 구도가 남부 유럽에서 북부 유럽으로 이동하는 과정에서 발생했던 라틴아메리카의 독립 투쟁과는 대조적으로 아시아와 아프리카 식민지의 독립은 나치즘의 등장으로 유럽 전체가 도덕적으로 추락하는 역사적 사건 속에서 발생했다. 에메 세제르(Aimé Césaire)의 말을 빌리면, 유럽의 도덕적 추락은 변명의 여지가 없는 것이었다.

9) 탈식민화는 두 번에 걸쳐 일어났다. 18세기 말부터 19세기 초의 미국의 독립 혁명, 아이티 혁명, 라틴아메리카의 독립 혁명이 첫 번째 탈식민화였다면, 20세기 중반의 아프리카와 아시아의 독립, 쿠바 혁명이 두 번째 탈식민화였다. 두 번째 탈식민화의 계기가 된 유럽의 위기/쇠퇴는 근대 세계체제의 위기를 반영하는 것이었고, 근대

3. 유럽의 비판 이론과 라틴아메리카 해방 철학

탈식민적 전환은 라틴아메리카에 등장한 계몽의 태도이다. 1970년대에 시작된 라틴아메리카 해방 철학(Philosophy of Liberation)은 유럽의 비판 이론과 밀접한 관련이 있다. 유럽의 비판 이론은 해방 철학이 출현했던 시점부터 해방 철학에 많은 영향을 미쳤고 라틴아메리카 해방 철학은 유럽 비판 이론과 지속적인 대화를 나누려고 시도했다.[10] 유럽의 비판 이론가들과 라틴아메리카 해방 철학자들 사이의 대화와 논쟁은 평등을 전제했지만 타자성(차이)에 대한 인정이 결핍되어 있었다는 점에서 비대칭적이었다. 이 때문에 대화 과정에서 해방 철학자들에게 던져진 질문은 '우리는 누구인가?'라는 주체성의 문제였고, '우리가 말하는 곳은 어디인가?'라는 발화 위치(locus enuntiationis)의 문제였다. 예컨대, 주변부였던 라틴아메리카에서 발생한 68혁명은 중심부인 유럽이나 미국의 경우와는 달랐다. 파리와 버클리와는 달리 멕시코시에서는 400

세계체제의 위기는 첫 번째 탈식민화의 시기에 독립을 이루었던 라틴아메리카에 여전히 식민주의가 구조적으로 지속되고 있음을 드러냈다. 라틴아메리카의 탈식민적 전환을 통해, 한편으로는 라틴아메리카의 자생적 사유와 이론 – 종속이론, 해방신학, 해방 철학 등 – 이 등장했고, 다른 한편으로는 식민의 역사를 공유하는 지역 간에 탈식민화를 위한 대화를 모색하는 계기가 되었다.

10) 그 중심적인 위치에 있는 인물이 철학자 엔리케 두셀(Enrique Dussel)이다(송상기, 2008). 아르헨티나에서 태어나 유럽에서 공부하고 돌아온 엔리케 두셀은 1970년대 아르헨티나 군부 독재 시기에 멕시코로 이주했다. 유럽 비판 이론의 산실인 프랑크푸르트학파의 1세대 학자들은 모두 유태인 출신이었다. 초기 프랑크푸르트학파에게 연구를 위한 재정 지원을 한 사람은 호르크하이머의 친구였던 아르헨티나 출신의 유태인 펠릭스 와이스(Felix Weiss)였다. 와이스의 아버지는 아르헨티나의 대지주였고 밀 수출업자였다(Dussel, 2011). 이 논문에서는 두셀의 작업을 통해 해방 철학을 서술하되 해방 철학을 두셀의 개인적 성취로 한정하지 않는다.

명 이상의 학생과 노동자가 시위가 벌어졌던 틀라텔롤코(Tlatelolco) 광장에서 목숨을 잃었다. 아르헨티나에서는 옹가니아(Onganía) 군부독재 정권에 저항하는 노동자와 학생들에 의해 코르도바시가 점거되는 사태가 발생했다. 이러한 상황에서 해방 철학자들이 깨달은 것은 자신들이 전 지구적 남부(global South)의 포스트식민 주변부(post-colonial periphery)에 살고 있다는 사실이었다.[11] 앞에서 언급한 것처럼, 유럽의 비판 이론은 해방 철학에 많은 영향을 미쳤고 해방 철학의 전개 과정은 유럽의 비판 이론의 전개 과정과 밀접한 상관관계를 이룬다. 군부독재 정권이 라틴아메리카 전역을 장악하고 있던 시점에서 해방 철학자들이 유럽의 전체주의를 비판했던 마르쿠제(Herbert Marcuse)의 『일차원적 인간』을 읽었다는 것은 이론적인 면에서 유럽의 비판 이론에 의지하고 있었다는 사실을 보여준다. 그러나 해방 철학자들에게 영향력을 미친 또 다른 원천은 종속이론과 프란츠 파농(Frantz Fanon)이었다. 두셀은 『해방 철학』의 서문에 이렇게 썼다.

> 헤라클레이토스로부터 카를 폰 클라우제비츠와 키신저에 이르기까지 전쟁은 모든 것의 근원이다. 여기서 '모든 것'은 세계 지배자들이 그들의 권력과 군대로 통제하는 질서나 체제를 의미한다. 세계는 전쟁 중이다.

---

11) 전 지구적 남부는 지리적 위치가 아니라 정치적 위치이다. 즉, 남부는 자본주의 근대성이 초래하는 억압과 배제로 인해 고통 받는 지역을 가리킨다. 냉전 종식 이후 세계는 전 지구적 북부와 전 지구적 남부로 재편되었다. 북부/남부가 전 지구적이라는 것은 북부에도 남부가 존재(colonial North)하며 남부에도 북부가 존재(imperial South)한다는 것을 의미한다. 따라서 전 지구적 북부/남부라는 개념은 자본주의 근대성의 문제가 어느 특정한 지역에 국한되는 문제가 아니라 전 지구적 차원의 문제라는 것을 시사한다.

전쟁을 벌이는 사람들은 냉전이라고 말하지만 전쟁으로 고통 받는 사람들에게는 열전이다. 무기를 제조하는 사람들은 평화로운 공존이라고 말하지만 무기를 구매하고 사용해야만 하는 사람들에게는 피투성이의 실존이다. 전쟁터가 되는 공간, 전략적이고 전술적으로 적에게 승리하기 위해 연구되는 지리적 공간, 국경선으로 갈라지는 공간은 뉴턴 물리학의 추상적으로 관념화된 텅 빈 공간이나 현상학이 문제 삼는 실존적 공간과는 매우 다르다. …… 따라서 문제는 지정학적 공간이다. 북극이나 멕시코의 치아파스에서 태어나는 것은 뉴욕에서 태어나는 것과 다르다(Dussel, 1996: 1~2).

해방 철학이 유럽의 1세대 비판 이론과 공유한 것은 살아 있는 신체의 물질성이었다. 그 당시 세계 도처에서 일어나고 있는 퇴보의 씨앗이 계몽 개념 자체에 내장되어 있다고 믿은 호르크하이머와 아도르노(Theodor Adorno)는 마르크스주의 사상의 목적론적 근대화 노선과 결별하고 마르크스주의 전통에서는 자주 언급되지 않았던 살아 있는 신체의 관점으로 전환했다. 정통 마르크스주의는 초월적 형식의 관점에서 착취를 분석했다. 그러나 신체의 물질적 관점에서 보면 착취는 자본주의 사회의 생산과 재생산 과정의 신체의 물질적 조직화를 통해 이루어진다. 해방 철학은 이러한 전환을 변증법적 유물론에서 인류학적 유물론으로의 이행이라고 부른다.[12] 살아 있는 신체의 물질성이란 생명의 유지와 재생산을 위해 필요한 "빵, 자유, 그리고 일자리"를 의미한다(Dussel, 2001).[13] 유럽의 비판 이론과 해방 철학의 관점에서 살아 있는

12) 네그리와 하트는 이를 "비판의 현상학화(phenomenologization)", 즉 '마르크스주의적 소유 비판에서 신체의 현상학으로의 이행'이라고 부른다. 이러한 이행은 "비판과 그 대상의 관계를 신체들의 집단적 차원 내에 존재하는 물질적 장치(dispositif)로 간주하는 데로 옮겨가는 것을 의미한다."(네그리·하트, 2014: 56).

신체의 물질성은 착취받고 종속된 사람들의 '부정적(negative)' 물질성이다. 해방 철학은 주체성과 발화 위치의 관점을 통해 여기서 한 걸음 더 나아간다. 해방 철학이 포착하는 부정적 물질성은 중심부의 자본주의와 근대성, 유럽 중심주의에 의해 착취 받고 종속된 식민주의의 물질적 부정성이다.

> 우리에게 희생자는 더 이상 호르크하이머, 하버마스, 혹은 3세대 비판 이론이 주목하는 노동자, 아우슈비츠에서 희생된 유태인, 나치 치하의 시민, 여성, 혹은 복지국가의 위기에 직면한 노동계에 한정되지 않는다. 우리는 이들과 더불어 1492년 이래 전 지구화된 세계체제(World-System)의 희생자들도 생각한다. 라틴아메리카의 아시엔다(hacienda) 체제에서 착취당한 원주민들, 볼리비아의 포토시 광산에서 식민주의 자본주의의 첫 번째 세계통화였던 은을 캐기 위해 노예 노동을 했던 원주민과 흑인, 아열대 지역 플랜테이션 농장에서 혹사당한 아프리카 노예들, 정복자들의 첩 역할을 해야만 했던 원주민 여성들, 기독교의 세례를 받아야만 했던 어린 아이들이 그들이다(Dussel, 2011: 17).

두셀이 언급하는 희생자들은 호르크하이머로부터 마르쿠제, 아펠(Karl-Otto Apel), 하버마스에 이르기까지 비판 이론의 총체성 개념에 포함되지 않는다. 비판 이론의 존재론적 총체성에 대한 협소한 이해를 확장시킨 사람은 레비나스(Emmanuel Levinas)였다. 그는 『총체성과 무한(Totality and Infinity)』(1969)에서 타자성의 다면적 모습을 보여주었다. 가난한 사람은 경제적 타자이고, 과부는 에로스적 타자이며, 고아는 교육

---

13) 아르헨티나에서 벌어진 시위에서 시위 참가자들이 외쳤던 구호.

적 측면의 타자이다. 또한 외지인은 정치적 타자이다. 더 나아가, 레비나스는 타자를 주체의 전체성을 넘어서 있는 것, 규정할 수 없는 것이란 점에서 '무한자', '절대적 외부성'으로 규정했다. 레비나스의 절대 타자는 하이데거(Martin Heidegger)의 현존재(Dasein)의 세계를 넘어서는 혁명적이고 "체제전복적인 일탈(desorientación subversiva)"(Mendieta, 2001: 19)이었다. 두셀은 레비나스의 작업을 통해 헤겔의 변증법 대신에 초변증법(analéctica)을 제시했다. 타자의 절대적 초월성을 출발점으로 삼는 초변증법은 타자를 동일자의 그림자나 일그러지고 불완전한 이미지로 인식하지 않는다. 타자는 이미 경험되고 이해된 것 너머에 있다. 앞의 인용에서 파스(Octavio Paz)가 강조했던 것처럼, 동일자의 '자기 반영(auto-reflejo)'이자 '자기 투사(auto-proyección)'라는 점에서 변증법은 동일자가 타자를 강탈하는 전쟁이다. 변증법이 타자를 배제하고 말살하는 전쟁이라면 초변증법은 타자를 향해 열리고 타자와 연대를 희망한다(Dussel, 1996; 송상기, 2008). 그러나 레비나스의 성취에도 불구하고, 해방철학의 '발화 위치'에서 볼 때 레비나스의 존재론적 총체성은 크게 두 가지 점에서 유럽 중심주의의 맹목성(blindness)에 갇혀 있다. 한 가지는 유럽 중심주의적 존재론에는 위에서 인용한 전 지구적 타자성(global alterity)이 누락되어 있다는 것이다. 다른 한 가지는 타자를 주체로 보지 않고 여전히 대상으로 보고 있다는 것이다. 유럽 중심주의적 존재론은 타자가 갖는 '근본적인 외부성'을 이해하지 못하는 것이다. 이런 맥락에서 타자를 절대적 외부성으로 정의함으로써 동일자의 폭력을 비판한 레비나스도 '외부에 의한 사유'가 아니라 '외부에 대한 사유'에 머물러 있다고 말할 수 있다.[14] 이런 맥락에서 호르크하이머와 아도르노가

---

14) "심각한 문제는 레비나스 윤리학 역시 주체의 윤리학일 뿐이며, 주체만의 일방적

비판했던 도구적 합리성보다 더 심각한 계몽주의의 문제는 전제적이고 물신숭배적인 유럽 중심주의적 존재론이었다.[15)]

해방 철학이 유럽의 1세대 비판 이론으로부터 살아 있는 신체의 물질성과 부정성을 받아들였다면, 유럽의 2세대 비판 이론으로부터 받아들인 것은 담론 윤리(Discourse Ethics)였다. 아펠과 하버마스가 제시한 의사소통 공동체 모델은 의식 철학의 유아론적 패러다임을 극복할 수 있는 단서를 제공했다는 점에서 해방 철학에 커다란 영향을 미쳤다. 하버마스는 유럽의 1세대 비판 이론이 직면했던 근대성의 강압적 이성에 대해 회의하는 대신에 담론적 이성의 보편주의적 특성을 신뢰했다. '초근대성(Hypermodernity)', '두 번째 근대성(Second Modernity)' 혹은 '성찰적 근대성(Reflexive Modernity)'이라는 개념에서 드러나는 것처럼, 하버마스는 근대성을 근대화하려고 한다. 즉, 그는 근대성의 원리를 근대의 제도들에 성찰적 방식으로 적용함으로써 근대를 완성하려고 한다. 하버마스의 담론 윤리에는 항상-이미 언어 공동체의 존재와 공동체 참여자들의 대칭적이고 평등한 참여가 선험적으로 전제되어 있다.

윤리학이 된다는 것이다. 즉, 그는 주체에게 고통 받는 얼굴의 타인들을 환대하라고, 그 고통을 통해 자기를 초월하라고 정언명령을 내리지만, 그런 주체와 대-면하고 마주선 타인들은 대체 무엇을 해야 하는지 말해 주지 못한다. 타인은 윤리학적 행동의 대상일 뿐이다. 따라서 레비나스 윤리학에 타인들의 윤리는, 타인들이 취해야 할 윤리적 행위는 없다. 다만 그들은 주체가 자신들에게 어떤 윤리적 행위를 해주기만을 기다릴 수 있을 뿐이다"(이진경, 2009: 85).

15) 계몽주의는 존재론적으로 위계화된 세 가지 발화 지점을 규정했다. 첫 번째가 사이드(Edward W. Said)가 비판한 '오리엔탈리즘'이며, 두 번째는 '유럽 중심주의' 혹은 '옥시덴탈리즘(Occidentalism)'이고, 마지막 세 번째는 '남부 유럽(그리스, 이탈리아, 스페인, 포르투갈)'이라는 개념이다.

> 나와 너(우리와 너), 나와 그(우리와 그들) 사이의 균형 관계가 순수한 상호주관성을 가져온다. 대화가 무제한적으로 교환되기 위해서는 어느 언표자에게도 특권이 주어지면 안 된다. 의사소통 행위의 모든 참가자들에게 모든 정보와 지침, 주장, 규약들이 공평하게 배분될 때 순수한 상호주관성이 성립된다. 이러한 균형 관계가 존재하는 한, 의사소통 자체의 구조로부터 파생되는 문제점이 의사소통을 굴절시키지는 못할 것이다 (Habermas, 1970. 윤평중, 1990: 115에서 재인용).

해방 철학은 세 가지 측면에서 하버마스의 선험적 담론/의사소통 공동체의 한계를 지적한다. 첫째, 해방 철학은 모든 담론의 선험적 조건으로 작용하는 의사소통 공동체보다 '생명 공동체(a community of life)'를 우선시한다. 생명을 가진 개체는 스스로의 생존과 보존을 위한 최소한 조건을 필요로 한다. 둘째, 하버마스가 생활 세계라고 부르는 의사소통 공동체는 복합적이고 다층적인 배제(exclusion)와 외부성(exteriority)의 문제를 간과한다. 이 때문에 아펠과 하버마스는 담론의 정당화(justification)라는 문제와 적용(application)의 문제를 혼동했다. 셋째, 유럽의 1세대 비판 이론에서 주목했던 살아 있는 신체의 물질성이 또 다시 형식적인 차원으로 통합되었다는 점이다. 신체의 물질성을 배제함으로써 의사소통 공동체는 윤리의 근원을 왜곡했을 뿐만 아니라 윤리의 대상도 왜곡하는 결과를 가져왔다. 해방 철학이 아펠과 하버마스의 담론 윤리를 넘어서서 해방 윤리로 나아가는 것은 이 때문이다. 요약하자면, 해방 철학은 유럽의 1세대 비판 이론으로부터 물질성과 부정성을 배웠다. 물질성은 생명 공동체를 토대로 한다. 따라서 물질성은 '신체적-정동적-생태적-경제적-문화적(bodily-affective-ecological-economic-cultural)'이다. 부정성이란 부정적 물질성으로부터 출발하는 비판이다. 해방 철학이 유럽의 2세대 비판 이론으로부터 받아들인 것은 공동체적 상호 주체성에 바탕을 둔 담론성이다. 상호 주체적으로 참여하는 담론 공동체는 복합적인 사회적 현실을 이해하는 데 적절한 개념이다. 그러나 해방 철학은 유럽의 1세대와 2세대의 비판 이론을 뛰어넘어 '외부성(exteriority)'과 '비판적 담론성(critical discursivity)'을 제시한다(Dussel, 2011).

4. 트랜스모던 윤리학: 외부에 의한 사유와 정치

해방 철학이 유럽의 비판 이론을 뛰어넘으려고 하는 것은 또 다른 보편적 이론을 제시하려는 것이 아니라, 자신들이 위치한 전 지구적 남부(the global South)의 포스트식민 주변부로부터 사유하고 실천하려는 것이다. 푸코가 지적한 계몽의 태도를 실천하는 것, 즉 자신들이 위치한 곳에서 사회적 해방으로서의 지식을 실천하는 것이다. 비판은 보편적 가치를 갖는 형식적 탐구가 아니라, 스스로가 사유와 언술, 행위의 주체가 되는 일리(一理, situated and contextualized knowledge)의 실천이다. 일리란 '신체적-정동적-생태적-경제적-문화적' 물질성으로부터 도출되는 세계에 대한 이해이다. 이런 맥락에서 일리의 실천은 총체성 대신에 외부성을 주목하고, 대칭적이고 평등한 참여를 선험적으로 전제하는 대신에 억압된 자들의 공동체의 합의에 토대를 둔 비판적 담론성을 주목한다.

해방 철학이 유럽의 비판 이론과 '더불어', 유럽의 비판 이론을 '비판하는' 지점은 1970년대부터 본격화된 세계화(globalization)였다. 해방 철학과 유럽의 비판 이론의 세계화에 대한 인식은 크게 달랐다. 아펠이 담론 윤리를 구축하면서 주목한 것은 근대 과학과 기술이 지배하는 세계화의 현실이었다. 아펠은 근대 과학과 기술의 전 지구적 확산으로 인해, 한편으로는 전 지구적 규모의 도덕의 문제를 성찰할 수 있는 거시 윤리학(macroethics)이 어느 때보다도 필요하며, 다른 한편으로는 합리성과 가치중립적 과학이 동일시됨으로써 보편타당성을 유지해야 할 윤리의 근본이 흔들리는 것을 우려했다. 아펠의 담론 윤리의 관점에서 보면, 종교가 사적 주체성의 영역으로 흡수되면서 과학적 이성에 맞서는 합리성을 가질 수가 없는 것처럼, 윤리도 동일한 위험에 처해 있다. 아펠과 달리, 두셀은 일리의 관점에서 세계화를 바라본다. 두셀이 주목하는 것은 식민주의에서 벗어난 이후에도 여전히 신식민주의에 종속되어 있는 라틴아메리카와 제3세계의 현실이었다. 세계는 점점 더 상호 의존적으로 연결되고 있지만 권력관계는 여전히 비대칭적이라는 것이다. 두셀에게 비대칭적 권력관계를 토대로 하는 세계화라는 현실은 정치적이고 경제적인 문제일 뿐만 아니라 철학적이고 역사적인 문제였다. 식민 지배는 종족 살해(genocide)이며 인식 살해(epistemicide)였기 때문이다.

해방 철학은 반담론(counter-discourse)이며, 주변부에서 (그리고 희생자들, 배제된 자들로부터) 탄생한, 지구성(mundialidad)을 지향하는 비판 철학이다.[16] 해방 철학은 자신의 주변성과 배제에 대해 확실한 의식을 가지고 있으며, 그와 동시에 지구성을 지향한다. 해방 철학은 지난 5세기 동안 유럽 철학을 '중심-철학'과 동일시했던 (근대적이고 탈근대적인) 유럽 철학/

16) 스페인어 신조어(新造語)인 지구성(mundialidad)은 세계성(globality)과 다르다. 세계성이 16세기 이후 시작된 유럽 중심적인 근대적/식민적 자본주의 세계체제를 가리킨다면 지구성은 탈중심화된 대칭적 세계체제를 의미한다.

미국 철학에 도전한다. (a) 구체적인 유럽 철학, (b) 유럽이 행사했던 '중심'의 기능, (c) 엄격한 의미의 보편성을 구별하는 것은 근대가 시작되었던 시점부터 정확히 500년 동안 '중심주의'의 깊은 잠에 빠져 있었던 유럽 철학을 깨우는 것이다(Dussel, 1998: 71).

해방 철학이 주변성과 배제를 뚜렷이 인식하고 있으면서도 지구성을 지향한다는 것은 주변-철학인 해방 철학이 중심-철학이 되거나 중심-철학으로 편입되기를 바라는 것이 아니라, 중심-철학과 주변-철학의 관계를 초변증법적으로 변화시키는 것이다. 동일자가 타자들을 포섭하는 것이 변증법이라면, 초변증법은 동일자를 폐기하고 타자들 간의 관계를 통해 현실을 인식한다. 다시 말하자면, 중심-철학이 주변-철학(외부)에 대해 사유하는 것이 변증법이라면, 초변증법은 중심-철학을 폐기하고 '인식들'의 상호 구성적(co-constitutive) 관계를 통해 현실을 이해하는 것이다. 중심-철학과 (세계체제에서 억압받거나 배제된) 주변-철학이라는 이분법적 구분은 근대성이 만든 거대한 분할선(abyssal line)이다. 해방 철학의 관점에서 바라보면, 오늘날 우리가 경험하고 있는 변화는 '외부에 대한 세계화(globalization)'가 아니라 '외부에 의한 지구화(mundialización)'이다. '외부에 대한 세계화'가 비대칭적 권력관계에 의한 패권적 세계화라면 '외부에 의한 지구화'는 대칭적 권력관계에 의한 비패권적 지구화이다. 이런 맥락에서, 해방 철학이 지향하는 해방(liberation)과 프랑스 혁명이 지향했던 해방(emancipation)은 역사적 맥락이 다르다.[17]

---

17) emancipation과 liberation은 똑같이 해방을 의미하지만 역사적 맥락은 다르다. 양자의 차이를 드러내기 위해서 emancipation는 탈거(脫去, 구속 벗기)로, liberation는 해방으로 옮기기도 한다. 탈거가 정체성(identity)과 관련된다면 해방은 주체성(subjectivity)과 관련된다. "탈거가 정체성의 자유, 진정한 당신 자신(who

(아이티 혁명 6년 후인) 1810년부터 남아메리카에서 스페인과 포르투갈로부터 독립하기 위한 전쟁이 확산되면서 …… 스페인과 포르투갈의 후손들이 독립의 권리를 어느 정도 '인정'받는 것은 훨씬 용이했다. 그러나 …… 흑인과 물라토, 노예와 해방된 노예의 자유는 백인에게 '승인받아야만' 했다. 따라서 칸트의 언명은 단지 선택적으로만 적용될 뿐이다. …… 해방(emancipation)은 새롭게 등장한 사회계급인 부르주아에게 해당되었다. 부르주아는 대부분 백인이었으며 기독교의 우주관과 르네상스 시기의 대학에서 가르친 교과목을 배웠고, 대학이 곧바로 계몽 시기 대학으로 바뀌면서 칸트와 훔볼트를 중심으로 한 계몽주의 사상을 교육받았다. (특히 영국이나 독일보다 정교분리가 더 뚜렷했던 프랑스에서) 군주제와 교회라는 이중의 멍에에서 벗어나 경제적·정치적 자유를 얻은 세속적 부르주아와 부르주아 지식인들이 이번에는 세계의 다른 지역에 거주하는 비유럽인들을 해방시킬 권리를 손아귀에 쥐게 된 것이 계몽의 '해방'이 가져온 결과들 중 하나였다. 일반적으로 부르주아 노선은, 직접적이거나 간접적으로, 식민주의와 제국주의라는 두 가지 형태를 취했다(미뇰로, 2010: 113~114, 강조는 필자).

라틴아메리카와 아프리카, 아시아의 지정학적 관점에서 볼 때, 해방 철학의 해방(liberation)은 식민지 중상주의(16~17세기)와 식민지 자본주의(18세기 후반~20세기)의 역사와 떼어 놓고 생각될 수 없다. 프랑스 혁명이 부르주아의 해방을 목표로 했다면, 해방 철학은 전 지구적 남부의

---

you really are)일 수 있는 자유를 추구하는 데 반해, 해방은 자기결정과 자기 변형의 자유, 당신이 앞으로 될 수 있는 바(what you can become)를 결정할 수 있는 자유를 목표로 한다. 정체성에 고정된 정치는 주체성의 생산을 중단시킨다. 이와 달리 해방은 주체성 생산에 관여하여 그것을 장악해서 그것이 계속해서 앞으로 나아가도록 해야 한다"(네그리·하트, 2014: 453~454, 강조는 저자).

하위 주체의 해방을 지향한다. 두셀은 철학을 유럽 중심주의로부터 해방시키기 위해 역사적 관점에서 근대성과 세계화를 재해석한다. 근대성은 소위 '유럽의 기적'이나 '유럽의 흥기'로 명명되는 유럽 내재적 현상이 아니라, 유럽이 아메리카의 발견으로부터 시작된 근대/식민 자본주의 세계체제의 패권을 장악한 사건이다. 이런 맥락에서 라틴아메리카 근대성/식민성/탈식민성 연구 그룹의 학자들은 "식민성은 근대성을 구성하기 때문에 식민성 없이는 근대성도 없다"고 주장한다.[18]

세계 지배 역사는 근대성으로부터 기원한다. 테일러(Charles Taylor), 툴민(Stephen Toulmin), 혹은 하버마스 같은 사람들은 근대성을 소위 제3세계와는 아무런 관련이 없는 유럽의 독자적인 사건으로 이해한다. 따라서 이런 이론가들은 근대성을 설명하기 위해 유럽 고대 사상가들과 미국의 저자들과 사건들만을 거론한다. 나는 이들과 달리 근대성은 의심할 바 없이 유럽에서 태동되기는 했지만 비유럽과의 변증법적 관계에서 기원한다고 주장한다. 근대성이 출현할 수 있었던 것은 유럽이 초기 세계-체제를 조직하고 동등하게 근대성을 구성한 주변부를 억압함으로써 스스로를 세계-체제의 중심에 놓았기 때문이다. 스페인과 포르투갈의 세기였던 15세기 말부터 17세기 초에 탄생한 주변부를 망각하는 것은 근대성을 이해하는 유럽 중심주의적 오류(Eurocentric fallacy)이다. 근대성에 대한 탈근대적 비판과 근대성에 대한 하버마스의 옹호가 똑같이 일방적이고 부분적으로 틀린 것은 근대성을 부분적이고, 국지적이며, 지방적인 관점에서 이해했기 때문이다

18) 근대성/식민성/탈식민성(Modernity/Coloniality/Decoloniality) 연구 그룹은 라틴아메리카 학자들과 라틴아메리카 출신으로 미국에서 활동하는 학자들로 이루어진 연구 그룹이다. 이에 대해서는 김은중(2013)을 참조.

(Dussel, 1995: 9~10).

근대성을 미완의 기획으로 주장하는 사회민주주의 이론가들이 근대성의 한계를 성찰적 근대성으로 돌파하려고 한다면, 탈근대 이론가들은 계몽주의의 파괴적 결말과 이성의 무능을 비판하면서도 근대성 안에서 근대성을 회의할 뿐이다. "'위기'의 철학자들은 계몽주의적 사유의 지배적 노선과 그 유럽 중심주의의 확고한 몰락을 (아마도 어떤 경우에는 제대로 이해하지 못한 채로) 정확하게 포착하지만, 계몽주의 비판이라는 무덤을 관할하는 가운데 허약한 사고와 유미주의만을 제시할 뿐이다" (네그리·하트, 2014: 175). 두셀은 근대성에 대한 비판이 차이를 비정치적으로 향유하고 비유럽적인 문제의식과 관심사, 변화를 위한 제안을 외면한다는 점에서 유럽의 비판 이론이 제시하는 성찰적 근대성이나 탈근대성 대신에 트랜스모더니티(trans-modernity) 개념을 새롭게 제시한다.

트랜스모더니티는 두 가지를 전제한다. 첫 번째 전제는 '세계에 대한 이해(the understanding of the world)'가 '세계에 대한 서구의 이해(the Western understanding of the world)'보다 훨씬 더 광범위하다는 것이다. 이러한 전제는 세계의 변혁이 마르크스주의를 포함한 서구의 비판적 사유가 예견한 방식과 다르게 진행되어야 한다는 것을 의미한다. 두 번째 전제는 세계가 무한히 다양하다는 것이다. 세계는 존재하고 사유하고 느끼는 방식, 시간을 인식하는 방식, 인간과 인간의 관계와 인간과 비인간(non-humans)의 관계를 인식하는 방식, 과거와 미래를 인식하는 방식, 집단적 삶을 조직하는 방식 등에 따라 달라지기 때문이다. 따라서 '세계'가 존재하는 것이 아니라 '세계들'이 존재한다. 트랜스모더니티의 관점에서 보면 근대 역사는 '세계에 대한 서구의 이해'가 '세계에 대한 광범위하고 다양한 이해들'을 억압하고 배제하고 은폐한 역사이다.[19] 근대성이 만든 거대한 분할은 '세계에 대한 광범위하고 다양한 이해들'을 미신이거나 문화적 믿음 정도로 취급했다. 이런 맥락에서 트랜스모더니티는 근대성을 하나의 권력관계로 이해하며, 지배와 저항의 권력관계에서 트랜스모더니티는 해방 철학이자 해방 윤리학이며 해방 정치학이다.[20]

해방 철학과 해방 윤리학, 해방 정치학이라는 학문적 영역의 경계(discipline)와는 관계없이 해방의 기획의 중심에는 '희생자, 가난한 사람, 노동자, 노예, 거리의 아이들, 억압받는 여성들, 인종, 계급'(이하 희생자로 표현)이 자리 잡고 있다(조영현, 2012). 희생자의 생명과 삶은 취약하고 부서지기 쉬우며, 무방비고 버려졌으며, 훼손되고 고통을 겪고 있다. 오늘날 자본주의와 근대 문명이 '헤게모니 없는 지배(Dominance without Hegemony)'의 상황에 직면한 것은 많은 사람들을 희생자로 만들 뿐만 아니라, 그들의 존재를 은폐하고 망각하기 때문이다.[21] 이런 맥락에서

---

19) 포르투갈 사회학자 산투스는 '세계에 대한 광범위하고 다양한 이해들'을 "남부의 인식론들(epistemologies of the South)"이라고 부른다(Santos, 2016).

20) 두셀은 1970년대 초반부터 윤리학 연구에 천착했다. 그 첫 번째 결과가 『라틴아메리카 해방윤리학을 위하여(Para una ética de la liberación latinoamericana)』(1973~1980) 시리즈였다. 이 시리즈 집필 중간에 출간한 『해방 철학』(1976)과 『윤리학과 공동체(Ethics and Community)』(1986), 『모더니티의 이면(The Underside of Modernity)』(1996)에서 윤리학을 다시 다뤘다. 『세계화와 배제의 시대의 해방윤리학(Ética de la liberación en la edad de la globalización y de la exclusión)』(Dussel, 1998)은 앞선 연구의 종합판이다.

21) 그람시(Antonio Gramsci)는 헤게모니를 동의에 의한 지배로 규정하고 헤게모니를 지도(leadership)의 동의어로, 지배(dominance)의 반의어로 사용했다. 구하(Ranajit Guha)는 그람시의 헤게모니 개념을 지배와 종속의 관계로 일반화하고 지배를 강제(coercion)와 설득(persuasion)으로, 종속을 협력(collaboration)과 저항(resistance)으로 구성되는 것으로 설명했다. 구하에 따르면, 강제 없이 설득만 있는 지배는

해방의 기획으로서 트랜스모더니티는 무엇보다 먼저 물질적인 차원에서 생명 공동체 안에서 인간 생명의 생산과 재생산을 추구한다. 이것이 해방 철학과 유럽의 1세대 비판 이론이 공유한 신체의 물질성이다. 여기서 한 걸음 더 나아가 해방의 기획은 비인간(non-human) 생명의 생산과 재생산을 추구한다. 또한 해방의 기획은 형식적인 차원에서 의사소통 공동체의 모든 참여자들의 상호 인정으로부터 출발하며 대칭적 권력관계를 위한 도덕적 필요조건을 수용한다. 더 나아가 해방의 기획은 억압받고 은폐되고 망각된 희생자의 공동체에 참여한다. 희생자는 유럽의 비판 이론의 외부성으로 존재한다.

해방의 기획으로서 트랜스모더니티는 현 상태를 변화시켜 새로운 질서를 구축하는 실현 가능하고 수행 가능한 방법을 모색한다. 트랜스모더니티가 모색하는 실현 가능하고 수행 가능한 방법은 '외부에 대한 사유와 실천' 대신에 '외부에 의한 사유와 실천'이다. '외부에 대한 사유와 실천'이 추상적이고 단성(單聲)적인 유일 보편성(uni-versality)을 내세운다면 '외부에 의한 사유와 실천'은 다보편성(pluri-versality)을 지향한다. 해방 철학이 초기부터 그랬던 것처럼, 트랜스모더니티는 식민성의 권력에 저항하고 해방을 위해 분투하는 주체성들의 존재와 능력을 지지한다. 트랜스모더니티가 지지하는 주체성들은 근대성에 저항하는 반근대성의 힘이며 현실을 새롭게 창조하는 유연성과 가능성의 힘이다. 푸코의 말을 빌리자면, 아직 규정되지 않는 자유의 영역을 최대한도로 확장시키는 힘이다. '세계에 대한 서구의 이해'가 '오직 하나의 세계만이

없고, 협력 없이 저항만 있는 종속도 없으며, 그 역도 마찬가지이다. 구하는 식민주의와 식민국의 지배를 '헤게모니 없는 지배'로 규정하고 식민주의와 식민국에서는 항상 설득의 요소보다 강제의 요소가 우세했음을 강조했다(Guha, 1997). 세계화의 과정에서 강제의 요소는 더욱 강화되고 있다.

존재하는 세계(a World where only a world fits/uni-verse)'라면, 트랜스모더니티가 이해하는 세계는 '많은 세계가 포함되는 하나의 세계(a World where many worlds fit/pluri-verse)'이다.[22] 많은 세계가 포함되는 하나의 세계란 새로운 세계가 아니라, 항상-이미 존재했지만 식민성에 의해 억압되고 은폐되어 있던 세계들을 포함하는 세계이다. 다시 말해, 많은 세계가 포함되는 하나의 세계란 인류가 기본적인 윤리적 원리를 분별할 수 있는 토대로 작용하는 공동성(communality)의 세계이다. 공동성은 많은 세계를 포함하는 하나의 세계를 의미하고 공동성에 포함되는 많은 세계는 차이를 갖는 일리의 세계들이다. 해방(emancipation)을 통해 근대성이 도달하고자 하는 세계가 추상적 이성의 계단을 밟고 올라가는 하나의 세계(uni-verse)라면, 해방(liberation)을 통해 트랜스모더니티가 추구하는 세계는 일리의 세계들로 구성되는 복수의 세계(pluri-verse)이다.

신자유주의는 '대안은 없다'는 신탁(神託)을 선포했다. 냉전이 종식된 이후 '역사의 종언'이라는 또 다른 신탁이 선포되었다. 그러나 2001년 브라질 포르투 알레그레에서 시작된 세계사회포럼은 '다른 세계는 가능하다(Another world is possible)'라고 선언했다. 트랜스모더티는 '다른 세계들은 이미 가능하다(Other worlds are already possible)'라고 말한다. 이미 가능한 다른 세계들은 일리의 세계들이다.

22) 멕시코 사파티스타 민족해방군의 슬로건이다. http://www.ezln.org/documentos/1999/19991026.es.htm

참고문헌

김원식. 2007.「근대성의 역설과 프랑크푸르트학파 비판이론의 전개」. ≪사회와철학≫, 14, 35~64쪽.

김은중. 2013.「라틴아메리카 '이후': 근대성의 패러다임에서 탈식민적 패러다임으로」.『트랜스라틴: 근대성을 넘어 탈식민성으로』. 이숲.

네그리, 안토니오·마이클 하트. 2014.『공통체』. 정남영·윤영광 옮김. 사월의책.

라투르, 브루노. 2009.『우리는 결코 근대인이었던 적이 없다』. 홍철기 옮김. 갈무리.

미뇰로, 월터. 2010.『라틴아메리카, 만들어진 대륙』. 김은중 옮김. 그린비.

베버, 막스. 2010.『프로테스탄스 윤리와 자본주의 정신』. 김덕영 옮김. 길.

블로트, 제임스 M. 2008.『유럽중심주의를 비판한다』. 박광식 옮김. 푸른숲.

송상기. 2008.「엔리케 두셀의 해방 철학과 전 지구화 시대의 비판윤리」. ≪이베로아메리카≫, 10(1), 1~31쪽.

신충식. 2010.「푸코의 계보학적 접근을 통한 통치성 연구」. ≪정치사상연구≫, 16(2), 131~167쪽.

윤평중. 1990.『푸코와 하버마스를 넘어서: 합리성과 사회비판』. 교보문고.

이진경. 2009.『외부, 사유의 정치학』. 그린비.

조영현. 2012.「엔리케 두셀의 해방정치철학에 대한 연구: 생명, 희생자, 그리고 민중 개념을 중심으로」.『라틴아메리카의 전환: 변화와 갈등(하)』. 서울대 라틴아메리카연구소 엮음. 한울, 84~116쪽.

칸트, 임마누엘. 2009.『칸트의 역사철학』. 이한구 옮김. 서광사.

트루요, 미셸-롤프. 2011.『과거 침묵시키기: 권력과 역사의 생산』. 김명혜 옮김. 그린비.

파스, 옥타비오. 1999.『흙의 자식들 외: 낭만주의에서 전위주의까지』. 김은중 옮김. 솔.

Dussel, Enrique. 1995. *The Invention of the Americas: Eclipse of "the Other" and the Myth of Modernity*. New York: Continuum.

_____. 1996. *Filosofía de la liberación*. Bogotá: Nueva América.

_____. 1998. *Ética de la Liberación en la edad de globalización y de la exclusión*. Madrid: Editorial Trotta.

_____. 2001. *Hacia una filosofía política crítica*. Bilbao: Editorial Desclée de Brouwer.

_____. 2011. "From Critical Theory to the Philosophy of Liberation: Some Themes for Dialogue." *Transmodernity,* 1(2), pp.16-43.

Foucault, Michel. 1984. *The Foucault Reader*. Paul Rabinow(ed.). Pantheon Books: New York.

Guha, Ranajit. 1997. *Dominance without hegemony: history and power in colonial India*. Cambridge, MA: Harvard Univ. Press.

Habermas, Jürgen. 1997. "Modernity: An Unfinished Project." in Maurizio Passein(ed.). *Habermas and the Unfinished Project of Modernity*. Cambridge: MIT Press, pp.38~58.

Levinas, Emmanuel. 1969. *Totality and Infinity: an essay on exteriority*. trans. by Alphonso Lingis. Pittsburgh: Duquesne University Press.

Mendieta, Eduardo. 2001. "Política en la era de la globalización: Crítica de la razón política de Enriqu Dussel." in Enrique Dussel. *Hacia una filosofía política crítica*. Bilbao: Editorial Desclée de Brouwer, pp.15~39.

Paz, Octavio. 1973. *El signo y el garabato*. México: Editorial Joaquín Mortiz.

Santos, Boaventura de Sousa. 2016. *Epistemologies of the South: Justice against Epistemicide*. London and New York: Routledge.

제2장

해방 철학과 수막 카우사이 비교연구

유토피아적 관점을 중심으로*

조영현 부산외국어대학교 중남미지역원

1. 들어가는 말

라틴아메리카는 '신세계'라고 불렸을 때부터 유토피아적 요소를 내포하고 있었다. 중세를 거치는 동안 구대륙이 타락하고 죄악으로 물든 절망적인 공간이라는 인식이 있었기 때문이다. 대조적으로 신대륙은 순수성이 살아 있는 '신천지'요 '희망의 땅'으로 명명되었다. 이런 면에서 라틴아메리카는 유럽인들에게 발견되기 전부터 꿈꾸어진 대륙이었다.

라틴아메리카의 역사 속에서 우리는 유토피아적 요소를 많이 발견할 수 있다. 엘도라도, 바스코 데 키로가(Vasco de Quiroga)의 산타페 공동체, 예수회의 '레둑시온(reducción)', 투팍 아마루(Túpac Amaru)의 잉카 제국 재건 시도, 해방을 위한 시몬 볼리바르(Simón Bolívar)와 산 마르틴(San

* 이 글은 ≪이베로아메리카연구≫ 29권 1호(2018)에 발표한 필자의 논문을 총서 취지에 맞게 수정 보완한 것이다.

Martín)의 독립운동, 멕시코 혁명, 쿠바 혁명과 니카라과 혁명, 사파티스타의 출현 등이 모두 새로운 질서와 사회를 건설하고자 하는 비전을 제시하고 그 실현을 위해 투신한 일종의 대안 사회 프로젝트라 할 수 있다. 이런 의미에서 보면 이 지역 사상가들이 말하는 '라틴아메리카는 유토피아의 실습장'이었다는 말이 무슨 의미인지 알 수 있다. 사파티스타 운동처럼 지금도 계속적으로 새로운 사회 건설을 위한 다양한 시도들이 이루어지고 있기 때문이다. 따라서 라틴아메리카에서 유토피아 문제는 과거의 일이 아닌 현재 진행형이란 특징을 보인다.

이 글은 라틴아메리카의 디스토피아적 현실을 성찰하고 그것을 극복해보려는 노력 속에서 등장한 해방 철학과 수막 카우사이를 유토피아라는 전망에서 비교한다. 먼저 새롭게 논의되고 있는 현대적 의미의 유토피아를 이론적 측면에서 점검할 것이다. 그리고 유토피아의 전망에서 라틴아메리카 사상사에서 중요한 위상을 차지하는 해방 철학과 수막 카우사이(Sumak Kawsay) 담론의 공통점과 차이점이 무엇인지 두 담론의 대표적인 개념인 트랜스모더니티(Transmodernity)와 다민족성(Plurinationality) 개념을 중심으로 살펴볼 것이다. 부가적으로 두 사상과 관련된 상호문화성, 타자와 희생자의 관점, 공생과 공동체 지향성, 생명 존중과 파차마마도 언급할 것이다. 이를 통해 트랜스모더니티와 다민족성을 구현하려는 다민족국가 모델과 상호문화성이 현재의 디스토피아적 현실을 변혁하는 유토피아적 특성이 있음을 드러낼 것이다.

2. 유토피아에 대한 이론적 고찰

유토피아의 원뜻은 '아무데도 존재하지 않는 곳'이지만, '더 나은 곳'

을 꿈꾸고 희망하기 때문에 이상향을 가리키기도 한다. 이 용어는 영국의 대법관 토마스 모어(Thomas More)가 쓴 『유토피아』라는 문학작품에서 유래했다. 한마디로 말해 유토피아 개념은 인간의 필요와 욕구를 만족시키지 못하는 현실 때문에 생겨난 것이다. 거부의 대상이 된 사회, 즉 현실 사회나 체제에 대한 비판을 담고 있다. 동시에 인간이 원하는 어떤 종류의 사회, 즉 소망의 대상이 된 사회를 드러내기도 한다. 즉, 거부된 사회 모델이나 바람직한 사회 모델과 관련된 용어라고 할 수 있다.

먼저 사상으로서의 유토피아는 고대 그리스 플라톤의 성찰 속에 나타났으나 16세기 영국의 현실을 성찰하면서 재출현했다. 토마스 모어는 그의 작품을 통해 개인의 탐욕과 계급 간의 불평등이 지배하는 초기 영국 자본주의 현실을 비판했다. 기독교적 가치에 뿌리를 둔 그의 사상 속에는 평등 지향적인 요소가 자리 잡고 있었다. 이것은 후일 19세기에 태동되는 공산주의 사상에도 깊은 영향을 끼쳤다.[1)]

'아무데도 존재하지 않는 곳'이란 개념은 유토피아와 '비현실'이란

---

1) 마르크스는 과학적 근거가 취약한 망상으로서의 유토피아를 비판했다. 그러나 마르크스도 긍정적 의미의 유토피아의 필요성을 인정했다. 마르크스주의와 레닌주의 속에도 유토피아적 요소가 적지 않다는 것은 이미 잘 알려진 사실이다. 국가 해체의 약속, 사회주의 사회로의 변혁 실천, 프롤레타리아 혁명, 계급 없는 사회 등이 그것이다. 1917년 볼셰비키 혁명은 유토피아의 구체적 장소로 사회주의 실현을 약속하면서 시작되었다. 이처럼 실제 프로젝트로서의 유토피아 사상은 먼저 사회주의 유토피아로 구체화되었다. 이런 공산주의나 사회주의 유토피아가 라틴아메리카에서 1950년대 이후 다시 활력을 가지고 등장했다. 계급 간 불평등의 심화와 저발전, 그리고 제국주의의 영향 때문에 자본주의에 대한 반발이 확산되자 사회주의에 대한 기대가 증가했다. 당시에는 이 대륙의 많은 사람들이 '다른 세계'에 대한 갈망으로 사회주의를 지향하고 있었다.

단어가 결합되도록 만들었다. 따라서 유토피아가 허구, 더 나아가 현실이 아닌 환상이나 망상과 관련된 개념이라는 생각과 이미지를 확산시켰다. 그러나 동시에 토마스 모어의 작품은 다른 사유의 움직임을 자극했다. 그것은 그가 현실 사회의 모순이 극복된 세상을 묘사하고 그렸기 때문이다. 유토피아는 아직 완성된 형태로 존재하지 않지만 앞으로 실현될 수 있는 열린 가능성을 내포하고 있다. 유토피아 사상의 전문가인 욜렌 딜라스-로세리외(Yolène Dilas-Rocherieux)는 토마스 모어의 유토피아 개념이 지닌 장점과 미래 개방적 특징을 다음과 같이 서술했다.

> 『유토피아』의 구성과 내용을 검토해보면 토마스 모어의 몫을 확정할 수 있을 것이다. 모어는 가능성에 대해 열린 태도를 취했으며 실현 가능한 지상 낙원의 이미지를 수 세기에 걸쳐 고착화시키게 된 특출한 도구를 발명했던 것이다. 물론 모어가 전체주의적 의지를 갖고 있었다거나 공리주의 교리의 강화에 책임이 있는 것은 아닐까 하는 의심도 가능하다. 현실과 상상으로 유토피아를 만들어낸 모어는 그 당시까지는 생각도 할 수 없었던 사회의 모습을 그럴듯하게 만들었으며 집단적 행복에 대한 이상이라는 미래의 기억을 역사에 영원히 아로새겼던 것이다(딜라스-로세리외, 2007: 33).

여기서 가능성에 대한 열린 태도는 미래로의 개방성을 의미한다. '아무데도 존재하지 않는 곳'을 의미하는 유토피아의 어원적 의미와 『유토피아』 작품 자체가 지시하는 것을 분리해서 생각해야 토마스 모어의 의도를 더 잘 이해할 수 있다. 토마스 모어에게 유토피아는 한 사회의 구성원들이 희망하고 지향하려는 '사회적 꿈'과 관련된다. 다른 말로 하면 대안 사회라고 할 수 있다. 유토피아는 현 체제나 질서가 위기에 빠졌거나 전환이 필요할 때, 즉 현실이 암흑처럼 느껴질 때 대안 사회를 제시하는 측면이 있다. 유토피아 개념 속에는 '대안적 세계', 대안 사회를 추구하도록 자극하고 거기에 도달하기 위한 행동에 활력을 불어넣는 매혹적인 힘이 내포되어 있다. 20세기에 이러한 유토피아의 기능을 성찰하고 설득력 있게 설명해낸 철학자가 에른스트 블로흐(Ernst Bloch)이다. 그는 유토피아를 "자유를 추구하는 인간의 경향에 의해 설계된 것(블로흐, 1995b: 117)"이라고 주장했다. 유토피아를 인간의 삶과 이상이 결부된 것으로 파악하고 인간 본성의 하나인 희망과 연결시켰다. 그는 인간의 무의식과 희망의 개념을 접목시켜 유토피아의 현실 변혁 능력과 혁명적 측면을 설명했다.[2]

블로흐는 먼저 유토피아를 두 가지로 구분했다. 첫째는 '추상적 유토피아(Utopía abstracta)'이다. 이것은 삶과 현실을 변혁시킬 수 없는 천년왕국설의 꿈같은 것으로 단순한 망상을 가리킨다. 일종의 부정적 유토피아로 '밤에 꾸는 꿈'이다. 둘째는 앞에 언급한 것과 반대되는 '구체적 유토피아(Utopía concreta)'이다. 이것은 밤에 몽롱한 상태에서 꾸는 비현실적인 꿈과 구분되는 '낮에 꾸는 꿈(Sueño diurno)'이다. 따라서 이 꿈은 깨어 있는 가운데서 꾸는 꿈이다. 현실적으로 가능한 무엇을 지향하고 달성하도록 해주는 집단적 희망과 관련된다(블로흐, 1995a: 278). 블로흐

---

2) 특히 이데올로기와 유토피아를 비교하면서 유토피아의 현실 변혁 능력을 강조했다. 왜냐하면 유토피아나 이데올로기 모두 각각의 사회 내부에서 현실에 대한 비전을 담고 있기 때문이다. 차이가 있다면 이데올로기가 현실에 대한 긍정을 내포한 반면, 유토피아는 현실 변혁에 더 강조점을 둔다는 점이다. 블로흐는 "이데올로기는－원형들, 이상들 그리고 알레고리 및 상징들과 달리－기존하는 현실에 반대되는 면모를 지니고 있지 않다. 그렇지만 그것은 기존 현실 상황을 미화하고, 응축시키며, 완전화하고, 거기에 의미를 부여함으로써 기존의 특성을 더욱더 공고히 하고 있다(블로흐, 1995a: 284)"고 주장했다.

에게 이 '구체적 유토피아'는 존재하지 않는 공상 속의 장소가 아니라 세계 내에서 실현이 가능한 것이다. 이 유토피아는 디스토피아적인 현실을 전적으로 전복시킬 수 있는 현실적 가능성과 접목된다. "반드시 그렇게 되지 않으면 안 된다"라는 '기대 지향', 즉 희망을 내포한다(블로흐, 1995a: 277~279). 블로흐는 이 점을 다음과 같이 설명했다.

> 그렇다면 유토피아로 기능하는 특정한 판타지는 단순한 환상들과 어떻게 다를까? 그것은 장차 무엇인가를 기대할 수 있는 '아직 존재하지 않는 것'을 내포하고 있다는 점이다. 유토피아로 기능하는 판타지는 공허한 가능성 속에서 배회하고 길 잃은 게 아니라, 어떤 현실적 가능성을 심리적으로 선취하는 행위이다. (지금까지 언제나 강조한 바 있지만) 깨어 있는 꿈 가운데에서도 현실적으로 가능한 무엇을 선취하게 해주는 꿈이 분명한 선선함을 가져다준다(블로흐, 1995a: 274).

블로흐는 유토피아를 합리적인 측면을 지닌 역사적 운동 속에 담겨 있는 현실적 구상, 혹은 프로젝트와 연결시켰다. 이 유토피아는 현실을 비판하게 하고 꿈꾸는 세계를 보여줌으로써 나갈 방향을 제시하는 프로젝트와 같은 역할을 하는 것이다. 따라서 그에게 유토피아는 도달해야 하는 목표라기보다 행동을 유도하는 실천(Praxis)에 정향된 개념이다.

유토피아에 대한 블로흐의 참신성은 유토피아를 어떤 장소로 파악하기보다 시간적 측면으로 해석한 데 있다. 그는 유토피아를 '미래 지향적 시각'의 선상에서 그려냈다(정광일, 2007: 25). 그에게 유토피아는 '아직(todavía)' 완성된 것은 아니지만 '이미(ya)' 일부는 현재에도 맛보거나 약간은 체험해볼 수 있는 어떤 것으로 묘사된다. 현실은 언제나 미래와 연결되어 있다. 유토피아는 미래를 현재로 끌어오도록 하는 능력이 있다. 블로흐의 구체적 유토피아는 앞서서 드러내고 현재의 혼란과 위기 속에서 다른 세상의 도래를 준비하고 조직하는 능력, 즉 잠재력이 있는 것으로 그려진다. '아직 아니'라는 것은 실현 불가능성을 강조하는 말이 아니라, 실현 가능성에 대한, 그리고 다가올 도래에 대한 기다림을 강조하는 것이다. 블로흐에게 유토피아는 '아무데도 존재하지 않는 곳'이 아니라 오히려 역사적이고 실현 가능한 것을 추구하는 인간의 전적인 활동을 구성하는 요소인 것이다(Cecillia Dinerstei, 2016: 356).[3)]

에른스트 블로흐의 『희망의 원리』에서 영감을 받은 페루의 신학자 구스타보 구티에레스(Gustavo Gutiérrez)는 자신의 저작 『해방신학』에서 구원과 해방, 종말론적 약속, 하느님 나라, 신앙과 정치활동 등의 주제들을 연결하는 개념으로 유토피아를 상정했다(구티에레스, 1977: 302~303). 구티에레스는 해방된 새로운 세상, 다른 세계를 꿈꾸고 희망하는 라틴

---

3) 그럼에도 유토피아 개념이 다의적으로 쓰이면서 개념적 혼란을 초래한다고 보고 '세계 체제론'의 창시자인 이매뉴얼 월러스틴(Immanuel Wallerstein)은 '유토피스틱스(Utopistics)'라는 용어를 제안했다. 블로흐의 '구체적 유토피아' 개념을 잘 살리고 있는 이 용어는 "가능한 역사적 대안에 대한 탐구"를 의미한다. 블로흐의 유토피아 개념에서 '추상적 유토피아', 즉 공상향(空想鄉) 개념을 기존의 유토피아라는 용어로 묶어두고, '구체적 유토피아'의 개념을 유토피스틱스로 대체한 것이다. 추상적 의미의 유토피아가 환상을 길러내며, 따라서 필연적으로 환멸을 낳기 때문이다. 영어의 '-istics'라는 어미는 지식 활동을 나타내기 때문에 본격적인 개선을 이룰 가능한 길에 대한 지식 활동을 가리킨다. 따라서 유토피스틱스는 개량주의적인 잔손질이 아닌 사회질서를 본격적으로 변혁하는 것을 의미한다(월러스틴, 1999: 11~16, 193~195). 이 새 용어는 현실과 가까운 장래에 현실적으로 실현 가능한 세계에 대한 탐구와 지향을 내포한다. 사파티스타의 용어로 하면 실현 "가능한 다른 세계" 프로젝트를 이루기 위해 실천한다는 의미이다. 그는 특히 역사적으로 실천 가능한 자본주의에 대한 대안으로 유토피스틱스를 상정했다. 월러스틴은 이 용어를 학술적 차원을 넘어 반체제운동이나 사회운동과 연결시켰다.

아메리카 사람들의 열망과 이 지역 유토피아 전통을 연결시켰다(조영현, 2009: 185).

필자가 이 논문에서 사용하는 유토피아 개념은 블로흐 이후 확산되고 있고 재해석된 현대적 의미의 유토피아 개념이다. 다시 말하면, 아직 실현되지는 못했지만 객관적으로 현실에서 실현 가능한 대안 세계 구상 프로젝트인 것이다. 여기서 유토피아는 향수(nostalgía)가 아니라 새로운 제안(propuesta)에 가깝다. 따라서 현실성을 결여한 것, 비합리적인 것, 환상적인 것을 추구하는 것이 아니라 '현재'와는 질적으로 다른 지상에서 실현 가능한 '대안 세계'를 건설하려는 열망을 조직화해내고 실천을 유도하는 구상을 의미한다. '다른 세상'은 단순한 과학적 이론과 설명만으로는 이룩할 수 없다. 감정의 동물인 인간에게는 상상력과 희망이 현실과 결합할 때 적극적인 행동을 이끌어낼 수 있기 때문이다. 오늘날 다양한 분야에서 대안 사회와 사회변혁을 위해 유토피아의 귀환을 더욱 요청하고 있다. 이 유토피아는 민중의 희망을 조직화하며 실천을 자극하기 때문이다. 이 유토피아는 역사를 추동하는 역동성, 현실에 저항하는 비판성, 사회변혁과 대안성, 상상력이 반영된 창조성 등의 다양한 기능을 함축하고 있다(조영현, 2009: 190).

3. 해방 철학과 트랜스모더니티

1) 해방 철학의 등장 배경과 정의

해방 철학은 쿠바 혁명의 성공 이후 라틴아메리카를 휩쓸던 해방과 탈식민적 성격을 지닌 사회변혁 운동에 영향을 받으면서 형성되었다.

철학적 담론 때문에 출현했다기보다는 해방 실천에 투신한 사람들의 구체적 요구들을 성찰하면서 그것들을 이론화해야 할 필요성 때문에 등장했다. 1960년 중후반 형성된 라틴아메리카 고유 이론이나 사상에 직접적인 영향을 받았다. 특히 종속이론, 해방신학, 해방의 교육학으로 불리는 파울로 프레이리(Paulo Freire)의 '억눌린 자들의 교육학' 등은 해방 철학 형성에 자극제가 되어주었다.

우고 오르테가(Hugo Ortega)의 주장에 따르면, 다음 세 가지 중요한 경향이 합류하면서 해방 철학이 형성되었다(Cerutti Guldberg, 1992: 50~52). 첫째는 레오폴도 세아(Leopolodo Zea)로 대표되는 멕시코 철학자들 사이에 유행하던 라틴아메리카의 고유한 철학에 대한 탐구와 관련이 있다. 세아는 라틴아메리카 역사를 철학적으로 사유하면서 사상사를 구축하려고 시도했다. 이런 논의는 결국 레오폴도 세아와 페루의 살라사르 본디(Salazar Bondy)의 '라틴아메리카 고유 철학의 존재 여부에 대한 논쟁'으로 발전했다. 이런 논의가 자연스레 구체화되면서 해방 철학의 출현을 촉진시켰다. 둘째는 후안 카를로스 스카노네(Juan Carlos Scannone), 엔리케 두셀과 같은 아르헨티나 철학자들이 해방 그리스도교운동을 성찰하면서 시작되었다. 해방신학의 핵심 주제와 신학 방법론이 철학적 개념과 철학 방법론으로 대치되면서 해방 철학의 탄생에 토대를 제공했다. 셋째는 월트 로스토(Walt Rostow)의 발전 단계론에 대해 비판하는 사회과학 분야가 해방 철학의 과학적 토대를 세우는 데 기여했다. 이것은 종속이론과 연결된 흐름이다(Cerutti, 1992: 50~52). 이런 경향 때문에 초기 해방 철학자들은 해방신학의 아류라거나 마르크스주의자들이라는 오명을 쓰기도 했다.

해방 철학의 기원과 경향을 보면 라틴아메리카 현실을 철학적으로 사유해보려는 이 지역 철학자들의 시도와 관련이 있다. 수입된 외국의 사상과 방법론을 그대로 적용한 것이 아니라 자신들의 역사와 역동적 현실을 진단하고 자신들의 시각에서 그것을 개념화하려고 한 것이다. 따라서 무엇보다 가난과 종속 상태에 있는 제3세계 주변부 대륙, 제국주의 지배하에 놓인 라틴아메리카 현실을 분석했다. 동시에 해방운동 과정에 동행하면서 민중의 해방에 대한 열망과 투신을 이론화해서 혼란과 위기에 빠진 운동이나 실천에 새로운 전망을 제시하려는 구체적인 목적을 가진 학자들도 있었다. 초기에는 단순한 라틴아메리카 철학의 가능성에 대한 논의에서 출발했으나 해방 철학이 고유한 라틴아메리카 철학으로 인정받으면서 이 지역을 대표하는 철학 사상으로 자리매김하게 되었다.

라틴아메리카 현실을 보는 관점과 해방 실천 운동의 전략에 따라 해방 철학 내 다양한 노선들이 나타났기 때문에 한마디로 해방 철학을 정의하기는 쉽지 않다.[4] 그러나 무엇보다 해방 철학은 억압적이고 희생자를 양산하는 불의한 체제를 옹호하는 철학 사상을 비판하는 철학이다. 해방 철학을 탐구한 두셀은 철학의 주류를 형성하고 아무도 건드리지 못하는 철옹성을 쌓은 유럽과 같은 중심부의 철학에 대항하는 '변방의 철학(filosofía barbara)'이라고 자신의 철학을 정의했다(Dussel, 1995: 21~27). 그는 억압받는 자들, 비존재, 타자, 외부성, 무의미한 것으로 취급받는 것들에 집중하면서 철학적 사유를 전개했다. 이런 테마들은 모두 유럽 철학이 부차적인 것으로 치부했던 주제와 분야들이다.

---

4) 해방 철학 내에도 다양한 노선이 존재한다. 크게 민중주의 노선(반마르크스주의 노선)과 민중주의 비판 노선으로 분류한다(Cerutti, 1992: 203 참조).

2) '유럽 중심주의적 근대성 신화'의 해체

근대라는 역사적 시기와 관련된 근대성이란 개념은 미성숙에서의 탈출, 해방적 이성, 자유의 증진, 계몽, 합리성 등과 밀접히 연결되어 있다. 근대성은 인류를 문화적·문명적 미성숙함에서 해방시키는 것을 상정한다. 따라서 인간 해방과 발전의 새로운 단계를 의미하기에 모두가 추종해야 하는 원리가 되었다. 이 근대 이성은 근대 이전 문화나 문명의 가치를 부정했다(Dussel, 2001: 402). 위르겐 하버마스(Jürgen Habermas)와 찰스 테일러(Charles Taylor) 등 서구의 철학자들은 이런 근대성이 독점적으로 유럽 내에서 태동했고 발전했기 때문에 유럽적 현상이라고 주장했다. 그러나 엔리케 두셀은 근대성이 유럽 스스로 창조한 개념이 아니라 라틴아메리카와 같은 비유럽적인 타자성과의 변증법적 관계를 통해 구성된 것이라는 점을 분명히 했다(두셀, 2011). 또한 그는 유럽이 근대성에 대한 해석을 통해 유럽 자신을 세계사의 중심부에 놓고 주역의 자리를 차지하고 있는 것에 대해서도 비판했다. 특히 그는 그리스·로마 문명과 기독교 문화를 계승한 서구 유럽이 세계의 중심이자 세계사의 주역이라는 유아독존적인 역사 해석에 반기를 들었다(Dussel, 2001: 345~349).

하버마스는 근대적 자아를 형성하는 데 결정적으로 영향을 미친 사건들로 종교개혁과 계몽주의, 프랑스 혁명만을 강조했다. 헤겔의 프레임을 따르는 하버마스에게는 '아메리카의 발견'은 근대성 형성과 관련해서 중요하게 고려할 요소가 아니었다(두셀, 2011: 27~28). 그는 아메리카 발견에 기여한 스페인과 포르투갈에 대해 평가절하했다. 그러나 두셀은 근대성의 기원과 아메리카의 발견이 밀접히 관련되어 있다고 주장하면서 근대성의 '다른 얼굴', 즉 부정적이고 어두운 측면을 드러낸다.

1492년은 근대성이 '탄생한 해'이다. 이것은 우리의 핵심 명제이다. 물론 이때 근대성이 잉태되었다고 하더라도 태아와 마찬가지로 자궁에서 성장하는 시간이 필요하다. 근대성은 자유롭고 창조성이 넘쳐나던, 중세 유럽의 여러 도시에서 연원했다. 그러나 근대성이 탄생한 때는 유럽이 타자를 마주하고, 타자를 통제하고, 타자를 굴복시키고, 타자에게 폭력을 행사할 때였다. 또 근대성을 구성하는 타자성을 발견하고, 정복하고, 식민화하는 자아로 자신을 정의할 수 있던 때였다. 어쨌거나 저 타자는 타자로 '발견'된 것이 아니라 '동일자'(항상 유럽이다)로 '은폐'되었다. 따라서 1492년은 개념으로서 근대성이 탄생한 순간이자 특유의 희생 '신화', 폭력 '신화'가 '기원'한 순간이며, 동시에 비유럽적인 것을 '은폐'한 과정이다(두셀, 2011: 5).

두셀은 근대성이라는 해방적 개념 뒤에 숨겨진 비이성적이며 '유럽 중심적인 근대성의 신화'를 타자인 원주민과 주변부 라틴아메리카의 입장에서 비판하고 해체한다. 그에 따르면 이 근대성의 신화는 아래와 같은 논리에 근거해 구성되어 있기 때문에 모순을 가지고 있다. 먼저 근대 유럽 문명이 가장 발전되고 우월한 것이라고 착각한다. 그리고 원시적이고, 야만적이며 저개발 상태의 문명을 발전시켜야 할 의무와 사명이 유럽에 부여되어 있다고 믿는다. 원시인이나 야만인은 죄 속에 있다고 보고 해방과 구원의 대상으로 파악한다. 다른 지역의 국가들은 유럽이 걸었던 길을 따라야만 발전에 도달할 수 있다고 설교한다. 만일 원시적인 문명이 문명화를 거부할 경우 폭력의 사용도 정당화되며, 미성숙한 사람들이나 노예화된 인종 그리고 여성 등에게 가해지는 일시적인 고통은 해방을 위한 불가피한 비용일 뿐이라고 확신한다(두셀, 2011: 97~99; Dussel, 2001: 354~355). 이런 시각은 유럽 중심주의의 폭력성을 그대로 내포하고 있다. 따라서 두셀은 유럽의 근대성은 애초에 약속한 인간의 해방, 자유의 증진보다는 정복과 식민화 과정에서 대학살과 폭력과 같은 비이성적 행위로 나타났다고 고발한다. 세계적 차원에서 볼 때 유럽 중심적 근대성은 주변부 세계를 식민 세계로 만들면서 문명화시키고 해방시키는 것처럼 신화를 만들었기 때문이다. 따라서 그는 근대성의 기원의 순간은 동시에 거짓된 신화 탄생의 순간임을 지적했다. 즉, 이 순간은 비유럽적인 것을 배제, 은폐, 파괴하는 과정의 시발점이자 타자를 은폐하는 과정이었다는 것이다. 그에 따르면, 유럽 최초의 식민지인 라틴아메리카에서 문명화, 복음화, 근대화란 이름으로 행해진 것은 생활세계의 식민화 즉, "성적 마치스모를 통한 육신 지배, 문화 지배, 각종 형태의 노동 지배, 신관료주의가 창출한 제도 지배 등 타자에 대한 지배(두셀, 2011: 66)"였을 뿐이다. 따라서 두셀은 다른 문화를 억압하고 부정하며 위계 서열화를 조장하는 유럽 근대성이 내세우는 유럽 패권의 정당성을 부정했다. 인종, 젠더, 성, 계급, 영성, 인식론 등 모든 억압 관계에 이런 유럽 중심적 근대성이 작동하고 있기 때문이다. 그래서 그는 유럽의 주체성 형성, 즉 근대의 자아 형성이 데카르트가 말한 "생각하는 자아(El ego cogito)"뿐 아니라 "정복하는 자아(El ego conquiro)"[5]를 통해 형성되었다고 선언한다. 즉, 정복하는 자아가 생각하는 자아보다 역사적으로 선행했다고 주장하는 것이다(Dussel, 2001: 358).

두셀은 근대성 문제를 고찰하면서 '아메리카의 발견'과 월러스틴이 주장한 근대 세계 체제와 자본주의를 연결시킨다. 이 '발견'과 이어진 아메리카의 정복은 개인주의 정신과 자유주의 신학을 내포한 캘빈주의

5) 두셀은 이베리아 반도에서 있었던 '재정복' 과정에서 이루어졌던 끝없는 학살, 고문, 죽음이나 추방의 위협, 배교 강요, 이슬람 인들이 경작하던 토지의 강제 수용 등이 신대륙 신민지화 모델이 됨으로써 라틴아메리카에서 자연스레 폭력이 재현될 수 있었다고 주장한다.

윤리와 함께 유럽 대륙의 자본축적과 자본주의의 탄생에 기여했기 때문이다. 월러스틴은 "아메리카들이 없었다면 하나의 자본주의적 세계경제가 존재할 수 없었다(미뇰로, 2013: 100에서 재인용)"는 점을 분명히 했다. 두셀은 15세기 말과 16세기 초반에 세계경제라 부를 수 있는 것이 탄생한 것에 동의하지만 월러스틴의 주장 속에 유럽 중심적 가정이 포함되어 있기 때문에 비판적 입장을 취했다(Dussel, 2001: 387~390). 먼저 두셀은 월러스틴이 경제 분석의 단위를 근대 국민국가의 틀에 한정해 분석하던 기존 학계의 전통을 비판하고 세계경제 자체를 분석 단위로 설정한 것을 높이 평가했다. 유럽 근대론자들이 무시하던 15~16세기 국제 질서의 변화를 잘 파악한 것은 훌륭했다고 인정한 것이다. 그러나 월러스틴의 견해가 자본주의 체제의 공고화에 기여하며 고통과 상처를 감내하던 식민지 하위 주체들의 시각을 제대로 반영하지 못했다는 점을 지적했다. 두셀은 월러스틴이 경제 환원주의에 빠져 근대성의 이면인 식민성의 문제를 간과했다고 비판했다(Dussel, 2001: 387~389). 구체적으로 말하면, 페루의 사회학자 아니발 키하노(Aníbal Quijano)가 강조한 식민적 차이(la diferencia colonial)와 권력의 식민성(la colonialidad de poder), 즉 정복이 야기한 인종차별주의, 유럽 우월성을 드러내는 신화, 경제적 착취, 정치적 지배와 이질적인 외부 문화의 강요 등의 문제를 경시했다는 것이다.

여기서 식민성은 식민주의와 동의어가 아니기 때문에 서로 구별해야 한다.[6] '식민성'은 자본주의적/가부장적, 근대적/식민적 세계 체제의

6) 산투스(Boaventura De Sousa Santos)는 라틴아메리카 진보 정치와 식민주의의 관계를 두 입장으로 정리했다. 먼저 식민주의가 종말을 고했다고 생각하는 입장은 식민주의가 존재한다는 사실 자체를 부정한다. 이 입장은 19세기 독립과 함께 식민주의는 종식되었으므로 진보 정치의 유일하고 정당한 목표는 반자본주의를 지향하

헤게모니적인 구조와 문화에 의해서 만들어졌고, 식민지 행정기구의 소멸 이후에 생겨난 지배와 착취 형태의 연속성과 관련된다. '권력의 식민성'은 근대적/식민적, 자본주의적/가부장적 세계 체제 안에서 결정적인 구조화 과정을 나타낸다(그로스포겔, 2008: 70). '식민적인 것'은 단지 고전적 식민주의 또는 내부 식민주의로만 한정되지 않는다. 또한 식민지 행정기구의 현존으로 환원될 수도 없다. '식민주의'라는 용어가 정치적 측면을 강조한 것이라면, '식민성'은 식민적 행정기구에 의한 직접적 지배는 사라졌지만, 식민적 인식이나 문화가 상존하며 영향을 미치는 것을 가리킨다. '식민적 상황' 또는 '권력의 식민성'은 식민지 행정기구의 현존과는 상관없이 작동하며 인종과 인종차별주의가 세계 체제의 다양한 위계를 조직하는 원리로서 중요한 축을 담당한다. 아메리카의 발견과 정복자들이 나타난 후에 등장한 인종적 위계 서열화가 대표적인데 인종 개념은 새로운 사회적 권력 구조에 포함된 주민을 분류하고, 생산을 통제하고, 노동을 분화하는 표준이 되었다(Quijano, 2000). 백인 유럽은 인종의 피라미드에 최상층부를 차지하고 흑인과 원주민들은 최하층을 구성하게 된 것이다. 자유로운 노동은 유럽과 북미의 백인들이 차지하고 강제 노동과 날품팔이 노동은 주변부 비유럽 유색인종들의 몫으로 할당되는 것이다. 자본을 축으로 인종과 노동이 결합되어 권력의 식민성이 계속 재현되는 것이다. 이것은 결국 종족과 인종 집단들의 정치적, 경제적, 문화적, 인식론적, 영성적, 성적, 언어적 억압과 착취로 나타난다(Dussel, 2001: 399). 이런 권력의 식민성은 타자에

는 투쟁이어야 한다고 주장한다. 따라서 계급투쟁을 강조했고, 인종적, 종족적 투쟁에 대해서는 과소평가한다. 다른 입장은 독립 이후에도 내적 식민주의 혹은 식민성은 계속되고 있다는 입장이다. 따라서 진보 정치의 목표가 탈식민성이 되어야 한다는 노선이다(Santos, 2010: 31~33 참조).

대한 폭력, 그리고 종국에는 타자의 인간화를 거부하는 것을 의미한다. 따라서 두셀에게 탈식민과 해방은 필연적으로 연결될 수밖에 없는 요소들이다. 두셀은 키하노나 미뇰로와 함께 "근대성, 식민주의, 세계 체제 그리고 자본주의는 동시적이고 상호 구성적으로 탄생했다(Dussel, 2006: 40)"고 주장한다. 즉, '아메리카의 발견'으로 시작된 근대 세계를 근대/식민/자본주의 세계 체제로 규정하며, 식민성은 근대성을 구성하고 식민성 없이는 근대성도 존재할 수 없다는 것을 지적한 것이다(미뇰로, 2010: 27).

3) 해방 프로젝트로서의 트랜스모더니티

두셀 철학의 출발점인 해방 개념은 단순히 정치적·경제적 억압과 종속에서의 해방뿐 아니라 자연스럽게 유럽 중심주의적인 근대성과 식민성에서 벗어남을 지향한다. 그는 유럽 중심적 근대성을 완성시키거나 타자들을 근대화시키는 것이 아니라 근대성을 극복해야 한다는 점에서 트랜스모더니티를 주장한다.

나중에 살펴보겠지만, 근대성 개념을 '완전하게 실현'하려면 근대성을 '극복'해야 한다. 이런 극복이 필자가 트랜스모더니티라고 이름 붙인 기획, 다시 말해서 부정된 타자성(다른 문화의 정체성과 존엄성, 은폐된 타자의 정체성과 존엄성)을 포함하는 기획이다. 이를 위해서 '유럽 중심주의'라는 대전제를 철저하게 분석하거나 부정해야 한다. '근대성 신화'는 해체하기만 하면 철저하게 부정된다. 근대성 신화는 '인간희생 패러다임' 위에 구축되어 있다. 인류가 전진하기 위해서는 폭력의 희생자, 희생물을 바칠 필요가 있다는 것이다(이것은 칸트나 헤겔의 입장인데 마르크스가 극복했다)(두셀, 2011: 99).

그러나 트랜스모더니티는 두셀이 근대성의 한계뿐 아니라 포스트모더니티가 지닌 한계까지 염두에 두고 있었기 때문에 사용한 용어이다. 포스트모더니티가 유럽과 북미 근대의 마지막 단계를 의미하며, 아직도 근대성 내부에 머문다는 점에서 반근대적 근대(anti-modern moderan)라고 본 것이다(Dussel, 2006: 48). 흥미로운 점은 두셀이 근대성을 철저히 비판했지만 포스트모더니티처럼 근대 이성 자체를 부정하지 않았다는 점이다. 근대 이성이 지닌 부정적인 측면은 거부하고 극복하되 합리성을 가진 측면들은 수용해야 한다는 입장인 것이다(Dussel, 2001: 407; 두셀, 2011: 228). 포스트모더니티를 주장하는 학자들은 유럽 근대이성의 보편주의적이고 근본주의적인 주장을 근대적이라고 비판했을 뿐 포스트모더니티 자체가 함축하고 있는 유럽 중심적인 요소와 식민적 차이까지는 지적하지 못했다(Dussel, 2001: 403~404). 두셀은 포스트모더니티가 21세기 인류 문화의 미래가 되돌이킬 수 없는 서구 자본주의 중심의 전지구화 과정을 통해 유럽과 미국이 도달한 '문화 상황'과 동질화될 것이라고 가정한 것도 비판한다. 그는 이런 견해가 세계 문화의 다양성과 역동성을 제대로 인식하지 못한 데서 오는 대표적인 오판이라는 입장을 견지한다(Dussel, 2001: 404; 강성호, 2008: 349~350).

트랜스모더니티 개념은 타자와 외부성 개념에 의존하고 있다. 아르투로 에스코바르(Arturo Escobar)는 헤게모니 담론에 의해 그것과 다른 차이를 가진다는 이유로 배제되고 차별받는 것이 외부를 구성한다고 이해했다. 외부가 존재하기에 배제와 차별을 극복하기 위해서 인정을 위한 투쟁이 시작될 수 있는 것이다(Escobar, 2003: 62~64). 이 외부성은 때때로 타자와 일치한다. 위의 인용문에 나타나듯이 트랜스모더니티를 통해

〈그림 2-1〉 트랜스모더니티 개념도

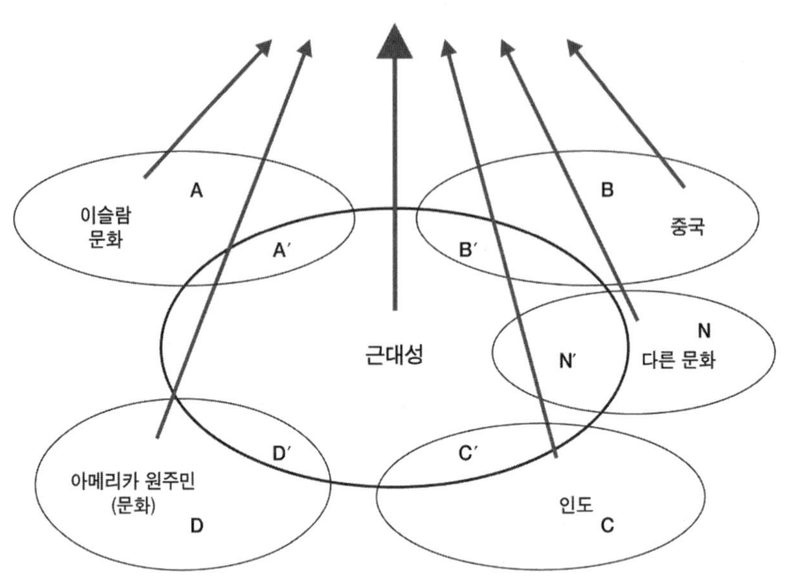

자료: Dussel(2006: 49).

부정된 타자의 존재 가치와 타자성의 긍정적 측면을 회복하려 한다. 이 두 개념은 에마뉘엘 레비나스(Emmanuel Levinas)가 근대 이성을 비판하면서 사용한 것이다. 타자는 근대 유럽 철학이 천착한 주체의 개념과는 대척점에 서 있는 개념이다. 근대 주체에 의해 억압받고, 지배당하고, 배제된 것이 타자이다. 근대 주체가 권력을 확장하면서 타자는 희생자로 전락했다. 근본적으로 트랜스모더니티는 근대성과는 다른 장소와 경험의 바탕에서 출발한다. 그러기 때문에 근대성이 기획한 세계와는 '다른 세계'와 '다른 존재'를 지향한다. 견고한 전체성을 구축한 유럽 중심적 근대성의 외부에 위치한 주변부, 타자, 야만인, 저발전, 하위 주체, 희생자들의 잃어버린 목소리를 반영하고 있다. 문화적으로 이야기하면, 근대성이 배제하거나 주변화시킨 문화들이다. 트랜스모더니티는 유럽 중심적인 근대성이 무시하고 배제했던 수천 년의 역사와 전통을 가진, 그리고 현재까지 근대성과 함께 살아 있는 비유럽적인(중국, 인도, 이슬람, 라틴아메리카, 아프리카 등) 주변부 문화의 가치를 긍정하고 그 존엄성을 회복시키려는 기획이다(Dussel, 2001: 403~404). <그림 7-1>은 트랜스모더니티의 이상을 잘 보여준다.

그러나 트랜스모더니티는 저절로 완성되는 것이 아니다. 주변부 문화 스스로 자기 문화의 고유성을 회복하고, 정체성 탐구와 문화의 갱신을 계속해야 가능한 것이다. 고유한 것이 없다면 대화의 필요성이 사라질 뿐 아니라 소통도 불가능해진다. 두셀은 아직 서구 근대성의 보편화 프로젝트에 의해 완전히 잠식당하지 않은 저항력이 있는 문화가 남아 있다는 점을 부각시킨다. 그는 먼저 트랜스모더니티를 이루기 위한 실천으로서 근대성의 외부로 밀려나 있는 나름의 보편성을 가진 이 주변부 문화들, 이슬람 세계와 중국 등 남-남 문화 간의 대화의 필요성을 언급한다. 먼저 남-남 대화(diálogo entre Sur-Sur)가 이루어져야 남-북 대화(diálogo entre Sur-Norte)로 발전할 수 있기 때문이다(Dussel, 2006: 45~59).

두셀은 트랜스모더니티의 실현을 말할 때마다 상호문화적 대화의 필요성을 전제한다(Dussel, 2006: 21~69). 상호문화성에 토대를 두지 않으면 대화나 소통이 불가능하기 때문이다. 상호문화성 개념은 세계적으로 자주 사용되고 있는 다문화성(multiculturalidad) 개념과 비교할 때 그 차이가 분명히 드러난다. 두 개념 모두 문화적 다양성에 대해서 강조하는 공통점이 있다. 다문화성은 한 국가나 지역에 존재하는 다양한 문화 간의 공존을 강조한다. 하지만 패권을 가진 문화와 종속적 상황에 있는 문화가 함께 있고 이들 사이에는 권력이 작동한다. 따라서 미국처럼 소수민족이 많은 나라에서는 관용의 덕이 필수이며, 소수자들의 문화를 보호한다는 구실로 원주민 보호구역처럼 특권이나 경제적 이익들이 제공된다. 백인 주류 문화는 자신의 패권에 도전하는 않는 선에서 소수자들의 문화나 주변부 문화에게 자신들의 문화를 향유할 제한적 자유를 부여한다. 패권 문화와 종속 문화 사이에는 분리, 대립, 분열의 상황이 잠재되어 있고, 소수 문화들의 존재, 지식, 논리, 실천, 삶의 체제는 하위 주체화된다. 따라서 이런 상황에서는 식민성이 계속적으로 작동한다(미뇰로, 2010: 200; Walsh, 2009: 42~44).

반면, 상호문화성(intercultural)은 상호(inter)란 단어가 암시하듯 문화 간 상호 작용과 역동성, 그리고 평등성을 강조하는 용어이다. 진정한 대화는 비대칭적 관계가 아닌 대칭적·수평적 관계를 전제한다. 대화는 다른 문화와 타자를 고유한 정체성과 차이를 가진 주체로 인정할 때 가능해진다. 두셀은 서로 다른 문화 간에 이루어지는 상호문화적 대화에는 일종의 상호 번역 과정이 작용한다고 본다. 올바른 이해와 소통을 위해서는 다른 사람, 다른 그룹, 다른 지식, 다른 가치, 다른 전통, 다른 논리, 다른 합리성에 대한 계속적인 상호 배움이 필요한 것처럼 문화 간에도 이런 과정이 요청된다. 상호문화적 대화 과정이 성공적으로 이루어지면 지배 문화와 하위 문화 사이에 존재하는 헤게모니적 관계가 수정될 수 있는 가능성이 증가한다. 사회 내, 혹은 국가 내의 모든 문화와 인종, 그룹들이 존중받고 그 존재가 정당성을 확보할 수 있을 때 공존도 가능해지기 때문이다. 두셀은 이 상호문화적 과정이 종국적으로 권력 구조의 변화, 문화적 지배, 식민성에서의 탈피를 촉진시킬 것이라고 단언한다. 이 과정은 결국 사회 내 불평등과 인종차별주의 극복에 일조하리라고 보는 것이다.

라몬 그로스포겔도 상호문화성 개념을 전제로 두셀이 주장한 트랜스모더니티가 탈식민화 프로젝트이며 동시에 미래로 개방된 유토피아프로젝트임을 다음과 같이 강조한다.

> 북남 문화 간 대화는 세계 체제 권력 장치들의 탈식민화 없이는 불가능해 보인다. 서양의 수직적 독백에 반대하는 해방적인 수평적 대화는 권력의 전 지구적 관계들의 변형/탈식민화를 요구한다. 우리는 식민적 차이의 양극에 의해 전 지구적으로 분할된 문화와 민족들 사이에서 이루어지는 평등의 수평적인 관계에도, 하버마스적인 합의에도 만족할 수 없다. 그렇지만 우리는 '유럽 중심주의 대 근본주의'라는 선언적 명제를 넘어서는 대안적 세계를 상상할 수 있다. **라틴아메리카로부터 온 트랜스모더니티는, 근대성의 유럽 중심적 판본을 극복하기 위해서 엔리케 두셀이 제안하는 유토피아 프로젝트이다. 근대성 프로젝트를 완성하는 것을 목표로 삼는 하버마스의 프로젝트에 반대하여 두셀의 트랜스모더니티는 탈식민화의 완성을 목표로 삼는**다(그로스포겔, 2008: 75, 강조는 필자).

또한 그로스포겔은 두셀의 트랜스모더티니가 탈식민적일 뿐 아니라 유럽 중심적 유일-보편성(uni-versalidad)의 세계화에 반대해서 에두아르 글리상(Édouard Glissant)이 제안하는 다른 이(異)-보편성(di-versalidad)과 맥을 같이 한다는 점을 부각시킨다(그로스포겔, 2008: 80). 세계에는 제국적이고 독백적인 유일한 보편성이 존재하는 것이 아니라, 그것과는 다른 '이(異) 보편들의 보편'이 존재한다는 것이다. 다른 말로 하면 다른, 즉 다양한 보편성들이 존재한다는 말과 같다. 미뇰로는 "이(異) 보편적 보편주의란 '우리' 모두가 평등하기 때문에 서로 다를 수 있는 권리를 갖는 것을 뜻한다(김은중, 2011: 29에서 재인용)"고 했다. 그는 이(異) 보편성을 보편적 기획으로 제시한 것이다. 같은 내용을 설명하면서 아르투로 에스코바르는 오히려 다(多)보편성(pluriversalidad)이라는 표현을 선호한다(Escobar, 2003). 김은중은 탈식민적 기획과 트랜스모더니티를 진리(眞理), 일리(一理), 무리(無理)에 대한 김영민의 철학을 차용하여 '일리들의 지평'으로 설명한다.

> 우선, 절대의 참된(眞) 이치(理)를 자처했던 유럽 중심주의적 근대성이 터와 역사를 갖는 하나의 일리일 뿐임을 보여주는 것이다. 다음으로는, 타자로서 배제되고 은폐되었던 일리들, 마치 아무런(無) 이치(理)도 없었던 것처럼 취급되었던 일리들을 복권시키는 것이다. 첫 번째 과정이 진리를 일리로 하강시키는 것이라면, 두 번째 과정은 무리로 여겨졌던 일리들을 상승시키는 것이다. …… 반복하지만 단일한 척도의 지배를 해소시키는 것은 다른 척도를 등장시키는 것이 아니라 일리들로 구성된 개방된 해석의 지평을 구축하는 것이다. 이런 두 가지 과정은 상호 연관되어 있고 동시적이다(김은중, 2011: 28).

산투스의 용어로 다르게 표현하면, 극이 소멸된 다원성(소극消極화된 다원성)이자 탈중심화를 의미한다(김은중, 2011: 26).

4. 수막 카우사이와 다민족국가 건설

1) 수막 카우사이의 등장 배경과 정의

라틴아메리카는 19세기 스페인과 포르투갈로부터 독립한 이후 국민국가 체제를 수립했지만 안정을 이루지 못하고 부침이 심했던 지역이다. 따라서 정치적·경제적 위기가 계속적으로 반복되는 양상을 보였다.

최근까지도 외채 위기, 외환 위기를 겪었고, 내전과 쿠데타가 빈번하게 발생했다. 불의와 불평등, 가난과 저발전, 폭력과 치안 부재의 상황은 거의 개선되지 않은 채 현재 진행형이다. 이런 부정적인 현상들은 이 지역 주민들의 '질 나쁜 삶'의 수준을 그대로 보여준다. 특히 원주민이나 아프리카에서 끌려온 흑인 노예 후손의 입장에서 보면 문제의 심각성이 더욱 부각된다.

'정복' 이후부터 고착화된 지배와 착취 구조, 토지 소유의 불평등, 인종의 위계 서열화, 자립 경제를 가로막는 종속 상황, 경제구조를 왜곡시키는 자원 추출형 수출 모델은 오늘날까지 지속되는 불의와 불평등의 원인이 되고 있다. 19세기를 거치면서 유럽의 국민국가 모델을 추종하며 국가를 형성했지만 주민 모두가 온전한 시민이나 국민으로 전환되지 못했다. 원주민과 흑인들은 타자화되었으며, 자기 목소리를 내지 못하는 하위 주체가 되었다. 그들의 존엄성은 인정되지 못했고 오히려 국가의 발전을 저해하는 원흉으로 치부되었다. 페루의 사회학자 아니발 키하노는 이런 폄하와 뒤틀림의 원인을 유럽이 라틴아메리카에 개입해 심어 놓은 역사적·이질적 구조(La estructura histórica-heterogénea)에서 찾았다(Quijano, 2000; Grosfoguel, 2006: 27~28).

1968년 이후 등장한 다양한 사회변혁운동이나 새로운 사상들은 라틴아메리카에서 비판적 사유의 성장을 촉진시켰다. 이 대륙의 원주민들은 수세기에 걸친 정치, 사회, 사법, 교육, 경제적 불평등에 저항하고 투쟁했지만 즉흥적이고 산발적인 대응에 그쳤다는 것을 깨닫고, 보다 조직적인 투쟁을 전개했다. 이것은 사회변혁과 해방의 주체가 가난한 사람들, 즉 무시당하는 종족, 배제된 민중, 억압받는 계급 자신이어야 한다는 깨달음이 있어 가능했다.

라틴아메리카의 원주민운동은 무엇보다 자신들의 비참한 상황에 대한 자각에서 시작되었다. 에콰도르의 경우 1964년과 1973년에 실시된 농지개혁이 산간 지역과 해안 지역 원주민들을 소외시켰다. 도시로 이주한 원주민들은 도시 빈민층으로 전락했다. 아마존 지역의 경우 1970년대 본격화된 동부지역 석유 개발 붐이 초래한 환경 파괴 때문에 원주민들의 저항이 본격화되었다. 산간 지역, 해안 지역, 아마존 지역 등 분산되어 전개되던 원주민운동이 1986년 에콰도르 원주민 민족 연맹(CONAIE)으로 통합되었다. 원주민 정체성에 토대를 둔 운동이 안데스 지역의 사회운동을 선도했다.

원주민운동은 무엇보다 원주민 토지의 합법화와 빼앗긴 토지의 반환, 이중언어교육, 원주민 공동체의 부채 탕감, 원주민 자치와 집단적 권리의 인정을 요구했다. 원주민들은 단순히 사회운동의 일부로만 남아 있지 않고 정치 무대에서도 제 목소리를 냈다. 1980년대 초반까지만 해도 원주민들은 정치력, 조직력, 자금, 전략 등의 부재로 정치 무대에서 독자적인 세력화에 실패했다. 그러나 1990년대 이후에는 좌파 정당 밑의 하부 조직에 머물면서 그들의 지도를 받던 상황을 벗어나 독자적인 정치 프로젝트를 기획하고 헌법 개정에 참여하면서 국가 구조를 바꿀 수 있는 세력으로 발전했다(조영현, 2015).

에콰도르의 경우 불평등한 사회를 변혁시키고 국가를 개조하기 위해서는 거리 투쟁으로는 한계가 있다고 판단한 원주민운동의 지도부는 정권 장악을 목표로 선거 투쟁에 뛰어들었다. 기존 정당의 정당성 상실과 경제적 위기 상황에서 사회운동 세력, 원유 부문 노동자 조직, 그리고 여러 좌파가 연대해서 1996년에 파차쿠틱 다민족 연합 운동(Movimiento Unidad Plurinacional Pachakutik)이라는 정당을 출범시켰다. 이 정당은 일종의 원주민운동의 정치조직과 같은 성격을 가지고 있었다. 이 당에서 에콰도르 원주민 민족 연맹과 같은 원주민운동 조직이 중요한 역할을 수행했다.

볼리비아의 경우도 코카 재배업자들의 조직, 농민운동, 노동운동, 도시빈민운동, 좌파, 그리고 종족적 정체성에 기반을 둔 원주민운동이 같은 정치적 목적을 위해 연대했다. 사회주의운동당(MAS)의 출현은 이런 협력의 결과물이다. 원주민들도 자치와 자율만을 주장하지 않고 정치적 목적 달성을 위해 유연한 자세로 사회운동 결합체의 성격을 가진 사회주의운동당 창당에 주도적으로 참여했다. 원주민운동과 같은 사회운동 세력이 정당의 지시를 받는 것이 아니라 정당을 지도하는 역할을 하면서 역할의 전도가 일어났다. 정당이라는 제도가 사회운동 세력의 정치 세력화를 위한 효과적인 도구가 된 것이다(이상현, 2010: 161~163). 2006년 원주민 출신인 에보 모랄레스(Evo Morales)가 대통령에 당선되면서 최초로 원주민 정권이 탄생했다. 원주민운동이 정치적·사회적 변혁을 위해 주도적인 역할을 수행하기 위해서는 좌파 세력의 이념을 넘어서는 새로운 담론이나 정치적 프로젝트를 제시해야 했다. 볼리비아와 에콰도르에서 수막 카우사이는 사회주의운동당(MAS), 파차쿠틱 다민족 연합 운동, 그리고 다양한 원주민운동의 이론적 토대이자 사회변혁 담론으로 소개되었다. 이 담론은 원주민운동의 성장과 함께 발전했다.

수막 카우사이는 안데스 원주민의 집단적 삶의 경험과 우주관을 기반으로 한 철학적 원리를 담고 있는 담론이자 삶의 방식이다. 케추아어로 수막(Sumak)은 '충만한', '숭고한', '뛰어난'의 의미를 내포하며, 카우사이(Kawsay)는 '삶'을 의미한다. 스페인어로는 el buen vivir란 용어로 사용된다. 직역하면 '충만함 속에 있는 삶', '좋은 삶'이란 의미이다(조영현·김달관, 2012: 133~134).[7] 이 수막 카우사이의 원리는 공동체적 삶의 원리에 뿌리를 두고 있기 때문에 '공동체성', '관계성', '상호성',

'상보성' 등의 측면이 강조된다(Estermann, 1998). 수막 카우사이는 인류가 자연과 하나로 연결되어 있고 관계 지어져 있다는 공동체적 시각에서 모든 존재들과 조화로운 관계를 이루려는 공생을 위한 '삶의 방식'이다. 따라서 자연과 인간, 인간과 인간 사이의 일치와 조화, 공존의 삶을 강조한다. 동시에 사회적으로 수막 카우사이는 문화, 정체성, 권리를 인정받기 위한 투쟁이자 민족들과 주민들의 자치와 자결을 통해 배제와 불평등이 없는 사회를 건설하려고 한다는 점에서 현 체제의 모순을 극복하려는 대안 모델이라고 할 수 있다. 이 담론은 에콰도르와 볼리비아 신헌법의 정신을 관통하는 핵심 요소이며 다민족국가, 상호문화성, 자연권 개념을 연결하는 축이다. 또한 신자유주의와 서구의 발전주의의 한계를 지적하는 비판 사상이다.

2) '발전주의 신화'의 해체와 파차마마(Pachamama)

수막 카우사이 담론은 안데스 지역의 정치적·경제적 위기 상황뿐 아니라 문명과 일상의 삶의 위기에서 탈출하기 위한 대안적 사유로 등장했다. 석유와 구리 같은 천연자원 채굴에 의존한 경제 모델, 1차 산품 수출에 의존한 경제구조, 환경 파괴의 가속화, 신자유주의 정책 도입에 따른 불평등의 심화 등은 원주민들로 하여금 그동안 비판 없이 수용한 서구식 발전 모델과 자유주의 원리에 기댄 자본주의에 대해 의심하도록 만들었다(Cortez, 2011: 11). 최근까지 라틴아메리카에 적용된 발전 이론

7) 국내에서는 수막 카우사이를 '참살이', '참 살림' 등으로 번역하기도 하지만 이 글에서는 수막 카우사이의 다양한 의미를 담아내지 못하는 번역어보다 원어를 살려 그대로 사용하겠다.

은 근본적으로 서구인들의 발전 이론을 그대로 수입하거나 모방한 것이었다. 이 발전관은 자본주의, 자유주의, 시장 중심주의라는 경제 논리가 중심축을 이룬다. 서구적 경제 이념의 밑바닥에는 극단적인 경쟁과 개인주의 논리가 깔려 있다. 이것은 서구식 삶의 양태와 가치관이 반영된 것으로 라틴아메리카 사람들, 특히 원주민 세계관과는 거리가 먼 것이다. 원주민들은 개발과 발전의 이름으로 파괴와 착취가 일어난 지난 역사를 잊지 못한다. 서구식 개발 모델이 원주민들의 공동체적 삶과 문화를 파괴하고 생태 환경의 오염과 가난의 일반화를 초래했다고 여긴다. 자신들의 필요나 여건에 맞는 발전이 아닌 '위로부터의 발전 모델', 즉 중앙정부, 다국적 기업, 지배 엘리트가 주도하는 발전 정책들이 강요되었기 때문이다(Acosta, 2010: 14).

서구식 발전관은 한마디로 근대화와 산업화로 집약된다. 이 근대화와 산업화는 경제성장이나 생산성의 증가와 동의어이다. 따라서 발전은 국내총생산(GDP)이나 수출입 양의 규모, 임금, 소비량 등 몇 가지 경제 지표들로 대체되었다. 사회적 조건이나 환경적 요소는 무시되었다. 원주민들의 문화나 삶의 양태는 후진적이고 원시적인 것으로 치부되었다. 인간의 감정, 환경, 연대감, 교육, 건강, 지식, 삶의 질과 행복의 문제를 등한시한 채 발전 자체를 경제성장으로 축소시켜버린 것이다(조영현·김달관, 2912: 149). 따라서 수막 카우사이를 주장하는 원주민 이론가들은 서구의 발전관이 인류 전체의 행복이나 충만한 삶과는 거리가 멀다고 본다. 수막 카우사이 이론가들은 공동체 의식이나 전망에서 경제를 보며 시장 논리보다 생명 논리를 강조하면서, 서구와는 다른 의미에서 발전의 길을 탐구했다. 이들은 공생의 원리와 공동체성에 기초한 연대경제(economía solidaria)를 강조했다(Acosta, 2010: 29~31).

라울 프라다(Raúl Prada)는 다음과 같이 수막 카우사이의 발전관에 대해 요약했다.

> 발전에 있어 이제 유일하거나 보편적인 발전이 있는 것이 아니라 다양한 발전 형태가 있다. …… 발전은 이제 순전히 양적인 목표만 지향하는 것이 아니라 질적인 과정이다. …… 발전은 부의 축척도 아니고, 산업화도 아니다. 발전은 자연과 우리, 공동체들 간의 조화로운 공생에 도달하기 위한 것이다. …… 개인에게 우선권을 부여하는 것이 아니라 생존, 상호작용, 문화 간 대화에 우선권을 부여한다(Prada, 2011: 235).

삶의 방식이자 모델로서의 수막 카우사이는 신자유주의와 같은 극단적인 자본주의적 삶의 양태나 서구의 발전주의와는 다른 전략과 제도, 그리고 다른 방법을 지향했다. 무엇보다 발전을 공정성과 포용의 실현이라는 관점에서 이해하며 배제와 불평등을 감소시키는 것이 충만한 삶을 보장하는 길이라고 여긴다. 따라서 차별과 배제 없는 삶의 다양성이 보장되는 체제를 위해 정치적·사법적 제도를 보완하는 것이 필요하다고 보았다. 인종적 배제와 차별 철폐가 식민적 구조를 탈피하는 길이라고 생각하기 때문에 인종적·문화적 차별 철폐 정책이 중요한 발전 정책으로 부상했다. 따라서 백인 중심의 특권 체제를 철폐하고 원주민, 혼혈인, 아프리카계 후손에게 동일한 권리와 법적인 인정을 보장하는 법률적 보완 작업에 집중했다. 사회 내 여러 부문들의 삶의 다양성이 인정되도록 정치적·사법적 제도를 보완하는 것이 중요한 과제로 부상했다. 왜냐하면 수막 카우사이는 국민 모두가 차별 없이 다양한 권리를 공정하게 향유하는 것을 발전의 중요한 요소로 보았기 때문이다.

라파엘 코레아(Rafael Correa) 정부는 수막 카우사이 정신에 따라 사회적·경제적 불평등을 감소시키기 위해 5년 단위로 국가발전계획을 수립하고 자가 주택 보유 비율의 증대, 고등교육에 대한 접근 확대, 건강보험 가입자 확대, 장애인 고용 비율의 확대, 토지 집중 비율 축소, 세금을 통한 소득 재분배 정책 강화, 불평등 감소를 목표로 하는 다양한 정책들을 수립했다(김달관·조영현, 2012: 42~46). 또한 이중언어교육을 강조하는 '상호문화성 교육법(Ley de Educación Intercultural)'을 제정했고, 윤리적 소비나 상호 원조와 사회적 책임을 강조하는 '사회 연대 경제법(Ley de la Economía Social y Solidaridad)'도 도입했다. 아이유(Ayllu)[8] 시스템을 강화하고 협동조합과 같은 공동체적 시각이 반영된 단체들의 설립을 촉진하고 지원했다.

수막 카우사이의 발전관은 2009년 에콰도르 헌법에서 발전 체제(Regimen de Desarrollo)라는 부분에 잘 반영되어 있다. 신헌법 제275조는 발전 체제를 "수막 카우사이와 '좋은 삶(el buen vivir)'의 실현을 보장하는 역동적이고 지속 가능하며 조직화된 환경, 사회, 문화, 정치, 경제체제의 총체"로 설명하고 있다.

원주민들의 발전관은 자연과 타자의 희생을 대가로 한 경쟁 체제나 수입의 증대를 발전이라고 여기지 않고, 오히려 문화 정체성, 공동체를 고려하며, 그들이 믿는 파차마마와의 조화로운 관계를 유지하는 것을 발전이라고 여긴다. 안데스 원주민들은 경제적 측면에서 자연을 보는 것이 아니라, 생태적 측면에서 자연을 대한다. 자연과 인간을 대립 관계로 파악하지 않고, 인간을 자연의 일부로 여기기 때문이다. 원주민들이

8) 원래 아이유는 안데스 지역의 씨족 공동체, 확대 가족, 혹은 부족 형태의 공동체를 지칭한다. 공동 소유의 토지에서 공동으로 경작했으며, 길, 다리, 공공건물 건설 시 공공 근로를 함께 했다. 공동 생산과 자급자족적 성격을 가진 지역 단위 집단 노동 체제의 면모도 지니고 있다. 아이유는 기본적인 행정이나 경제활동 단위를 구성하며 작은 규모의 자치적 상부상조 공동체의 모습으로 존재하고 있다.

믿는 신앙의 대상인 파차마마는 모든 존재들이 관계를 맺는 생명의 어머니로 이해된다.[9] 이 파차마마는 자연적, 사회적, 정신적 존재, 우주까지 포함하는 개념으로 원주민들의 고유한 합리성이 녹아 있는 개념이다. 그들에게 자연은 단순한 물질이 아니며, 착취할 수 있는 자원도 아니다. 인간, 자연, 신성이 살아 숨 쉬는 공동체로 서로가 서로에게 의지하는 생명의 네트워크로 이해된다(CODENPE, 2011: 13).

3) 다민족국가 건설과 식민성의 극복

안데스 지역에서 다민족성(Plurinacionalidad)과 다민족국가(Estado plurinacional)에 대한 이야기가 나오기 시작한 것은 1980년 이후이다. 에콰도르의 경우 전국 원주민대회에서 원주민 자치 공동체법 프로젝트를 소개하면서 처음 언급되었다(Almeida Reyes, 2011: 267). 특히 원주민 조직들이 활성화되고 강력한 원주민운동이 사회운동의 한 흐름으로 등장하면서 급속하게 확산되었다. 에콰도르의 경우 에콰도르 원주민 민족 연맹이 주도한 1990년 5월 봉기 때 선포된 16개 항의 요구 사항에서 "에콰도르를 다민족국가로 선언하라"는 것이 첫 번째 요구 사항이었다. 에콰도르와 볼리비아의 다양한 원주민운동들은 자신들의 정치적 목표가 다민족국가의 건설이라는 점을 분명히 했다(CONAIE, 2012).

다민족국가 수립이라는 원주민들의 목표를 이해하기 위해서는 기존

---

9) 파차(Pacha)라는 의미는 원래 대지라는 뜻을 가지고 있었다. 그러나 점차적으로 그 의미가 자연, 세계, 우주로 확장되었다. 여기서 대지는 단순히 지리적 의미의 땅이나 토지를 의미하는 것이 아니다. 모든 존재에게 생명을 부양하는 '어머니이신 대지'로 대화가 가능한 신성을 의미한다. 따라서 안데스 지역에서 파차마마는 그들의 신이자 생태계 자체이다.

의 단일 국민국가(Estado Uninacional) 체제에 대해 이해할 필요가 있다. 이것은 19세기 초반 스페인으로부터 독립한 후 형성된 국가 체제로 유럽의 근대 국민국가(nation-state) 모델을 그대로 수용한 것이다. 이 모델은 하나의 국가 안에 하나의 국민, 그리고 하나의 문화를 상정하는 체제이다. 모든 이질적 종족이나 문화를 하나의 국민과 국민 문화로 동질화시키려는 성향을 가졌다. 따라서 필연적으로 동질적인 시민이나 국민을 그 구성원으로 가정한다. 그러나 현실에서 하나의 동질적인 국민이라는 이상이 구현되는 것은 쉽지 않다. 오히려 현실을 이러한 이상에 근접시키기 위해 헤게모니를 쥔 특정 종족이나 민족이 자신들의 문화를 전 지역에 강요하는 동화정책이 실시된다. 또한 특정 언어나 역사 해석을 전체에게 요구하는 공교육 정책의 획일화가 나타나기도 한다. 원주민이나 흑인, 즉 하위 주체들의 입장에서 볼 때 이 체제는 그들의 충만한 삶을 보장하지 못하는 지배층, 즉 부르주아 백인-메스티소 중심의 자유주의적 국가체제일 뿐이다(Vagas, 2009: 99~105).

알메이다 레이예스(Eduardo Almeida Reyes)는 2008년 신헌법 제정 이전의 에콰도르 국가 모델이 식민주의 국가와 메스티소 공화국의 산물임을 지적했다. 안데스에서 이런 국가는 인종의 위계 서열화를 공고히 하는 헤게모니적 국가의 모습을 보일 뿐 아니라 억압적이고 반민주적인 체제로 나타난다(Almeida Reyes, 2011: 276~277, 285). 백인과 메스티소 중심 체제는 원주민과 흑인 등을 발전이나 근대화의 장애물, 즉 열등한 존재로 인식하며 원주민을 정치적, 제도적, 경제적, 문화적으로 차별하거나 배제한다. 원주민과 흑인들을 열등한 인종이나 소수 종족으로 취급하고 투표권과 같은 기본적인 권리를 제한한다. 이런 이유로 인해 에콰도르 원주민 민족 연맹은 이 단일 국민국가 체제가 에콰도르와 볼리비아의 다민족공동체적, 다종족적 현실을 무시하는 바탕 위에 수립되었다고 비판한다(CONAIE, 2012). 이 체제에서는 원주민이나 흑인들이 비인간적인 조건에서 살아갈 수밖에 없고 시민으로서 충분한 정치적 권리도 누리지 못하게 되는 것이다. 따라서 식민성의 핵심 요소인 인종적·종족적 위계성이 변형된 형태로 계속적으로 재생산될 수밖에 없다. 그들에게 단일 국민국가 체제는 원주민을 온전한 국민으로 통합시키지 못하고 '이등 시민'화하며 배제와 고립만 공고히 하는 무능하고, 부패한 체제로 인식된다. 따라서 인종적 위계 서열화의 극복 없이는 식민성에서 벗어나는 일도 불가능한 것이다(Ocles, 2009: 119~120).

캐서린 월시(Catherine Walsh)는 서구에서 파생된 단일 국민국가 모델이 국민을 제대로 대표하지도 못하고, 안데스에서 시민 간의 공존과 공생관계를 창출하지 못한다는 점을 다음과 같이 지적했다.

> 잘 알려진 것처럼 국민국가는 압야 얄라, 안데스 아메리카, 그리고 에콰도르에서 작동하지 않는다. 문제는 국민국가 모델이 수명이 다했다는 것만을 의미하는 것이 아니라, 개념 자체가 잘못되었다는 것이다. 국민국가는 다양한 국민들과 문화, 역사적 과정, 사고방식, 권한, 민주주의, 정부와의 관계에서 한 번도 온 국민을 제대로 대표하지 못했다. 또한 국민국가는 연대와 공존, 폭넓은 참여, 다원적이고 조화로운 사회정책을 추구하거나 촉진시킨 적이 없다(Walsh, 2009: 63).

따라서 에콰도르 원주민 민족 연맹과 볼리비아의 원주민 조직들은 자신들과 같은 약자들이 체제의 희생자가 되는 단일 국민국가 체제에 저항하고 다민족국가를 그 대안으로 제시했다. 다민족국가는 역사적으로 경제, 문화, 정치, 법, 사고방식, 언어적 실체들이 다르고 한 영토 내부에 다양한 민족, 종족, 주민이 있으며, 민족 자치 공동체와 국민의 존재가 다양하다는 것을 인정하는 국가이다. 이것은 원주민을 열등한 '종족 집단'으로 규정되는 것에 대한 거부를 넘어, 언어와 영토, 문화를 가지고 있는 민족 자치 공동체로 인정해줄 것을 요구하는 것이다. 사실상 지배 집단만을 대표하는 백인-메스티소 중심의 단일 국민국가 모델의 수정뿐 아니라 정치의 패러다임 자체를 바꾸려는 시도인 것이다(김윤경, 2010: 220~224).[10] 원주민들은 자신들을 단순한 종족 집단이 아닌 민족 자치 공동체임을 주장하는 이유는 자신들이 고유한 영토와 독자적인 문화, 관습법, 그리고 어느 정도의 주권을 가진 자치 집단이며, 정치적으로 합법적 권리를 가진 집단임을 강조하기 위한 것이다.[11] 이것은 백인과 메스티소 지배층이 독점한 권력을 탈중앙화하는 의미뿐 아니라 정치권력의 민주화와 재분배를 촉진하는 의미가 있다. 민족 자치 공동체 개념은 법, 규범, 권력의 의미를 내포하고 있기 때문이다(Almeida Reyes, 2011: 284~286). 이런 체제에서는 원주민과 흑인들이 집단적 권리의 주체로 인정받을 수 있으며, 정치적 권리의 회복과 확대를 기대할 수 있다. 원주민들은 "다르지만 동등한 존재"로 인정받고, '원주민 정체성'과 '에콰도르 국민'이라는 이중적 정체성을 온전히 인정받고 싶어 한다. 원주민들의 입장에서 볼 때, 다민족국가가 수립된다면 다양한

---

10) 에콰도르와 볼리비아에서는 2008년과 2009년 각각 새로운 헌법을 제정하는 과정에서 다민족국가라는 정체 때문에 많은 논란이 있었다. 이런 형태의 국가 체제에 반대하는 백인과 우파 지배 세력들은 다민족국가라는 체제가 '국가 내 또 다른 국가'를 만들 위험이 있으며 오히려 원주민 중심주의로 경도될 수 있다고 비판했다. 원주민과 흑인들이 다양성 안에 일치를 주장하지만 실질적으로 자치 시스템이 강화됨으로 인해서 에콰도르의 국민 통합을 저해하고 국가를 분열시킬 소지가 크다는 것이다(Simbaña, 2008; 이성훈, 2017: 178~188 참조).

11) 관습법과 법다원주의에 대한 상관성에 대해서는 김달관(2015)의 논문을 참조.

민족 자치 공동체나 종족 집단이 차별 없이 행복하게 살 수 있는 토대가 마련되고, 식민 시대부터 상존해왔던 인종차별이나 경제적 혹은 정치적 불평등 문제들을 해결할 수 있다고 보는 것이다(Olvera Salinas, 2011: 7~8). 따라서 필립 알트만(Philipp Altmann)은 인종적 위계 서열화와 불평등의 뿌리인 식민성의 극복이라는 측면에서 다민족 자치 국민국가가 탈식민화를 위한 정치 모델의 성격을 갖는다고 평가했다(Altmann, 2013: 131~138). 따라서 원주민들이 주장하는 다민족국가는 다민족자치국민국가의 줄임말로 이해할 수 있다.

원주민운동이 정치적 측면에서 국가와 사회 체제의 변화를 강조한 것이 다민족국가 개념이라면, 문화적 측면에서는 상호문화성의 필요성을 주장했다. 실질적으로 다민족국가의 건설을 위해서는 상호문화성이 필수적으로 요구되기 때문이다(Acosta Alberto y Espernaza Martinez, 2009: 193). 캐서린 월시는 상호문화성이 문화적 다원성을 전제하기에 문화적 동질화나 포섭에 저항한다는 것을 다음과 같이 강조했다.

> 상호문화성은 주민과 공동체들이 고유한 차이들을 가지고 살아가는 다양한 형태로서의 문화를 고려하는 개념이다. 따라서 유일한 하나의 문화나 지배 체제에 동질화된 문화를 의문시한다. 이런 동질화된 문화는 어떤 그룹은 우등시하고 다른 타자는 열등시하며, 주체들과 경제적인 것을 분류하고 서열화하는 도구로 이용된다(Olvera Salinas, 2011: 6에서 재인용).

라틴아메리카와 관련된 탈식민 연구를 주도하고 있는 미뇰로는 상호문화성이 가진 사회변혁적 측면과 새로운 사회와의 연관성을 다음과 같이 밝혔다.

> ‘상호문화성’은 같은 논리를 두 개의 다른 언어로 말하는 것이 아니라, 공동의 선을 위해서 두 개의 다른 논리가 서로에게 도움이 되는 대화를 나누는 것이다. 국가의 입장에서는 상호문화성이 달갑지 않다. 그 때문에 국가가 장려하는 것은 다문화적 사회이다. …… 원주민들의 정치적 구상에서 사용되는 ‘상호문화성’은 서로 다른 두 개의 우주론－서구의 우주론과 원주민의 우주론－이 작용하고 있음을 의미한다. …… 원주민들이 사용하는 상호문화성은 넓은 의미에서 ‘문화적 권리’와는 다른 ‘인식의 권리’에 대한 근본적인 요구를 뜻한다. …… 상호문화성(=상호 인식론)은 원주민들의 국가 건설과 교육에 공동으로 참여하기 위한 요구이다. 다시 말해, 상호문화성은 근대적 국민의 형성 과정에서 정당한 자리를 부여받지 못하고 주변부에 내몰린 키추아 문명과 언어를 (미국의 다문화주의처럼) 국민의 일원으로 받아주는 단순한 인정의 문제가 아니다. 그보다 상호문화성은 하나 이상의 타당한 우주관으로 구성되는 복합 문화적(풀루리 쿨투랄) 국가를 지향한다. 지식의 차원에서 정치 이론과 경제의 ‘복합문 화성’과 윤리학과 미학의 ‘복합 문화성’은 건설해야 할 유토피아적 목표이며, 자유주의 공화국이 균열되고 침식된 토대 위에서 세워야 할 새로운 사회이다(미뇰로, 2010: 200~204).

수막 카우사이 담론에서 다민족국가 건설과 상호문화성의 증진이 중요한 것은 단지 다른 문화 사이의 대화를 강조하기 때문이 아니다. 이 두 개념은 모두 안데스 지역 국가들 속에 남아 있는 배제적, 단일 국민 문화적, 패권적, 식민적 삶의 양태를 극복하기 위한 인식, 제도, 사회구조를 변화시키기 위한 실천을 내포하기 때문이다. 레네 올베라 살리나스(René Olvera Salinas)는 다민족성이 기존 국민국가 모델에 기댄 배제적 권력을 탈식민화하도록 정치적 공간을 열어준다면, 상호문화성은 탈식민화 과정을 촉진한다고 평가했다(Olvera Salinas, 2011: 7).

5. 유토피아의 측면에서 본 해방 철학과 수막 카우사이 담론의 비교

유토피아는 이상 사회를 위한 청사진의 측면도 있지만 더 나은 존재 양식과 삶의 방식을 향한 상상이자 욕망의 표현이기도 하다. 따라서 유토피아는 목표이면서 동시에 더 나은 존재와 삶의 양식을 추구하는 과정이자 방법적 가설의 두 측면을 포괄하고 있다(이명호 외, 2017).

해방 철학과 수막 카우사이는 모두 라틴아메리카 현실과 체제에 대해 매우 비판적 입장을 취하고 있다. 두 사상이 파악하는 이 대륙의 현실이 불의, 배제, 불평등, 저발전, 가난, 부패, 비민주, 식민이란 단어들로 표현되듯이 매우 부정적이기 때문이다. 따라서 이런 현실을 극복하고 변혁하려는 열망이 국가나 문명 차체의 변혁을 지향한다. 해방 철학이나 수막 카우사이 모두 반유럽 중심주의, 반자본주의, 반신자유주의, 반식민주의-반제국주의, 다보편성(Pluriversalidad)을 표방한다는 점에서 공통점이 있다.

해방 철학은 유럽 중심적 근대성이 헤게모니 담론으로서 자신과 다른 것들을 '차이'로 차별화해 배제하는 폭력성을 지녔다고 이해한다. 수막 카우사이도 마찬가지로 하위 주체, 즉 원주민의 시각에서 유럽적 이성과 삶의 방식을 최상위에 놓고 나머지 것들을 모두 위계 서열화하는 논리의 토대가 되는 배제적 근대성에 대해 반대한다. 또한 해방 철학은 자본주의가 태동할 때부터 라틴아메리카를 원초적 자본축적을 위한 희생양으로 삼았으며 이 지역 불평등의 한 축을 담당했음을 비판한다.

수막 카우사이도 같은 논리에서 중심부 선진국들을 위한 자원 추출형 수출 경제모델, 환경 파괴형 발전 모델, 그리고 무한 경쟁에 토대를 둔 신자유주의를 인간과 인간, 인간과 자연이 공존할 수 없도록 만드는 체제라며 거부한다. 두 사상 모두 식민성에서 탈피를 주장하며 탈식민 자체가 곧 해방 과정임을 강조한다. 이것은 트랜스모더니티가 탈식민화의 완성을 목표로 하는 데서 잘 드러난다. 마찬가지로 수막 카우사이를 천명한 에콰도르 원주민 민족 연맹이 정치적 목표로 삼는 것이 다민족 국가 건설이다. 이것도 탈식민화 과정을 거쳐야 완성될 수 있는 것이다.

끝으로 두 사상 모두 상호문화성과 유일 보편성(Universalidad)이 아닌 다양한 보편들의 공존을 지향한다는 공통점이 있다. 한계가 분명한 다문화성보다는 상호문화성을 공존과 공생을 위해 더 유용한 개념으로 이해한다. 따라서 상호문화성이 지닌 상호 교류와 소통, 대화적 측면은 자연스럽게 다보편성을 지향하는 특성과 연결된다. 한 마디로 두 사상 모두 유럽 중심적 근대성과 극단적 자본주의 양상을 띤 신자유주의 저 너머 식민성을 극복하고 다양한 보편성들이 공존하는 새 문명과 문화를 만들려고 한다는 점에서 유사성을 갖는다. 이런 특성을 보이는 것은 두 사상 모두 공동체적 관점에서 세상을 바라보기 때문이다.

하지만 두 사상의 차이점도 분명하게 드러난다. 먼저 해방 철학은 서구의 철학 개념과 용어에 기초해 사유를 전개하는 특징을 보인다. 근대성, 포스트모더니티, 총체성, 타자, 주체, 존재론 등 익숙한 서구 철학의 개념을 이용해서 라틴아메리카의 현실과 문명 혹은 문화의 문제들에 대해 분석하고 해결책을 제시하는 경향이 있다. 해방 철학이 타자로서 원주민에 대해 많은 성찰을 하지만 수막 카우사이처럼 원주민적인 색깔이 잘 드러나지는 않는다. 그러나 해방 철학이 서구의 개념들을 이용한다고 해서 라틴아메리카 철학의 진정성이 약화되지는 않는다.

그릇은 서구의 것이지만 담긴 음식은 라틴아메리카적인 재료와 맛이기 때문이다. 이에 비해 수막 카우사이는 매우 독특하고 새로운 내용들을 포함하고 있다. 원주민의 삶의 원리, 우주관 등을 개념화하고 있다는 점에서 토착적인 라틴아메리카 사상이라고 평가할 수 있다. 다민족성, 자율과 자치, 원주민 민족 공동체의 영토, 집단적 권리, 파차마마와 자연권 등에서 알 수 있듯이 다루는 주제들은 원주민들의 삶이나 그들의 필요와 밀접히 연결된 것들이다. 이런 개념이나 주제들이 인종차별 철폐, 이중언어교육, 자원 채굴주의 비판, 환경 친화적 발전 정책, 원주민 권리 등 구체적 문제들을 성찰하면서 발전했다는 것을 알 수 있다. 이런 것들은 모두 자신들의 현실을 개선하고 더 나은 삶, 충만한 삶, 그리고 '다른 가능한 세계'를 그리기 위한 대안을 위한 사유에서 출발한 주제들이다. 그렇지만 그들의 사유 모두가 토착적인 것은 아니다. 많은 부분 서구의 사상이나 라틴아메리카의 비판 사상을 적극적으로 수용하고 있음을 알 수 있다. 예를 들면, 파차마마와 서구의 생태 사상, 원주민들의 공동체성과 사회주의적 요소들의 결합 같은 것이 대표적이다.

6. 나오는 말

유토피아 담론은 더 나은 존재와 삶의 양식을 향한 욕망의 표현으로서 대안 사회 제도와 관행에 대한 객관적 기술에서부터 억압과 소외를 넘어선 충만한 해방의 상태까지를 포괄한다. 좁은 의미의 유토피아는 좋은 사회에 대한 사변적 지식(정치 사회 이론), 사회적 실천(공동체 실험) 및 예술적 표현(미학)을 가리키지만, 넓은 의미에서는 더 나은 사회와 존재, 삶에 대한 상상과 희망을 포함한다(이명호 외, 2017: 7~8).

해방 철학자 두셀이 말하는 트랜스모더니티는 포스트모더니티와는 다르게 근대성을 총체적으로 새롭게 해석한다. 트랜스모더니티는 근대성을 구성하면서 근대성으로부터 부정되고 배제된 문화들을 근대성 '외부로부터' 긍정한다. 그에게 해방은 유럽 중심적 근대성을 극복하는 것이자 식민성에서의 벗어나는 것이다. 유럽 중심적 보편성의 척도가 사라진 상태에서 모든 주변부 인종, 문화 등의 가치가 복권되고 은폐된 타자가 회복되는 트랜스모더니티 기획은 해방 기획이 된다. 이 트랜스모더니티는 쇠약해진 근대성 저 너머로부터 도래하는 새 세계, 즉 '다른 세계'를 그리고 있다(Dussel, 2001: 407). 같은 논리를 따르지만 다른 색깔을 지닌 수막 카우사이 담론은 인종적, 지역적, 성적 다양성을 인정하는 다민족국가, 상호문화성, 발전에 대한 성찰을 내포하고 있을 뿐 아니라 정치·경제구조나 문화 영역을 변혁시키려는 포괄적 기획을 가지고 있다. 국가 개혁 프로그램과 문명 패러다임의 전환을 상정하고 있다는 점에서 하나의 프로젝트와 같은 면모를 지니고 있다. 수막 카우사이는 더 이상 스스로를 보편적 관념들의 구현체로 간주하고 자신들의 논리를 강요하는 서구의 뒤를 따르거나 모방하려 하지 않는다. 정의, 포용, 공정을 핵심으로 하는 수막 카우사이는 배제된 원주민을 진정한 권리를 가진 국민으로 포함시키려 한다. 따라서 억압된 문화를 회복시키는 다민족성과 상호문화성을 결합해 원주민과 같은 하위 주체와 타자들을 주체로 전환시키는 데 일조할 수 있다.

유토피아는 '완벽한 사회'를 꿈꾸는 것이 아니라 더 나은 사회를 위해 끊임없이 결함을 수정하고 변혁해가려는 인간의 희망을 비추는 거울이다. 유토피아는 동시에 변혁을 이끄는 안내자이자 동력 그 자체이다. 왜냐하면 유토피아의 에너지는 상상과 변혁을 시도하는 운동 과정 그 자체에서 유출되어 나오기 때문이다. 유토피아 프로젝트는 실천 면에서 어려운 것이지만 실현 불가능한 것은 아니다. 트랜스모더니티, 다민족성, 상호문화성은 디스토피아적 현실을 비판하고 타자, 희생자, 하위주체들이 집단적으로 희망하는 세계를 그려줌으로써 라틴아메리카 사회가 나아갈 방향을 제시하고 있는 것이다. 이런 측면에서 보면 해방된 세계를 그리는 해방 철학의 트랜스모더니티나 '충만한 삶'을 희망하고 다민족국가를 수립하려는 수막 카우사이 모두 현재와는 질적으로 다른 새로운 사회를 건설하려는 역동성, 사회적 염원과 희망, 상상력과 창조성을 담고 있다는 점에서 유토피아 프로젝트의 범주에 넣을 수 있다. 여기서 해방 철학의 트랜스모더니티와 수막 카우사이의 다민족국가, 그리고 두 사상 모두의 토대인 상호문화성은 사회의 총체적 전환과 재구성을 위한 개념적 도구 역할을 하고 있다. 캐서린 월시가 강조한 대로, 트랜스모더니티, 다민족국가 건설, 상호문화성을 받아들인다는 것은 진리의 유일성을 의심하는 것이다. 동시에 우리가 직면하고 있는 정신적, 환경적, 사회적 파괴를 극복할 다른 기획, 다른 실천, 다른 철학, 다양한 진리가 있을 수 있다는 가능성을 열어 보이는 것이다(Walsh, 2009: 225). 이런 측면에서 보면 두 사상은 다분히 유토피아적 담론이자 프로젝트라고 할 수 있다.

참고문헌

강성호. 2008. 「유럽중심주의와 포스트모더니즘을 넘어: 라틴아메리카 '근대성·식민성 연구그룹'의 탈식민 전략」. ≪역사비평≫, Vol.84(가을), 337~358쪽.

구스타보 구티에레즈. 1977. 『해방신학』. 성염 옮김. 분도출판사.

김달관. 2015. 「볼리비아 탈식민적 국가개혁: 다문화성에서 다국민성으로」. ≪중남미연구≫, Vol.34, No.2, 75~116쪽.

김달관·조영현. 2012. 「에콰도르 탈식민적 국가개혁으로서 수막 카우사이: 실천적 측면을 중심으로」. ≪이베로아메리카≫, Vol.14, No.1, 21~55쪽.

김윤경. 2010. 「1980~1900년대 에콰도르의 원주민운동: CONAIE의 상호문화성과 복수 국민」. ≪서양사론≫, Vol.10, No.107, 201~233쪽.

김은중. 2011. 「권력의 식민성과 탈식민성: 유럽중심주의와 제3세계주의를 넘어서」. ≪이베로아메리카연구≫, Vol.22, No.2, 1~35쪽.

그로스포겔, 라몬 2008. 「횡단근대성, 경계적 사유, 전 지구적 식민성」. 고병권 외. 『목소리 없는 자들의 목소리』. 그린비, 60~80쪽.

미뇰로, 월터 D. 2010. 『라틴아메리카 만들어진 대륙. 식민적 상처와 탈식민적 전환』. 김은중 옮김. 그린비.

_____. 2013. 『로컬 히스토리/글로벌 디자인』. 이성훈 옮김. 에코리브르.

블로흐, 에른스트. 1995a. 『희망의 원리 1: 더 나은 삶에 관한 꿈』. 박설호 옮김. 솔.

_____. 1995b. 『희망의 원리 4: 자유와 질서』. 박설호 옮김. 솔.

두셀, 엔리케. 2011. 『1492년, 타자의 은폐. 근대성 신화의 기원을 찾아서』. 박병규 옮김. 그린비.

딜라스-로세리외, 욜렌. 2007. 『미래의 기억 유토피아』. 김휘석 옮김. 서해문집.

월러스틴, 이매뉴얼. 1999. 『유토피스틱스 또는 21세기의 역사적 선택들』. 백영경 옮김. 창작과 비평사.

이명호 외. 2017. 『유토피아의 귀환』. 경희대학교 출판문화원.

이성훈. 2017. 「코레아 정권과 원주민운동의 주요 갈등 요인」. ≪중남미연구≫, Vol.36 No.3, 169~194쪽.

이상현. 2010.「사회운동과 정당정치: 볼리비아 MAS 사례를 중심으로」. ≪라틴아메리카연구≫, Vol.23, No.4, 147~168쪽.

정광일. 2007.『기독교 유토피아의 가능성』. 한국학술정보.

조영현. 2009.「중남미 해방신학과 유토피아: 구스따보 구띠에레스의 신학을 중심으로」. ≪이베로아메리카연구≫, Vol.20, No.1, 183~207쪽.

_____. 2015.「라틴아메리카 원주민운동: 사파티스타 운동과 에콰도르 원주민민족연맹에 대한 비교연구」. ≪이베로아메리카연구≫, Vol.26, No.3, 317~156쪽.

조영현·김달관. 2012.「에콰도르 원주민 사상과 세계관의 복원: 수막 카우사이에 대한 이론적 고찰」. ≪중남미연구≫, Vol.31, No.2, 127~160쪽.

Acosta, Alberto. 2010. *El Buen Vivir en el camino del post-desarrollo. Una lectura desde la Costitución de Montecristi*. Quito: Friedrichi Ebert Stiftung.

Acosta, Alberto y Esperanza Martínez(ed.). 2009. *Plurinacionalidad. Democracia en la diversidad*. Quito: Abya-Yala.

Almeida Reyes, Eduardo. 2011. *Ecuador: Estado Uninacional o Plurinacional. Análisis ético-político de la refundación de la nación*. Quito: Autoedición.

Altmann, Philipp. 2013. “Interculturalidad y plurinacionalidad como conceptos decoloniales-colonialidad y discurso del movimiento indígena en el Ecuador.” *XV Encuentro de Latinoameircanistas Españoles*, Nov. 2012, Madrid.

Cecilia Dinerstein, Ana. 2016. “Organizando la esperanza: Utopías concretas pluriversales contra y más allá de la forma valor.” *Educ. Soc., Campinas*, Vol.37, No.135, 351~369쪽.

Cerutti Guldberg, Horacio. 1992. *Filosofía de la liberación latinoamericano*. México: FCE.

CONDENPE. 2011. *Pachamama*. Quito: CONDENPE.

CONAIE. 2012. “Proyecto Político de la CONAIE.” https://conaie.org/2015/07/21/proyecto-politico-conaie-2012/

Cortez, David. 2011. "La construcción social del Buen Vivi. en Ecuador." www.uasb.edu.ec/UserFiles/369/File/PDF/.../Cortez.pdf

De Sousa Santos, Boaventura. 2010. *Refunación del Estado en América Latina. Perspectivas desde una epistemología del Sur*. Quito: Abya-Yala.

Dussel, Enrique. 1995. *Introducción a la Filosofía de la liberación*. Editorial Nueva América.

_____. 2001. *Hacia una filosofía política crítica*. Bilbao: Desclée.

_____. 2006. *Filosofía de la cultura y la liberación*. México: UACM.

Estermann, Josef. 1998. *Filosofía andina. estudio intercultural de la sabiduría autóctona andina*. Quito: Abya-Yala.

Escobar, Arturo. 2003. "Mundos y conocimientos de otro modo. El programa de investigación de modernidad/colonialidad." *Tabla Raza*, No.1, enero-diciembre, pp.51~86.

Grosfoguel, Ramón. 2006. "La descolonización de la economía política y los estudios postcoloniales: transmodernidad, pensamiento fronterizo y colonialidad global." *Tabla Raza*, Nol.4, enero-junio, pp.17~48.

Ocles, Alexandra. 2009. "La Plurinacionalidad en la nueva Constitución. Una mirada con ojos de negro-a." in Alberto Acosta y Espernaza Martínez(ed.). *Plurinacionalidad. Democracia en la diversidad*. Quito: Abya-Yala.

Olvera Salinas, René. 2011. "Interculturalidad crítica como herramienta para la construcción de otro(s) mundo(s) más justo y digno." http://hellem.org.mx/documentos/interculturalidad%20critica%20como%20herramienta.pdf

Prada, Raúl. 2011. "El vivir bien como alternativa civilizatoria: Modelo de Estado y modelo económico." in Lang Miriam y Dunia Mokrani(ed.). *Más allá del desarrollo*. Quito: Abya-Yala.

Quijano, Anibal. 2000. "Colonialidad del poder, eurocentrismo y América Latina." in Edgar Lander(comp.). *La colonialidad del saber: Eurocentrismo, y ciencias sociales. Perspectivas Latinamericnas*. Buenos Aires: CLACSO.

Simbaña, Floresmilo. 2008. "La Plurinacionalidad en la nueva Constitución." in

Francisco Muñoz(ed.). *Análisis: Nueva Constitución*. Quito: ILDIS-Tendencia.

Vagas, Edwar. 2009. “La Plurinacionalidad: un paradigma de transformación social.” in Alberto Acosta y Espernaza Martínez(ed.). *Plurinacionalidad. Democracia en la diversidad*. Quito: Abya-Yala.

Walsh, Catherine. 2009. *Interculturaldiad, Estado, Sociedad. Luchas (de)coloniales de nuestra época*. Quito: Abya-Yala.

제3장

발전 담론과 수막 카우사이*

김은중 서울대학교 라틴아메리카연구소 HK교수

2009년 다보스 세계경제포럼 보고서를 분석해보면 경제, 금융, 환경, 에너지 위기에 대해 세계사회포럼이 내놓았던 진단과 당황스러울 정도로 유사하다는 것을 알 수 있다. 세계사회포럼의 진단이 빨랐던 것인가, 아니면 세계경제포럼의 진단이 지나치게 늦었던 것인가? 뒤끝이 개운치 않은 진단의 유사성보다 더 강조해야 할 점은 위기를 극복하기 위해 내놓은 처방이 완전히 달랐다는 사실이다. 세계경제포럼이 내놓은 처방은 더 많은 자본주의였다. 아마도 국가의 새로운 역할을 주문했다는 점에서 달라진 자본주의였지만 결국은 자본주의의 골격을 유지하는 더 많은 자본주의였다. 세계경제포럼과는 달리 세계사회포럼은 근본적인 변화를 위해 지금 행동하지 않으면 안 된다는 처방을 내렸다. 내일이면 너무 늦기 때문이다.

(지금-여기에서의 변화를 위해) 예전에는 혁명이라는 도구가 있었다. 그러나 상황은 그렇게 간단하지 않았다. 혁명은 모든 것을 일시에 바꾸려고 했지만 문명의 전환도 동시에 요구했기 때문이다. 혁명이 좌초한 것은 혁명을 통해 급격한 변화는 가능했지만 문명은 바뀌지 않았기 때문이다. 이러한 역설적 상황은 지금도 마찬가지이다. 우리는 시급한 변화를 요구하면서 문명의 변화도 요구한다. 문명의 변화는 역사적 변화를 가리킨다.

_ Boaventura de Sousa Santos, “La hora de l@s invisibles”

---

* 이 글은 ≪중남미연구≫ 32권 2호에 발표한 필자의 논문을 총서 취지에 맞게 수정 보완한 것이다.

1. 들어가는 글: 갈림길에 선 라틴아메리카 신좌파

21세기에 들어서서 소위 '신좌파'로 분류된 라틴아메리카 정부들의 가장 중요한 정책 노선은 사회적 부의 재분배를 통한 빈곤의 축소였다. 그리고 지속적인 성장과 더 많은 민주주의를 위한 대책은 빈곤 축소를 위한 필요조건이었다. 사회적 재분배 이외에도 좌파 정부들의 정책에는 불평등의 요소들을 제거하고 더 많은 사회적 구성원, 특히 소수 종족들을 포용하는 정책들도 포함되어 있다. 현재까지 이러한 정책들을 추진하기 위해 사용된 주된 수단들은 많은 논쟁을 불러일으키면서 국가적 관심사로 등장했던 제헌의회 구성, 정당과 정치권력의 재편성, 혁신적인 사회정책이었다. 그러나 신좌파 정부들이 사회정책들을 추진하기 위해 가장 필요하다고 생각하는 것은 근대화와 발전이다. 심지어는 몇몇 좌파 정부들이 사회와 국가를 변화시키기 위해 내놓은 새로운 제안 －민주주의의 심화, 반(反)신자유주의 정치경제정책, '상호문화적 다국민국가(intercultural and plurinational state)' 건설, 생태적이고 지속가능한 발전 모델 등－을 실천하기 위해서도 근대화와 발전은 필수불가결한 요소로 인식되고 있다.

재분배와 사회정의가 좌파 정부들이 추진해야 할 첫 번째 정책 목표라는 사실은 의심의 여지가 없다. 1970년대 중반 이후 전격적으로 추진된 신자유주의 경제개혁이 가져온 심각한 사회적 양극화는 라틴아메리카의 고질적인 역사적·구조적 불평등을 더욱 심화시켰기 때문이다. 그러나 비판적 관점에서 볼 때 신좌파 정부들의 정책에 대한 평가는 그리 긍정적이지 못하며 신좌파 정부를 바라보던 우호적인 시선들이 회의적인 시선으로 바뀌고 있다. 신좌파 정부에 대한 비판의 핵심은 신좌파 정부의 정책들이 근본적인 사회 변화를 모색하기보다는 '대안적 근대화(alternative moderniztion)'에 불과하다는 것이다. 예를 들어, 사회정의는 경제적 불평등을 해소하는 것으로 끝나지 않고 에너지, 기후, 문화적 정체성 같은 문제도 포함하기 때문이다. 볼리비아의 부통령인 알바로 가르시아 리네라(Alvaro García Linera)의 말을 빌리자면, 신좌파 정부들의 목표는 '만족할 만한 근대성(modernidades satisfactorias)'을 성취하는 것이다. '만족할 만한 근대성'이란, 한편으로는 최대한 많은 국민들에게 발견/정복 이후 억압당했던 정치적 권리의 평등과 경제적 평등을 보장하는 근대성이고, 다른 한편으로는 유일한 근대성임을 내세우는 유럽 중심적 근대성의 헤게모니를 의심하는 근대성이다(Linera, 2007). 그 결과, 대륙적 차원에서 볼 때, 만족할 만한 근대성으로 평가받을 수 있는 새로운 사태들이 등장했다고 평가할 수 있다. '아메리카를 위한 볼리바르 동맹(Alianza Bolivariana para las Americas: ALBA)'과 '라틴아메리카-카리브 국가공동체(Comunidad de Estados Latinoamericanos y Caribeños: CELAC)'로 상징되는 새로운 지역통합기구의 창설과 남미은행의 설립, 남미지역 공동통화(SUCRE)의 도입 등은 미국의 간섭으로부터 벗어나 제2의 독립을 모색하려는 시도일 뿐만 아니라, 남미를 세계경제체제 내에서 경제적·이데올로기적으로 블록화하려는 중요한 시도이다. 또한 신좌파 정부들－베네수엘라, 에콰도르, 볼리비아－은 제헌 헌법에 사유재산과 경제에 대한 복수적 개념을 도입하기도 했다. 그러나 이러한 시도들은 근본적으로 발전 개념을 부정하지 않는다.

대안적 근대화가 반신자유주의적 발전 모델을 토대로 포스트-자본주의 경제와 '만족할 만한 근대성'을 모색하는 국가적 차원의 개혁이라면, 사회운동이 모색하는 대항 헤게모니는 '탈식민적 기획(proyecto decolonial)'이다. 대안적 근대화가 지난 30~40년간의 신자유주의 경제개혁의 위기에서 비롯되었다면, 탈식민적 기획은 지난 5세기 동안의 유럽 중심적 근대성의 위기에서 비롯되었다(Escobar, 2008). 대안적 근대화와 탈식민적 기획은 잠재적으로 보완적이면서도 동시에 대립적인 두 개의 기획이다. 그러나 대안적 근대화가 '근대성-내적(from within modernity)'인 기획이라면 탈식민적 기획은 '근대성-외적(from without modernity)' 기획이다. 따라서 탈식민적 기획은 대안적 근대화를 넘어서는 문명의 전환을 요구한다.

이 글은 라틴아메리카에서 일어나고 있는 변화들을 대안적 근대화와 탈식민적 기획 사이의 딜레마로 인식하고, 발전주의 담론의 분석을 통해 이러한 딜레마의 해결을 모색하려고 한다. 이러한 연구 목적을 위해 먼저 라틴아메리카 사회운동을 정치적 대의 메커니즘의 위기와 발전주의의 위기의 관점에서 분석한다. 더 나아가 발전주의 담론 분석을 통해 포스트-발전 개념을 살펴보고, 안데스 국가, 특히 볼리비아와 에콰도르의 제헌 헌법에 규정된 탈식민적 기획의 시도(수막 카우사이)를 포스트-발전 개념에서 살펴보려고 한다.

2. 담론과 실천으로서의 발전(development)

1) 라틴아메리카 사회운동과 식민적 차이(colonial difference)

사회적 현실, 이러한 현실을 해석하기 위해 사용하는 이론적 틀(theoretical framework), 그리고 사회적 현실의 이해로부터 도출되는 정치적 감각과 민중의 희망은 서로 밀접하게 연관되어 있다. 다시 말해, 정치를 통해 희망을 가질 수 있는 것은 현실을 분석하는 특정한 이론적 틀을 토대로 한다. 세 가지 요소들이 밀접하게 연관되어 있다는 사실은 자주 간과되지만 갈등이 증폭되면 이러한 연관 관계가 수면으로 떠오르게 된다. 냉전이 종식되었던 1990년대는 라틴아메리카에 이러한 갈등이 첨예하게 증폭되는 시기였다. 그 결과, 라틴아메리카는 제국주의와 신자유주의에 대항하는 '반발의 발화지점' 중 한 곳이 되었다(패니치·레이스, 2008). 1970년대 칠레와 아르헨티나의 무자비한 독재 정권과 더불어 시작되어 1990년대에 이르러 쿠바를 제외하고 대륙 전체로 확산된 신자유주의는 새로운 시대의 사회적 현실을 해석하는 이론적 틀로 등장했다. '시장 개혁'이라는 이름으로 라틴아메리카를 공습한 신자유주의는 '불가피한 구조 조정(unavoidable industrial restructuring)'을 강요했는데, 여기에는 경제에서 국가 역할을 축소하고, 시장의 기능을 강화하며, 거시경제의 안정성을 확보하는 조치들이 포함되었다. 신자유주의 구조 개혁의 지지자들은 개혁의 목표가 사회적·정치적 효율성을 제고함으로써 경제성장을 달성하는 것이며, 이를 통해서 라틴아메리카의 고질적 문제인 빈곤을 해결할 수 있다고 주장했다. 그러나 개방은 사회적 약자 계층을 위해 빈약하게나마 존재하던 사회적 보호 장치들을 박탈했고 양극화 현상은 더욱 가속화되었다. 몇몇 분야－수출 부문의 활성화, 해외 직접투자의 증가, 몇몇 부문의 경쟁력 강화, 인플레이션 억제 등－에서 신자유주의 개혁이 긍정적 결과를 가져왔다고 평가하는 분석가들도 긍정적 결과에 대한 반대급부－실업과 비정규직의 증가, 국제 무역과 국내 생산의 연계성 약화, 경제 부문 간 구조적 불균형 증가, 심각한 생태 파괴 등－가 훨씬 컸다는 사실을 인정한다. 결국, 경제적 성과는 칠레를 제외한 거의 모든 나라에서 실망스러운 정도로 기대에 미치지 못했고, 칠레조차도 경제성장 추세와는 별도로 불평등 지표들이 심각하게 악화되었다(허쉬버그 외, 2008; Ocampo, 2004).

세계화로 이름을 바꾼 신자유주의 시장 개혁의 위기가 본격적으로 거론되기 시작한 것은 세계 금융 위기가 발생한 2007년부터였다. 자본주의의 붕괴를 받아들이는 진영의 관점에서 볼 때 제2차 세계대전 이후 60년은 두 단계로 나뉜다. 근대화와 발전을 내세운 첫 번째 단계는 1968년 위기로 하강 국면에 접어들면서 복지국가가 쇠퇴하고, 칠레 아옌데 정권의 붕괴와 더불어 시작된 신자유주의 프로젝트로 막을 내렸다. 1980년대 신자유주의 경제개혁으로 시작된 두 번째 단계는 흔히 세계화로 명명되었고 월스트리트가, 그리고 제너럴 모터스와 리먼 브라더스의 파산이 보여주었듯이 자본주의 시장경제의 붕괴로 끝났다.[1] 그러나 라틴아메리카에서 자본주의의 위기가 감지된 것은 1980년대 초부터였다. 1982년 멕시코의 디폴트 선언으로 불거진 외채 위기(debt crisis)는 구조 조정으로 이어졌고 긴축재정정책은 중산층과 하층계급의 생활수준의 하락으로 빠르게 전이되었다. 산업생산이 곤두박질치고 경제성장은 마이너스를 기록하면서 '발전의 역전(reversal of development)' 현상이 발생했다. 발전과 혁명이 최고조에 달했던 1960년대는 역사의 뒷전으로 밀려났다. 그리고 대안과 변화를 요구하는 다양한 사회운동들이 발전과 혁명이 남겨 놓은 공백을 메우며 출현했다.

1980년대는 변화를 위해 노력하는 사람들에게 적대적인, 완전히 다른

---

1) 최근에 월러스틴은 개발을 통해 사회적 양극화를 축소하려는 이머징(emerging) 국가들의 시도를 "사회민주주의의 환상"이라고 지적했다. 제2차 세계대전 이후 1960년대 말까지 사회민주주의가 가능했던 것은 재분배가 가능할 만큼의 자원을 창출해냈기 때문이지만 현재의 세계체제는 그 당시와 중대한 차이가 있다는 것이다. 월러스틴은 세 가지 차이를 지적한다. 첫째, 생산의 실질비용 수준이 상승했고, 둘째 토지, 물, 식량, 에너지 등 자원의 이용 가능성에 큰 부담이 생겼으며, 셋째 자본주의적 생산의 확장이 생태환경에 심각한 폐해를 끼치고 있다(Wallerstein, 2011).

> 시대였다. 그럼에도 불구하고, 대륙의 거의 모든 나라에서 목격된 것은, 앞선 시기보다 눈에 잘 띄지 않고 때로는 수면 아래로 가라앉았을지라도, 많은 전선에서 전개되는 저항과 집단적 투쟁의 인상적인 경험이었다. 1980년대에 대중 동원은 결코 사라지지 않았고, 1990년대도 마찬가지일 것이다. 여러 가지 형태가 뒤섞인 집단행동은 매우 다양해서 그것들을 한꺼번에 지칭할 한 가지 표식을 찾기가 곤란하다. 무단 점유자와 생태운동가, 도시의 가난한 주부들과 사회주의 페미니스트 그룹들, 인권운동가들과 동성애자들에 이르기까지 라틴아메리카의 집단행동의 스펙트럼은 광범위하다. 그뿐만이 아니라 여기에는 흑인들과 원주민들, 새로운 양상의 노동자 단체운동과 농민 투쟁, 중산 계급과 중하 계급 시민운동, 열대우림 보호운동도 포함된다. 심지어는 (살사와 레게 같은) 아프로-카리브 음악으로 상징되는 문화운동과 반핵운동도 있다. 이러한 집단행동들은 틀림없이 라틴아메리카 대륙의 변화된 사회적·문화적·경제적·정치적 현실을 대변한다(Escobar y Alvarez, 1992: 1~2).

라틴아메리카가 외채 위기의 수렁에 빠져들었던 1980년대는 신자유주의와 '민주주의로의 이행(transitions to democracy)'이 동시에 진행되었던 시기였다. 그러나 민주주의로의 이행은 위기에 처한 자본주의가 탈출구를 찾기 위한 선제적 개혁이었다. 윌리엄 로빈슨이 지적하듯이, 외채 위기와 '더불어 얻어진' 민주주의는 신자유주의 경제개혁의 기능적 요청 사항이었다(로빈슨, 2008a: 142). 다시 말해, 1980년대의 라틴아메리카의 민주화는 새로운 세계적 생산·금융 체계의 자유로운 작동을 위한 최적의 조건을 형성하여 세계자본주의를 위해 전 세계를 이용 가능하고도 안전하게 만들기 위한 신자유주의의 전략이었다. 즉, 신자유주의가 세계를 자본이 이용 가능하도록 만드는 것이라면, 정치적 민주화는 자본을 위해 세계를 더 안전하게 만드는 것이었다. 다시 로빈슨의 말을 빌리면, 이 시기의 민주주의의 촉진은 다두제(多頭制, polyarchy)를 의미하는 것인데, 다두제란 소규모 집단이 실질적으로 통치하면서 의사 결정에서 대중적인 참여는 선거에서 지도자를 뽑는 것으로 한정되는 체계이다(로빈슨, 2008a: 145). 다두제를 의미하는 정치적 민주화와 달리, 1980년대 라틴아메리카 사회운동은 '또 다른' 민주주의에 대한 요구였다. 앞의 인용문에서 볼 수 있듯이, 사회운동이 요구하는 민주주의는 사회적·문화적·경제적·정치적 현실을 근본적으로 변화시키는 민주주의였다. 다두제가 민중과 권력을 포함하지도 않고 심각한 불평등의 종식을 포함하지도 않는 '저강도 민주주의'라면, 사회운동은, 한편으로는 전통적인 정치적 대의 메커니즘을 변화시키고, 다른 한편으로는 종전 이후 새로운 패러다임으로 등장한 발전주의를 비판하는 '고강도 민주주의'에 대한 요구였다. 따라서 다두제는 고강도 민주주의를 요구하는 사회운동을 흡수하고 무력화하기 위해 일시적으로 저강도 민주주의를 내세운 선제 개혁이었다.

라틴아메리카 사회운동이 보여주는 사회적 현실은 정치적 대의 메커니즘의 위기와 발전주의 패러다임의 위기였다. 정치적 대의 메커니즘의 위기는 1968년 이후 유럽의 사회운동을 통해 이미 부각된 상태였다. 앞의 인용문에서 알 수 있는 것처럼, 당혹스러울 만큼 다양한 집단행동이 신사회운동(New Social Movements)이라는 이름으로 라틴아메리카에 앞서 유럽에서 시작되었기 때문이다. 신사회운동은, 데이비드 하비(David Harvey)가 지적한 것처럼, '강탈에 의한 축적(accumulation by dispossession)'에 적절한 형태로 전환하지 못한 고전적 좌파운동과 달리, 다양한 이슈와 분산된 형태의 저항 정치로 등장했다.2)

> 마르크스주의적·사회주의적 좌파의 고전적 견해에 의하면, 생산수단에의 접근이나 소유권이 박탈된 임금노동자로 정의되는 프롤레타리아는 역사적 변화의 핵심 행위자였다. 중심적 모순은 생산 지점에서 그리고 이를 둘러싼 자본과 노동 간에 존재했다. 노동계급 조직의 기본적 구도는 노동조합과 정치적 정당(자본가 계급 지배를 규제하거나 밀어내기 위하여 국가권력의 획득을 목적으로 함)이었다. 따라서 확대재생산으로 이해되는 자본축적의 장 내에서 계급관계와 계급투쟁이었다. 다른 모든 형태의 투쟁들은 **보조적이거나 부차적이며, 심지어 주변적이거나 무관한 것으로 치부되었다.** 물론 이 주제에는 많은 미묘한 차이와 변이들이 있지만, 이러한 견해의 핵심에는 프롤레타리아가 역사적 전환의 유일한 행위자라는 인식이 깔려있다(하비, 2005: 163, 강조는 필자).

하비의 지적에서 주목해야 할 것은 구사회운동이 신사회운동을 구성하는 수많은 주체들을 배제했다는 것이다. 즉, 구사회운동은 노동운동을 중심으로 프롤레타리아 투쟁에만 집중함으로써 도시사회운동이나 생활공간 정치, 여성주의나 환경운동을 좌파의 시계(視界) 바깥에 놓았으며, 사회변화를 위한 국내적 투쟁이 제국주의에 특징적인 외적 대체와 관련된다는 점도 무시했다. 하비는 강탈에 의한 축적이 다양한 양상으로 진행됨에 따라 국가장치의 통제가 점점 더 적실성을 잃어가는

2) 이러한 상황을 윌리엄 로빈슨은 다음과 같이 표현한다. "좌파가 정치사회로부터 구조적 변화의 과정을 지도하는 데 실패함으로써 투쟁의 장이 훨씬 더 시민사회 쪽으로 옮겨졌다. 라틴아메리카는 1980년대 후반과 1990년대에 걸쳐 경합하는 사회 세력 간의 '진지전'으로 넘어간 것으로 보인다. 이 점은 그 전에 피지배집단들이 혁명적 봉기를 통한 '기동전'에서 이기지 못했고, '위로부터의 권력 장악'에서도 한계를 드러냈다는 사실에 비추어 보면 분명하다"(로빈슨, 2008b: 240).

상황에서 다양한 방식의 신사회운동이 등장하는 맥락을 인정한다. 그러나 강탈에 의한 축적과 확대재생산 사이에 '유기적 연계'가 여전히 존재하기 때문에 "노조운동을 폐쇄적인 근대적, 반동적, 억압적 조직 행태로 기각하고, 보다 유연하고 개방적이며 포스트모던한 사회운동 형태로 대체될 필요가 있다는 주장"(하비, 2005: 168)에 대해서는 반대한다. 그의 주장에 따르면, 확대재생산의 영역 내에서의 투쟁들은 반세계화 및 대안적 세계화운동 내에서 연대하는 사회운동들이 우선적으로 초점을 맞추는 강탈에 의한 축적에 반대하는 투쟁과 변증법적 관계를 갖는다.

구사회운동의 관점에서 유럽의 신사회운동이 보조적이고 부차적이며, 심지어 주변적이고 무관한 것의 위치에 있었다면, 라틴아메리카 사회운동은 유럽의 신사회운동의 보조적·부차적·주변적 위치에 놓여 있다. 이런 맥락에서 1980년대 이후 라틴아메리카 사회운동은 유럽의 신사회운동과 동일한 이론적 틀로 해석될 수 있으며 새롭지 않은 '오래된(old)' 운동일 뿐이다. 오랫동안 라틴아메리카 원주민 사회를 연구한 준 내쉬(June Nash)가 치아파스의 사파티스타 봉기를 유럽의 신사회운동의 관점에서 '포스트모던'이라고 부른 것(Nash, 2001)이 좋은 예이다. 내쉬는 "원주민이 다가오는 세기에 중요한 변화의 주인공이 될 것이라고 주장하고, 그 근거로 원주민은 오랫동안 유지해온 자신들의 세계관, 즉 자기결정권, 권력 수단으로서의 도덕적 권위, 공동의 생계 전략, 그리고 다민족적이면서 비위계적인 독특한 세계관에 입각해서 신자유주의의 대안을 분명하게 표명하고 있다"(김명혜, 2012)는 사실을 강조하면서도 유럽의 신사회운동을 특징짓는 포스트모던이란 개념을 그대로 적용하는 데 동의한다. 하비는 근대성의 관점에서 '포스트모던'이라는 개념을 비판하지만 사파티스타 봉기가 '탈식민적(decolonial)'이라는 것을 언급하지 않았다.[3] 탈식민성의 관점에서 볼 때 탈근대성은 '반근대적 근대적(anti-modern modern)' 비판이기 때문이다(김은중, 2009). 유럽의 탈근대성(혹은 포스트모더니즘)이 근대-내적 차이를 드러냈다면 라틴아메리카 탈식민성은 '식민적 차이(colonial difference)'를 드러낸다. 식민적 차이는 서구 근대성의 외부(exteriority)에 존재한다. 여기서 강조해야 할 것은 근대성의 외부(exteriority)는 근대성과 아무런 접촉이 없는 순수한 외부(outside)를 의미하는 것이 아니라 헤게모니 담론에 의해 차이로 구성되는 외부(outside), 즉 식민적 차이라는 사실이다.

> 월터 미뇰로에 따르면, 식민성(coloniality)은, 한편으로는 근대성 기획이 스스로를 근대성으로 뿌리내리기 위해 감추고 배제해야 할 것이고, 다른 한편으로는 근대적 기획의 맹목성이 드러나는 동시에 새로운 기획이 펼쳐지는 발화의 장소이다. 달리 말하자면, 식민성은 근대성 자체의 관점에서 근대성 서사의 맹목성을 드러내고 비판하는 발화의 장소이다. 또한 식민성은 서구의 확장과 접촉한 지역의 역사적 경험으로부터 도출되는 다양한 기획, 다보편성(pluri-versality)의 장(場)이다. 따라서 식민성은 새로운 추상적 보편이 아니라 '보편적 기획인 다양성(diversality as a universal project)'이 인식될 수 있는 장소이고, 언어와 지식의 문제가 핵심적인 장소이다. 따라서 식민성의 개념은 병행하는 두 개의 과정이다. 하나는 지배적 근대성이 종속된 문화와 지식을 체계적으로 억압하는 과정이고, 다른 하나는 지배적 근대성과 종속된 문화의 만남을 통해 형성된 특별한 지식이 출현하는 과정이다(Escobar, 2008: 12).[4]

---

3) 하비는 포스트모더니즘을 모더니티의 동일성으로 수렴되지 않는 차이라는 관점에서 긍정하지만 대안적 근대성이 될 수 없다는 점에서 비판한다.

4) 미뇰로는 헤게모니 담론에 의해 차이로 구성되는 외부에 대해 다음과 같이 말한다. "외부는 근대성의 '바깥'에 혹은 전 지구적으로 확장된 자본주의 경제의 '바깥'에

유럽의 신사회운동이 근대성의 유일 보편성(uni-versality)에 대한 포스트모던 차이를 주장한 것이라면, 라틴아메리카 신사회운동은 식민적 차이를 주장한다. 달리 말하자면, 라틴아메리카 사회운동이 유럽의 사회운동을 분석하는 이론 틀－기능주의, 마르크스주의, 포스트모더니즘 등－로 설명되지 않는 것은 식민적 차이 때문이다. 라틴아메리카 사회운동을 통해 드러난 식민적 차이는 사회운동이 요구한 고강도 민주주의의 두 번째 요소인 발전주의 패러다임과 밀접하게 관련되어 있다. 라틴아메리카 사회운동을 유럽의 신사회운동의 아류로 해석한 것은 이러한 차이를 인식하지 못했기 때문이다. 유럽의 신사회운동이 근대성에 대한 비판이었다면 근대성이 성숙된 단계에 이르지 못한 라틴아메리카의 사회운동은 근대성에 대한 비판이 될 수 없다고 생각했다. 따라서 라틴아메리카의 사회운동의 목표 지점은 유럽의 사회운동의 출발 지점(기본적 필요의 충족, 국가권력에 맞선 사회운동의 자율성에 대한 요구, 허약한 민주주의의 공고화 등)과 일치한다는 결론을 내렸다. 성숙된 근대성에 도달하지 못하고 근대성을 비판하거나 탈근대성을 논하는 것은 어불성설이라

위치한 장소가 아니다. 외부는 내부를 만들고 유지하기 위해 필요한 과정일 뿐이다. 여기서 내부는 서구 문명을 가리킨다. 휴머니즘과 야만이 서구에서 만들어진 두 개의 개념인 것처럼(서구적 상상력 바깥 세계에는 야만이 존재하지 않는다), 외부는 담론과 지식을 통제하는 사람들이 내부를 만드는 과정에서 내부에서 만들어낸 바깥이다. 르네상스를 기점으로 유럽은 자기 자신의 정체성과 서구 문명의 정체성을 만들어왔을 뿐만 아니라(즉 고대 그리스와 로마 제국의 폐허로부터 만들어진 르네상스라는 개념 자체가 르네상스 이전에는 존재하지 않았던 서구 문명을 발명해 내려는 의도였다) 차이도 만들어왔다. 여기서의 차이는 '식민적 차이'를 뜻하는 것으로, 유럽 내부에서는 유대인에게 주어진 차이(내적 식민적 차이)이며, 유럽 바깥에서는 아메리카 원주민과 아프리카 흑인에게 주어진 차이(외적 식민적 차이)이다"(미뇰로, 2010: 4~5).

는 것이다. 이 때문에 라틴아메리카 사회운동은 사회-역사적 운동, 민중운동, 문화운동으로 규정되거나 간단히 구사회운동으로 인식되었다. 그러나 라틴아메리카 사회운동은 발전이 사회운동이 발생하는 필요조건이 아니라 사회운동의 비판의 대상이라는 점을 강조한다는 점에서 유럽의 신사회운동과 다르다(김은중, 2011).

2) 사회운동의 배경: 발전 담론과 포스트-발전(post-development)

보수와 진보, 우파와 좌파의 차이를 중도라는 형식으로 희석시키거나 무의미하게 만드는 축적체제의 변화에 본격적으로 시동을 건 신자유주의 세계화는 자본주의를 합리화하는 자기 조정적(self-regulatory) 시장경제를 규제하는 사회적 제동장치가 사라진 결과였다(폴라니, 2009).[5] 또한 베를린 장벽의 붕괴는 평등을 약속했던 구좌파의 무능력과 혁명의 실패에 대한 민중들의 분노가 표출된 것이다(월러스틴, 2001). 이런 맥락에서

---

5) 폴라니는 시장과 규제는 언제나 병행한다는 점을 강조했다. 경제제체는 사회체제에 묻어 들어(embedded) 있는 것이기 때문에 시장은 시장 이외의 형태를 없애가면서까지 팽창하지 않았다고 말한다. 따라서 19세기 사회사는 진짜 상품에 대해서는 시장적인 조직 방식을 확장하고, 허구 상품에 대해서는 시장적 조직 방식을 규제하는 이중적 운동(double movement)의 결과였다. "시장들은 중상주의 체제에서처럼 고도로 발전해 있는 경우에도 중앙집권화된 행정체제의 통제 아래에서만 번성했으며, 이 행정체제는 농민들의 가정 경제에 대해서도, 국가 차원의 생존에 대해서도 자급자족을 장려했다. 규제와 시장은 함께 자라난 셈이다. 사람들은 자기조정 시장에 대해서는 알지 못했다"(폴라니, 2009: 237). 따라서 "자기 조정 시장이라는 아이디어는 한마디로 완전히 유토피아이다. 그런 제도는 잠시도 존재할 수 없으며, 만에 하나 실현될 경우 사회를 이루는 인간과 자연이라는 내용물은 아예 씨가 말라버리게 되어 있다. 인간은 그야말로 신체적으로 파괴당할 것이며 삶의 환경은 황무지가 될 것이다"(폴라니, 2009: 94).

볼 때, 신자유주의는 1970년대 초 세계경제 위기로 불거진 자본주의 위기의 시작이었으며 베를린 장벽의 붕괴는 자본주의의 승리가 아니라 사회주의 혁명의 실패였다. 앞에서 언급한 유럽과 라틴아메리카의 사회운동은 자본주의의 위기와 자본주의에 대해 비판적 역할을 수행하지 못한 사회주의 혁명의 위기에서 촉발된 것이다. 여기서 주목해야 할 것은 사회주의 혁명이 실패한 것은 국가권력을 장악하지 못했기 때문이 아니라 세계를 변혁시키지 못했기 때문이라는 사실이다.

> 세계체제의 작동 방식에 대해 오랫동안 품어오던 반감에다, 세계를 바꾸기에는 역량이 부족한 반체제운동에 대한 실망이 덧붙여지면서 1968년의 세계혁명으로 귀결되었다. 1968년의 폭발은 그 지역적 상황과 관계없이 거의 모든 곳에서 반복되어 나타난 두 가지 테마를 가지고 있었다. 하나는 미국 헤게모니 패권에 대한 거부였다. 또 이것은 동시에 미국에 대한 적대자라고 생각되어온 소련에 대한 불만이기도 했는데, 왜냐하면 소련은 미국이 주도하는 세계질서에서 실제로는 미국과 공모하고 있었기 때문이다. 그리고 또 한 가지 테마는 전통적인 반체제운동들이 일단 권력을 잡게 되면 약속을 저버렸다는 것이다. 이와 같은 이중적 불만이 결합되어 여러 곳에서 광범위하게 되풀이되어 분출하면서 일대 문화적 지진을 일으켰다 (월러스틴, 2005: 194).

미국의 헤게모니 패권과 더불어 시작되었고, 미국의 헤게모니 패권을 거부했던 소련이 공모했으며, 급기야는 1968년 세계혁명을 폭발시킨 세계체제의 작동방식이 무엇이었을까? 그것은 발전(development) 개념이었다. 월러스틴이 지적하듯이, 1945년은 매우 중요한 세계 변동이 발생한 해였는데, 이 시기에 주목해야 할 세 가지 일이 일어났다. 첫째 미국이 세계체제의 헤게모니를 잡은 것이고, 둘째 제3세계라는 지정학적 블록이 탄생했으며, 셋째 경제적 팽창과 정치적 민주화의 결합으로 세계 대학체제가 엄청나게 팽창한 것이다(월러스틴, 2005: 34). 발전은 미국의 헤게모니가 담론과 실천의 차원에서 구체화되는 핵심적 개념이었다. 발전 개념은 좁게는 변화된 세계체제의 현실을 제시하는 강력한 도그마였고, 넓게는 서구 근대성의 보편주의의 계보를 잇는 최신 담론이었다.[6] 무엇보다도 발전 개념은 제3세계를 만들어낸 설계도였다. 제3세계가 먼저 존재하고 여기에 발전이 적용된 것이 아니라 발전 개념을 통해 제3세계가 만들어진 것이다. 발전은 생산체계와 권력, 현실에 대한 의미화 작용을 동원해서 서구 경제에 확실하게 닻을 내렸다.

> (발전이라는) 새로운 전략의 뿌리는 제2차 세계대전 이후에 발생한 세계체제의 정치적 재편에서 찾을 수 있다. '저발전(underdevelopment)'과 '제3세계(Third World)'라는 개념은 서양(과 동양)이 자기 자신과 전 지구적 권력구조를 재규정하는 과정에서 만들어졌다. 발전 전략을 가능하게 했던 역사적 조건을 여기서 분석할 수는 없지만, 과거의 식민지 체제의 붕괴, 인구와 생산 구조의 변화, 지구상의 여기저기에 나타나는 공산주의와 공산주의에 대한 자본주의 세계의 공포를 이유로 들 수 있다. 또한 마샬 플랜의 성공으로 새로운 활력을 찾은 과학과 기술에 대한 신뢰, 새로운 경제 지식과 (예를 들어 '라틴아메리카 연구' 같은) 지역연구의 발전, 복합적 사회체제의 관리를 통해 얻게 된 풍부한 경험도 포함된다(Escobar, 1998: 429~430).

---

6) 지나친 단순화를 경계하면서 요약하자면, 근대성과 발전은 몇 가지 원리를 공유한다. 첫째, 장소와 공동체에 얽매이지 않는 합리적 개인, 둘째 자연과 문화의 분리, 셋째 사회적인 것(lo social)과 자연적인 것(lo natural)으로부터 뽑혀나온(dis-embedded) 경제, 넷째 다른 모든 지식보다 우월한 전문 지식이다.

발전 개념은 낡은 제국주의 체제로부터 해방된 국가들을 새로운 제국주의 체제로 포섭하는 매개 개념이었다. 월러스틴의 말을 빌리자면, 서구 바깥의 '나머지 세계'를 연구하는 인류학과 오리엔탈리즘 같은 학문이 더 이상 쓸모가 없어진 상황에서 서구와 '나머지 세계', 상대적으로 '개별 기술적인' 학문들과 보편적인 '법칙 정립적' 학문들을 매개하는 천재적인 대안이 발전 개념이었다(월러스틴, 2005: 34~35). 발전 개념은 제3세계가 서구 경제의 발전을 가능케 하는 원자재 제공자의 위치에서 벗어나 동등한 발전을 이룰 수 있다는 희망을 갖게 만들었다. 그러나 이러한 희망은 오래 가지 못했다. 크와메 은크루마(Kwame Nkrumah)가 정확하게 지적한 것처럼, 식민지로부터의 해방은 또 다른 수단에 의한 전통적인 식민 지배를 지속시키는 신식민주의일 뿐이라는 사실을 깨달았기 때문이다. 은크루마의 신식민주의론은 라틴아메리카에서 종속이론으로 정교화되었다. 종속이론은 "서구의 산업 성장이 식민 시대에 식민지들의 '저발전' 과정을 통해 이루어졌다는 것을, 그리고 그렇게 함으로써 서구는 식민지 현지의 산업을 파괴했고 비서구 민족들의 경제를 서구의 이해관계를 위해 정체 상태에 묶어 두었다는 것을 발전 이론이 인정하지 않았다고 주장"했다(영, 2005: 101). 결론적으로, 발전 이론이 전 지구적인 성장이 공통의 경제적 경로를 따라 불균등한 발전으로 이루어진다고 주장했다면, 종속이론은 한 곳에서의 경제성장은 다른 곳에서의 빈곤을 통해 이루어진다고 주장했다. 그러나 신식민주의론이나 종속이론은 자본주의를 비판했을 뿐 발전 그 자체를 부정하지도 않았고 담론으로서의 발전 개념을 비판한 것도 아니었다.

> 저발전은 1949년 1월 20일에 시작되었다. 그날 세계 20억 인구는 저발전인이 되었다. 까놓고 말해서 그때부터 사람들은 온갖 다양성을 잃어버리고

남들의 현실을 자기를 비추는 뒤집힌 거울로 일그러졌다. 자기들을 왜소하게 만들어 긴 줄의 꽁무니로 보내버리는 거울, 실제로는 이질적이고 다양한 복수로서 존재하는 정체성을 그저 동질적이고 협소한 소수의 정체성으로 옹색하게 규정하는 거울이 되어버렸다. …… 발전은 이 말과 맺어진 성장, 진화, 성숙 같은 단어들과의 연결 고리를 끊어낼 수가 없다. 이 말을 쓰는 사람들과 같은 이치로 그들의 언어, 사고, 행동에 어떤 맹목성을 불어넣는 의미들의 그물망에서 빠져나올 수가 없다. …… 그 말은 바람직한 변화 곧 단순한 것에서 복잡한 것으로, 열등한 것에서 우월한 것으로, 나쁜 것에서 좋은 것으로 나아가는 행보를 늘 암시한다. …… 하지만 만들어진 지 두 세기가 지나서 이제는 사회에 깊이 뿌리를 내린 '발전'이라는 말에 담긴 긍정적 의미는 지구상의 3분의 2에 해당하는 사람들에게는 **자기들이 아직 벗어나지 못한 처지**를 일깨운다. 바람직하지도 않고 품위도 없는 상태를 일깨운다. 거기서 벗어나려면 그들은 다른 사람들의 경험과 꿈에 속박당해야 한다(에스테바, 2010: 37~45, 강조는 저자).[7]

인용문에서 알 수 있는 것처럼, 발전 개념의 역사는 상대적으로 최근의 일일 뿐이지만, '나머지 세계'의 사람들은 자기 자신을 발전의 개념으로 바라보지 못했다. 발전 개념이 서구 근대성의 보편주의의 계보를 잇는 마지막 주자라고 말한 것은 이 때문이다. 발전 개념은 경제뿐만이

---

7) 1949년 1월 20일은 해리 트루먼(Harry S. Truman)이 미국 대통령에 취임한 날이다. 트루먼은 취임사에서 다음과 같이 말했다. "우리는 우리가 누리는 과학 진보와 산업 발달의 수혜가 저발전 지역의 향상과 성장에 기여할 수 있도록 새롭고 과감한 사업에 착수해야 합니다. 해외에서 이익을 수탈하는 낡은 제국주의는 우리 계획 안에 설 자리가 없습니다. 우리가 구상하는 것은 공정한 민주적 거래에 토대를 둔 발전 사업입니다"(에스테바, 2010: 36에서 재인용).

아니라 이성, 사회, 표상(representation) 같은 근대성의 상징과 실천들이 상호 연관된 인식의 공간이다. 발전은 경제적 성장을 의미할 뿐만 아니라, 담론이자 실천이고, 근대성의 계보를 잇는 문화적 양식이며, 제국주의적 개입이고, 사회적·경제적 투쟁의 공간인 동시에 '나머지 세계'의 사람들이 추구하는 욕망이다(Rahnema and Bawtree, 1997: ix~x). 즉 발전 개념은 경제적 측면에만 적용되는 것이 아니라 문화적·사회적·정치적 요소들을 포함하는 총체적인 개념으로 사용된다는 것이다. 이 때문에 빈곤, 생산, 국가론, 평등 같은 것을 건드리지 않고 발전을 언급하는 것은 불가능하다. 에스테바가 강조하듯이, "발전은 믿을 수 없을 만큼 강력한 의미로 충만한 별무리의 중심에 있다. 이것만큼 힘 있게 현대인의 사고와 행동을 이끌어가는 길잡이도 없다"(2010: 39). 또한 해리 투르먼이 취임 연설에서 남반구를 '저발전 지역'이라고 선언하면서 시작된 '발전의 시대'에 발전 개념은 북반구의 오만한 간섭주의와 남반구의 딱한 자기 연민을 뒷받침하는 인식의 바탕이 되었다. 발전은, 한편으로는 지구상의 3분의 2에 해당하는 사람들에게 자기들이 아직 벗어나지 못한 처지를 일깨워주고, 다른 한편으로는 더 높은 목표를 위해서 이루어지는 개입은 무조건 정당화하는 담론이 되었다(작스 외, 2010). 따라서 담론으로서의 발전은 오리엔탈리즘과 동일한 구조의 식민적 담론이다.

> 오리엔탈리즘은 동양을 다루기 위한-동양에 관해 서술하거나, 동양에 관한 견해에 권위를 부여하거나, 동양을 묘사하거나, 가르치거나 또는 그곳에 식민지를 세우거나 통치하기 위한-동업조합적 제도로 볼 수 있다. 요컨대 오리엔탈리즘이란 동양을 지배하고 재구성하며 억압하기 위한 서양의 방식이다. …… 오리엔탈리즘을 하나의 담론으로 검토하지 않는 한, 계몽주의 시대 이후의 유럽 문화가 동양을 정치적·사회적·군사적·이데올로기

적·과학적·상상적으로 관리하거나 심지어 동양을 생산하기도 한 거대한 조직적 규율이라는 점을 이해할 수 없다고 나는 주장한다(사이드, 2007: 17~18).

신식민주의를 비판하기 위해 노력했던 은크루마가 발전 개념 그 자체에 대해서 도전하지 않았던 것도, 저발전의 구조적 요인을 내적인 것에서 외적인 것으로 바꾸어놓았던 종속이론이 저발전 경제와 발전 경제를 정체와 변화로 구분하는 발전 이론의 기본적 틀에 도전하지 않은 것도 발전을 담론으로 인식하지 못했기 때문이다. 제3세계가 다양한 프로그램과 전략을 통해 새로운 권력 메커니즘의 목표가 된 이래로 제3세계의 모든 것은 발전을 위한 새로운 연구 대상이 되었고, 발전을 위한 지식들 - 발전 경제학, 농업 과학, 보건학, 영양학, 인구학, 도시계획 등 - 은 새로운 권력이 되었다. 그때부터 발전(주의)은(는) 라틴아메리카를, 일반적으로 말하자면 제3세계 전체를 배회하는 유령이 되었다. 더 나아가 발전 담론은 광범위한 제도적 장치 - 세계은행과 국제통화기금, 유엔이라는 국제기구에서부터 제3세계 국가에 설치된 경제발전기구들까지 - 를 탄생시켰고, 그것을 통해 저발전된 사회의 경제적·사회적·문화적·정치적 현실을 변화시키는 실제적이고 유효한 권력이 되었다(Escobar, 2005; 에스코바르, 2010).[8)]

발전 담론에 대한 비판이 시작된 것은 1990년대 초였다. 볼프강 작스(Wolfgang Sachs)는 1992년 출간된 『반(反)자본 발전 사전(The Develop-

---

8) 발전 담론은 두 가지의 메커니즘을 통해 작동된다. 하나는 발전에 관한 지식의 전문화(profesionalización)이고, 다른 하나는 전문화된 지식의 제도화(institucionalización)이다. 이 두 가지 메커니즘을 통해 개입과 통제를 정당화하고 담론을 실천한다(작스 외, 2010; Escobar, 2005).

ment Dictionary)』 서문에서 급진적이고 논쟁적인 선언을 했다. “지난 40년은 발전의 시대로 불릴 만하다. 그런데 이 시대가 막을 내리려고 한다. 바야흐로 추도사를 쓸 때가 오지 않았나 싶다”(작스 외, 2010: 22). 발전의 시대가 막을 내렸다면 그 다음에는 무엇이 올 것이라고 생각했을까? 몇몇 사람이 ‘포스트-발전(post-development)’을 처음으로 말하기 시작한 것은 작스의 선언보다 한 해 앞서 열렸던 제네바 국제학회에서였다(Escobar, 2005).[9] 그러나 그 당시에 주로 논의된 것은 포스트-발전의 내용이 아니라 발전 신화가 남겨놓은 현실이었다.[10] 볼프강 작스는 발전 신화가 남겨놓은 현실을 네 가지로 요약했다. 첫째, 선진과 후진의 위계질서는 백일몽에 불과하다. 선진국이야말로 역사의 흐름에서 가장 멀리 벗어난 탈선의 사례일 뿐이다. 둘째, 발전은 동서 대립을 빈부 대립으로 바꾸어놓았을 뿐이다. 셋째, 발전은 국내적·국제적으로 ‘사다리 걷어차기’이다. 사회적 양극화는 갈수록 커질 뿐이다. 넷째, 발전은 헤아릴 수 없는 다양성의 문화를 단색 문화로 바꾸어버렸다. 발전과 함께 타자도 종적을 감추었다(작스 외, 2010: 24~29).

‘포스트-발전’ 개념은 포스트구조주의 비판으로부터 직접적인 영향을 받았다. 사이드가 푸코를 통해 동양이 하나의 담론 구성체로 구축되

9) ‘포스트-발전’에 대한 집단적 연구는 처음으로 『포스트-발전 독본』이라는 제목의 단행본으로 출간되었다[Majid Rahema and Victoria Bawtree, *The Post-Development Reader*(London: Zed Books, 1997)].

10) 사실상 1970년대가 시작되면서 ‘발전주의 환상’은 깨지기 시작했다. 로마클럽의 첫 번째 보고서(1972)의 제목은 「성장의 한계」였고, 두 번째 보고서(1974)의 제목은 「기로에 선 인류」였다(김은중, 2011). 그러나 로마클럽의 보고서는 실천으로서의 발전이 가져온 결과에 대한 경고였을 뿐 담론으로서의 발전을 언급한 것은 아니다.

었다는 것을 보여준 것처럼, 포스트구조주의 비판의 시각에서 보면 발전은 단순히 아시아와 아프리카, 라틴아메리카의 물리적이고 사회적 현실을 경제적으로 통제하기 위한 도구에 그치는 것이 아니고, '제3세계'의 '저발전'을 발명하기 위한 '제1세계'의 전략이었다. 따라서 포스트구조주의 비판의 핵심은 발전 담론이 '저발전된' 제3세계를 발전이 필요한 지역으로 규정하는 방식을 제시하는 것이다. 포스트구조주의의 목표는, 푸코가 지적했듯이, 지식의 획득이 아니라 지식의 일탈을 비판하는 것이었다.

> 앎에 대한 열정이 지식의 획득만을 보장할 뿐 어떤 식으로든, 그리고 되도록 아는 자의 일탈을 확실히 해주지 않는다면 무슨 소용이 있겠는가? 삶에는 다른 사람들이 생각하는 것과 다르게 생각하고, 사람들이 보는 것과 다르게 인지할 수 있는지 없는지를 아는 문제가, 계속적인 인지나 생각을 위해 필요불가결한 순간들이 있다. …… 오늘날 철학은 무엇인가? 그것은 사고에 대한 사고의 비판 작업이 아니겠는가. 그리고 사람들이 이미 알고 있는 것에 정당성을 부여하는 대신에 어떻게, 그리고 어느 만큼까지 다르게 생각하는 것이 가능할지를 알려고 하는 것이 아니겠는가. 철학적 담론이 밖으로부터 타인들을 지배하고 그들에게 그들의 진리가 어디에 있으며 그것을 어떻게 찾는가를 말해주고자 할 때, 혹은 순수하게 실증적으로 그들의 옳고 그름을 가릴 수 있다고 자부할 때, 그 철학적 담론은 얼마간은 터무니없는 것이다. 그보다 바로 그 철학적 사고 속에서 철학과는 무관한 지식의 훈련에 의해 변화될 수 있을 것을 탐구하는 것이 철학의 권리인 것이다(푸코, 2004: 23).

포스트-발전 개념은 정치경제학, 근대화 혹은 '대안적 발전(alternative

development)'과는 다른 관점을 제시했다. 그렇다고 발전 담론과 근본적으로 다른 입장, 즉 '발전에 대한 대안(alternative to development)'을 제시한 것도 아니다. 그러나 포스트-발전 개념은 발전의 한계를 명확하게 인식했고 발전 담론의 토대를 흔들어놓은 '대안-담론(counter-discourse)'이었다. 즉, 포스트-발전은 발전 담론과 다른 입장을 취한다는 것, 즉 발전이 현실을 해석하는 이론 틀과 다른 방식으로 현실을 본다는 것이 얼마나 어려운 것인가를 깨닫게 해주는 이론 틀이었다. 푸코가 강조했듯이, "자신의 역사를 사고하는 작업을 통해 사고가 어느 정도나 무언중의 생각으로부터 벗어날 수 있으며, 얼마만큼이나 다르게 사고할 수 있는지를 아는 것"이 목적이었다(푸코, 2004: 24). 다시 말해, 발전을 그 자체로 규정한 것이 아니라 발전 담론의 외부의 관점에서 발전을 포착했다는 것이다. 앞에서 근대성의 외부(exteriority)는 헤게모니 담론에 의해 차이로 구성되는 외부(outside)라고 말했다. 따라서 발전 담론에 대한 비판은 발전 담론에 의해 차이로 구성된 외부(=타자)를 드러내는 것이다.

3. 포스트-발전과 수막 카우사이(Sumak Kawsay)

월러스틴이 자본주의를 역사적 체제, 즉 "생겨났다가 결국 사라지는, 그 내적 모순이 격화하여 마침내 구조적 위기에 이르게 되는 내부적 과정"(월러스틴, 1993: 96)으로 규정한 것처럼, 발전도 역사적 발명이다. 발전 담론의 비판자들이 꼭 집어 말하는 것처럼 1949년 1월 20일(트루먼의 대통령 취임식) 발명된 발전은 1950~1960년대 성장과 발전을 앞세운 근대화 이론으로 전 세계로 확산되었고, 1960~1970년대에 종속이론을 시작으로 저항에 직면했으며, 1980~1990년대 포스트구조주의 문화이론과 사회운동이 등장하면서 쇠락 단계에 접어들었다. 이런 맥락에서 볼 때, 앞서 살펴본 신자유주의 세계화와 사회주의 블록의 붕괴는 사실상 발전 담론의 위기가 초래한 결과였다. 이런 상황에서 포스트구조주의가 주목한 것은 발전 담론을 구성하는 배제의 형식이었다. 그리고 배제의 형식을 통해 드러난 것은 담론과 실천의 양면에서 발전의 혜택을 받아야 할 제3세계의 가난한 사람들, 파농의 말을 빌리자면 '저주받은(damnés)' 사람들의 지식과 목소리였다.

앞에서 언급한 것처럼, 포스트구조주의는 '발전을 어떻게 개량할 것인가'를 묻는 대신에 '발전이 어떻게 만들어졌나'를 물었다. 따라서 발전과 달리 '포스트-발전'은 도달해야 할 혹은 도달할 수 있는 역사적 시기가 아니다. '포스트-발전'을 발전 다음에 오는 역사적 시기로 생각하는 순간 또 다시 발전 담론의 함정에 빠지게 된다. 발전이나 진보는 근대의 직선적 시간 개념에서 나왔다는 것은 다 아는 사실이다. 포스트-발전은 발전 담론이 은폐한 지금-여기의 현실이다. '포스트-발전'은 네 가지 특징으로 요약될 수 있다. 첫째, 발전이나 그와 연관된 개념들로 매개되지 않고 다른 담론들과 표상들을 창조할 수 있는 가능성이고, 둘째 발전 체제가 자처하는 '진리의 정치경제학'의 지식과 실천을 변화시킬 수 있는 가능성이며, 셋째 발전의 '대상'으로 취급되었던 사람들을 지식 생산의 '주체'로 인정하는 것이고, 넷째 반체제운동으로서의 사회운동에 주목하는 것이다(Escobar, 2005).[11] 요약하자면, 포스트-발전은

---

11) 작스는 보다 더 간략하게 포스트-발전의 특징을 두 가지로 요약한다. 첫째는 화석 원료 자원 경제에서 생물종다양성 경제로의 이행이다. 둘째는 경제 위주 세계관의 우위를 끌어내려 공동체가 살아온 방식으로 행동하고 자치하고 자연 자원을 이용할 권리를 강조하는 운동이다. 작스는 담론으로서의 발전에는 큰 비중을 두지 않았음을 알 수 있다(작스 외, 2010: 19~20).

발전이 더 이상 국가적 차원에서 사회적 삶을 조직하는 핵심적 원리가 아님을 강조한다. 따라서 '포스트-발전'의 '포스트-(post-)'는 옛 것은 사라지는데, 새로운 것은 오지 않은 상태를 의미하는 것이 아니라, 탈중심화 또는 '소극(消極)화된 다원성(depolarized pluralities)'을 의미한다. 또는 일극적인 발전 담론으로 수렴되지 않는 지속 가능성, 자율성, 다양성, 대안 경제 등의 개념에 바탕을 둔 지식 정치 생태학을 의미한다(Escobar, 2005). 이런 맥락에서 '포스트-발전'은 단일한 대안이 아니라 다양한 선택(option)의 가능성이다.[12)]

앞에서 언급한 것처럼, 포스트-발전은 발전 담론에 대한 대항-담론이지만 내용은 비어 있다. 다만 발전 담론이 은폐하고 배제했던 현실의 다양성을 보여줄 뿐이다. 포스트-발전 이론이 1980년대 이후 제3세계 사회운동에 주목하는 것은 이 때문이다. 즉, 작스가 주장하듯이 인류에게 "그래도 얼마 안 되는 진화의 잠재력이 남아 있다면 그것은 발전 덕분이 아니라 발전의 공세를 견디고 어렵게 살아남은 것 덕분이라고 말해도 그리 터무니없는 과장이 아니며"(작스 외, 2010: 29) 발전의 공세를 견디고 어렵게 살아남은 것이 라틴아메리카를 비롯한 제3세계 사회운동이기 때문이다.

라틴아메리카 사회운동 중에서 원주민운동에 주목할 필요가 있는 것은 원주민운동이 발전 담론에 의해 근대성의 외부로 규정된 대표적 경우이기 때문이다. 안데스 국가에 속하는 에콰도르와 볼리비아는

12) 월터 미뇰로는 대안이 암시하는 총체적·보편적 준거점의 함정에 빠지지 않기 위해 선택이라는 개념을 사용한다(Mignolo, 2010; 2011: XXVii~XXIX). 이와 유사하게 포르투갈 사회학자 산투스는 대안적 사유가 아니라 대안에 대한 대안적 사유가 중요함을 지적한 바 있다(Santos, 2009a). 월러스틴도 자신의 책 제목을 『유토피스틱스 또는 21세기의 역사적 선택들』로 정했다.

2008년에 제헌 헌법을 제정했다. 새로운 헌법에는 발전의 목표가 수막 카우사이(Sumak Kawsay) / 수마 카마냐(Suma Qamaña)라고 명시되어 있다.

> 우리는, 서로 다른 부족들로 구성되어 수천 년 지속된 우리의 뿌리를 인정하고, 우리가 살아가고 우리를 품어주는 자연(파차마마)을 찬양하며, 우리 사회를 풍성하게 만드는 모든 문화의 지혜에 의지하고, 모든 형태의 지배와 식민주의에 대항해 자유를 갖기 위한 사회적 투쟁의 후계자로서, 수막 카우사이(el buen vivir)에 도달하기 위해 자연과 조화를 이루고, 다양성을 유지하며, 더불어 사는 새로운 형태의 삶을 건설하기로 결정했다(에콰도르 2008년 헌법 전문).[13]

헌법에 토대를 둔 '국가 발전 계획 2007~2010(Plan Nacional de Desarrollo 2007~2010)'에는 발전을 다음과 같이 정의하고 있다.

> 우리가 이해하는 발전은 모든 사람이 자연과 더불어 평화롭게 잘 사는 것(buen vivir=sumak kawsay)이고 인류 문화가 끊임없이 생존하는 것이다. 수막 카우사이가 상정하는 것은 개인들의 자유, 기회, 능력, 잠재성은 사회, 영토성, 그리고 다양한 문화적 정체성과 더불어 각 개인－특정한(particular) 인간이면서 보편적(universal) 인간인 개인－이 희구하는 가치를 동시에 이루는 방식으로 확장되어야 한다는 것이다. 우리가 생각하는 발전은 서로를 인정하고, 소중히 여기고, 이해함으로써 스스로를 실현하고 공통의 미래를

13) "볼리비아는 서로 간의 존경과 평등을 토대를 두며, 사회적 생산의 분배와 재분배에 있어 주권, 존엄성, 상보성, 연대, 조화, 평등의 원리를 가지고, 수마 카마냐(vivir bien)에 도달하는 것을 최우선적 목표로 둔다"(볼리비아 2009년 헌법 전문).

만들어가는 것이다(SENPLADES, 2007: 59)

수막 카우사이가 새로운 사회조직의 원리이면서 새로운 문명관을 제시하는 포괄적인 규합 개념(organizing concept)으로 제시된 이후에 수막 카우사이에 대한 다양한 논의들이 진행되었다(조영현·김달관, 2012; 김달관·조영현, 2012). 에콰도르 제헌의회 의장이었던 알베르토 아코스타(Alberto Acosta)는 수막 카우사이를 새로운 발전 체제를 집단적으로 구축하기 위한 기회로 해석한다(Acosta, 2009). 그리고 에콰도르 상호 원주민 대학의 캐서린 월쉬(Catherine Walsh)는 수막 카우사이를 남미 지역 원주민들과 수 세기 동안 디아스포라를 구성하며 살아온 아프리카계 주민들의 삶의 철학과 실천에 토대를 둔 총체적 비전으로 에콰도르 사회와 국가를 재건하는 길잡이라고 해석한다(Walsh, 2009). 그런가 하면, 우루과이 생태학자 에두아르도 구디나스(Eduardo Gudynas)에게 수막 카우사이의 핵심은 원주민 세계관의 자연인 파차마마의 권리를 인정하는 것인데 이것은 근대의 지배적인 인간 중심주의(anthropocentrism)에서 생명 중심주의(biocentrism)로 전환하는 것을 의미한다(Gudynas, 2009).

그렇다면 담론으로서의 발전의 관점에서 수막 카우사이를 바라보면 어떤 결과가 나타날까? 무엇보다도 수막 카우사이는 극복해야 할 저발전의 단계가 아니고 '다른' 지식, '다른' 삶의 철학에 관한 것이라는 점이다. 즉, 발전 담론으로 포섭되지 않는 '외부'를 향해 열린다는 것이다. 이러한 인식의 위계가 해소된 다음에야 비로소 수막 카우사이의 구체적 내용에 대한 구체적인 논의가 가능해진다. 다시 말해, 외부에 대한 사유가 아니라 외부에 의한 사유가 가능해지는 것이다. 첫째, 수막 카우사이가 상정하는 자연은 근대적 우주와 판이하게 다르다. 생명 중심주의 혹은 생명 다원주의(biopluralismo)는 자원 착취에 의존하는 경제를 더 포괄적인 사회적·자연적 체계로 묻어 들게(embedded) 한다. 둘째, 경제, 환경, 사회, 문화를 새로운 방식으로 절합시킴으로써 자본주의 경제가 유일한 경제 방식이 아니라 혼합적·연대적 경제 방식이 존재함을 인정한다. 셋째, 수막 카우사이가 제시하는 자연관은 정의 개념을 사회적 정의에서 '세대 간 정의(inter-generational justice)'로 확장한다. 넷째, 동일성으로 수렴되어버렸던 차이들, 즉 식민적 차이가 드러난다. 요약하자면, 수막 카우사이는 '다른' 자연의 개념을 바탕으로 '다른' 사회, '다른' 경제를 제시한다. 더 넓게는 '다른' 현실을 표상한다고 말할 수 있다. 아이마라 사회학자인 시몬 얌파라(Simon Yampara)는 수마 카마냐를 다음과 같이 설명한다.

> 수마 카마냐는 여러 가지 종류의 삶, 즉 (자본주의 사회에서처럼) 잘 사느냐, 못 사느냐를 구별하지 않는다. 수마 카마냐는 조화롭게 사는 것, 자연의 생명-생태 공동체를 구성하는 다양한 세계에서 조화롭고 충만하게 사는 것이다. 이러한 공동체는 삶(jaka-life)과 죽음(jiwa-death) 사이의 중심(Tayyip-center)을 차지한다. 그 중심에 카마-(냐)/다양한 세계의 조화로운 공존의 실존적 경험(kama-[ña]/existence-experience and in the harmonious co-exitence of the diverse worlds)이 존재한다(Yampara Huarachi, 2010).

시몬 얌파라가 강조하는 것은 여러 가지 종류의 삶이 조화롭게 공존하는 것이다. 여기에는 어떠한 위계적 척도가 존재하지 않는다. 또 다른 아이마라 지식인인 페르난데스 오스코(Fernández Osco)는 다음과 같이 말했다.

> 원주민의 항의와 운동은 단순히 특정한 정책이나 정치 지도자에 대한

반대나 저항이 아니다. 그들이 말하고자 하는 것은 원주민의 인식론, 즉 자연과 우주에서 인간뿐만 아니라 비인간에게까지 확장되는 수평적 연대에 기초한 사회적·정치적 관계와 실천을 생각하는, 서구와는 완전히 다른 세계 이해 체계이다. 원주민의 사유와는 대조적으로 유럽에서 건너온 식민적 세계 이해는 수직적이고 계서적(hierarchical)이다. 다시 말해, 어떤 집단의, 어떤 사유와 행동방식이 다른 집단의 그것보다 우월하다고 간주된다. 이러한 차이가 안데스의 정치를 이해하는 핵심이다. 왜냐하면 이것이 또-다른(an-other) 자율성을 의미하는 원주민의 인식론이기 때문이다. 현재 주류 정치학에서 이해하고 (국민국가가 장려하는) 자율성의 개념은 기존에 존재해왔던 법체계 안에서 원주민들에게 한정된 의사결정의 기회를 부여하는 것이다. 이러한 자율성의 개념은 원주민들이 식민지 기간에 경험해왔던 것과 동일한 예속 상태를 의미할 뿐이다(Fernández Osco).

포스트-발전이 발전 담론이 배제했던 외부를 드러내려는 시도라면 수막 카우사이는 그러한 시도를 통해 구체적으로 드러난 외부 (중 하나)이다. 그리고 포스트-발전이 발전에 대한 단일한 대안이 아니라 다양한 선택의 가능성이라고 말했던 것처럼, 수막 카우사이는 그런 선택의 가능성 중 하나이다. 이 글에서 수막 카우사이를 논하는 것도 수막 카우사이의 구체적 내용이 아니라 차이로서의 수막 카우사이, 특히 식민적 차이로서의 수막 카우사이이다. 그러나 수막 카우사이가 하나의 선택으로 제시되었을 때 발전론자들은 이러한 선택을 비판했다. 수막 카우사이에 대한 비판은 포스트-발전에 대한 발전론자들의 비판과 동일선상에 있다. 발전론자들은 포스트-발전과 수막 카우사이를 다음과 같이 비판한다. 첫째, 포스트-발전(혹은 수막 카우사이)을(를) 제안하는 사람들은 포스트구조주의의 담론 비판에 초점을 맞춤으로써 발전의 진정한 문제의식인 빈곤과 자본주의를 무시한다. 둘째, 포스트-발전을 주장하는 사람들은 발전을 지나치게 일반적이고 본질주의적(essentialist)으로 접근한다. 발전 전략이나 제도는 하나만 있는 것이 아니라 다양하다. 셋째, 포스트-발전을 제안하는 사람들은 지역의 전통과 사회운동을 너무 낭만적으로 이상화한다. 지역사회와 사회운동 역시 권력관계로 형성되어 있다. 이러한 비판에 대한 대답은 앞에서 언급한 내용들에서 찾을 수 있다. 첫째, 포스트-발전에 대한 발전론자들의 비판은 포스트-발전은 담론이고 빈곤은 물질적 현실이라는 것인데, 이러한 지적은 발전이 담론/실천이라는 사실을 무시한 것이다. 또한 발전은 원주민의 삶을 더 빈곤하게 만들었을 뿐이다. 둘째, 발전 전략이나 제도가 위계적이거나 동질적이 아니라 이질적이고 다양하다고 인정한다면, 이러한 인정은 포스트-발전과 대립되는 것이 아니라 포스트-발전이 주장하는 것과 같다. 셋째, 포스트-발전은 발전을 대신하는 단일하고 이상화된 대안이 아니라 선택일 뿐이다. 결국, 포스트-발전은 발전과 발전 아닌 모든 것의 대립－문명 대 야만, 우등 대 열등, 진보 대 잉여, 생산성 대 비생산성 등－속에 설정되는 특권적인 자리를 제거하는 것이다. 이것을 앞에서는 탈중심화 혹은 소극화된 다원성이라고 불렀다.

발전과 포스트-발전의 논쟁에서 주목해야 할 것은 발전 시대의 종말이 논의되기 시작한 시점은 냉전 이데올로기가 막을 내린 시점이었다는 사실이다. 볼프강 작스가 『반(反)자본 발전사전』 개정판(2009) 서문에서 고백했듯이 발전의 죽음에 추도사를 쓰려고 했던 사람들은 사회주의 블록의 붕괴가 발전의 생명이 새롭게 연장되는 역사적 분수령임을 알지 못했다. 발전은 곳곳에서 위기의 징후를 드러내고 있지만 발전 개념은 여전히 강력한 의미로 충만한 별무리의 중심에 있기 때문이다. 작스는 이러한 단적인 예를 중국의 변화에서 찾는다.

> 중국이 세계 열강으로 등극했음을 자축한 2008년 베이징 올림픽만큼 자기 증식의 야심을 연출한 올림픽도 드물다. 더욱이 2008년 여름 올림픽의 언어로 세계만방에 전파된 내용은 2010년 상하이 엑스포에서 재연될 것이다. …… 올림픽과 엑스포는 새천년으로 넘어올 무렵 일어난 세속적 변화의 상징인데, 그것은 중국과 남반구의 여러 나라가 세계열강의 배타적 클럽 안으로 들어섰다는 사실이다. 이런 변화가 세계사에서 갖는 의미는, 특히 남반구 사람에게 갖는 의미는 아무리 강조해도 지나치지 않다. 수세기 동안 수모를 받은 끝에 마침내 한 남반구 국가가 세계 열강과 어깨를 나란히 하는 모습을 보기에 이른 것이다. 한때는 식민지가 제격인 것처럼 취급받았던 나라들이 이제는 주인을 따라잡았고 유색인이 백인을 밀어낸다. 그렇지만 정의의 승리에 해당하는 것이 지구에게는 패배로 바뀐다. 공정에 대한 열망은 대체로 성장이 곧 발전이라는 생각에 묶여 있는데, 사람과 사람 사이를 자꾸만 긴장으로 몰아넣고 생물권을 근본적으로 위협하는 것이 바로 성장이 곧 발전이라는 생각이다. 실제로 중국의 성공은 21세기 정치의 고민을 한눈에 보여준다. 공정을 밀어붙이자니 생태가 희생되겠고 생태를 밀어붙이자니 공정이 희생될 판이기 때문이다. 발전에 대한 믿음을 들어내지 않고서 이런 딜레마를 풀 수 있는 길은 좀처럼 없어 보인다(작스 외, 2010: 7~8).

작스가 지적하듯이 베를린 장벽의 붕괴는 발전이 세계의 오지까지 밀어닥칠 수 있도록 수문이 활짝 열린 것을 의미했다. “세계화 시대로 접어들면서 부(富)가 커지리라는 희망이 사방으로 흘러나가서 축 늘어져 있던 발전의 신조에 맑은 산소를 공급한 셈이었다”(작스 외, 2010: 9). 냉전 종식 이후 러시아와 동유럽은 자본주의 체제에 합류했다. 중국도 ‘시장 사회주의’로 선회했고, 인도도 세계 시장을 향해 문호를 개방했다. 엄청난 인구를 가진 중국과 인도의 변화는 전 세계적인 사건이다. 여기에 덧붙여 역설적이지만 소위 '(신)좌파'라고 불리는 남미의 진보 정권도 사회적 분배를 목표로 근대화를 통한 경제성장을 추진하고 있다. 이러한 상황에서 포스트-발전을 이야기할 수 있을까? 또는 탈식민적 관점에서 수막 카우사이를 진지하게 논의할 수 있을까? 아니면 이러한 상황이기 때문에 포스트-발전과 수막 카우사이가 더 중요한 것일까?

> 내가 제안하는 것은 다음과 같다. 중국인가, 수막 카우사이인가? 수막 카우사이는 '잘 사는 것'이다. 그것은 당신의 이웃이 승자가 되지 못하면 아무도 승자가 되지 못하는 공동체의 개념이다. 그러나 자본주의는 정반대이다. 내가 승자가 되기 위해서는 나머지 사람들은 패자가 되어야 한다. 패자가 없으면 승자도 없다. 한 사람은 이기고 한 사람은 지는 법정과 같다. 중국을 선택할 것인가, 수막 카우사이를 선택할 것인가? 세계은행과 G8이 중국에게 하소연하고 있다. '제발 소비 좀 해주세요. 당신들이 소비하지 않으면 세계경제가 침몰하니까요.' 세계은행과 G8은 만일 중국이 미국이나 유럽과 똑같이 소비하면 인류에게 유일한 지구를 유지하기 위해 지구만한 행성이 세 개는 더 필요하다는 것을 알고 있다. 이건 사기이다. 자본주의는 장기적으로 보지 않고 기껏해야 단기적으로 볼 뿐이다. 자기 파괴적이 되지 않으려면 장기적으로 보아야 한다. 그래서 우리는 선택해야 한다. 중국인가, 수막 카우사이인가?(Santos, 2009b: 11)

포스트-발전에 대한 발전론자들의 비판에 대한 대답은 발전에 내재되어 있다. 발전을 담론으로 본다는 것은 실천으로서의 발전을 무시하는 것이 아니다. 그러나 대안적 발전이 아니라 발전에 대한 대안을 모색하려면 무엇보다 먼저 담론으로서의 발전을 인식해야 한다. 앞에서 언급한 것처럼, 대안의 가능성은 담론으로서의 발전에 의해 외부로 규정된 차이로부터, 더 강조하자면 식민적 차이로부터 찾을 수 있기 때문이다. '중국인가, 수막 카우사이인가?'라는 선택의 문제는 이 점을 명확히 보여준다.

4. 나가는 글

18세기 중반부터 물체나 유기체가 점점 완벽한 형태를 향해가는 자연적 과정을 의미했던 발전 개념은 점차 인간의 역사에도 똑같이 적용되었고 20세기에 이르러 개발이나 근대화라는 개념과도 거의 동일한 의미로 사용되기 시작했다. 그리고 제2차 세계대전 이후 발전은 모든 종류의 이질성, 모든 종류의 삶의 방식을 동일화하고 동질화하는 거대한 담론 권력으로 등장했다. 그러나 발전은 1990년대 초부터 실천과 담론의 차원에서 비판받기 시작했다. 전 지구적 범위로 진행되는 생산과 착취의 확장이 가져온 결과가 실천 차원의 비판이었다면, 담론 차원의 비판은 발전이 저발전과 제3세계를 발명했다는 점에 주목했다. 발전 담론은 성장, 진화, 성숙, 근대화 같은 개념으로 짜인 사회적 상상력이 되었고 식민지에서 벗어난 저발전된 제3세계를 길들이는 도구가 되었다. 한마디로, 발전은 제3세계가 안고 있는 문제가 무엇인지 가르쳐줄 뿐만 아니라, 문제를 해결할 수 있는 만병통치약이었다. 즉, 발전은 제3세계의 구조적 특징을 설명해주는 생성 문법이었고, 병리적 현실에 대한 진단이었으며, 바람직한 해결책을 제시하는 처방이었다. 저발전된 제3세계 사람들은 발전의 논리에 따라 자신들에게 주어지는 정체(停滯)와 후진(後進)의 낙인을 면하기 위해 해결책으로 주어진 처방을 충실히 따라야 했다.

포스트-발전은 발전이 모든 역사, 모든 사회에 공통으로 존재하는 어떤 불변의 본질이라는 정당화 담론을 비판한다. 포스트-발전은 발전을 척도로 항상-이미 재단된 인식 틀을 벗어난 '외부'를 드러내고 창안한다. 포스트-발전의 '포스트-'는 발전이라는 척도가 제거된 상태, 삶을 '다른' 방식으로 상상할 수 있는 상태를 의미한다. 따라서 포스트-발전은 발전에 대한 단일한 대안을 의미하는 것이 아니라 다양한 선택의 가능성을 의미한다. 이런 맥락에서 안데스 국가인 에콰도르와 볼리비아의 제헌 헌법에 등장한 수막 카우사이는 포스트-발전 담론을 통해서 보이는 다양한 현실을 구성한다. 수막 카우사이에 대한 세밀한 논의는 이러한 관점에서서부터 시작해야 한다.

발전의 위기를 논하기 시작한 지 벌써 20년이 넘었지만 발전은 실천과 담론에서 여전히 '전 지구적인 식민적 권력(global coloniality of power)'을 발휘하고 있다. 이 때문에 라틴아메리카의 사회운동이나 사회운동을 통해서 등장한 수막 카우사이는 현실성을 의심받고 있다. 그러나 수막 카우사이는 식민적 차이를 통해 드러나는 라틴아메리카의 엄연한 현실이며 현실을 구성하는 다양성이다. 그리고 수막 카우사이는 그들이 선택한 현실이다. 발전주의의 관점에서 이러한 선택이 무의미하다고 생각되면 물음을 바꿔야 한다. 중국인가, 수막 카우사이인가?

참고문헌

김달관·조영현. 2012. 「에콰도르의 탈식민적 국가개혁으로서의 수막 카우사이: 실천적 측면을 중심으로」. ≪이베로아메리카≫, 14-1, 21~55쪽.

김명혜. 2012. 「준 내쉬의 『마야인의 이상향: 전 지구화 시대에 자율성을 찾아서』」. ≪트랜스라틴≫, 22호. http://translatin.snu.ac.kr/translatin/1212/

김은중. 2011. 「권력의 식민성과 탈식민성: 유럽중심주의와 제3세계주의를 넘어서」. ≪이베로아메리카연구≫, 22-2. 1~35쪽.

_____. 2009. 「트랜스모더니티 혹은 반헤게모니 생태학: 비판이론의 탈식민적(decolonial) 전환을 중심으로」. ≪이베로아메리카연구≫, 20-1, 149~181쪽.

로빈슨, 윌리엄. 2008a. 「라틴아메리카의 다두제: "시장민주주의"라는 모순 어법」. 에릭 허쉬버그·프레드 로젠 외. 『신자유주의 이후의 라틴아메리카』. 김종돈·강혜정 옮김. 모티브북.

_____. 2008b. 「중남미에서 변혁의 가능성을 보여주는 현상들」. 리오 패니치·콜린 레이스 엮음. 『세계의 발화지점들: 제국주의와 신자유주의에 대한 반발』. 이고성 옮김. 필맥.

미뇰로, 월터. 2010. 『라틴아메리카, 만들어진 대륙』. 김은중 옮김. 그린비.

사이드, 에드워드. 2007. 『오리엔탈리즘』. 박홍규 옮김. 교보문고.

에스코바르, 아르투로. 2010. 「계획: 이념적이고 정치적인 실천」. 볼프강 작스 외. 『반(反)자본 발전사전』. 이희재 옮김. 아카이브. 283~306쪽.

에스테바, 구스타보. 2010. 「발전: 두 개의 나뉜 세계」. 볼프강 작스 외. 『반(反)자본 발전사전』. 이희재 옮김. 아카이브, 33~70쪽.

영, 로버트. 2005. 『포스트식민주의 또는 트리컨티넨탈리즘』. 김택현 옮김. 박종철출판사.

월러스틴, 이매뉴얼. 2005. 『월러스틴의 세계체제 분석』. 이광근 옮김. 당대.

_____. 2001. 『우리가 아는 세계의 종언』. 백승욱 옮김. 창작과비평사.

_____. 1993. 『역사적 자본주의/자본주의 문명』. 나종일·백영경 옮김. 창작과비평사.

작스, 볼프강 외. 2010. 『반(反)자본 발전사전』. 이희재 옮김. 아카이브.

조영현·김달관. 2012. 「에콰도르 원주민 사상과 세계관의 복원: 수막 카우사이

(Sumak Kawsay)에 대한 고찰」. 남미연구≫, 31-2, 127~160쪽.

패니치, 리오·콜린 레이스 엮음. 2008.『세계의 발화지점들: 제국주의와 신자유주의에 대한 반발』. 이고성 옮김. 필맥.

폴라니 칼. 2009.『거대한 전환: 우리 시대의 정치·경제적 기원』. 홍기빈 옮김. 길.

푸코, 미셸. 2004.『성의 역사 2: 쾌락의 활용』. 문경자·신은영 옮김. 나남.

하비, 데이비드. 2005.『신제국주의』. 최병두 옮김. 한울아카데미.

허쉬버그, 에릭 외. 2008.『신자주의 이후의 라틴아메리카』. 김종돈·강혜정 옮김. 모티브북.

Acosta, Alberto. 2009. "El Buen Vivir, una oportunidad por Construir." *Ecuador Debate*, 75, pp.33~48.

Escobar, Arturo. 2008. *Territories of Difference: place, movements, life, redes*. Durham and London: Duke University Press.

_____. 2005. "El 'postdesarrollo' como concepto y práctica social." en Daniel Mato(coord.). *Políticas de economía, ambiente y sociedad en tiempos de globalización*. Caracas: Facultad de Ciencias Económicas y Sciales. Universidad Central de Venezuela. pp.17~31.

_____. 1998. "Power and Visibility: Development and the Invention and Management of the Third World." *Latin American Studies Program*. Santa Cruz: University of California Press. pp.428~443.

Escobar, Arturo y Alvarez, Sonia E.(eds). 1992. *The Making of Social Movements in Latin Aemrica: Identity, Strategy, and Democracy*. Boulder: Westview Press.

Fernández Osco, Marcelo. "Ayllu: De-colonial Critical Thinking and an (Other) Autonomy." *Globalization and Autonomy Online Compendium*. http://www.globalautonomy.ca

Gudynas, Eduardo. 2009. "La ecología política del giro biocéntrico en la nueva constitución de Ecuador." *Revista Estudios Sociales*, 32, pp.34~47.

Linera, Alvaro García. 2007. "An interview with Alvaro García Linera, Vice President of Bolivia, Bolivia－coming to terms with diversity.” interview by Laura Carlsen. *America's Program.* http://www.americas-policy.org

Mignolo, Walter. 2011. *The Darker Side of Western Modernity: Global Futures, Decolonial Options*. Durham & London: Duke University Press.

Nash, June. 2001. *Mayan Visions: The Quest for Autonomy in the Age of Globalization*. New York: Routledge.

Ocampo, José Antonio. 2004. *Reconstruir el futuro: Globalización, desarrollo y democracia en América Latina*. Bogotá: Editorial Norma.

Rahema, Majid and Victoria, Bawtree. 1997. *The Post-Development Reader*. London: Zed Books.

Santos, Boaventura de Sousa. 2010. “La hora de l@s invisibles.” Irene León(coord.). *Sumak Kawsay/Buen Vivir y cambios civilizatorios*. 2ºed. Quito: FEDAEPS. pp.13~26.

_____. 2009a. *Una epistemología del Sur: La reinvención del conocimiento y la emancipación social*. México: CLACSO & Siglo XXI.

_____. 2009b. “O China o Sumak Kawsay.” *América Latina en movimiento*. 441. año XXXIII(25 febrero 2009). pp.10~13. www.alainet.org

SENPLADES. 2007. *Plan Nacional para el Buen Vivir 2009~2013*. Quito: SENPLADES.

Truman, Harry S. 1967. Inaugural Address. January 20. 1949. Documents on American Foreign Relations. Conneticut: Princeton University Press.

Wallerstein, Immanuel. 2011. “The Social-Democratic Illusion”. http://www.agenceglobal.com/article.asp?id=2639

Walsh, Catherine. 2009. *Interculturalidad, estado, sociedad. Luchas (de)coloniales de nuestra época*. Quito: Abya-Yala.

Yampara Huarachi, Simón. 2010, “Debates sobre el Pachamamismo, habla Simón Yampara”. *Tani Tani. Boletín Electrónico*, 4-56(9 June 2010). http://www.amigo-latino.de/indgena/noticias/newletter_5/342_pachamamismo_sy.html.

제2부

초국가적 공간과 지역적 공동체

제4장

포스트-신자유주의 시대의 라틴아메리카 민족주의와 민족국가의 재구성*

김은중 서울대학교 라틴아메리카연구소 HK교수

1. 들어가는 말

20세기 내내 근대 세계를 구성하는 가장 중요한 분할선은 민족국가(nation state)라는 명제가 정설로 받아들여졌다.[1] 그러나 1990년대 이후 두 가지 방향에서 이러한 명제의 토대를 흔드는 반명제가 출현했다. 첫 번째 반명제는 세계화 이데올로기로부터 출현했다. 세계화 이데올로기는 오늘날 국가는 시장에 주권을 넘겨주었고, 금융 자본주의 체제를 통해 중심-주변이 물질적으로 수렴되고 있으며, 새로운 정보 기술과

---

* 이 글은 ≪이베로아메리카≫ 19권 1호에 발표한 필자의 논문을 총서 취지에 맞게 수정 보완한 것이다.

1) 이 글에서는 nation을 민족으로, nationalism을 민족주의로 옮긴다. 다른 글에서 '국민', '국민주의'로 사용한 것을 인용한 경우에는 그냥 국민, 국민주의로 적는다. nation을 민족으로, nationalism을 민족주의로 옮기는 이유에 대해서는 2절에서 설명할 것이다.

대규모 이주는 문화 간 접근과 대화를 용이하게 만들고 있다고 주장한다. 이러한 주장에 따르면, '민족'과 '국가'는 더 이상 일치하지 않으며, 세계는 민족국가의 경계선을 넘어서서 탈국가적이고 초국가적 블록으로 재편되고 있다(Guehenno, 1995; Ohmae, 1995). 이러한 주장은 세계화 현상을 긍정적으로 평가하는 자유주의 이데올로기 이론가들만의 전유물이 아니었다. 국제사회주의 진영에서도 민족주의란 민족국가와 함께 사라질 역사적 유물이라는 주장이 우세했다(캘리니코스 외, 1994). 두 번째 반명제는 파시즘의 토대가 되었던 전체주의적이고 획일적이며 배타적인 국가주의에 대한 탈민족주의 담론으로부터 등장했다. 세계화 이데올로기가 사회주의 블록 붕괴 이후 전 지구적 차원의 이슈로 등장했다면, 탈민족주의 담론은 '민족주의는 반역이다', '국민으로부터의 탈퇴', '국민이라는 노예' 등의 표현을 통해 근대 국가의 폭력성을 비판하고 국가 권력의 정당성에 대한 의구심을 통해 표출되었다. 더 나아가 폭력적인 국가 권력을 토대로 하는 민족주의는 제국주의와 원초적인 친화력을 갖는 것으로 규정된다(권혁범, 2000; 임지현, 2005).

민족국가의 외부로부터 등장한 첫 번째 반명제와 민족국가의 내부로부터 출현한 두 번째 반명제는 연합전선을 형성해 민족국가의 종말을 선포했다. 시장에 주권을 넘겨준 정치권력은 한편으로는 세계은행이나 유럽연합 같은 초국가적 기구들을 향해 위쪽으로 이동하고, 다른 한편으로는 지역 정부(region state)나 지방분권화를 향해 아래쪽으로 이동하면서 민족국가가 종말을 맞이하고 있다는 것이다. 같은 맥락에서 에릭 홉스봄(Eric Hobsbawm)은 『1780년 이후의 민족과 민족주의: 프로그램, 신화, 리얼리티』(1990)에서 1980년 초반에 민족과 민족주의에 관한 연구가 활발하게 이루어진 것은, 황혼녘이 되어서야 날개를 펴는 미네르바의 부엉이처럼, 민족이라는 관념과 민족주의 운동이 황혼기를 맞이했기 때문이라고 예견했다. 그러나 민족국가의 종말에 대한 예견은 빗나갔다. 소련 붕괴 이후 중·동부 유럽 지역에서 새로운 민족국가들이 탄생했을 뿐만 아니라 세계 곳곳에서 민족주의가 더 강화되고 민족 문제가 국제적 이슈로 등장하고 있다(앤더슨, 2002; 하먼, 2001; Leoussi, 2016).[2] 앤서니 스미스(Anthony D. Smith)의 말을 빌리자면, "베를린 장벽이 무너진 후 국제정치적 위기 가운데 종족적 감정이나 민족주의적 열망과 관련되지 않은 것은 거의 없다"(스미스, 2012: 11~12).

세계화 이데올로기나 탈민족주의 담론이 주장하는 것처럼, 근대를 대표하는 구축물인 민족국가는 종언을 맞이한 것이 아니라 탈구축의 국면에 접어들었다. 탈구축이란 소멸을 뜻하는 것이 아니라 재구성을 의미한다. '민족'과 '국가'라는 서로 이질적인 것이 결합된 근대 국가는 민족과 국가가 결합되기 이전에 자본과 국가의 결합이 선행되었는데 이것이 절대주의 왕권국가였다. 절대주의 왕권국가가 성립될 수 있었던 중요한 요인은 화폐경제의 침투였다.[3] 절대주의 왕권국가에서 국가는 자본주의를 추진하는 능동적 주체였다. 이 과정에서 절대주의 왕권국가는 이전에 존재했던 다수의 개인과 집단을 하나의 민족으로 성립시키는 토대를 마련했다. 요컨대 절대주의 왕권국가는 민족국가를 탄생시킨

---

2) 민족주의 연구의 고전으로 취급되는 어니스트 겔너(Ernest Gellner)의 저서 『민족과 민족주의(Nations and Nationalism)』(1983)로부터 이름을 빌려온 학술지 『민족과 민족주의』는 민족국가의 종언을 선언한 두 권의 저서(Guehenno, 1995; Ohmae, 1995)가 출간되었던 1995년에 창간되어 지금까지 지속되고 있다. 『민족과 민족주의』의 창간은 민족주의 연구를 공룡 연구처럼 취급했던 그 당시 주류 학계에 저항한 지적 운동이었다(Leoussi, 2016).

3) 절대왕정이 중상주의를 통해 거둬들인 관세와 소득세는 절대왕정을 뒷받침하는 관료와 상비군을 만들 수 있는 경제적 토대를 제공했다. 권력을 빼앗긴 봉건 제후는 절대주의 왕정국가가 획득한 조세를 분배받는 궁정 귀족·지주 계급이 되었다.

필요조건이었다. 절대주의 왕권국가가 그 전까지 존재하지 않았던 유형의 집권적 국가로 출현한 것은 절대왕권이 '주권(sovereignty)'과 동일시되었기 때문이다. 절대주의 왕권국가에서 왕은 내전 상태를 종식시키는 절대적인 주권자이고 모든 개인과 집단은 주권자에 복종하는 신민(subject)이었다. 근대의 진행 과정에서 절대왕권은 시민혁명에 의해 주권자의 지위를 잃고 신민은 자유로운 계약의 주체(subject)이자 주권자의 자격을 얻게 되었다. 따라서 영국의 명예혁명이나 프랑스혁명에서 인민주권이 확립되었을 때 민족국가가 성립되었다고 말할 수 있다. 이런 맥락에서 주권자로서의 인민은 민족국가를 형성시키는 충분조건인 셈이다.

오늘날 탈구축의 국면에 접어든 민족국가는 자본=민족=국가의 결합체이다. 자본, 민족, 국가는 민족국가를 움직이는 상호 보완적인 장치이고 그중 어느 것 하나라도 없으면 민족국가는 성립되지 않는다. 마르크스주의는 자본제 경제를 하부구조로, 민족과 국가를 관념적인 상부구조로 간주했고, 자본제가 폐기되면 국가와 민족도 자연스럽게 소멸된다고 생각했다. 그 결과, 마르크스주의는 국가와 민족 문제에 부딪혀 커다란 실패를 경험했다. 베네딕트 앤더슨(Benedict Anderson)이 『상상의 공동체: 민족주의의 기원과 전파에 대한 성찰』(2002)에서 언급한 것처럼, 사회주의 블록 붕괴 이전에도 마르크스주의 혁명이 내세운 사회주의 건설이라는 보편적 기획은 민족주의 앞에서 무기력함을 드러냈다. 중국과 소련의 국경 분쟁, 동구권 국가와 아프가니스탄에 대한 소련의 개입, 베트남의 캄보디아 침공, 중국의 베트남 공격 등 20세기 후반에 일어난 일련의 사태는 "마르크스주의에 있어서 민족주의는 불편한 변칙적 현상"(앤더슨, 2002: 22)임을 보여주었다. 또한 자유주의의 토대가 되는 근대적 개인이라는 범주도 민족국가를 통해 형성되었으며 국가를 벗어난 개인은 성립 불가능하다고 해도 틀린 말이 아니다. 즉, 근대적 개인은 "국민에 대한 소속 이전에 또는 그러한 소속과 무관하게 자신의 독자적인 개인성을 갖는 것이 아니라, 국민적 개인으로서의 정체성을 매개로 하여 자신의 개인적 정체성을 얻게 된다"(진태원, 2011: 190~191).[4] 따라서 민족국가가 민족을 예속시키는 억압적인 메커니즘으로 작동하고, 민족주의가 민족적 정체성 바깥의 타자들을 배격하는 배타적 속성을 갖는다 해도 국가 없는 개인, 국가 없는 사회는 민족국가의 부정적 측면들을 해결하는 대안이 될 수 없다. 국가는 다른 국가에 대하여 존재하는 것이기 때문이다. 그리고 모든 민족주의가 공통적으로 영토적 자결권과 민족에 소속될 수 있는 자격을 주장하는 것도 이 때문이다.

제2차 세계대전 이후 민족주의를 둘러싼 문제는 서방세계와 공산주의 국가들에서 냉담한 외면을 받았고, 식민지에서 독립한 아시아와 아프리카 국가들이 새로운 국가 건설의 논리로 내세운 민족주의는 예외적 현상쯤으로 취급되었다. 소련 붕괴 이후의 민족 문제도 민족주의의 발생지라고 여겨지는 유럽에 한정된 것으로 여겨졌다. 다시 말하자면, 민족주의와 민족 문제는 전적으로 자본주의 세계체제의 중심부의 관점으로 다루어지고 분석되었다. 이 때문에 냉전 시기의 소련의 역할은 지나치게 과장되었고 세계체제 주변부 국가들의 민족 문제와 민족주의적 투쟁은 근대화로 향하는 과정에서 발생하는 과도기적 현상으로 과소평가되었다(Moyo et al., 2011).[5] 이 글의 목적은 자본=민족=국가의 결합

---

4) 찰스 테일러(Charles Taylor)는 인간의 존엄성이 오로지 상호 간의 인정을 가능하게 만드는 사회적인 결속에서만 존립할 수 있다는 점에서 인간 권리의 '사회적 테제(the social thesis)'를 제시했다. 사회적 테제는 인간의 권리가 '공동체에 속할 의무(the obligation to belong)'를 전제로 하고 있음을 강조한다(킴리카, 2005; 나종석, 2009a).

체인 자본주의적 사회구성체에 초점을 맞춰 20세기 라틴아메리카 민족주의의 변환의 메커니즘을 살펴보고, 이를 바탕으로 신자유주의 세계화 이후 재구성되고 있는 민족국가의 양상을 멕시코와 아르헨티나의 사례를 통해 살펴보는 것이다.

2. '네이션'과 자본주의적 사회구성체

네이션(nation)과 내셔널리즘에 관한 많은 연구들은 '네이션과 내셔널리즘을 어떻게 정의할 것인가'라는 문제와 관련되어 있다. 이 글의 목적은 네이션과 내셔널리즘을 정의하는 것은 아니다. 그러나 이 글이 라틴아메리카의 네이션과 내셔널리즘을 다룬다는 점에서 네이션과 내셔널리즘을 어떻게 정의할 것인가라는 문제를 비켜갈 수는 없다. 이 때문에 이 글에서 네이션과 내셔널리즘을 바라보는 입장을 밝힐 필요가 있다. 네이션을 바라보는 관점은 크게 원초주의(primordialism)와 근대주의(modernism)로 나뉜다.[6] 원초주의는 네이션을 공통의 혈통, 언어, 관습, 종교, 영토 등을 공유하는 공동체로 인식한다는 점에서 객관적 정의로

---

5) 커두리(Elie Kedourie, 1926~1994년), 포퍼(Sir Karl Popper, 1902~1994년), 겔너(Ernest Gellner, 1925~1995년), 쉴즈(Edward Shils, 1910~1995년), 벌린(Sir Isaiah Berlin, 1909~1997년) 등 민족주의 연구를 선도했던 대표적인 학자들은 파시즘과 나치즘을 경험했을 뿐만 아니라 이들의 생애는 소련의 성립, 몰락과 거의 일치한다. 이들이 보기에 공산주의는 민족주의의 부정이었고 파시즘과 나치즘은 민족주의의 과잉이었다(Leoussi, 2016). 이 때문에 이들 모두 소련 공산주의 정권에 대해 매우 비판적이었고 민족주의에 대해서도 부정적이었다.

6) 원초주의를 대표하는 학자는 에드워드 쉴즈이고 근대주의를 대표하는 학자로는 어니스트 겔너, 베네딕트 앤더슨, 에릭 홉스봄을 들 수 있다.

규정된다. 원초주의와 달리 근대주의는 네이션을 근대의 산물로 규정한다. 베네딕트 앤더슨이 주장했듯이, 네이션은 '상상의 공동체'이며 네이션을 구성하는 것은 구성원들의 집단에의 소속의지이다. 근대주의의 시각은 네이션이 "매일 매일의 국민투표"에 의해 존립한다는 르낭(Ernest Renan)의 언명에서 잘 드러난다(르낭, 2002: 81). 이런 맥락에서 원초주의와 달리 근대주의는 주관적 정의로 규정된다.

원초주의가 네이션의 혈연적·문화적 요소[에트노스(ethnos)]를 강조한다면, 근대주의는 계약적·정치적 요소[데모스(demos)]에 중점을 둔다(장문석, 2007).[7] 원초주의가 네이션의 뿌리를 에트노스에 두고 있다는 점에서 네이션은 종족(ethnie)에 가깝다. 반면에, 근대주의가 계약적·정치적 요소인 데모스를 강조한다는 점에서 네이션은 국민에 가깝다. 근대주의적 네이션이 국가와 결부되는 것은 이 때문이다. 네이션과 내셔널리즘 연구에서 주류 담론의 위치를 차지한 것은 근대주의다. 네이션과 내셔널리즘 연구에서 근대주의가 원초주의보다 우월한 위치를 차지한 것은 원초주의가 네이션을 설명하지 않고 항상-이미 존재하는 것으로 전제하기 때문이다. 원초주의에서는 "**설명**(explanans)이 **설명되어야 할 것**(explanadum)으로 바뀐 셈이다"(장문석, 2007: 58, 강조는 원문). 원초주의의 한계를 넘어서기 위해서 근대주의는 '인간은 어떻게 공동체를 구성

---

7) 원초주의와 근대주의의 중간쯤에 영속주의(perennialism)가 위치한다. 영속주의는 네이션을 자연적 현상이 아니라 역사적 현상으로 규정한다는 점에서 원초주의와 구분되고, 네이션이 근대 이전부터 사용된 개념이라는 점을 강조한다는 점에서 근대주의와도 구분된다. 이러한 차이에도 불구하고 네이션이 순전히 근대의 산물이 아니라는 점을 강조한다는 점에서 영속주의는 원초주의에 더 가깝다. 원초주의와 근대주의를 통합하려고 시도하는 대표적인 학자로는 앤서니 스미스(Anthony Smith), 로저스 브루베이커(Rogers Brubaker)를 들 수 있다.

하는가(how peoples unite themselves)'라는 질문을 '국가는 어떻게 네이션을 만들어내는가(how states invent nations)'라는 질문으로 바꿨다. 그러나 네이션이 완전한 무에서 발생한 것이 아니라는 점에서 근대주의 역시 일정한 한계를 갖는다. 근대주의가 갖는 한계는 근대주의를 대표하는 연구자인 홉스봄의 입장에서도 잘 나타난다. 홉스봄은 네이션을 구성하는 어떠한 선험적인 정의도 가정하지 않는다고 말한다. 그에게 네이션은 원초적이거나 불변적인 사회적 실체가 아니라 근대적 영토 국가와 관련된 사회적 실체다. 즉, 겔너가 규정한 것처럼, 홉스봄도 네이션을 정치적 단위와 문화적 단위가 일치하는 사태로 규정하고, 국가와 관련되지 않은 네이션은 의미가 없음을 강조한다. 그러나 네이션과 내셔널리즘의 관계에 대한 언급에서 네이션의 원형적 형태와 의식이 존재함을 부정하지 않는다.

> 민족을 인간을 분류하는 자연적 신법, 다시 말해서 본래적 …… 정치적 운명으로 보는 것은 신화다. 민족주의는 때때로 이전의 문화를 취하여 민족으로 바꾸며, 어떤 때는 그러한 문화를 만들며, 종종 이전 문화를 말살한다. 바로 이것이 실체다. 요컨대, 분석을 위해서는 민족주의가 민족에 앞선다. 민족이 국가와 민족주의를 만드는 것이 아니라 그 반대다(홉스봄, 1994: 25~26).

홉스봄의 언급을 통해 알 수 있는 것은 네이션은 원초주의로도, 근대주의로도 온전히 설명되지 않는다는 것이다. 네이션에는 에트노스(종족)와 데모스(국민)가 복합적이고 중층적으로 얽혀 있기 때문이다. 이 때문에 네이션을 국민으로 번역하면 네이션에 포함되어 있는 종족의 문화적 측면이 소거되고, 종족으로 번역하면 국민의 정치적 측면이 소거되는 딜레마에 처하게 된다(장문석, 2007: 10). 이 글에서 네이션을 민족으로, 내셔널리즘을 민족주의로 옮긴 것은 이러한 네이션의 복합적이고 중층적인 특성(에트노스+데모스)을 드러내기 위한 것이다.[8] 또한 라틴아메리카의 네이션과 내셔널리즘을 분석하는 데 매우 유용한 분석 틀을 제공하기 때문이다. 라틴아메리카 민족주의에 대한 연구에서도 근대주의가 우월한 위치를 차지하고 있지만 원초주의의 시각에서 식민지 시기와 독립 이후 시기의 연속성을 분석하는 연구들이 많아지고 있다(Miller, 2006).

민족이 종족적 공동체(에스니)에 뿌리를 두면서도 근대의 산물이라고 규정하는 것은 민족이 단순히 에스니의 연속이나 확장이 아니라 비약이기 때문이다. 에스니에서 민족으로의 비약은 근대로 규정되는 시대적 단절을 의미한다. 근대라는 시대적 단절은 세 개의 혁명으로 가능했다. 첫 번째 혁명은 자본주의로의 이행으로 일컬어지는 경제적 차원의 혁명이었다. 마르크스가 『정치경제학 비판』에서 지적했듯이, 자본주의는 근대인을 자신들의 의지로부터 독립된 일정한 필연적인 생산관계로 끌어들였다. 두 번째 혁명은 절대주의 왕권국가로 상징되는 정치적 혁명이었다. 절대주의 왕권국가는 화폐경제를 토대로 관료와 상비군을 만들었고 이를 통해 일찍이 볼 수 없었던 강력한 집권적 국가가 되었다. 절대주의 왕권국가는 '지상의 신(mortal god)'으로 역사의 무대에 등장했고, 이 역사의 무대에서 절대왕권은 단일한 인격을 지닌 주권자(sovereign)였다.[9] 세 번째 혁명은 문화·교육혁명이었다. 주권국가는 교

---

8) 물론 민족이라는 용어가 이러한 딜레마를 일시에 해결한다는 것이 아니라 단지 하나의 방편일 뿐이다. 네이션을 둘러싼 국내의 논쟁에 대해서는 ≪역사비평≫(2011년 가을호, 2012 봄호, 여름호)을 참조하라.

9) 16세기 사상가 장 보댕(Jean Bodin)은 주권을 대외적이고 대내적인 두 가지 측면에

회의 권위를 대신하여 현세적이고 가시적인 구원을 약속했다. 주권자인 절대왕은 문화·교육 혁명을 통해 개개인을 절대적인 주권자에 복종하는 신민으로 만들었고, 절대주의 왕권국가의 신민은 이후에 시민혁명을 통해 주권을 갖는 시민이 되었다. 이런 맥락에서 근대의 민족국가는 세 가지 혁명이 중첩된 변화의 매트릭스를 통해 출현했다고 말할 수 있다. 요컨대 민족이라는 개념은 자연적 인간(에트노스=종족)이 근대라는 시대적 단절을 통해 정치적 시민(데모스=국민)으로 비약하는 과정을 함축하고 있다.

앞에서 언급한 것처럼 민족국가는 '민족'과 '국가'라는 서로 이질적인 것의 결합이다. 그리고 민족과 국가가 결합되기 이전에 자본과 국가의 결합이 선행되었다. 따라서 민족은 자본=국가의 결합에 의해 만들어진 것이다. 여기서 주목해야 할 것은 민족이 만들어지는 과정이 종족적 공동체로서의 에스니가 해체되는 과정과 겹쳐진다는 것이다.[10] 자본=국가에 의해 에스니가 해체되고 민족으로 비약하면서 자본주의적 사회구성체인 자본=민족=국가가 형성되었다.[11] 사회가 완성된 어떤 형태를

서 파악했다. 대외적으로 주권은 신성로마제국 황제, 특히 로마교황의 보편적 권위에 대해 자립하는 것, 대내적으로 주권은 영역 내의 모든 권력을 넘어서, 신분, 지역, 언어, 종교 등의 차이를 넘어서 존재하는 것이다. 주권은 상위의 존재나 제국을 인정하지 않는 것이다. 여기서 주목해야 할 것은 보댕이 말하는 주권국가가 특수한 유럽적인 상황에서 발생했다는 것이다(가라타니, 2012; 2016 재인용).

10) "일반적으로 부족 공동체가 민족의 기반이라고 생각한다. 하지만 실제 부족 공동체는 민족으로서의 동일성의 기반이 되는 것이 아니라, 역으로 부족 간의 끊임없는 불화와 싸움, 다른 나라와의 결탁이나 배신을 불러온다. 유럽에서 그것을 억누르고 통합시킨 것이 절대왕권이다. 이와 같은 집권화가 불가능했던 지역에서는 민족이 형성될 수 없었다"(가라타니, 2012: 306).

11) 자본주의적 사회구성체에 대한 언급은 전적으로 가라타니 고진(柄谷行人)의 이론

향해 나아가는 과정을 사회구성체(Social Formation)라고 말한다면 근대에 이르러 형성된 사회구성체가 바로 자본=민족=국가다. 자본=민족=국가는 자본, 민족, 국가라는 이질적인 요소들이 결합된 상호보완적인 장치이다. 다시 말해, 자본=민족=국가는 서로 다른 원리에 뿌리를 둔 세 가지 요소가 보로메오의 매듭처럼 엮여서 어느 것 하나라도 없으면 성립되지 않는 장치이다.

자본주의의 글로벌화하에서 국민국가가 소멸될 것이라는 전망이 자주 이야기된다. 해외무역을 통해 상호 의존적인 관계망이 발달했기 때문에 더 이상 일국 내에서의 경제정책이 이전만큼 유효하게 기능하지 않게 되었다는 것은 확실하다. 하지만 스테이트나 네이션이 그것에 의해 소멸되는 일은 없다. 예를 들어, 자본주의 글로벌리제이션(신자유주의)에 의해 각국의 경제가 압박을 받으면 국가에 의한 보호(재분배)를 요구하고, 또 내셔널한 문화적 동일성이나 지역경제의 보호로 향한다. 자본에의 대항이 동시에 국가와 네이션(공동체)에의 대항이어야 하는 이유가 여기에 있다. 자본=네이션=스테이트는 삼위일체이기 때문에 강력하다. 그중 어떤 것을 부정하더라도 결국 이 매듭 안에 회수될 수밖에 없다. 이것은 그것들이 단순히 환상이 아니라 각기 다른 '교환' 원리에 뿌리를 두고 있기 때문이다. 자본제경제에 대해 생각할 때, 우리는 동시에 그것과는 다른 원리에 서 있는 것으로서 네이션이나 스테이트를 고려해야 한다(가라타니, 2005).

에 따르고 있음을 밝혀둔다. 가라타니에 따르면 후쿠야마(Francis Fukuyama)가 주장한 "역사의 종언"은 사회주의 진영에 대한 자유민주주의 진영의 승리를 의미하는 것이 아니라, 자본=민족=국가라는 자본주의적 사회구성체가 완성되면 더 이상의 근본적인 변혁이 불가능함을 의미한다(가리타니, 2005; 2012; 2016).

민족과 민족주의에 대한 많은 연구는 주로 '민족이나 민족주의라는 현상이 언제 생겨났는지', '민족에서 민족주의가 생겨난 것인지, 민족주의가 민족을 만들어낸 것인지' 등에 대한 문제에 집중되었다. 이러한 연구들에는 민족을 자본주의적 사회구성체인 자본=민족=국가의 복합체로 바라보는 인식이 결여되어 있다.[12] 자본=민족=국가로 구성되는 자본주의적 사회구성체에서 자본, 민족, 국가는 각기 다른 원리로 작동하고, 이 때문에 어느 하나에 의해 다른 것이 소멸되거나 수렴되지 않을 뿐만 아니라, 어느 것 하나라도 없으면 다른 것도 성립되지 않는다(가라타니, 2012; 2016). 세계화 이데올로기나 탈민족주의 담론의 주장과 달리 세계 곳곳에서 민족주의가 더 강화되고 민족 문제가 국제적 이슈로 등장한 것은 이 때문이다. 자본주의적 사회구성체의 관점에서 바라보면 냉전 이데올로기 종식 이후 민족과 민족국가 문제가 국제적 이슈로 재등장한 것은 자본 권력이 지배적인 상황에도 불구하고 민족과 국가가 여전히 사회를 구성하는 중요한 축임을 드러낸 것이다.

민족국가의 소멸을 예단하는 시점에 민족국가 문제가 새롭게 등장한 것은 민족의 원리, 국가의 원리가 자본의 원리와는 다르기 때문이다. 자본, 민족, 국가를 삼위일체적인 변증법적 체계로 파악한 것은 헤겔이

---

12) 민족과 민족주의를 논의하면서 자본주의적 사회구성체를 명확하게 인식하지 못하고 있었다는 사실은 앤더슨의 언급에서도 드러난다. "나는 다음과 같이 주장하려고 한다. 18세기 말경에 이 민족주의라는 문화적 조형물들이 서로 관련이 없는 역사적 동력들이 복잡하게 '교차해서' 나온 우발적인 증류물로 창조되었지만 일단 창조되자 그것은 아주 다른 사회적 환경에 다양하게 의식적으로 이식될 수 있는 '조립물'이 되었으며, 여러 종류의 정치적·이념적 유형들을 통합하고 이 유형들에 흡수될 수 있었다. 나는 또한 왜 이러한 특정한 문화적 조형물이 사람들에게 그렇게 깊은 애착심을 일으켰는지 설명하고자 한다"(앤더슨, 2002: 23, 강조는 필자).

었다. 마르크스는 헤겔이 관념론적으로 파악한 자본주의적 사회구성체를 유물론적으로 전도시키려고 했다. 이 과정에서 마르크스는 자본제 경제를 물질적인 하부구조로, 민족과 국가를 관념적인 상부구조를 파악했다. 그 결과, 마르크스는 헤겔이 파악한 자본=민족=국가의 삼위일체적인 변증법적 사회구성체를 놓쳤다. 마르크스는 자본, 민족, 국가를 생산양식의 관점에서 보았고, 자본제가 폐기되면 민족과 국가는 자연스럽게 소멸될 것이라고 생각했기 때문이다. 가라타니는 헤겔의 관념론적 사변을 유물론적으로 전도시키되 자본=민족=국가의 삼위일체성을 놓치지 않기 위해 역사를 생산양식 대신에 교환 양식으로 바라볼 것을 제안한다. 자본처럼 민족과 국가도 어떤 종류의 물질적 하부구조에 뿌리를 두고 있고, 이 때문에 능동적 주체성을 갖게 되는데, 그것이 교환 양식이다.

> 교환이라면 상품 교환이 바로 연상된다. 상품 교환 양식이 지배적인 자본주의사회에 있는 한, 그것은 당연하다. 하지만 그것과는 다른 타입의 교환이 존재한다. 첫째는 증여-답례라는 호수(互酬)(교환 양식 A)이다. 인류학자 마르셀 모스는 미개사회에서 음식, 재산, 여성, 토지, 봉사, 노동, 의례 등 다양한 것이 증여되고 답례가 되는 호수적 시스템에서 사회구성체를 형성하는 원리를 발견했다. 그런데 이것은 미개사회에 한정된 것이 아니라 일반적으로 다양한 타입의 공동체에 존재한다. …… (교환 양식 B는) 하나의 공동체가 다른 공동체를 침략하는 것에서 시작한다. 약탈은 그 자체가 교환은 아니다. 그렇다면 약탈은 어떻게 교환 양식이 되는 것일까? 계속적으로 약탈하려면 지배 공동체는 단순히 약탈만 하는 게 아니라 상대에게도 무언가를 주지 않으면 안 된다. 즉, 지배 공동체는 복종하는 피지배 공동체를 다른 침략자로부터 보호하고 관개 등의 공공사업을 통해 육성하는 것이

다. 이것이 국가의 원형이다. …… 즉 국가가 성립하는 것은 피지배자가 복종을 통해 안전과 안녕을 부여받는 일종의 교환을 의미할 때이다. …… 다음으로 교환 양식 C, 즉 상품 교환은 상호 합의에 근거하는 것이다. 그것은 교환 양식 A나 B, 즉 증여를 통해 구속하거나 폭력을 통해 강탈하거나 하는 일이 없을 때 성립하는 것이다. 즉 상품 교환은 서로가 타인을 자유로운 존재로서 승인할 때만 성립한다. 그러므로 상품 교환이 발달할 때, 그것은 각 개인을 증여 원리에 근거하는 일차적 공동체의 구속으로부터 독립시키는 것이 된다. …… 상품교환과 관련하여 중요한 것은 그것이 상호의 자유를 전제함에도 불구하고 상호의 평등을 의미하는 것은 아니라는 점이다(가라타니, 2012: 36~38).

자본주의적 사회구성체인 자본=민족=국가는 세 가지 교환 양식이 복합된 상태로 존재한다. 자본이 교환 양식 C(화폐와 상품)에 뿌리를 두고 있다면, 민족은 교환 양식 A(증여와 답례)를 축으로 움직이고, 국가는 교환 양식 B(지배와 보호)에 토대로 둔다. 역사적으로 사회구성체는 세 가지 교환 양식을 전부 포함하고 있으며 어느 교환 양식이 지배적이 되느냐에 따라, 그리고 서로 관련을 맺는 사회구성체들의 관계, 즉 세계체제에 따라 달라진다.[13] 자본주의적 사회구성체는 교환 양식 C가 지배적인 사회이면서 국가-간(inter-state) 체제로 이루어지는 근대 세계체제를 형성한다.

---

13) 가라타니는 생산양식 대신에 교환양식을 토대로 사회구성체를 설명하고, 나아가 지배적인 교환양식의 관점에서 사회구성체 전체의 역사를 개관한다. 사회구성체의 지배적 교환양식에 따라 다른 사회구성체와 관계, 즉 세계체제도 달라진다. 가라타니는 세계체제를 미니 세계체제(mini world systems), 세계=제국(world-empire), 근대 세계체제(the modern world system)로 구분한다(가라타니, 2012).

근대주의의 관점에서 보면 민족은 자본=국가가 성립된 이후에, 자본=국가에 의해서 만들어진 것이다. 구체적으로 말한다면, "민족의 형성은 두 가지 시각에서 볼 수 있다. 하나는 주권국가이고, 다른 하나는 산업자본주의다"(가라타니, 2012: 304). 주권국가는 교회와 봉건영주의 권력을 제압하고 그 이전까지 다양한 신분과 집단으로 존재했던 사람들을 절대왕권의 지배를 받는 동일한 지위에 놓음으로써 민족으로 만들었다. 민족이 국가의 주권자임을 의미하는 민족=국가가 성립된 것은 주권자인 왕의 신민(subject)이 (시민)혁명을 통해 절대왕권을 타도하고 주체(subject)가 되었을 때였다. 더 정확하게 말하면, 절대왕권은 자신의 절대성을 확립함으로써 결과적으로 민족이 존재할 수 있는 기반을 닦았다. 따라서 절대왕권의 성립이 민족이 존재할 수 있는 필요조건이라면, 민중 혁명은 민족이 존재할 수 있는 충분조건인 셈이다. 따라서 주권의 관점에서 볼 때 민족국가는 민중이 주권을 갖는 상태에 도달했을 때 가능하다. 주권국가와는 다른 차원에서 민족을 만들어낸 것은 산업자본주의였다. 산업자본주의는 마르크스가 지적한 것처럼 '이중적인 의미에서 자유로운' 산업프롤레타리아를 협업과 분업을 통해 민족으로 만들었다.[14] 직업적인 유동성과 빠르게 변화하는 자본주의 환경에서 협업과 분업을 효율적으로 수행하기 위해서는 교육과 훈련을 통해 공통된 자질을 갖춘 산업프롤레타리아를 만들어내야만 했다.

민족은 자본=국가에 의해 만들어졌지만 자본=국가에 의해 소멸되거나 자본=국가로 수렴되는 수동적 산물이 아니라, 자본=국가에 대항하

---

14) 민족의 형성을 산업자본주의의 관점에서 분석한 사람은 어니스트 겔너였다. 산업사회에서는 사회적 유동성이 높아지고 직업의 이동이 많이 발생했기 때문에 한 사람이 떠난 뒤에 다른 사람이 쉽게 그 자리를 보충해야 할 필요가 있었다. 겔너는 근대사회의 평등주의를 유동성에서 발견했다(겔너, 1988).

고 자본=국가의 결핍을 보충하는 능동적 주체이다. 자본=국가에 의해 만들어진 민족은 시민혁명을 통해 자유와 평등을 획득했지만 그것만으로는 충분하지 않다. 프랑스 혁명이 슬로건으로 내걸었던 자유·평등·우애에서 우애(fraternity)가 필요한 것이다. 자유와 평등이 합리적인 것이라면 우애는 개인들 사이의 수평적 연대의 감정이다. 우애는 "가족이나 부족 공동체 안의 사랑과는 다른, 오히려 그와 같은 관계로부터 벗어난 사람들 사이에서 생겨나는 새로운 연대의 감정이다"(가라타니, 2012: 308). 베네딕트 앤더슨은 이 수평적 연대의 감정을 '상상의 공동체'의 뿌리로 보았다. 수평적 연대의 감정은 '인간은 어떻게 공동체를 구성하는가'라는 질문과 관련되어 있고, 이러한 질문에 대한 대답은 자본이나 국가의 교환양식과 다른 공동체의 호수적 교환 양식에서 뿌리를 찾을 수 있다.[15] 요약하자면, 민족은 자본=국가에 의해 만들어지지만, 민족이 자본=국가의 결핍을 보충함으로써 근대의 사회구성체는 자본=민족=국가의 형태를 갖추게 된다.

15) 호수(互酬, reciprocity)는 호혜(互惠)와 다르다. 호혜가 긍정적인 측면(순수 증여)을 의미한다면, 호수는 긍정적인 측면과 부정적인 측면(보복 전쟁)을 동시에 보여준다. 호수(reciprocation) 교환은 순수 증여와 보복 전쟁을 통해 권력 집중(국가 형성)을 막았다. 피에르 클라스트르(Pierre Clastres)는 원시사회가 호수적 교환 양식을 통해 추장이 전제군주로 전화하는 것을 용납하지 않음으로써 원시사회가 국가 없는 사회였음을 밝히려고 했다(클라스트르, 2005).

3. 라틴아메리카의 '민족 만들기(nation-building)'와 포스트-신자유주의 시대의 민족국가의 재구성

민족이 대단히 모호한 개념인 것은 문화적 측면과 정치적 측면이 맞물린 뫼비우스의 띠와 같고, 자본=민족=국가를 이루는 보로메오의 매듭과 같기 때문이다. 민족주의는 민족이라는 개념에 내포된 모호함을 걷어내고 민족에 배타성과 동질성을 부여한다. 민족주의는 민족-됨(nationhood)의 경계를 설정하고 소속감을 창조하는 상상의 공동체의 정치적 조직 원리이다. 즉, 모든 민족주의의 공통점은 영토적 자결권과 민족에 소속될 수 있는 자격이다(Barrington, 1997). 이렇게 보면 민족주의는 근대주의가 탄생시킨 하나의 이데올로기이다. 역사적으로 민족주의는 몇 단계를 거치면서 변화되었다. 민족주의 생성 초기는 주로 지식인들이 주도한 운동으로 이 시기에 민족주의의 이데올로기적 성격이 두드러지게 나타난다. 겔너는 생성 초기 민족주의의 특징을 "일차적으로 정치적 단위와 민족적 단위가 일치해야 한다고 주장하는 정치적 원리"(겔너, 1983: 1)로 정의했다. 한 걸음 더 나아가 홉스봄에 따르면 "민족은 민족국가와 관련될 때만 사회적 실체이고, 민족을 민족국가와 관련시키지 않고 논의하는 것은 의미가 없다. …… 요컨대 민족주의가 민족에 앞선다. 민족이 국가와 민족주의를 만드는 것이 아니라 그 반대다"(홉스봄, 1994: 25). 그 다음 단계에서 민족주의는 다양한 계층을 포함하는 이념으로 외연이 넓어진다. 국가의 공적 이데올로기로 성립된 민족주의는 국가 내부에서 정치적이고 사회적인 갈등을 겪으며 변화되기 때문이다. 마지막 단계에서는 농민 공동체나 노동자까지 포함하는 민족민중운동(popular national movement)으로 발전해간다. 민족민중운동을 주도하는 주체는 사회운동과 헤게모니 집단에서 배제된 엘리트이다. 민족주의의 변화 단계가 보여주는 것은 민족주의와 민족은 동일하지 않으며, 이 때문에 민족주의는 지속적으로 변화되어 가는 과정(a process)이다. 요컨대 민족주의는 민족이라는 총체적 현실(a total realty)을 포괄하지 못하면서도 총체화하려는 이데올로기/담론(a totalizing ideology/discourse)이다.[16] 라틴아메리카의 민족주의도 이와 같은 과정을 거쳤다.

독립 이후 라틴아메리카 역사는 민족을 만들고, 민족과 국가를 결합시키기 위한 역사라고 해도 크게 틀린 말이 아니다. 라틴아메리카의 독립은 민족주의의 관점에서 지극히 불완전한 것이었다. 이탈리아 건국 운동에 앞장섰던 다첼리오(Massimo D'Azeglio)가 "이탈리아를 만들었다. 이제 이탈리아인을 만들 차례이다"라고 말했던 것처럼, 독립은 복합적인 모순들이 한꺼번에 드러나는 사회변동과 이데올로기의 전환을 통해 민족국가를 만드는 과정이었다. 독립 이후 크리오요 과두 지배계층은 공화제를 국가 제도(res publica)로 채택했고 자유무역을 추구했던 영국의 자유주의를 받아들였다. 그러나 "유럽의 공화주의와 자유주의는, 한편으로는 개인의 자유를 제한했던 군주제, 전제 권력, 가톨릭 교회와

---

16) "민족주의가 외연을 넓히면서 이데올로기적 성격은 점차 탈색되고 담론적 성격이 부각되기 시작한다. 이제 민족주의적 담론의 많은 범주들과 가정들이 일상 언어와 이론에 침윤되어 벗어던지기 어려운 것이 된다. 다시 말해, 민족주의는 이데올로기로서 수용될 수 있고 거부될 수도 있지만 민족의 담론은 언어생활 전반을 지배하면서 사람들의 인식, 태도, 가치에 깊숙이 침투하게 된다. 그리하여 이 세계가 다양한 '사회들'로 나뉘어져 있듯이, 다양한 '민족들'로 이루어져 있다는 생각이 사람들에게 자연스럽게 받아들여진다. 특히 사람들은 민족을 곧잘 집단적 인격, 즉 법인(corporate person)으로 생각하는 경향이 있는데, 바로 이것이 민족의 이념이 민족으로 명명되는 공동체에 쉬이 통합성과 단일성을 부여한다. 이렇듯 민족주의는 하나의 이데올로기이자 운동이며, 나아가 담론이 될 수도 있는 것이다"(장문석, 2007: 39).

맞서고, 다른 한편으로는 신흥 사회·경제 계급에게 엄청난 이익을 가져다주는 자유무역의 성장을 가로막는 중상주의 경제의 통제에 맞서기 위한 부르주아의 교리였다. 이런 조건들 중 어느 것도 라틴아메리카에는 존재하지 않았다"(미뇰로, 2010: 126~127). 자유주의와 공화주의는 이상일 뿐 라틴아메리카의 현실과는 무관한 것이었고, 크리오요 지배계급은 자신들이 스페인 사람이면서 동시에 아메리카 사람이라는 이중적 의식에서 벗어나지 못하고 있었다. 수입된 이론은 하늘을 날고 역사적 현실은 땅바닥을 기는 모순된 상황은 라틴아메리카에 '신식민주의'로 불리는 새로운 종속을 가져다주었고 이러한 상황은 19세기 말까지 지속되었다.

20세기 초에 라틴아메리카 나라들은[17] 중대한 사회적·경제적이고 정치적인 변화를 경험했고, 어떤 경우에는 대규모의 사회적 인구 변동을 겪기도 했다. 각 나라마다 처한 상황은 달랐지만 이러한 변화에는 공통적인 흐름이 존재했다. 내부적으로는 전통적인 과두지배 권력에 저항하고 신식민주의를 타파하려는 민중의 투쟁이 발생했다. 외부적인 변화로는 라틴아메리카 나라들이 본격적으로 세계경제 질서에 편입되었다는 점을 들 수 있다. 이러한 내적·외적 변화는 '민족 만들기(nation-building)' 과정에 있던 라틴아메리카 나라들의 민족주의 형성에 커다란 영향을 끼쳤다.[18] 이 시기 라틴아메리카 모든 나라의 정치적·사

17) 앞에서 언급한 것처럼, 민족(nation)과 국가(state)는 다르다. 또한 국가는 나라(country)와 다르다. 국가가 국제정치체제에서 영토, 주민, 일련의 통치 제도를 가지는 주요한 정치적 단위를 가리킨다면, 나라는 국가의 영토적 요소를 가리킨다. 정치학에서는 민족, 국가, 나라가 자주 혼동되어 사용된다(Barrington, 1997). 여기서는 라틴아메리카 나라들이 20세기 초에 민족국가를 이루지 못했다는 점을 강조하기 위해 의도적으로 나라로 적었다.

회적 과제는 개혁의 주체로서 민족국가를 만드는 것이었고, 이를 위해 정치적·사회적·상징적인 차원에서 민중의 요구를 수용하는 것이었다. 이 때문에 20세기 초 대부분의 라틴아메리카 나라들은 민중 민족주의(popular nationalism) 노선을 선택했다. 민중 민족주의 담론은 영토 안에 있는 모든 계급을 포괄하는 단일하고 동질적인 민족 공동체를 만들려는 시도였다. 즉, 민족 공동체 내부에는 종족이거나 인종적인 차이가 존재하는 것을 인정하지만 그러한 차이들을 뒤섞어 동질적인 민족의 현재를 만드는 것이다. 라틴아메리카에서 민중 민족주의를 만든 동력은 대중에게 기반을 둔 정치운동이었고, 많은 정치운동이 정당으로 제도화되었다. 이 때문에 민족 공동체가 운동이나 정당과 동일시되는 현상이 발생했고, 카리스마를 가진 지도자는 민족 공동체의 화신으로 묘사되었다. 이러한 상황에서 민중 민족주의는 사회의 모든 영역을 평등하게 인정한다는 이상을 강조하면서 각 집단의 인종적·계층적 이해관계를 운동이

18) 민족주의 역사에서 라틴아메리카가 늘 예외적인 경우로 취급되었다는 사실에서 알 수 있듯이 1950년대 이전까지 라틴아메리카에는 민족의식이 확산되지 않았다는 인식이 일반적이었다. 이 때문에 민족주의는 라틴아메리카 사회를 이해할 수 있는 중요한 요인이 아니었다(Castro-Klaren and Charles Chasteen, 2003; Miller, 2006). 라틴아메리카 연구자들이 민족주의를 직접적으로 거론하기 시작한 것은 1960년대였다. 이러한 변화의 배경에는 제2차 세계대전 이후 식민지에서 독립한 아시아와 아프리카 국가들의 민족주의 운동과 쿠바 혁명이 자리 잡고 있었다. 1970년대 민족주의 연구는 냉전이라는 시대적 상황과 종속이론의 영향으로 페루와 칠레, 베네수엘라의 국유화, 더 거슬러 올라가 멕시코의 석유 국유화를 중점적으로 분석하는 '경제적 민족주의'에 집중되었다(Tancer, 1976; Sigmund, 1980). 그러나 1970년대 말부터 권위주의적이고 억압적인 군부 정권이 들어서면서 민족주의 연구는 수면 아래로 가라앉았다. 다양한 학문 분야에서 라틴아메리카 민족주의에 대한 연구가 다시 활발해진 것은 1990년대이다. 역사학과 정치학, 인류학과 지리학, 그리고 문화연구 등에서 민족 정체성 문제가 재조명되기 시작했다.

나 정당에 종속시켰다. 그 결과, 민중 민족주의는 민중(pueblo)을 주권의 담지자이자 수평적 연대의 기반으로 내세웠지만 민족 만들기의 과정에서 민중을 정당이나 운동에 종속시킴으로써 '사회적 조합주의(social corporatism)'를 만들어냈다.

민중 민족주의의 전형적 사례는 멕시코였다. 포르피리오 디아스(Porfirio Díaz) 독재 체제에서 멕시코는 농산물 수출 호조와 산업화, 중앙정치의 활성화, 철도와 전신 같은 기간산업의 구축을 통해 지속적인 경제성장을 이룩했다. 그러나 경제성장 과정에서 포르피리오 디아스는 부유한 대토지 소유주나 산업 자본가와만 손을 잡았을 뿐 사회적 하층계급을 도외시했다. 포르피리오 통치 시기 국가의 공적 이데올로기에는 독립 이후 공화국을 지배했던 크리오요 엘리트 지배계층의 '이중 의식(double consciousness)'이 그대로 반영되었다. 크리오요의 이중 의식은 자신을 유럽과 다르다고 인식하면서 여전히 유럽에 매여 있었다.

> 크리오요는 유럽을 인종적으로 의식하기보다는 지정학적으로 의식했다. 그러나 원주민과 아프리카계 주민에 대한 크리오요의 의식은 인종적이었다. 유럽인이 자신과 크리오요를 구별했던 식민적 차이(colonial difference)는 '민족 만들기' 시기에 '내적 식민주의(internal colonialism)'로 변형되어 재생산되었다. 내적 식민주의는 민족국가 건설을 주도했던 크리오요들이 스스로를 원주민, 아프리카계 주민과 구별했던 식민적 차이였다(Mignolo, 2001: 34).

멕시코 혁명은 거의 반세기 동안 지속되었던 과두지배 체제를 붕괴시켰다. 혁명 이후 멕시코는 가장 포괄적인(comprehensive) 형태의 민중 민족주의인 '메스티소 민족주의(mestizaje)'를 주창했다. 메스티소 민족주의는 원초주의의 관점에서 민족 정체성을 '종족-문화적 서사(ethno-cultural narrative)'에서 찾았다. 민족 정체성이 종족-문화적 서사에 묻어 들어 있는(embedded) 것으로 본다는 점에서 메스티소 민족주의는 19세기 유럽의 대부분의 자유 민주주의 국가들이 선택한 자유주의적 민족주의(liberal nationalism)와 달랐다. 자유주의적 민족주의는 근대주의적 관점에서 민족을 정치적 제도를 공유하는 공동체로 상상했다.[19] 메스티소 민족주의는 종족-인종적으로 다양한 멕시코의 사회적·문화적 갈등을 봉합하는 데 매우 유용한 도구였다. 이 때문에 혁명 이후 사회운동의 원인이 되었던 것은 종족-인종적 정체성 문제보다는 계급이나 지역의 문제였다. 르낭이 말했던 것처럼, 메소티소 민족주의는 폭력과 항쟁의 연속이었던 멕시코의 역사를 '망각'하고 '새로운 민족(a new nation)'을 만들기 위한 이데올로기이자 공적 담론이었다.[20] 메스티소 민족주의는 정복 이전의 원주민 문명을 찬양했고, 혁명에서 패배한 농민 지도자 에밀리아노 사파타(Emiliano Zapata)와 판초 비야(Pancho Villa)는 국립묘지에 묻혀 민족 영웅으로 추앙받았으며, 메스티소를 '우주적 인종(cosmic race)'으로 미화했다. 그러나 메스티소 민족주의는 '포함의 수사학'과 '배제의 현실' 사이의 커다란 간극을 은폐했다. 그럼에도 불구하고, 메

---

19) 키믈리커에 따르면, 자유주의적 민족주의는 현실 세계의 대부분의 자유 민주주의 국가들이 채택한 민족주의 담론이다(킴리카, 2005). 자유주의는 개인이 민족적·문화적 편견으로부터 해방되어 스스로의 힘으로 결정을 내리고 책임을 지는 사회를 뜻한다. 그러나 자유주의도 사회적 통합과 정치적 정당성의 기반으로 민족성(nationality)이 요구된다. 즉, 자유주의자가 목표로 하는 이상적인 사회도 민족적 정체성을 토대로 하지 않으면 성립되지 않는다고 본다.

20) 메스티소 민족주의와 유사한 경우는 브라질의 '인종 민주주의(racial democracy)'를 들 수 있다.

스티소 민족주의는 해방의 메시지를 전파하는 혁명적 민중 민족주의로 해석되었다. 홉스봄이 강조했듯이, 적어도 멕시코 혁명 이후 라틴아메리카 민족주의는 볼리비아 혁명을 거치고 쿠바 혁명과 니카라과 혁명에 이르기까지 좌파적이고, 발전주의적이며, 반제국주의적이고, 민중적인 성격의 혁명적 민족주의를 지향했다(Hobsbaum, 1995). 이것이 "1910년의 혁명에서 태어난 멕시코의 신민족주의가 남긴 유산이었다"(킨·헤인즈, 2014: 141).

그러나 메스티소 민족주의는 민족이 경제적 발전과 근대적 정치 제도를 통해 만들어지는 것으로 상상했다. 다시 말해, 메스티소 민족주의는 대규모로 동원 가능한 민중을 정치적 정당성의 근거로 삼았을 뿐 '심오한 수평적 동료의식'으로 상상되는 민족으로 만들지 못했다. 백인 크리오요 엘리트들은 유색인을 열등한 타자로 규정하고 시민권을 갖는 '상상의 공동체'의 구성원에 포함시키지 않았다. 특히 원주민들은 민족의 통합과 발전을 가로막는 장애물로 여겨졌다. 민중 민족주의의 주창자들은 "인디오를 '역사적 기원'으로만 인식했지, '살아 있는 인디오(indio vivo)'들의 공동체를 멕시코 국민 내부에 어떤 위상으로 통합할 것인지에 대해서는 고민하지 않았다. 이들이 만든 공식적 인디헤니스모(indigenismo)는 메스티소 통합주의 이념에 충실한 것이었고, 살아 있는 인디오들의 정체성은 이 통합 이념에 녹아들어 갈 수밖에 없었다"(이성형, 2009: 44). 요컨대 라틴아메리카의 혁명적 민중 민족주의는 민족주의를 국가주의(statism)와 혼동했고, 민족을 계몽되어야 할 대상으로 인식했다(Knight, 1990; Jeffries, 2008). 민족주의 역사에서 늘 예외적인 경우로 취급되었던 라틴아메리카에서 민족주의가 먼저 태동했고 그것이 유럽으로 확산되었다는 주장을 한 앤더슨의 이론이 비판받는 것도 이 지점이다. 베네딕트 앤더슨은 민족을 "본래적으로 제한되고, 주권을 가진 것으로 상상되는 정치적 공동체"(앤더슨, 2002: 25)로 규정했다. 민족에 대한 앤더슨의 규정에는 민족 개념의 양의성이 드러나 있다. 즉, 민족은 자본=국가에 의해 만들어졌지만 자본=국가에 대항하고, 자본=국가의 결핍을 보충한다. 앤더슨의 말을 빌린다면, "각 민족에 보편화되어 있을지 모르는 **실질적인 불평등과 수탈에도 불구하고 민족은 언제나 심오한 수평적 동료의식으로 상상되기 때문이다**"(앤더슨, 2002: 27, 강조는 필자). 민족의 토대를 이루는 심오한 수평적 동료의식은 자본=국가가 초래하는 실질적인 불평등과 수탈을 **상상적으로** 해결함으로써 자본=국가가 파탄 나는 것을 막는다. 이 때문에 민족은 실질적인 불평등과 수탈에도 불구하고 민족국가가 정당성을 가질 수 있는 근거가 된다. 다시 말해, 자본=국가는 민족을 만들고, 민족은 자본=국가의 결핍을 보충함으로써 근대적 사회구성체인 자본=민족=국가가 유지된다. 그러나 심오한 수평적 동료의식은 객관적 실재가 아니라 상상된 것이다.[21] 민족을 가능하게 하는 뿌리 깊은 수평적 동료의식은 크리오요에게만 가능했을 뿐 '식민적/인종적 계서화(colonial/racial hierarchies)'의 하층부를 차지했던 대다수의 민중에게는 '불가능한 우애(impossible fraternity)'였기 때문이다(제임스, 2007; Lomnitz, 2010; Castro-Klaren and Charles Chasteen, 2003).[22] 앤

---

21) 앤더슨이 강조하듯이 '상상된 것'은 '허위날조'나 '거짓'을 의미하는 것이 아니다. 가라타니가 지적한 것처럼, 앤더슨이 규정한 '상상의 공동체로서의 민족'은 계몽에 의해서 해소될 수 있는 것이 아니라 계몽주의의 결과로서 생겨난 것이다. 즉, 18세기 민족의 출현은 종교적 세계관이 쇠퇴하고 합리주의적인 세계관이 우세해짐으로써 가능했다(가라타니, 2009; 2012).

22) 제임스(C. L. R. James)는 인쇄 자본주의가 라틴아메리카 민족주의를 가능하게 한 또 다른 요인이라는 앤더슨의 주장도 비판한다. 아이티의 '블랙 자코뱅'들은 신문이나 소설을 읽지 않고도 식민지 노예제도로부터 자유를 쟁취할 수 있다고 상상했다는 것이다(제임스, 2007).

더슨 스스로 언급했듯이 "해방자 볼리바르 자신도 한때 흑인 반란은 스페인의 침공보다 천 배나 나쁘다는 견해를 가졌다"(앤더슨, 2002: 79).

멕시코혁명은 새로운 사회적 행위자들이 저항 운동과 정치적 연합을 통해 전통적인 과두지배 체제에 도전함으로써 민족국가를 만들 수 있는 역사적 계기를 제공했다. 그러나 혁명이 공언한 민중 민족주의는 정치적-경제적 정책을 앞세운 국가주의(statism)에 예속되었다. 엘리트 지배층과 노조, 농민 간의 연합은 정치적 수령들(cuadillos) 사이의 가부장적 지배 연합에 토대를 두었다. 라사로 카르데나스(Lázaro Cárdenas)는 획기적인 개혁 정책을 통해 '잠자는 혁명'을 회생시키려고 했지만 국내 산업 부르주아와 가톨릭교회, 외국 자본의 저항에 부딪혀 진보적인 정책들은 후퇴하고 개혁은 온건해졌다. 개혁성을 상실한 민중 민족주의는 1940년을 기점으로 정치적 조합주의 형태를 갖추기 시작했고, 그 중심에는 제도혁명당(PRI)이 있었다. 조합주의적 국가에서 메스티소 민족주의는 공적 담론으로 여전히 유지되었지만 식민적/인종적 계서제 역시 그래도 유지되었다. 카르데나스의 개혁은 민족과 민족국가가 만들어질 수 있는 단초를 제공했지만 성공하지 못했고 민족은 '미완의 상상의 공동체(unfinished imagined community)'로 남았다.

멕시코의 포괄적인 민중 민족주의와는 달리 아르헨티나는 제한적인(contained) 민중 민족주의를 표방했다. 멕시코의 메스티소 민족주의가 에트노스에 뿌리를 둔 문화적 차원의 민족주의라면, 아르헨티나의 민중 민족주의는 데모스에 뿌리를 둔 정치적 차원의 민족주의였다. 아르헨티나는 19세기 후반에 이르러서야 부에노스아이레스의 연방화를 통해 중앙집권적 국가 체제를 갖추었고, 광범위한 공교육 체제의 기반을 마련했으며, 인종적 갈등도 존재하지 않았다. 그러나 이러한 외면적 상황과 달리 아르헨티나는 과두 엘리트 간 갈등으로 인해 공적 민족주의 담론을 둘러싼 투쟁이 지속적으로 발생했다. 민족국가의 형성이라는 측면에서 아르헨티나의 제한적 민중 민족주의의 형성은 몇 가지 역사적 요인들과 관련이 있다. 첫째, 식민 시기부터 아르헨티나는 부에노스아이레스와 다른 지역 간의 갈등으로 인해 통일된 행정체계를 갖추지 못했고, 이로 인해 지배 엘리트 간에 사회적 타협이 이루어지지 않았다. 둘째, 중개무역지로서의 지위 때문에 부에노스아이레스에는 항상 강력한 국제적인 영향력이 존재했다. 셋째, 대농장(estancia) 구조에 기반을 둔 정치 조직의 특성으로 인해 후견주의(clientalism)가 강하게 작용했다. 넷째, 아르헨티나의 지배 권력은 다인종적이고 다종족적인 과거를 도려내고 민족 정체성을 세우려고 했다. 자유주의 이념으로 무장한 훌리오 로카(Julio Roca)는 '사막의 정복(Conquest of the Desert)'을 통해 원주민을 궤멸하고 팜파에 대규모 국유지를 만들었다. 그리고 1870~1910년 사이에 유럽으로부터 대규모 이민을 받아들였다(드잘레이·가스, 2007; 킨·헤인즈, 2014).

20세기 초에 아르헨티나는 곡물과 육류의 수출, 발달된 철도망, 상대적으로 높은 교육수준과 도시화, 유럽으로부터 값싼 노동력의 유입으로 산업국가 대열에 진입할 준비가 된 것처럼 보였다. 그러나 농산물과 축산물의 수출과 대규모 해외 투자 자본에 의존하는 아르헨티나의 경제는 세계 원자재 가격과 금융 상황의 변동에 매우 취약한 구조였다.[23]

---

23) "20세기 초반 아르헨티나에 대한 외국인 투자는 엄청나서 1900년에서 1929년 사이에 국가 고정투자액에서 외국인 투자가 차지하는 비율이 30~40%에 달했다. 자본 수출국들이 해외로 투자하는 전체 금액의 약 10%가 아르헨티나로 유입되었다. 이것은 라틴아메리카에 들어온 해외 총투자액의 3분의 1에 해당했고, 당시 세계 자본시장을 주도하고 있던 영국의 해외 투자액의 40%를 초과하는 액수였다" (킨·헤인즈, 2014: 187).

이 때문에 해외 시장과 해외 자본에 의존적인 경제는 구조적인 종속성에서 벗어나지 못했을 뿐만 아니라 사회계층 간 분배의 불평등과 지역 간에 심각한 격차를 드러냈다. 이러한 상황은 민중을 기반으로 한 정치 운동인 급진주의(radicalism)와 페론주의(peronism)가 출현하는 계기가 되었다. 급진주의(급진당)와 페론주의(사회정의당)는 자신들을 민족 공동체와 동일시했고 과두적인 구체제에 반대하는 민중 민족주의를 내세웠다.[24] 급진주의와 페론주의가 민족주의의 토대로 내세운 민중(pueblo)은 초기 단계의 산업화와 도시화의 과정에서 도시로 이주한 농민, 새로운 중산계층과 도시 노동자 계급, 계급으로 규정할 수 없는 다양한 사회적 집단을 아우르는 개념이었다. 민중은 민족 전체 구성원을 지칭하면서 동시에 부자와 가난한 자의 사회경제적 차이를 내포한다. 더 나아가 부자와 가난한 자 사이에 작용하는 문화적·정치적 억압과 복종을 암시한다. 아르헨티나의 민중 민족주의를 포퓰리즘이라는 용어로 부르는 것은 이런 민중(pueblo) 개념과 깊은 관련이 있다. 라클라우(Ernesto Laclau)가 지적한 것처럼, 오늘날 포퓰리즘이라는 용어가 광범위하게 사용되고 있지만 포퓰리즘에서 핵심적인 것은 민중이다(Laclau, 1977). 이 때문에 라틴아메리카 포퓰리즘 연구를 선도했던 지노 제르마니(Gino Germani)는 포퓰리즘이라는 용어 대신에 민중 민족운동(movimientos nacional-

24) 사회적 불평등이 확대되면서 도시 중산층을 중심으로 대중적 지지를 확보한 급진당은 중산층과 과두층 사이에 양다리를 걸친 채 수출경제와 외국 자본 의존 체제를 그대로 유지했고 토지 개혁과 산업화를 적극적으로 추진하지 않았다. 급진당의 정책은 어느 정도의 성장과 분배를 이루기는 했지만 국제적으로 수출 가격이 높게 형성되고 비교적 낮은 이율의 차관이 확보되는 동안에만 가능했다. 아르헨티나를 덮친 대공황의 여파로 급진당은 중산층의 지지를 상실했고 과두층과 군부의 개입으로 붕괴되었다.

populares)이라는 용어를 선호했다(Germani, 1962). 포퓰리즘은 1930년대 이후 수입 대체 산업화에 따른 대규모 사회적 이동, 도시화, 신생 민족 부르주아지의 출현, 노동계급의 형성, 계급으로 규정할 수 없는 다양한 사회계층의 등장, 과두지배 체제의 약화 등 복합적인 요인들이 뒤섞인 사회적 현상이었다. 페론주의로 상징되는 아르헨티나의 포퓰리즘(민중 민족주의)은 '민중'을 정치의 영역으로 통합시킴으로써 경제적 자유주의를 내세운 과두지배 체제의 정당성과 헤게모니에 균열을 발생시키고 경제적 재분배를 강화하여 민족국가를 만들려고 시도했다. 페론은 그때까지 아르헨티나에 존재하지 않았던 민족의 기반을 형성할 수 있는 구심적 권력이었다. 다시 말하자면, 페론은 다양한 신분과 집단의 사람들을 왕의 동일한 신민으로 만듦으로써 민족 형성의 기반을 마련했던 절대왕권에 해당된다. 포퓰리즘은 민족 만들기와 민족국가의 건설이라는 이중적 사명을 가지고 있었지만, 페론은 과두층과 군부의 저항에 부딪혀 절대왕권의 '절대성'을 갖지 못했고 후견주의의 후원자(patron)의 역할에 머물렀다. 페론의 실각 이후 페론은 생물학적 의미의 지도자가 아니라 민중 민족적 정체성을 구성하고 결속시켜주는 어떤 이름이 되었다. 라클라우가 지적한 것처럼, "포퓰리즘은 오직 레닌-주의, 마오-주의, 페론-주의 등으로 존재한다"(Vatter, 2012: 247 재인용). 이런 맥락에서 "페론주의는 단순한 정당이 아니라 그 이상이다. 페론주의는 놀라운 정치적 영속성과 생산성을 지닌 잘 정비된 탈조직이거나 포퓰리스트 정당-기계(partido-máquina populista)이다. 패권을 쥐고 있는 정치적 정체성이기도 하고 정치 문화이기도 하다. 또 그 밖의 다른 많은 것이기도 하다"(Esperanza Casullo, 2015: 21). 페론 집권 시기의 아르헨티나의 포퓰리즘은 민족 만들기를 통해 자본=국가에 대항하고 자본=국가의 결핍을 보충하려고 시도했지만 성공하지 못했고 민족은 '미완의 상상의 공동체'로 남았다. 이 때문에 포퓰리즘은 경제적 호황기에도 사라지지 않으며 경제 위기에도 지배집단이 포퓰리즘을 이용하려고 한다.

20세기 후반 냉전으로 불리는 시기는 통상적으로 미국과 소련이라는 초강대국 사이의 헤게모니 다툼으로 정의되어왔다. 이 때문에 미소 중심의 냉전의 역사는 지구상에서 다양한 형태로 전개된 냉전의 경험을 공백으로 남겨두었다. 냉전은 전 지구적 갈등이었고 지구 전역에서 다양한 형태로 경험되었다. 예컨대 유럽과 대서양 지역을 중심으로 보면 냉전은 전쟁 아닌 전쟁이라는 의미에서 '상상의 전쟁'이었지만, 다른 지역에서는 탈식민적 과정에서 벌어진 격렬하고 폭력적인 형태의 양극화 역사였다.

> 기존의 탈식민주의 연구는 냉전 체제를 국제 관계에서 힘의 균형으로만 접근하는 잘못된 시각을 갖고 있다. 이 관점은 냉전이 개념적·분석적으로 비서구 제3세계에는 속하지 않는다는 왜곡된 가정을 수반한다. 그리하여 이러한 시각은 세계 냉전사의 가장 중요한 측면이 유럽 중심의 군사적·전략적 측면이 아니라 오히려 제3세계의 정치적·사회적 변동에 있다는 사실을 간과한다. 세계 냉전이 20세기 후반에 우리가 알고 있는 바로 그런 식으로 전개된 것은 탈식민 지역으로부터 지속적이고 치열한 도전이 있었기 때문이라는 중요한 사실을 간과해버린 것이다(권헌익, 2013: 231).

라틴아메리카에서 냉전은 기나긴 내전과 체계적인 국가 폭력으로 점철되었다. "좀 더 정확히 말해 냉전 시대의 이념 대립, 외세의 개입과 라틴아메리카 군부 지원은 이 지역이 겪어온 기존의 정치적·사회적 긴장을 극단화하는 촉매제로 작용"(박구병, 2016: 151)했다. 냉전 시기에 민중 민족주의는 급속히 약화되었고 발전주의와 사회주의 노선이 민중 민족주의 세력을 대체했다. 경제적인 측면에서 라틴아메리카는 수입대체 산업화 같은 자체적인 경제 노선을 수립하기도 했지만 미국의 지속적인 개입 속에 1970년대까지 자본주의 세계체제의 일반적인 대세를 따랐다. 그러나 1980년대에 들어서 외채 위기와 함께 경제의 많은 부분이 붕괴되었고 정치적 민주화와 더불어 신자유주의 개혁 프로그램이 강제되었다. 이 과정에서 미국이 주도하는 국제금융기구는 라틴아메리카 엘리트 과두지배 계층과 동맹을 형성하여 사회복지를 희생시키고 국내외 민간 투자자를 보호하는 것을 최우선 정책 순위로 정했다. 라틴아메리카 엘리트들을 대리인으로 내세운 미국의 민주주의 촉진 프로그램은 이러한 정책을 실천하기 위한 '선제 개혁(preemptive reform)'이었다. 다시 말해, 1980년대 이후 신자유주의 경제 개혁과 동시에 진행된 '저강도 민주주의'인 다두정치(polyarchy)는 반독재 투쟁이 가져올 더 큰 변화를 막기 위해 사전에 독재정권을 제거한 것이었다.[25] 다두정치는 정치적인 것을 사회경제적 영역으로부터 분리시키고 민주적 참여를 선거투표 행위로 제한했다. 신자유주의 개혁과 다두정치의 동맹은 지속적으로 라틴아메리카를 괴롭혀온 계급 지배와 심각한 불평등 구조를 그대로 내버려 둔 채 정치체제만 변화시켰다. 시장 지향적 경제로의 이행을 보완하기 위한 다두정치는 민중의 대항 권력을 제약하고 경제적 불평등과 사회적 양극화를 극적으로 확대시켰다(로빈슨, 2008).

이러한 상황에서 1980년대 후반부터 대륙 전체에서 사회운동이 촉발되었고 배제되었던 사회적 집단들이 정치적 행위자로 등장했다. 멕시코를 선진국으로 이끌어줄 것이라고 믿었던 북미자유무역협정이 발효되

25) 로버트 달(Robert Dahl)은 선제 개혁을 통한 자유 시장과 민주주의의 결합을 저강도 민주주의 형태인 다두정치로 불렀다(Dahl, 1971).

던 1994년에 발발한 치아파스주의 사파티스타 원주민-농민 봉기는 메스티소 민족주의가 은폐하고 있던 '불가능한 우애'를 드러냈고 정치적 조합주의의 중심에 있었던 제도혁명당은 2000년 대선에서 민중의 지지를 상실하고 정권을 빼앗겼다. 계속되는 경제 위기와 그에 따른 사회적 불평등, 선거 부정에 대한 의혹으로 인한 정치적 정당성의 상실은 멕시코를 국가 해체의 수준으로 몰고 갔고 그 정점은 '마약과의 전쟁'이었다. 2006년에 취임한 펠리페 칼데론(Felipe Calderón) 대통령이 마약과의 전쟁을 선포한 이후 멕시코는 내란 상태에 빠져들었다. 준전시 상태와 다름없는 미국-멕시코 국경 지역은 말할 것도 없고 나라 전체의 치안 부재 상황이 심화되었고 멕시코는 '실패한 국가(Estado fallido)'라는 오명을 뒤집어썼다. 마약과의 전쟁에는 멕시코 혁명 이후 멕시코의 구조적 모순이 총체적으로 얽혀 있다. 또한 신자유주의 개혁이 가져온 경제적 위기와 미국과의 국제정치적 맥락과도 밀접하게 연관되어 있다.

아르헨티나를 강타한 헤게모니의 위기는 2001년 시민들이 외쳤던 '모두 꺼져버려!'라는 구호에 압축되어 있다. 일주일 동안 네 명의 대통령을 교체할 만큼 시민들의 시위는 격렬했다. 아르헨티나의 민중 민족주의가 토대로 삼았던 민중은 냄비를 두드리고 도로를 점거하는 피켓 시위자로 나섰다. 피케테로스운동, 주민총회운동, 물물교환운동 같은 새로운 사회운동의 주체들은 좌파 정당이나 노조의 지도에 따르는 대신에 중간 계층과 연대를 통해 사회적 권력관계의 틀을 변화시키려고 했다. 또한 운동이 실현되는 공간도 '도로'와 '동네(마을)' 같은 일상적 삶의 공간으로 이동했다(안태환, 2016).

> 마치 마술처럼 새로운 에토스는 (정당, 노조를 포함한) 이전에 존재했던 권력들을 모두 해체했다. 해체된 권력에는 소위 '전문가'들도 포함되었으

며 집회민주주의의 권력의지를 없애려는 혹은 헤게모니를 장악하려는 매개체들은 모두 거부되었다. 공간은 모든 이에게 열려 있었으나 이러한 공간들은 완벽하게 평등한 공간이어야만 했다(Svampa, 2011: 21).

1990년대 이후 라틴아메리카는 대륙적 차원에서 대의민주주의를 성취한 지역이면서 동시에 지구상에서 가장 불평등한 지역이 되었다. 라틴아메리카의 불평등이 “역사적 시기(식민지 시절부터 현재까지), 각기 다른 경제 발전 모델(수출 지향적 모델부터 수입 대체 산업화, 그리고 신자유주의), 각기 다른 정치체제(포퓰리즘, 권위주의, 민주주의)를 통틀어 지속되었다는 사실은 불평등이 사회 전반에 스며들어 있는 구조적 특성”(레이가다스, 2008: 175)이라는 사실을 보여준다. 즉, 라틴아메리카 불평등은 단지 경제적 영역만이 아니라 정치, 사회, 문화를 가로질러 모든 영역에 구조화되어 있음을 의미한다. 이 때문에 20세기 초 멕시코 혁명으로부터 시작된 라틴아메리카 민중운동의 목표는 근본적으로 사회를 변화시키는 것이었다. 그리고 사회의 근본적인 변화는 체제의 문제보다 탈식민적 민족의 문제와 더 깊이 관련되어 있다. 민족 정체성에 대한 관심은 직접적으로는 신자유주의 구조 조정이, 간접적으로는 다두정치가 사회계급 및 사회적 행위자들 사이의 권력관계를 실질적으로 변화시켰기 때문이다. 체제의 문제가 전통적인 사회주의·공산주의 좌파의 국제주의 건설과 관계된 것이라면, 민족의 문제는 자유와 평등, 우애를 바탕으로 하는 민족국가의 건설과 관계된 것이다. 제2차 세계대전 이후 식민지로부터 독립한 국가들의 과제가 민족국가의 수립이었던 것처럼, 오래전에 식민지로부터 독립한 라틴아메리카 국가들의 과제도 여전히 민족국가를 세우는 것이었다. 이러한 문제의식은 우루과이 바스케스(Tabaré Vásquez) 대통령의 취임사에도 잘 드러난다.

> 만일 나에게 이데올로기적 관점에서 우리 정부의 강령이 사회주의 강령이냐고 묻는다면 나는 아니라고 대답하겠습니다. 그것은 매우 민주화된 민족주의 강령이며 연대와 사회 정의, 정의로운 경제성장, 즉 인간적 발전을 추구하는 강령입니다. …… 우리가 만들려고 하는 변화는 우루과이적인 변화, …… 평화롭고, 점진적이며, 깊이 성찰하고, 진지하며, 근본적인 변화, 이 나라의 모든 경제·정치·사회적인 생활의 행위자들이 폭넓게 참여하는 책임 있는 변화입니다. 이를 통해 모든 우루과이 사람들의 삶의 질을 개선하겠다는 우리 정부의 주된 목표를 향해 나아갈 것입니다. 이 목표는 우루과이가 탄생하던 날 밤, 우루과이의 독립 영웅인 아르티가스(José Gervasio de Artigas)가, 가장 어려움에 처한 이들이 가장 특권을 누릴 것이며, 민중의 주장은 한시도 지체되지 않을 것이라고 말했던 그날 밤의 역사적 소명에서 나온 것입니다(Vásquez, 2005).

바스케스의 언급에서 주목해야 할 것은 새로운 정부의 목표가 '민주적이고 우루과이적인' 민족국가를 세우는 것이라는 점이다. 바스케스가 민족의 영웅 아르티가스를 언급한 것은 민족국가의 수립이 독립 시기부터 지금까지 완결되지 않은 미완의 과업임을 강조한 것이다. 달리 말하자면, 민족이 만들어지지 않았다는 것이며, 민족과 국가라는 이질적인 것의 결합인 민족국가가 성립된 적이 없었다는 것이다(Boron, 2011). 사회구성체의 관점에서 볼 때 서로 다른 원리에 뿌리를 둔 세 가지 요소가 얽힌 자본=민족=국가의 자본주의적 사회구성체가 성립되지 못했다는 것을 의미한다. 멕시코의 메스티소 민족주의나 아르헨티나의 페론주의는 민족 만들기의 단초를 제공했을 뿐 민족을 만들지 못했고, 민족국가를 만들지도 못했다. 지난 30~40년 동안 다른 어떤 지역보다 신자유주의 개혁이 가장 먼저, 가장 강도 높게 적용되었고, 가장 먼저 그 폐해를 경험하고 있는 라틴아메리카에서 출현하고 있는 사회운동은 '아래로부터', 그리고 정치와 도덕의 결합을 통해 민족국가를 재구성하려는 시민혁명의 시작이다.

4. 나가는 말

세계화 이데올로기나 탈민족주의 담론이 주장하는 것처럼 근대를 대표하는 구축물인 민족국가는 종언을 맞이한 것이 아니라 탈구축의 국면에 접어들었다. 자유주의의 토대인 근대적 개인이라는 범주 자체가 근대의 민족국가를 통해 형성되었으며 국가를 벗어난 개인은 성립 불가능하다고 해도 지나친 말이 아니다. 따라서 민족이라는 관념과 민족주의가 황혼기를 맞이했다는 예견과는 달리 세계 곳곳에서 민족주의가 더 강화되고 민족 문제가 국제적 이슈가 되는 현실을 이해하기 위해서는 근대적 개념의 민족의 형성과 민족주의의 전개 과정에 대한 성찰과 새로운 논의가 필요하다. 민족국가는 민족과 국가라는 이질적인 것의 결합이고, 민족과 국가가 결합되기 전에 국가와 자본의 결합이 선행되었다. 따라서 민족은 자본=국가의 결합에 의해 만들어진 것이며, 그 결과 자본주의적 사회구성체인 자본=민족=국가가 형성되었다. 이질적인 요소들이 결합된 상호 보완적 장치인 자본=민족=국가는 서로 다른 원리에 뿌리를 둔 세 가지 요소가 보로메오의 매듭처럼 엮여서 어느 것 하나라도 없으면 성립되지 않는 자본주의적 사회구성체이다. 민족은 자본=국가에 의해 만들어졌지만 자본=국가에 의해 소멸되거나 자본=국가로 수렴되는 수동적 산물이 아니라, 자본=국가에 대항하고 자본=국가의 결핍을 보충함으로써 자본=민족=국가를 유지하는 능동적 주체이다. 세계화 이데올로기나 탈민족주의 담론의 주장과 달리 세계 곳곳에서 민족주의가 더 강화되고 민족 문제가 국제적 이슈로 등장한 것은 이 때문이다.

20세기 초 자본주의 세계체제에 본격적으로 편입되기 시작한 라틴아메리카 국가들은 급격한 정치적·경제적·사회적 변동을 경험했다. 산업화와 도시화가 진행되었고 농업의 상품화가 이루어졌다. 이 과정에서 독립 이후 줄곧 종속적 위치에 있었던 라틴아메리카 국가들은 전통적인 과두지배계급을 견제하고 허약한 국내 산업 부르주아지와 노동계급을 성장시켜야 할 과제를 안고 있었다. 이러한 두 가지 과제를 달성하기 위해 국가적 이데올로기로 등장한 것이 민중 민족주의였다. 민중 민족주의는 19세기 민족국가 건설의 토대가 되었던 자유주의 이데올로기를 넘어서서 사회의 모든 부문을 통합하기 위한 일종의 정치적·경제적·사회적·문화적 '사회계약'이었다.

1910년 혁명을 통해 등장한 새로운 국가 엘리트 계층은 포괄적인 민중 민족주의로 메스티소 민족주의를 표방했다. 종족적-인종적으로 다양한 멕시코는 메스티소 민족주의를 매개로 종족적-인종적 분열을 약화시킬 수 있었고, 하위 주체 계층과 권력에서 배제된 엘리트를 정치적으로 통제할 수 있었다. 메스티소 민족주의는 정복 이전의 원주민 문명을 찬양했고 메스티소를 우주적 인종으로 미화했다. 메스티소 민중 민족주의는 국립 인류학 박물관이나 국립 인류학 역사연구소 같은 기관을 통해 이데올로기화되었고 전국으로 파견된 교사들을 통해 교육되었다. 과두 엘리트 간 갈등으로 인해 공적 민족주의 담론을 둘러싼 투쟁이 지속적으로 발생했던 아르헨티나에서는 멕시코의 포괄적인 민중 민족주의는 달리 제한적인(contained) 민중 민족주의를 표방했다. 멕시코의 메스티소 민족주의가 에트노스에 뿌리를 둔 문화적 차원의 민족주의라면, 아르헨티나의 민중 민족주의는 데모스에 토대를 둔 정치적 차원의 민족주의이다. 20세기 초에 곡물과 육류의 수출, 발달된 철도망, 상대적으로 높은 교육 수준과 도시화, 유럽으로부터 값싼 노동력이 유입되면서 산업국가 대열에 진입한 아르헨티나 경제는 세계 원자재 가격과 금융 상황의 변동에 매우 취약한 구조였다. 이 때문에 해외 시장과 해외 자본에 의존적인 경제는 구조적인 종속성에서 벗어나지 못했을 뿐만 아니라 사회계층 간 분배의 불평등과 지역 간에 심각한 격차를 드러냈다. 이러한 상황은 민중을 기반으로 한 정치운동인 급진주의(radicalism)와 페론주의(peronism)가 출현하는 계기가 되었다. 급진주의(급진당)와 페론주의(사회정의당)는 자신들을 민족 공동체와 동일시했고 과두적인 구체제에 반대하는 민중 민족주의를 내세웠다. 급진주의와 페론주의가 민족주의의 토대로 내세운 민중(pueblo)은 초기 단계의 산업화와 도시화의 과정에서 도시로 이주한 농민, 새로운 중산계층과 도시 노동자 계급, 계급으로 규정할 수 없는 다양한 사회적 집단을 아우르는 개념이었다. 민중은 민족 전체 구성원을 지칭하면서 동시에 부자와 가난한 자의 사회경제적 차이를 내포한다. 더 나아가 부자와 가난한 자 사이에 작용하는 문화적·정치적 억압과 복종을 암시한다. 아르헨티나의 민중 민족주의를 포퓰리즘이라는 용어로 부르는 것은 이런 민중(pueblo) 개념과 깊은 관련이 있다.

멕시코의 메스티소 민족주의와 아르헨티나의 페론주의는 민족 만들기의 단초를 제공했을 뿐 민족을 만들지 못했고, 민족국가를 만들지도 못했다. 메스티소 민족주의는 '포함의 수사학'과 '배제의 현실' 사이의 커다란 간극을 은폐했다. 메스티소 민족주의는 대규모로 동원 가능한 민중을 정치적 정당성의 근거로 삼았을 뿐 '심오한 수평적 동료의식'으로 상상되는 민족으로 만들지 못했다. 백인 크리오요 엘리트들은 유색인을 열등한 타자로 규정하고 시민권을 갖는 '상상의 공동체'의 구성원에 포함시키지 않았다. 특히 원주민들은 민족의 통합과 발전을 가로막는 장애물로 여겨졌다. 페론은 과두층과 군부의 저항에 부딪혀 절대왕권의 '절대성'을 갖지 못했고 후견주의의 후원자(patron)의 역할에 머물렀다. 신자유주의 개혁이 강제되기 시작한 1980년대 이후 라틴아메리카 민중 민족주의는 약화되거나 소멸되었다. 신자유주의 개혁은 민중 민족주의를 민주주의의 병리적 현상으로 낙인찍었다. 1990년대 이후 민중 민족주의는 다양한 스펙트럼의 사회운동으로 새롭게 등장했다. 멕시코에서는 사파티스타 봉기로 촉발되고, 아르헨티나에서는 피케테로스운동으로 상징화되고 있는 사회운동은 '아래로부터' 민족을 재구성하려는 시도이다. 2008년 전 지구적 경제 위기의 상황에서 세계경제의 주변부 국가들은 독자적인 발전 노선을 추구하려는 움직임을 보였다. 그러나 이러한 시도는 많은 난관에 부딪히고 있다. 지난 30~40년 동안 강제된 신자유주의 개혁을 통해 라틴아메리카와 아프리카, 아시아 국가들은 근본적인 변화를 경험했기 때문이다. 신자유주의 개혁은 세계대전 이후 지속된 자본주의 위기의 근본적인 해결을 뒤로 미룬 채 위기를 주변부로 이전시켰다. 주변부 국가들은 세계대전 이후에 이룩했던 사회적이고 경제적인 성과의 상당 부분을 침식당했고 국가의 기능은 축소되었다. 그 결과, 내부적 갈등이 격화되고 사회경제적 양극화는 더욱 심해졌다. 민족 문제가 불거진 것은 국가의 기능이 강화되었기 때문이 아니라 반대로 자본 권력에 의해 국가의 기능이 약화되었기 때문이다. 이 과정에서 민족 문제(national question)가 현 위기의 핵심적인 요인으로 등장했다.

사회운동의 출현은 주권을 갖는 민중의 출현을 의미하며, 자본=국가에 의해 만들어진 민족이 자본=국가에 대항함으로써 근대적 사회구성체인 자본=민족=국가를 형성하는 것을 의미한다. 이런 맥락에서 이제 민족 문제는 민중의 사회적 권리의 확장이며 민주주의의 확장이라는 점에서 '국가 안에서(within the state)', 자본주의 세계체제의 재구축이라는 점에서 '중심부를 넘어서서(beyond the center)', 생산양식의 문제가 아니라 교환 양식의 문제라는 점에서 '체제를 가로질러(across the system)' 중층적이고 복합적인 관점으로 접근해야 한다.

참고문헌

가라타니 고진. 2005.『트랜스크리틱: 칸트와 마르크스 넘어서기』. 송태욱 옮김. 한길사.

_____. 2009.『네이션과 미학』. 조영일 옮김. 도서출판b.

_____. 2012.『세계사의 구조』. 조영일 옮김. 도서출판b.

_____. 2016.『제국의 구조』. 조영일 옮김. 도서출판b.

겔너, 어니스트. 1988.『민족과 민족주의』. 이재석 옮김. 예하.

권헌익. 2013.「냉전의 다양한 모습」. ≪역사비평≫, 105, 221~235쪽.

권혁범. 2000.『민족주의와 발전의 환상: 개인 지향 에콜로지 정치의 모색』. 솔.

나종석. 2009a.「민족주의와 세계시민주의: 자유주의적 민족주의를 중심으로」. ≪헤겔연구≫, 26, 169~196쪽.

_____. 2009b.「탈민족주의 담론에 대한 비판적 성찰」. ≪인문연구≫, 57, 57~96쪽.

드잘레이, 이브·브라이언트 가스. 2007.『궁정전투의 국제화』. 김성현 옮김. 그린비.

레이가다스, 루이스. 2008.「라틴아메리카: 지속되는 불평등과 최근의 변화」. 에릭 허쉬버그 외.『신자유주의 이후의 라틴아메리카: 21세기에 대세를 전환하다』. 김종돈·강혜정 옮김. 모티브북. 172~201쪽.

로빈슨, 윌리엄. 2008.「라틴아메리카의 다두제: “시장민주주의”라는 모순 어법」. 에릭 허쉬버그 외.『신자유주의 이후의 라틴아메리카: 21세기에 대세를 전환하다』. 김종돈·강혜정 옮김. 모티브북. 141~171쪽.

르낭, 에르네스트. 2002.『민족이란 무엇인가』. 신행선 옮김. 책세상.

미뇰로, 월터. 2010.『라틴아메리카, 만들어진 대륙』. 김은중 옮김. 그린비

박구병. 2016.「라틴아메리카의 ‘뜨거운 냉전’과 종속의 심화」. ≪이베로아메리카연구≫, 27(3), 133~157쪽.

박순성. 1995.「세계자본주의하의 민족과 국가(알렉스 캘리니코스·크리스 하먼·나이젤 해리스 지음.『현대자본주의와 민족문제』. 갈무리 1994, 크리스 하먼 지음,『오늘의 세계경제: 위기와 전망』, 갈무리 1994)」. ≪창작과비평≫, 23(1), 452~461쪽.

스미스, 앤서니. 2012.『민족주의란 무엇인가: 근대주의를 넘어선 새로운 모색』.

강철구 옮김. 용의숲.

안태환. 2016.「아르헨티나의 2001년 전후 새로운 사회운동의 문화적 접근: 연대의 '정동'과 '사회성'」. ≪이베로아메리카연구≫, 27(3), 29~65쪽.

앤더슨, 베네딕트. 2002.『상상의 공동체: 민족주의의 기원과 전파에 대한 성찰』. 윤형숙 옮김. 나남.

이성형. 2009.『라틴아메리카의 문화적 민족주의: 벽화·국민음악·축구를 통해 본 정체성 정치』. 길.

임지현. 2005.『민족주의는 반역이다』. 소나무.

장문석. 2007.『민족주의 길들이기: 로마 몰락에서 유럽 통합까지 다시 쓰는 민족주의의 역사』. 지식의풍경.

_____. 2011.『민족주의』. 책세상.

제임스, C. L. R. 2007.『블랙 자코뱅』. 우태정 옮김, 필맥.

진태원. 2011.「어떤 상상의 공동체? 민족, 국민 그리고 그 너머」. ≪역사비평≫, 96호, 169~201쪽.

클라스트르, 피에르. 2005.『국가에 대항하는 사회: 정치인류학 논고』. 홍성흡 옮김. 이학사.

캘리니코스, 알렉스 외. 1994.『현대자본주의와 민족문제』. 배일룡 편역. 갈무리.

킨, 벤자민·키스 헤인즈. 2014.『라틴아메리카의 역사(하)』. 김원중·이성훈 옮김. 그린비.

킴리카, 윌. 2005.『현대 정치철학의 이해』. 장동진(외) 옮김. 동명사.

하먼, 크리스. 2001.『민족문제의 재등장』. 배일룡 옮김. 책갈피.

홉스봄, 에릭. 1994.『1780년 이후의 민족과 민족주의』. 강명세 옮김. 창비.

Barrington, Lowell W. 1997. "'Nation' and 'Nationalism': The Misuse of Key Concepts in Political Science." *Political Science and Politics*, 30(4), pp.712~716.

Boron, Atilio A. 2011. "Latin American Thinking on the State and Development: From Statelessnes to Statelessness." in Moyo, Sam et al. *Reclaiming the Nation: The Return of the National Question in Africa, Asia and Latin*

America. Northampton: Pluto Press, pp.215~234.

Castro-Klarén, Sara and John Charles Chasteen(eds.). 2003. *Beyond Imagined Communities: Reading and Writing the Nation in Nineteenth-Century Latin America*. Baltimore and London: Johns Hopkins University Press.

Dahl, Robert A. 1971. *Polyarchy: Participation and Opposition*. New Haven: Yale University Press.

Esperanza Casullo, María. 2015. "Argentina: del bipartidismo a la democracia peronista." *Nueva Sociedad*, 258, pp.16~28.

Gellner, Ernst. 1983. *Nations and Nationalism*. Ithaca: Cornell University Press.

Germani, Gino. 1962. *Política y sociedad en una época de transición*. Buenos Aires: Paidós.

Guehenno, Jean-Marie. 1995. *The End of Nation-State*. Minneapolis: University of Minnesota Press.

Hobsbaum, Eric. 1995. "Nationalism and national identity in Latin America." Bouda Etemad et al.(eds). *Pour une histoire économique et sociale internacionale: mélanges offerts à Paul Bairoch*. Geneva: Eitions Passé Présent, pp.313~323.

Jeffries, Louise. 2008. "Transformative nationalism in Latin America." *RENEWAL*, 16(1). http://renewal.org.uk/article/transformative-nationalism-in-latin-america

Kedourie, Elie. 1994. *Nationalism*. Oxford: Blackwell.

Knight, Alan. 1990. "Racism, Revolution, and Indigenismo: Mexico 1910-1940." in Richard Graham(ed.). *The Idea of Race in Latin America, 1870-1940*. Austin: University of Texas Press, pp.71~113.

Laclau, Ernesto. 1977. *Politics and Ideology in Marxist Theory*. London: Verso.

Leoussi, Athena S. 2016. "Introduction: Nationalism and the owl of Minerva." *Nations and Nationalism*, 22(2), pp.205~209.

Lomnitz, Claudio. 2010. "El nacionalismo como un sistema pràctico." in Pablo Sandoval(comp.). *Repensando la subalternidad: Miradas críticas desde/sobre América Latina*, 2ª ed., Lima: Envión Editores. pp.327~370.

Mignolo, Walter. 2001. "Coloniality at Large: The Western Hemisphere in the

Colonial Horizon of Modernity." *The New Centennial Review*, 1(2), pp.19~54.

Miller, Nicola. 2006. "The historiography of nationalism and national identity in Latin America." *Nations and Nationalism*, 12(2), pp.201~221.

Moyo, Sam et al. 2011. *Reclaiming the Nation: The Return of the National Question in Africa, Asia and Latin America*. Northampton: Pluto Press.

Ohmae, Kenichi. 1995. *The End of Nation State*. New York: Free Press.

Roberts, Kenneth M. 2008. "Es posible una socialdemocracia en América Latina?" *Nueva Sociedad*, 217, pp.86~98.

Sigmund, Paul. 1980. *Multi-nationals in Latin America: The Politics of Nationalization*. Madison: Wisconsin University Press.

Svampa, Maristella. 2011. "Argentina, una década después." *Nueva Sociedad*, 235, pp.17~34.

Tancer, Shoshana B. 1976. *Economic Nationalism in Latin America: The Quest for Economic Independence*. New York: Praeger.

Vasquez, Tabare. 2005. *El País*(Montevideo), 4 March.

Vatter, Miguel. 2012. "The Quarrel between Populism and Republicanism: Machiavelli and the Antinomies of Plebian Politics." *Contemporary Political Theory*, 11(3), pp.242~263.

제5장

사회적 정치적 단위로서 원주민 공동체의 역사적 설립 과정에 관한 연구*

박수경 고려대학교 서어서문학과

1. 서론

라틴아메리카를 연구 대상으로 삼는 경우 연구 분과, 연구 방법론, 연구 주제 등의 다양성에도 불구하고 직간접적으로 '원주민'이라는 요소를 고려하지 않을 수 없다. 그 이유는 '라틴아메리카'라는 하나의 세계가 구성됨에 있어서 원주민은 그 세계의 출발이자 동력이었기 때문이다. 더구나 20세기 후반부터 더욱 두드러지게 가시화된 라틴아메리카 원주민운동과 함께, '원주민'은 주요 사회적·정치적 주체로 부상했다. 따라서 '원주민'은 다양한 관점과 영역의 연구 대상이 되었고, 라틴아메리카의 현대사회를 이해하기 위한 중요한 축이 되어왔다.

원주민을 주제로 삼는 연구 가운데 일부는 사회운동의 행위자 또는

---

* 이 글은 ≪라틴아메리카연구≫ 27권 4호(2014)에 발표한 필자의 논문을 총서 취지에 맞게 수정 보완한 것이다.

정책적 수혜 대상으로서 원주민에 초점을 맞추어(주종택, 2005; 김기현, 2005; 김윤경, 2013a), 원주민 집단과 비원주민 집단의 구별을 전제한 채 논의를 진행한다. 그러나 다른 한편에서는 원주민 집단을 규정하는 방식 자체에 대해 문제를 제기하는데, 이 경우 원주민은 하나의 범주이자 사회적 구성물로서 다루어지며(최진숙, 2009), 원주민의 역사가 아닌 원주민이라는 범주에 내포되어 있는 역사성을 살펴볼 수 있는 기회를 제공한다.

스페인어의 인디오(indio) 또는 인디헤나(indígena)는 한국어로 '원주민' 또는 '토착민'으로 옮기거나 원음을 그대로 차용하지만, 시공간적 차이에 따라 담기는 뜻도 달라진다. 그러한 차이를 고려하지 않은 채 용어를 사용할 경우 원주민이라는 개념은 마치 시간을 거슬러 올라가야 존재하는 '원형'의 사회집단으로 화석화되거나, 그러한 역사성 자체를 제거당한 '고정불변의 실체'로 협소화되거나, 전체 사회와 유기적 관계를 맺는 사회 구성물이 아닌 사회의 다른 부분과 동떨어진 채 존재하는 '소수집단'으로 폄하된다. 다시 말해, 원주민을 현대에 사용되는 용법인 '집단 정체성'으로 이해하는 동시에, 그러한 현대적 의미로 해석되기까지의 사회적 의미화 과정을 고려할 필요가 있다.

이를 위해 원주민 관련 연구에서는 원주민 집단이 끊임없이 재정의되어왔다는 점을 전제할 필요가 있는데, 그러한 재정의 과정은 이들을 지칭하는 용어의 변화에 반영되어 있다. 한 집단을 정의하는 것은 곧 다른 집단과 구별되는 어떤 요소를 가시화하는지, 다른 집단들과의 관계에서 어떻게 규정되는지를 의미한다. 따라서 원주민 범주의 재정의는 어느 상대와 어떤 관계 속에 위치하느냐와 연관된다.

기원전부터 16세기 초반까지 메소아메리카 문화권에는 오늘날 우리가 올메카, 테오티우아칸, 아스테카, 마야, 사포테카, 믹스테카 등의 이름으로 부르는 다양한 인간 집단이 오랜 시간 동안 상호 관계를 맺으며, 그러나 독자적으로 발달해왔다(카멕, 2014: 80~263.). 그러나 스페인인의 도착과 함께 메소아메리카라는 하나의 세계를 구성하던 다양한 집단들은 그들 간의 개별적 차이는 무시당한 채, 인디오(indio)라는 이름으로 통칭되며 문화적 다양성 대신 인종적으로 백인과 구분되는 집단으로 여겨지게 되었다.

스페인으로부터 독립한 후 국민국가의 동일성을 형성하는 과정에서 인디오라 불리던 집단은 법적 제도적으로 시민으로 통합되었지만, 사회적으로 인종적 구분은 유지되었으며, 사회적 통합의 대상으로 인디헤나라는 새로운 이름을 부여받게 되었다. 이 때 원주민은 시민이지만 미숙한 사회 구성원으로서 국가의 예외적인 보살핌을 필요로 하는 집단으로 재정의되었다. 그리고 20세기 중반까지 이들의 역사적·문화적 특수성은 중요하게 고려되지 못한 채 농민 계급으로 불리기 시작했으나, 1970년대부터 원주민운동 흐름이 라틴아메리카 곳곳에서 형성되면서 역사상 처음으로 타인의 호명 대신 '원주민'으로 자기 명명한 사회적 주체가 등장했다.

이와 같은 '재정의됨/함'의 과정은 우리가 흔히 원주민이라 일컫는 사회적·정치적 행위 주체가 지니는 역사성을 내포한다. 다시 말해, 현대 라틴아메리카에서 제기되는 '원주민' 범주와 관련된 정치적 쟁점을 이해하기 위해서는 그 범주를 역사적 맥락 안에 둘 필요가 있다. 국내 원주민 관련 연구는 2000년대 이후 다수 발표되었으며, 연구 시기도 식민지 시대부터 현대 원주민운동까지 폭넓게 자리 잡고 있다. 상대적으로 활발히 이루어지지 않고 있던 식민지 시대까지 연구의 범위가 최근 확장되면서(김희순, 2014; 김윤경, 2013b), 원주민 관련 연구의 기반이 마련되는 성과를 확인할 수 있다.

그러나 여전히 식민지 시대 정치·사회구조에 관한 연구는 모든 연구 분야에서 중요하게 다루어지는 정복이라는 역사적 인식론적 사건, 역사학에서 강조되는 독립과 혁명, 정치학 및 사회학에서 부각되는 현대 정치경제사 및 사회운동 분야에 비해서는 공백으로 남겨져 있다. 여러 논문에서 식민지 시대는 연구 대상의 역사적 배경을 설명하기 위해 제한적으로 다루어진다.

이 글에서는 식민지 시대 '원주민 공동체(República de indios)'의 형성을 다루고자 하는데, 이는 단순히 식민지 시대 연구의 공백을 메우려는 시도가 아니라, 식민지 시대에 형성된 '원주민 공동체'를 원주민 관련 연구의 분석 단위로 삼을 수 있다는 점을 제안하기 위해서이다. 이러한 제안은 두 가지 점에서 의미를 가질 수 있다.

첫째, 앞에서 언급했듯이 '인디오'라는 스페인인의 호명은 정복 이전부터 존재하여 현재까지 보존되어 있는 원주민들 간의 차이를 무화시키는 기능이 있으며, 이러한 호명을 따라 식민지 시대 연구를 원주민 대 스페인인의 구도에서 전개할 경우, 지역적 특수성을 고려하여 좀 더 정교하고 구체화된 연구를 진행하는 데 한계로 작용하게 된다.

덧붙여, 위와 같은 구도로 식민지 시대에 접근할 때 원주민은 정복당하고, 착취당하고, 지배당하는 수동적 집단으로 해석되기 쉽다. 그러나 모든 행위는 관계 속에서 해석된다. 말하자면 그 관계가 지배/피지배 관계라 할지라도, 행위는 상호 관계 속에 놓이게 된다. 다시 말해, 300년간의 식민지 시대 동안 피식민층이었던 원주민도 스페인 식민 정부와 상호작용하는 행위자였다.

원주민이라는 범주를 비스페인인 집단을 지칭하는 인종적 분류 단위로 이해하는 데 머무르지 않고, 사회적·정치적 단위와 연결 지을 때, 행위자로서 원주민 집단을 조명할 수 있는 방법론적 가능성을 찾을 수 있다. 덧붙여, 원주민이라는 분석 단위를 원주민 공동체로 조정할 경우, 개별 원주민 공동체를 연구 대상으로 삼아, 스페인인에 의해 비가시화된 원주민 간의 차이를 드러낼 수 있게 될 것이다.

둘째, 원주민 공동체라는 분석 단위는 스페인 정복 이전부터 독립 이후까지 장기적 역사 흐름을 매개하는 장치로 활용할 수 있다. 이로써 정복과 독립이라는 역사적으로 결정적인 사건을 이정표로 삼는 원주민 사회의 연속성을 드러낼 수 있는 기회를 제공한다. 식민지 시대 원주민 공동체는 스페인 정복 이전에 존재했던 메소아메리카 문화권의 사회적·정치적 단위인 알테페틀(altépetl)을 계승하며,[1] 독립 이후 근대국가의 정치·행정 자치 단위인 무니시피오(municipio)로 계승되어, 원주민 인구 밀집지역에서 원주민운동을 가능케 했던 기반을 제공했다.

그러나 이 글의 목적은 분석 단위로서 원주민 공동체를 소개하는 것으로 제한하며, 위에서 언급한 두 가지 의미는 후속 연구를 위해 남겨두려 한다. 여기서는 누에바에스파냐를 연구 범위로 두며, 원주민 공동체의 등장과 그 의미를 논하는 데 초점을 맞추기 위하여 법제화 과정을 중심으로 논의를 진행한다.[2]

---

1) 알테페틀에 관해서는 김윤경(2013b)을 참고할 것.

2) 현재 멕시코 영토인 치아파스주와 유카탄 반도는 마야 문화권이 발달했던 곳으로 16세기 중반 과테말라 아우디엔시아 관할 아래 있었다. 따라서 원주민 공동체의 설립 과정은 멕시코 중앙부를 중심으로 하는 누에바에스파냐와 다소 차이를 보이며, 누에바에스파냐 관할권 내에서도 지역에 따라 원주민 공동체 설립 시기와 방식, 구성이 다양하게 나타난다. 이러한 다양성을 심도 있게 논의하기에 앞서 본 논문은 개괄적인 수준에서 원주민 공동체를 소개하는 데 초점을 둔다.

2. 본론

1) 식민지 시대 '원주민 공동체'란 무엇인가

이 글에서 '원주민 공동체'라 옮긴 '레푸블리카 데 인디오스(República de indios)' 또는 '푸에블로 데 인디오스(Pueblo de indios)'[3]는 국내에서 단편적으로 언급되었을 뿐 구체적인 연구 대상으로 다루어진 적은 없다.[4] 일부에서는 레푸블리카(república)를 사전적 의미 그대로 옮겨, '원주민공화국'이라 지칭했고(주종택, 2005: 244), '원주민 국가' '원주민 도시' '원주민 정착촌' 등의 표현을 사용하기도 했는데(김희순, 2014; 문남권, 2004) 앞으로 살펴보겠지만, 원주민 공동체는 1549년 스페인 왕실에서 식민 체제를 구성하는 원주민의 사회적·정치적·행정적 단위를 법률적으로 규정하기 위해 사용한 법적 개념이다.

이 용어를 둘러싼 혼란은 한국어와 스페인어 두 가지 모두에서 발견된다. 우선 스페인어에서 '원주민 마을(comunidades indígenas)' 또는 '원주민 집단(pueblos indígenas)'은 이 글에서 다루는 원주민 공동체(República de indios 또는 pueblos de indios)와는 다르다.[5] 원주민 공동체는 이 글의

---

3) 두 용어 모두 식민지 시대에 사용되었으며, 레푸블리카 데 인디오스는 푸에블로 데 인디오스에 해당하는 법률적 개념으로, 엄격히 말하면, 원주민 공동체의 통치 기구인 카빌도를 지시한다.

4) 김윤경의 연구(2013b)가 국내에서 거의 유일하게 식민지 시대 원주민 공동체를 본격적으로 다루고 있으며, 이 글을 통해 기대하는 두 번째 목표인 정복 전후 원주민 사회의 연속성에 대하여 논의하고 있다. 그러나 원주민 공동체 자체를 직접적인 연구 대상으로 삼고 있지는 않다.

5) 여기서는 크게 두 가지로 분류하여, 현대적 용법으로 사용하는 원주민 마을 또는 원주민 집단을 식민지 시대 용어인 원주민 공동체와 구분하는 데 주안점을 두지만,

연구 대상으로 식민지 시대 법령에 따라 설치 및 운영된 특정한 형태의 원주민 거주지와 그 거주지의 정치체를 의미하는 반면, 전자의 두 가지 표현은 19세기 초 독립 이후 주민을 인종적으로 구분하는 카테고리를 폐지한 후 원주민의 문화적 특성을 표현하기 위해 대체 용어로 도입되었다. 앞서 언급한 '인디오'에서 '인디헤나'로의 용어 전환을 여기서 발견할 수 있다.

다른 한편 한국어로 위 네 가지 용어를 옮겼을 때, 용어들 사이에 존재하는 용법의 시간적 차이를 드러내기가 어렵고, 각 용어를 구분하여 번역하고자 했을 때 다소 오해를 불러일으킬 소지가 있다. 예를 들어, 위 네 가지 용어를 모두 '원주민 공동체'라 옮길 때, 원주민 공동체는 마치 시간적 흐름에서 벗어나 고정화된 예스러운 실체인 양 간주될 위험이 있다. '인디오'와 '인디헤나'의 구분이 '원주민'이라는 번역어에는 담기지 않기 때문이다. 마찬가지로, '원주민 공화국' 또는 '원주민 국가'라 옮기는 경우, 한자어 '국(國)'에서 풍기는 뉘앙스로 인하여, 그것이 식민 체제를 구성하는 일부 구조라는 점을 지나치게 축소시키거나, 마치 은유적 표현으로까지 느껴질 만큼 원주민의 독립성을 의도치 않게 강조하게 된다.

번역에서 기인하는 피할 수 없는 여러 가지 한계에도 불구하고, 이 글에서는 '레푸블리카 데 인디오스' 또는 '푸에블로스 데 인디오스'를

실제 네 가지 스페인어 용어는 의미상의 차이를 지닌다. 특히 원주민 마을과 원주민 집단은 원주민 자치 운동의 성장과 함께 정치적으로 매우 중요한 차이를 지니게 되었다. 현재 멕시코 헌법에서는 후자가 가지는 자기 결정권의 구체적인 적용 단위로 전자를 거론함으로써, 전자가 공권을 가지는 행정 주체의 지위를 가지고 있다. 이로서 원주민의 자기 결정권은 마을 단위의 행정적 자치로 제약된다는 비판이 제기된다.

'원주민 공동체'라 옮기고자 하는데, 정치적으로 '스페인인 공동체'[6]와 함께 식민 체제를 구성하는 두 개의 축 가운데 하나라는 점을 표현하기가 쉬우며, 원주민 정착촌, 원주민 도시, 원주민 국가와 같은 용어와 달리, 단순히 물리적으로 밀집된 거주지만을 의미하는 것이 아니라 그 내부적 구성상 정치 공동체의 요소를 갖추고 있기 때문이다. 그러나 앞서 언급했듯 '원주민 공동체'라는 표현은 현대적 용법과 혼란을 일으키며 마치 수백 년에 걸쳐 변화 없이 유지된 박제된 실체처럼 여겨지기 쉽다. 다만, 이러한 한계는 번역어의 선택이 아닌 해당 주제에 대한 다양하고 깊이 있는 연구를 통해 보충되어야 할 부분일 것이다.

식민지 시대 원주민 공동체는 누에바에스파냐 지역에서 원주민을 정치, 종교, 경제, 사법 등의 영역에서 총체적으로 통제하기 위한 간접 통치 장치로 도입되었으나, 공동체 자체적인 정부를 선출하여 정치 및 행정적 기능을 담당하도록 하고 있어 일정 정도의 원주민 자치를 허용하는 결과를 낳았으며, 스페인인의 통제가 이르지 못하는 지역에서 원주민 자치 수준은 식민지라는 표현이 무색할 정도였다.

원주민 공동체는 기본적으로 스페인 왕실에서 법으로 규정하여 설치한 행정 기구였으며, 시간이 지남에 따라 본래 설치 취지와 달리 스페인인 사회와 원주민 사회는 점차 혼합되었으나, 식민지 사회를 원칙적으

---

6) 여기서는 원주민과 스페인인의 제도적 분리를 드러내기 위하여 두 경우 모두 '공동체'라 옮기지만, 스페인어의 경우 스페인인 공동체는 pueblo 대신 lugar, villa, ciudad 등의 용어를 주로 사용하여, 원주민 공동체와 차별화시키는 경향이 있다. 그러나 pueblo가 반드시 원주민 공동체에만 배타적으로 적용된 것은 아닌데, Jiménez Gómez(2008: 33)는 Recopilación de Indias 제5권 제3장 제1항이 다음과 같이 시작한다는 점을 지적하고 있다. "para el buen regimiento, gobierno y administración de justicia de las ciudades y pueblos de españoles……."

로 규정하는 사회 구성물 가운데 하나였다. 더구나, 원주민 공동체의 등장과 성립 과정은 식민 체제를 이루는 다양한 행위자들의 관계가 재정립되는 과정과 맞물려 있다.

2) 원주민 공동체의 등장 배경

1549년 스페인 왕실에서 법으로 규정한 원주민 공동체의 성립은 서인도제도와 아메리카 대륙에서 이루어진 군사적 정복 이후, 스페인 왕실이 아메리카에서 세력을 강화시키고 있던 정복자 세력을 견제하고 식민지에 대한 왕실의 사법권을 실질적으로 회복하기 위한 조치였다. 이는 곧 군사적 충돌 이후 뒤엉켜 있던 정복자, 정복자의 후손, 스페인 왕실, 왕실에서 파견한 관리, 사제, 원주민 지배층 등 다양한 행위자의 이해관계와 긴장 관계를 어느 정도 왕실 중심의 위계 구조 또는 협력 관계로 재편하며, 식민 체제가 안정기로 접어들었음을 보여주는 것이었다.

스페인 식민 체제는 원주민 노동력 착취, 공물 징수, 자연자원의 수탈, 스페인인에게 토지 재분배라는 '원주민 사회 약탈'과 종교 및 행정 분야에서 진행된 스페인화, 즉 가톨릭 선교와 스페인식 통치 제도의 이식이라는 '원주민 사회 관리' 두 분야로 나누어진다. 그러나 이와 같은 식민 체제는 테노치티틀란의 정복과 동시에 체계적으로 시행된 것이 아니라 위에서 언급한 다양한 행위자의 이해관계가 조정된 결과였다. 따라서 식민지 시대 누에바에스파냐의 원주민 공동체의 등장 배경을 살펴보기 위해서는 테노치티틀란 정복 이후 코르테스에 의해 아메리카 대륙에 이식된 엔코미엔다와 무니시피오 제도를 비롯한 식민지 시대 초기 50년에 걸친 식민 체제 이식을 위한 다양한 시도를 살펴볼 필요가 있다.

그러나 그러한 스페인 제도는 본래 원주민 사회의 정치적 구성을 말살한 후 이식된 것이 아니라, 오히려 원주민 사회의 다양한 제도를 활용함으로써 이식에 성공한 측면이 크다. 따라서 16세기 중반 이후 안정적으로 자리를 잡게 된 식민 체제는 스페인 사회와 원주민 사회가 적절히 흡수된 결과였다. 원주민 공동체의 등장은 스페인인과 원주민의 생물학적, 물리적 분리라는 목적과는 달리 아이러니하게도 두 사회의 정치적·사회적 결합을 의미하는 것이었다.

(1) 스페인 제도의 이식

① 엔코미엔다의 이식: 정복자와 원주민 양자 구도

엔코미엔다의 설치는 스페인인과 원주민의 관계를 처음으로 제도화했다는 점에서 중요한 계기로 작용한다. 이와 같은 제도화에는 제도를 도입, 이식시킨 측의 이해관계가 드러나기 마련이다. 이미 잘 알려져 있듯이 엔코미엔다는 일정 수의 원주민을 스페인인에게 위임하여,[7] 원주민은 공물 납부와 부역의 의무를 지고, 스페인인은 원주민을 보호하고 개종시키는 후원자 역할을 하여 상호 보완적 관계를 형성하는 것이다. 엔코미엔다 체제 아래 원주민은 명분상 왕의 신민으로 인정받았고, 왕의 신민이라면 마땅히 가져야 할 자질을 이제부터 습득해야 할 미성숙한 존재로 규정되었다. 그러나 실제로 엔코멘데로 스페인인은 담당 원주민 지역에서 노동력 및 공물 징수권과 사법권을 행사하며,[8]

---

7) 엔코미엔다를 할당받은 스페인인을 엔코멘데로라 불렀는데, 원주민 촌락(pueblo) 단위로 엔코멘데로에게 위임되었다.

8) 엔코멘데로는 원주민 토지에 대한 권리를 가지고 있지는 않았다. 원주민 토지에 대한 권리는 원주민 지배층에게 그대로 남겨두고, 사법권은 원주민 지배층의 권한에서 제외시켜 스페인인의 엔코멘데로가 집행할 수 있도록 했으나, 사실 사법권은

견제 세력 없이 절대 권력을 행사했으며, 서인도제도에서 원주민을 노예화시키는 결과를 가져왔다.

이러한 엔코미엔다 제도는 식민지 운영을 위한 현실적인 필요성에서 출발했다. 1495년 콜럼버스가 서인도제도에서 끌고 온 원주민을 노예로 팔려 했을 때 이사벨 여왕은 원주민을 자신의 신민으로 규정하고, 노예 판매를 왕권에 대한 침해로 여기고 금지시켰다(Lenkersdorf, 2010: 28). 그러나 원주민에게는 신민이라는 지위와 함께 의무가 주어졌고, 그 의무의 이행을 강제하기 위해 엔코멘데로라는 스페인인 지배자가 필요했다. 신민의 의무는 스페인인을 위한 노동력 제공과 공물 납부였으며, 이를 원활하게 하기 위해서는 원주민 사회 내부에서 영향력을 행사할 수 있는 원주민 지배층의 협조가 필요했다. 카시케(cacique)라고 불린 이들 원주민 지배층은 원주민 사회와 스페인 식민 사회를 매개하는 역할을 수행하게 되었다.

1503년 이사벨 여왕이 서인도제도의 니콜라스 데 오반도(Nicolás de Ovando)에게 보내는 서신을 통해 원주민 지배층인 카시케가 스페인인의 지시에 따라 일정한 수의 원주민을 감독하여 필요한 노동력을 제공하는 책임을 맡도록 하여, 사실 노예제와 다름없던 엔코미엔다 제도가 시작되었고, 1512년 부르고스 법령에서 처음으로 법제화되었다. 이 법령은 원주민을 스페인인에게 위임하고, 광산 주변으로 거주지를 옮겨, 광산 개발에 필요한 노동력을 제공할 것을 명하고 있다. 그러나 서인도제도 원주민이 처한 가혹한 현실에서 기인한 급속한 원주민 인구

주권자로서 스페인 왕의 고유 권한이었다. 즉, 엔코멘데로는 왕의 권한을 위임받는 형식으로 원주민에 대한 사법권을 행사했다. 식민 체제의 변화는 왕의 사법권을 누구에게 위임하느냐와 관련되었다(Menegus Bornemann, 1991: 73~102).

감소는 1516년 페르난도 왕의 서거 이후 카스티야 왕국의 섭정자로 등장한 프란시스코 히메네스 데 시스네로스로 하여금 서인도제도를 대상으로 하는 식민 정책을 전환해야 할 필요성을 느끼게 했다. 그 결과 처음으로 원주민 자치가 식민 정책의 새로운 방식으로 논의되기에 이른다(Lenkersdorf, 2010: 28~30).

이러한 정세 변화 속에서 1516년 산토 도밍고로 파견된 세 명의 제롬회 수도사들은 서인도 제도에서 8~24년 간 생활한 경험이 있는 스페인인을 상대로 원주민이 스페인인의 개입 없이 스스로 '통치'할 수 있을지에 대한 의견을 수렴했으나, 의견 수렴 결과는 불가하다는 것이었다(Lenkersdorf, 2010: 31). 즉, 원주민에게는 엔코멘데로가 필요하다는 것이었다. 덧붙여, 엔코미엔다를 금지시키면, 식민화 사업에 대한 대가로 이 제도를 통해 이익을 취하던 스페인인들을 더 이상 식민지에 머물게 할 수 없다는 문제에 직면하게 되었다.

엔코미엔다 이외 식민 정책에 대한 대안이 서인도제도에서 처음으로 논의되는 동안, 1520년 스페인에서는 카를로스 1세가 즉위했고, 약 20년에 걸친 약탈로 원주민 노동력과 금 생산이 바닥을 보이기 시작하자, 스페인인들은 이미 그 존재가 알려져 있던 새로운 땅(아메리카 대륙)[9]으로 눈을 돌리기 시작했다. 르네상스의 흐름에 몸을 맡겼던 카를로스 1세는 즉위식을 올리기도 전에 식민지에서 엔코미엔다를 금지시키고 원주민을 자유로운 존재로 인정했고, 1523년 원주민은 엔코멘데로가 아니라 왕에게 복속된 신민이라는 점을 누차 강조했지만(Lenkersdorf,

9) 1502년 콜럼버스의 네 번째 항해에서 스페인인들은 온두라스 해안을 항해하던 마야 상인과 마주쳐 서인도제도 건너편에 새로운 땅이 있다는 것을 알게 되었다(카멕, 2014: 20~21).

2010: 32), 그때까지만 해도 이베리아 반도에서조차 그다지 강력하지 못했던 스페인 왕권이 대서양 건너 식민지에서 효력을 발휘할 리 만무했다.

아메리카 본토에 도착하여 새로 정복한 땅에서 최고 권력을 누리고 있던 에르난 코르테스는 엔코미엔다 금지령에 복종하지 않고 휘하의 스페인 정복자들에게 원주민을 할당함으로써, 처음으로 식민지를 둘러싼 정복자 대 왕실이라는 대립각을 세우게 되었다. 원주민을 군사적으로 정복하고 그 땅을 점령했다 하여도 원주민을 통제하지 못하면, 정복으로부터 얻은 땅에서 이득을 취할 수 없다는 점을 코르테스는 분명히 알고 있었다.

이처럼 엔코미엔다에 대한 왕실과 사제들의 반대 입장이 점차 명료해지는 가운데 1521년 아스테카 통치자 쿠아우테목의 항복으로 스페인인들의 아메리카 대륙 정복이 본격화되었다. 대륙에서 새롭게 전개되기 시작한 군사적 정복으로 규모면에서 훨씬 더 광대하고, 다양한 지역을 식민화하는 과정이 병행되었다. 이러한 아메리카 대륙의 초기 식민 과정은 서인도제도의 식민 제도를 그대로 답습하여, 엔코미엔다 제도를 이식했다.

이십여 년의 서인도제도 식민화 경험은 원주민 인구의 몰살을 가져왔고, 대륙에서 같은 결과를 되풀이하지 않으려는 가톨릭 수도사들은 엔코미엔다의 확장에 저항했다. 특히 프란치스코회 수도사들은 원주민 보호자라는 이름으로 활동하며, 권력을 남용하는 스페인인을 감시, 감독, 통제할 수 있는 사법권의 정립을 요구했다. 마찬가지로 정복자의 세력을 견제하려는 스페인 왕실도 엔코미엔다를 억제하고자 하였다. 그 결과 정복자와 그들의 후손에게 주어진 정치적 경제적 기반인 엔코미엔다를 축소시키고, 결국은 폐지하는 법령이 발표되었다.

엔코미엔다 제도는 첫 번째 도입된 식민 체제로서 두 가지 점에서 원주민 공동체의 등장과 관련된다. 먼저 서인도제도의 원주민을 말살시킬 만큼 가혹했던 노동력 착취와 노예화를 야기시키기는 했지만, 법률적 제도적 담론 안에서는 '신민으로서의 원주민'이라는 개념을 담고 있었다는 점이다. 1500년대 초반 서인도제도 원주민에게는 실제 아무런 의미를 지니지 못했던 명목상의 '신민'이라는 지위는 이후 원주민 공동체 설립으로 수렴되는 식민 체제의 변화에서 법적 근거로 작용한다. 다시 말해, 서인도제도 정복 직후 정립된 '미성숙한 신민'이라는 원주민 지위는 서인도제도보다 거대하고 복잡한 사회를 형성했던 아메리카 대륙의 원주민과 대면한 후 '성숙한 신민'의 가능성을 읽게 만들었다. 정치적 존재로서 원주민을 인정하는 것이 원주민 공동체 설립을 가능하게 했던 인식론적 요소였다.

다른 한편 엔코미엔다 제도가 필요로 했던 원주민 지배층 카시케의 존재는 정복 이전 원주민 사회의 계층 구조와 정치·사회 조직을 보존하도록 하는 결과를 가져왔다. 이러한 기존 원주민 사회의 보존은 원주민 공동체가 도입되었을 때 스페인식 제도의 이식과 함께 원주민 정치 조직이 혼용될 수 있도록 했다. 다시 말해, 엔코미엔다 제도는 그 파괴적 효과에도 불구하고 군사적 정복 직후 원주민 사회를 보존하여, 이후 원주민 공동체라는 새로운 형태로 계승될 수 있는 중간 매개 역할을 한 셈이었다.

② 무니시피오의 이식: 스페인화를 위한 첫 번째 시도

엔코미엔다가 스페인인과 원주민 사이의 착취 관계를 제도화했다면, 스페인의 군사적 행위를 정치적으로 제도화시키는 매개는 무니시피오의 설치였다. 15세기까지 이베리아 반도의 정치적 구성은 도시들 간의 연계, 또는 각 도시의 대표자로 구성되는 의회로 대표되는 것이었다. 스페인 제국사에서 도시 건설과 도시의 자치적 운영이 가지는 중요성은 800년에 걸친 국토 수복 전쟁에서 발견되는데, 이슬람으로부터 되찾은 영토를 가톨릭 세력 아래 두기 위한 식민 사업이 필요했고, 그 사업의 중심은 도시를 건설하여 주민을 영구적으로 거주시키는 것이었다. 그렇게 건설된 도시는 왕으로부터 특권을 부여받고, 자치권을 인정받았다. 스페인 전통 아래 도시는 단지 왕실에 종속되어 제국을 구성하는 단순한 하부 단위가 아니라, 의회를 구성하고, 새로운 왕을 주권자로 선포할 수 있는 권리를 가지고 있었다. 도시가 누리던 자치권은 명목상의 권리가 아니라 실제적인 것이어서, 왕권을 강화시키려는 시도는 도시의 반발을 불러일으키기 마련이었다. 1520년 코무네로 반란이 하나의 예로서, 반란을 주도한 도시들은 '도시로 구성된 왕국'이 '왕' 위에 있다고 주장했다(Lynch & Edword, 2005: 341~353). 이처럼 국토 수복 전쟁에서 확인된 식민 사업에서 도시 건설이 지니는 중요성과 확고하게 유지되어 온 도시 자치권 전통은 아메리카 대륙으로 계승되었다.

테노치티틀란을 군사적으로 점령하기도 전인 1519년, 베라크루스 해안에 도착한 에르난 코르테스는 비야리카(Villa Rica)라 이름 붙인 곳에 첫 번째 아윤타미엔토(ayuntamiento)[10]를 설치함으로써 그가 앞으로 아메리카 대륙에서 하게 될 활동이 단순한 탐험이나 자원 발굴이 아닌 식민 사업임을 분명히 했다. 이로서 그는 자신의 군사 활동을 제도적, 법률적으로 뒷받침할 수 있는 근거를 마련하여, 쿠바에 자리 잡고 있던

---

10) 아윤타미엔토는 재무, 행정, 사법, 군사 등 도시의 기본적인 기능을 담당했던 정치·행정기관이다. 역사적으로 도시의 자치권이 강하게 자리 잡은 스페인의 정치조직에서 아윤타미엔토는 지방행정 전반을 책임졌다.

스페인 식민 당국의 영향력에서 벗어나 자유롭게 정복 활동을 하고자 했다 (Ochoa Campos, 1968: 100). 다시 말해 코르테스는 내륙 정복에 앞서 도시를 건설하여, 아마도 도시라 선언된 것 이외에는 도시적 요소를 발견하기 어려웠을 그곳을 토대로 전례에 따른 도시의 권한을 주장하여, 아스테카 중심지를 겨냥한 군사 행동을 승인받은 것이다. 아메리카 대륙의 첫 번째 아윤타미엔토는 정복을 위한 군사적 근거지나 스페인 본국과 소통하기 위한 연계 지점과 같이 일반적으로 도시라는 물리적 공간이나 기능 집약적 장소가 제공하는 이점을 얻기 위함이 아니라 명분을 얻기 위한 서류상의 의미가 더 강했던 듯 보인다. 실질적 의미에서 첫 번째 아윤타미엔토는 테노치티틀란 정복 이후 1524년 멕시코시티 코요아칸에 설치된 것으로, 코요아칸에 스페인 거주지를 형성하며 본격적인 식민화가 진행되었다.

정치·행정 업무를 담당하는 아윤타미엔토의 구성은 1530년대까지 스페인인만의 독점적 권리였으나, 원주민 사회까지 포함하는 광대한 영역을 통치하는 데 필요한 기능을 스페인인만으로 충족시킬 수 없다는 현실적 한계와 원주민을 스페인 정치제도에 동화시키려는 이상을 따라 원주민 지배층에게도 조금씩 정치적 권한을 확장시키려는 시도가 이루어졌다. 예를 들어 1530년 제2대 아우디엔시아에 내려진 지침에서 처음으로 원주민도 스페인인 아윤타미엔토에서 발언권과 투표권을 가지는 레히도르(regidor)[11)]가 될 수 있는 가능성을 타진했으나, 현실화되지는 못했다. 또한 1526~1532년 경 원주민 지배층에게 사법권을 의미하는 '정의의 지팡이(vara de justicia)'가 주어졌다(González-Hermosillo, 1991: 29).

11) 레히도르는 알칼데, 알구아실, 알페레스 등과 함께 아윤타미엔토를 구성하는 관료직의 하나이다.

이때까지만 해도 스페인 왕실의 관심은 스페인 사회와 원주민 사회를 분리하기보다, 두 개의 사회를 근접시켜 원주민이 스페인화 되는 방식에 있었다. 그러나 앞으로 살펴보겠지만 여러 요소에 의해 원주민 공동체와 스페인인 공동체를 분리하게 되면서, 원주민 공동체는 카빌도라 불리던 독자적인 아윤타미엔토를 구성하게 된다.

③ 코레히미엔토의 설치: 왕실, 정복자, 원주민 삼자 구도

1530년 누에바에스파냐의 2대 아우디엔시아에게 보낸 지침에서 처음으로 코레히미엔토(corregimiento)[12]가 엔코미엔다의 대안적 통치 시스템이자 왕실이 주도하는 원주민 공물 징수 체계로 등장했다(Gibson, 1967: 86). 이는 원주민을 위임받아 후원하는 자는 정복자가 아니라 왕실 대리인이어야 함을 처음으로 제시한 것으로, 원주민 공동체 설립 배경 가운데 하나인 왕실의 통제력 강화를 위한 첫 시도라는 점에서 그 의미가 있다. 스페인에서는 15세기 말 가톨릭 양왕 시기부터 스페인 내부의 신생 도시에 대한 왕실 권력을 증진시키고자 사법권을 가진 왕실 관리를 임명했다. 이 관리의 명칭이 코레히도르(corregidor), 즉 교정하는(corregir) 사람으로, 계층 간 분쟁과 같은 사회문제를 해결하는 것은 오직 왕실의 권한임을 드러내는 것이었다(Ruiz Medrano, 2002: 51).

1530년 7월 12일 마드리드에서 공표된 지침에서는 1대 아우디엔시아가 수여한 엔코멘데로 직위를 모두 해제하고, 원주민을 왕실 휘하에 두도록 하여, 공물을 엔코멘데로가 아닌 왕실 재정 관리에게 납부하도록 했다. 이와 동시에 코레히도르라는 왕실 관리를 임명하여 지역 통치

12) 스페인 식민지 최고 행정 단위는 부왕령으로, 부왕령은 여러 가지 세부 행정 단위로 다시 분할된다. 코레히미엔토는 그러한 세부 행정 단위의 한 종류이다.

와 사법권을 담당하도록 했다(Lenkersdorf, 2010: 33~34). 이는 엔코멘데로의 권한이었던 공물 징수를 통한 경제권, 원주민 통제를 통한 사법권과 통치권을 모두 왕실로 회수하겠다는 의미였다.

이처럼 코레히도르는 왕실 관료이자 왕의 대리인으로 엔코멘데로 대신 원주민을 다스리는 역할을 부여받았으나 초창기 코레히도르의 수입원은 원주민의 공물 납부에만 의지했기 때문에 엔코멘데로와 깊이 결탁하거나 코레히도르 자신이 엔코멘데로인 경우조차 있어서, 엔코멘데로 견제와 왕실 사법권 회복이라는 목표에 부응하지 못했다. 비록 이들의 보수는 이들이 직접 원주민으로부터 거둬들이는 것이 아니라 왕실로부터 지급받는다는 형식을 띠고 있었으나, 실제로는 원주민이 납부하는 공물에 의지할 수밖에 없었다. 이러한 문제를 해결하려면 왕실에서 코레히도르의 보수를 지급해야 했으나, 이를 실행하기 위한 왕실 재정이 충분히 마련되어 있지 않았기에 코레히도르 임명이라는 정책은 실현되는 데 한계가 있었다. 더구나 코레히도르의 등장으로 원주민 사회 내에서 입지가 축소될 것을 우려한 수도사들은 코레히미엔토 제도가 뿌리 내리는 데 비협조적이었다. 하지만 수도사가 코레히도르를 대신하여 엔코멘데로를 견제하는 지역에서는 왕실의 이해관계와 수도사의 이해관계가 일치했기 때문에, 코레히도르 파견을 고집하지 않았다(Lenkersdorf, 2010: 34~36).

그 결과 엔코멘데로를 견제하기 위해서는 왕실의 더욱 직접적이고 신중한 개입이 필요하다는 목소리가 등장하기에 이르렀고 그러한 대안 가운데 하나는 1542년 제정된 신법령의 집행을 촉구하기 위해 누에바 에스파냐로 파견된 테요 데 산도발(Tello de Sandoval)의 제안이었다. 그는 아우디엔시아가 관할하는 광대한 영토를 4개 지역으로 나누고, 각 지역에는 스페인인의 거주지로서 중심지를 건설하는 한편, 관할 지역에 거주하도록 했던 코레히도르와는 달리 알칼데 마요르(alcalde mayor)로 하여금 지역을 순회 방문하여 감독하도록 했다. 즉, 지역 차원에서는 원주민 카빌도가 통치 기구로 존재하고, 스페인 감독관은 순회 감독을 맡도록 하여, 코레히도르가 상주하면서 원주민을 수탈하는 문제를 해결하고 지나치게 큰 코레히도르의 규모를 줄이고자 했다. 엔코멘데로든 코레히도르든 왕과 원주민 신민 사이에 매개로 존재하는 스페인 통치 계층이 자행하는 약탈을 방지하고, 실제로 원주민 사회의 '정치 질서'를 확립하기 위하여 하급 사법권과 지역 통치를 원주민 내부에서 책임질 것을 제안했다(Lenkersdorf, 2010: 37~38). 원주민 자치라 부를 수 있을 이러한 제안은 식민화 초기에 시행되었던 노예제와 다름없던 엔코미엔다 제도와 견주어 비약적인 변화를 시사한다.

다시 말해 스페인 왕실은 엔코멘데로를 견제하고 왕실 주도의 식민 체제로 전환하고자 했다. 다음에서 살펴볼 원주민 공동체의 등장도 원주민 지배층을 세습 귀족에서 카빌도의 선출직으로 전환함으로써 엔코멘데로의 영향력 아래 있던 원주민 귀족의 세력을 약화시키고, 새로운 지배층으로 교체하여 왕실 대리인으로 삼으려는 의도였다. 앞에서 언급한 1530년 전후 스페인인 무니시피오로 원주민 지배층을 흡수하려던 것도 원주민 사회에 스페인 정치제도를 이식한다는 목적 이외에, 왕의 사법권을 원주민 관료에게 위임하여 원주민 세습 귀족으로부터 분리된 새로운 원주민 지배 계층을 형성시키려는 의도가 있었다(Menegus Bornemann, 1999: 605). 비록 다음에서 살펴보듯 원주민 사회 내에서 지배 계층의 변화가 단시간에 뚜렷하게 나타나지는 않았으나 왕실은 다양한 방식으로 왕의 사법권을 지키기 위해 정책적 실험을 했던 것이다. 코레히미엔토는 시행 직후 기대했던 효과를 가져오지 못해, 원주민 공동체 설립이라는 새로운 형태의 식민 체제가 등장하게 되지만, 지역에 따라 코레히도르는 알칼데 마요르와 함께 왕실 공물 및 세금 관리, 원주민과 관련된 중요 사안에 대한 사법권 행사, 종교적 계율 준수 등 상위 행정기구로서 원주민 공동체의 자치 영역과 식민 체계를 연결하는 역할을 담당했다.

(2) 원주민 지배층의 존속

에르난 코르테스가 테노치티틀란을 점령한 후 엔코미엔다와 무니시피오 도입을 통해 스페인식 제도가 이식되는 위와 같은 과정은 원주민 사회구조의 재편을 의미했다. 일부는 도입된 스페인식 제도와 병합되거나 순응했고, 또 다른 일부는 이중 구조를 유지하면서 군사적 패배와 그에 뒤따르는 사회 전반적 변화를 수용하면서 역사상 처음 경험하는 급진적 사회 변화를 겪게 되었다.[13)]

앞에서 언급했듯이 엔코미엔다를 이식한 에르난 코르테스는 이 제도를 효율적으로 집행하기 위해서 원주민 사회를 통제하고 있는 원주민 지배층의 역할이 필요하다는 점을 알고 있었다. 따라서 1522년 테노치티틀란 정복에 참여한 스페인 군사 지휘관과 패배한 원주민 지배층 모두 한 자리에 소집하여 처음으로 엔코미엔다 제도를 공표할 때, 기존의 아스테카 사회가 멕시코 중앙지역 전체에서 행사하던 헤게모니와 공물 징수 체계를 이용하는 한편, 원주민 지배층을 엔코멘데로에게 복속시켰다.

먼저 코르테스를 비롯한 스페인인들은 유럽의 봉건제와 장원제에 견주어 원주민의 정치·사회 조직을 이해했는데, 삼자 동맹을 결성하여 멕시코

---

13) 전반적인 원주민 정치제도의 연속성에 관해서는 김윤경(2013b)의 연구를 참고할 것.

중앙지역을 장악했던 아스테카 사회의 중심부인 테노치티틀란 지역을 '제국'으로 묘사하고, 아스테카 사회에 공물을 바치던 외부 사회를 제국에 복속된 것으로 해석했다. 코르테스는 공물 납부 체계의 최고점에 위치했던 아스테카를 엔코멘데로로 대체하는 동시에 제국의 영향권 아래 있는 사회의 독립성을 인정하고, 공물 납부를 기존과 같은 방식으로 유지하도록 했다(García Castro, 2001: 193~194). 스페인인들은 각 사회를 '장원(señorío)'[14]이라는 유럽식 영토 단위로 이해하여 공물 납부를 위한 위계적 구조를 대입시켰다.

그러나 스페인인들이 '장원'이라고 표현한 사회 단위는 멕시코 중부 나우아 지역에서는 알테페틀, 마야 지역에서는 바탑(batab)이라 불리던 영토적 성격을 갖는 정치·사회구조의 단위로, 각 단위는 다시 칼풀리(calpulli)라는 소규모 단위로 세분화되었고, 각기 다른 통치자의 지배를 받았다. 스페인인들은 이러한 원주민 사회 구성을 위계적인 것으로 보았으나, 여러 칼풀리가 병렬적인 관계로 연결된 것이 알테페틀이었을 뿐 반드시 수직적인 상하관계를 맺는 것은 아니었다.

원주민 사회를 영토적·정치적·사회적으로 구성하고 있던 알테페틀은

---

14) 장원으로 옮길 수 있는 스페인어 세뇨리오(señorío)는 봉건사회 구성원의 눈으로 메소아메리카 사회구조를 해석한 결과라 할 수 있다. 이 용어는 스페인인들이 메소아메리카 문화권의 정치적, 사회적, 영토적 단위를 지칭하고자 사용했는데, 이는 다름 아닌 칼풀리와 알테페틀에 대한 거친 번역어였던 셈이다. 이 용어는 '원주민 영주(señores naturales)'라는 호칭과 함께 사용되었는데, 알테페틀의 사회적 관계를 토지 지배권을 갖는 지배층과 그 토지에 예속된 피지배층으로 이해한 것이다. 비록 원주민 사회의 지배구조를 변화시키려는 목적에서 1538년 세습형 지배층에게만 '원주민 영주'라는 호칭을 허용하고, 세습적 성격을 지니지 않은 지배 계층은 '카시케'라 부르도록 했으나, '원주민 영주'라는 용어는 메소아메리카 사회의 복잡한, 그리고 지역에 따라 다양한 사회구조에 대한 몰이해를 드러낸다.

스페인인들에게 장원으로 해석되면서 그 지배층은 봉신의 위치에 있는 '원주민 영주(señores naturales)'로 불리게 되었다. 이러한 원주민 영주는 일정한 영토 안에서 행정권과 사법권을 행사하는 동시에 토지 분배를 결정하는 권한도 가지고 있었다. 즉, 원주민 영주는 장원이라는 토지를 기반으로, 소유 영토에서 얻게 되는 소출과 '농노'로 여겨진 마세우알레스(macehuales)를 지배함으로써 얻는 노동력을 이용하여 이득을 취한다. 이러한 원주민 지배층이 누리는 사법권과 사회 통제력은 엔코미엔다를 안착시키려는 스페인인들에게 반드시 필요한 것이었다.

그러나 원주민 지배층이 행사하는 통치권이 필요했던 것은 비단 엔코미엔다를 통해 부를 축적하려던 정복자들만은 아니었다. 정복자 세력을 견제하려던 왕실은 그들을 대신하여, 하지만 왕실에서 파견한 소수의 코레히도르가 책임질 수 없었던 원주민 사회 곳곳을 왕실을 대신하여 관할할 수 있는 대체 세력을 필요로 했다. 이러한 필요성은 식민 체제가 원주민 공동체의 설치로 이행되는 데 중요한 기여를 했다.

3) 원주민 공동체의 설립

(1) 법률적 근거

앞에서 살펴보았듯이 16세기 초반 스페인 식민 체제의 변화는 왕권 강화, 그 가운데 특히 사법권을 둘러싼 왕실과 엔코멘데로의 갈등 관계에서 기인한다. 그러나 이러한 정치 역학 외에도 원주민 공동체 설립에는 선교를 목적으로 하는 수도사들의 입김이 강하게 작용했다. 선교사들은 선교의 효율성과 원주민 보호라는 명분으로 원주민과 스페인인의 분리 정책을 제안하기 시작했으며, 원주민이 스페인인의 개입 없이 사회를 유지할 수 있는 정치적 존재임을 주장했다. 수도사들의 이런 입장은 스페인인의 탐욕에서 원주민을 보호하고자 하는 목적도 있었으나, 세속 권력으로부터 자유롭게 종교적 직분을 행할 수 있는 조건을 마련하기 위한 것이기도 했다. 스페인인의 '나쁜 본보기(mal ejemplo)'에서 원주민을 격리시키고 토마스 모어의 『유토피아』에서 영감을 받은 원주민 자치 공간을 건설하려는 계획을 가졌던 바스코 데 키로가(Vasco de Quiroga)가 한 예라 할 수 있다(Mörner, 1999: 27).

왕실의 사법권 회복이라는 당면 과제와 엔코멘데로를 견제하려는 수도사들의 압력이 점차 뚜렷해지는 와중에 1544년 누에바에스파냐를 방문한 테요 데 산도발은 스페인인이 선출 결과에 대한 승인권을 갖는다는 조건으로 원주민 스스로 카빌도를 선출하도록 하며, 이와 함께 거주지 재편을 본격적으로 시행할 것을 제안했다.

마침내 1549년 10월 9일 왕령에 따라 누에바에스파냐에 원주민 카빌도의 설립이 법률적으로 제정되어, 매해 모든 원주민 공동체는 내부에서 레히도르를 자체적으로 선출하게 되었다. 선출된 레히도르는 하급 사법권과 치안 유지를 담당하는 알구아실(alguacil) 및 성당 업무를 담당하는 피스칼(fiscal)과 함께 공동체 내부의 '공공선'을 확립하는 책임을 맡았다. 알구아실과 피스칼 등 원주민 공동체의 관료는 지역 전통에 따라 임명되었다. 이와같이 설립된 원주민 공동체는 식민지 시대 내내 사회의 기본 구조로 유지되었다. 물론 위 규정은 단시간에 단일화된 모델로 집행된 것이 아니라 점진적으로 지역사회의 특수성에 의거하여 실현되었다. 또한 법률적으로 원주민 공동체와 스페인인 공동체로 분리하고, 두 개의 공동체는 각기 독립적인 구조를 유지하도록 정했다(Jiménez Gómez, 2008: 79).

그 결과 16세기 말에 이르면 원주민 '영주'가 장악하고 있던 장원과 이에 기반을 둔 엔코미엔다는 카빌도가 통치 기능을 담당하는 원주민

공동체와 이를 감독하는 코레히도르 또는 알칼데 마요르로 대체되었다.15)

(2) 정치 구조

앞에서 살펴보았듯이 엔코미엔다는 정복 이전 원주민 사회조직을 보존시켜 활용하는 방식으로 운영되었다. 그 첫 번째는 원주민 '영주'에게 기존의 특권을 보장해줌으로써 원주민 사회 통제권을 그들로 하여금 대리하게 한 것이다. 그 결과 스페인인들이 장원제라 여겼던 기존 원주민 사회의 권력관계는 큰 변동 없이 유지되어, 원주민 사회 내에서 그들이 가졌던 사법권과 토지에 대한 권리도 보존되었다.

그러나 메네구스 보르네만(Menegus Bornemann, 1999)에 따르면, 원주민 사회 내부 권력관계는 원주민 공동체의 설립와 함께 카빌도 중심으로 변하게 되었는데, 첫 번째는 원주민 지배층의 구성이 혈연에 따른 세습 귀족에서 선출로 구성되는 원주민 카빌도의 관료로 전환된 것이다. 이러한 변화는 매우 점진적으로 이루어져서, 초기에는 원주민 세습 지배층이 카빌도의 직책을 겸직하면서, 기존 원주민 지배층이 정치 구조의 변화에도 불구하고 여전히 지역 통제권을 장악하게 된다. 그러나 점차

15) 그러나 지역에 따라 장원제 권력층이었던 원주민 카시케는 카빌도에 자리를 내주는 대신 '카시케 영토(cacicazgo)'를 통해 식민지 시대 내내 세력을 유지했다. 테일러(Taylor, 1970)에 따르면, 일반적으로 1550년대 이후 카시케는 몰락했지만 오아하카 지역은 예외적으로 카시케 세력이 강하게 유지되어 세금 징수를 담당하고 군사권을 장악했다. 이들은 자기 세력의 기반이 되는 원주민 사회 속에서 살기보다 스페인인들과 스스로를 동일시하여 도시에 거주했고, 17~18세기에 이르러서는 보유 토지에 대한 명의를 획득하여 법적 기반까지 마련하게 된다. 식민지 시대 말기에는 그렇게 획득한 토지의 임대료 수입에 의지하면서, 더 이상 원주민 노동력 통제나 토지에 대한 직접적 지배권을 행사하지 않았다.

카빌도 관료라는 직책과 세습 귀족이라는 사회적 지위가 구분되었다. 그 결과 원주민 지배층은 세습으로 형성되는 배타적 집단이 아니라, 선출을 통해 획득할 수 있는 직책의 의미를 얻게 되었고, 이와 같은 사회적 신분의 변동 가능성은 경제적 위치의 변동 가능성도 내포하고 있었다.

주목해야 할 점은 원주민 지배층이 카빌도 선출 과정에서 배타적으로 선거권을 행사했기 때문에 원주민 사회 다수를 차지하던 피지배 계층의 선거 참여는 제한적이었다는 점이다. 따라서 '선출직으로 구성된 카빌도가 통치하는 원주민 공동체'를 현대적 의미로 과도하게 해석하여, 민주적인 이상형적인 정치 공동체로 속단할 수는 없다.[16]

또한 원칙적으로 원주민 공동체의 카빌도 선출은 스페인 왕의 승인을 받아야 했기에, 스페인 왕의 대리인인 스페인 관료에게 선출 결과를 보고하고 승인받아야 했다. 지역에 따라 선출 결과를 보고받아야 할 관리가 부재한 경우도 적지 않았기에 명분상 관리 감독에 머무르며, 높은 수준의 원주민 자치권을 누리는 원주민 공동체도 있었던 반면, 끊임없이 스페인인의 선거 개입과 조작에 노출되었던 원주민 공동체도 있었다.

이러한 원주민 공동체의 카빌도는 스페인인 공동체의 아윤타미엔토와는 행정적 면에서 다른 기능을 가져, 스페인인에게 납부해야 하는 공물의 징수와 납부 책임을 졌고, 선교 사업에 조력할 의무도 있었다. 식민 체제의 간접 통제를 위해 위임된 이와 같은 역할 이외에 공동체

---

16) 그럼에도 마야 지역은 멕시코 중부 지역과 달리 위원회 전통이 카빌도로 계승되어 평의회와 유사한 통치 방식을 보여주고 있다는 점은 주목할 만하다.

자치를 위한 기능을 담당하여, 공동 경작 및 협동 작업을 위한 노동력 분배를 담당했고, 지역 시장 운영과 공공건물 및 수도, 도로, 감옥 등 공공서비스를 관할했다. 더구나 체포와 처벌과 같은 하급 수준의 사법권도 가지고 있었고, 스페인 식민 당국 또는 다른 원주민 공동체와의 대외 관계에서 공동체를 대표했으며 때로는 스페인 왕을 향한 청원을 담당하기도 했다(Lenkersdorf, 2010: 163).

이에 비해 스페인인 공동체의 카빌도는 사법권 부문에서 원주민 카빌도보다 상위에 위치하여 중범죄 및 스페인인이 개입된 사안에 대한 사법권을 행사했으며, 원주민 공동체에 대한 관리 감독 기능을 가지고 있었다.

카빌도 선출은 스페인식 모델에 따라 매년 이루어졌고, 실제로 선출되는 원주민 지배층이 수적으로 적었기 때문에 원칙을 따르기는 어려웠지만, 연이은 재선은 불가했다.

(3) 공간적 구성

앞에서 살펴본 식민 체제의 변화는 단순히 제도와 권력관계의 변화만을 의미하는 것이 아니라, 원주민 사회의 물리적 형태, 즉 사회의 공간적 구성의 급진적인 변화를 수반하는 것이었다. 콘그레가시온(congregación) 또는 레둑시온(reducción)이라 불리는 거주지 재편 과정은 1503년과 1516년 지침에서 기원한다. 이스파니올라섬의 식민화 과정 중에 원주민을 문명화시키기 위해서는 도시화된 주거지가 필요하다는 인식이 생겨났고, 1516년경에는 스페인인의 약탈로부터 원주민을 보호하기 위해 스페인인 거주지와 원주민 거주지를 분리하고, 원주민 거주지는 300명 단위로 교회, 광장, 병원, 주거지, 도로, 공용 토지로 구성한다는 계획이 처음으로 등장했다(Mörner, 1999: 23).

이러한 초기 제안은 1530년대에 들어서 누에바에스파냐에서 스페인인의 행실이 원주민에게 모범이 되지 않으며, 산재되어 있는 원주민 거주 형태를 도시화된 구획으로 옮겨두는 것이 선교 사업에 유리하다는 인식에 따라 점차 구체화되었다. 스페인인들과 거주지를 분리하고 스페인식 거주 형태를 이식한다는 두 가지 의미에서 왕실은 1538년 처음으로 과테말라 지역 총독에게 원주민 거주지 재편을 명했으며, 1546년 누에바에스파냐 지역에서도 사제들이 거주지 재편 필요성을 역설하여, 부왕청의 거주지 재편 계획에 힘을 실었다. 그 결과 루이스 데 벨라스코 1세(Luís de Velasco, 1550~1564년)의 부왕 재임 기간 동안 누에바에스파냐의 초기 대규모 거주지 재편이 이루어졌고, 루이스 데 벨라스코 2세의 첫 번째 재임기간이었던 1593~1595년 다시 한 번 집중적인 거주지 재편이 이루어졌다(García Castro, 2002: 151).

16세기 중반부터 17세기 초반까지 진행된 거주지 재편은 두 가지 효과를 가져왔다. 먼저 촌락 중심의 도심과 경작지가 분포되어 있는 외곽 지역이 뚜렷하게 구분되어 있지 않고, 넓은 지역에 걸쳐 거주지와 경작지가 혼재되어, 거주지가 드문드문 산재되어 있었던 기존 원주민 거주 형태를 격자형으로 설계된 도심으로 밀집시키고, 도심 주변에 공동체의 공동 토지를 배치함으로써 본래 원주민 경작지였던 땅을 스페인인들에게 양도하기 쉬워졌다. 또한 구획화된 도시의 건설은 스페인식 관념으로 볼 때 폴리시아(policía)[17]라 표현되었던 가톨릭 정신과

---

17) 현재적 용법의 경찰을 의미하는 것이 아니라 통치술의 하나로 '선치(un buen gobierno)'를 위해 필요하다고 여기는 모든 것을 통칭하는 개념이다. 여기에는 위생 시설 및 도로포장 등의 사회 기반시설 마련부터 종교 규율의 준수까지 아우르는 일상적이고 미세한 영역까지 영향을 미치는 통치 방법으로 이해할 수 있다. 이에 대해서는 Fraile(1997)을 참고할 것.

정치력을 구현하는 것이었다. 원주민이 교회와 정부 청사로 둘러싸인 광장을 중심으로 퍼져나가는 격자형 도시에 거주한다는 것은 선교 사업과 식민사업의 성공을 의미하는 것이었고, 스페인인의 직접적인 개입이 없어도 원주민 스스로 자신을 다스릴 수 있는 능력을 입증하는 것이었다.[18)]

원주민 공동체의 설립은 이러한 거주지 재편 과정과 깊은 관계를 맺으며 진행되는데, 거주지 재편은 다음과 같은 두 가지 의미를 지니고 있었기 때문이다. 첫째, 거주지 재편이 산과 평원 등 원주민 우주관과 연결되어 있던 공간에서 원주민을 끌어내어 평면화되고 구획화된 스페인식 공간으로 밀어 넣었다는 것이고, 둘째, 병렬적 관계였던 여러 칼풀리를 카베세라(cabecera)라 불리는 하나의 칼풀리를 중심으로 위계적으로 배치하여 수헤토(sujeto)의 지위가 부여된 다른 칼풀리들은 도시 행정 및 정치적으로 하위에 위치하게 되었다는 점이다(Ramírez Ruiz, 2006: 145). 이처럼 형식적으로 원주민 공동체는 식민 지배의 산물이었다.

그러나 대부분의 식민 정책이 본래 취지와 달리 원주민 사회제도를 수용하는 과정에서 새롭게 해석 및 변용되어 원주민 문화와 융합되었듯이, 거주지 재편도 표면적으로는 스페인식 도시계획의 일부였지만, 새로 건설된 원주민 공동체는 원주민의 공간 인식론과 그에 반영된 세계관을 계승했다. 이에 관해, 가르시아 삼브라노(García Zambrano, 1992)는 스페인 정복 이전 원주민 사회의 전형적인 공간 인식을 린코나다(rinconada)로 개념화하며, 이러한 공간 인식이 스페인식 거주지 재편 과정에서 계승되었음을 밝힌다. 이로서 새로운 거주지에 설립된 원주민

18) 스페인의 도시계획에 대해서는 김희순(2014)을 참고할 것.

공동체가 정복 이전 메소아메리카 원주민 세계관과 조응하며, 독립적인 사회 단위로서의 응집력을 획득할 수 있었다는 점을 분석하고 있다. 린코나다는 원주민이 주거지로 선호했던 일련의 지형적 공간적 특징을 모델화한 것으로, 산으로 둘러싸인 수원지를 의미한다. 저자가 원주민의 공간 인식을 해석해내어 표현한 모델에 따르면 주거지역을 표현하는 사각형은 이를 둘러싸는 산지를 표현하는 원에 내접하여, 수원지를 의미하는 하나의 중심을 기준으로 하늘과 대지를 연결하는 형상을 지닌다. 그리고 이 중심을 지나 사각형 각 꼭짓점과 만나는 대각선은 각각 하지와 동지를 지시하며, 각 변의 중심을 지나는 선은 사방을 가리킨다. 정복 이전 메소아메리카 원주민들은 이러한 지형적 성격을 지닌 지역을 신화에 근거하여 주거지로 선택하고, 선택된 땅에 대한 권리를 주장해왔다. 그리고 마을 건립을 기념하는 제의를 거듭함으로써, 이 땅은 단순한 주거지 및 경작지가 아닌 제의적이고 상징적인 의미를 획득하여, 알테페틀이라는 메소아메리카 문화권의 사회적·정치적 단위에 상징화된 공간적 인식을 덧붙인다. 다시 말해 알테페틀은 평면적 도면으로 그려낼 수 있는 지리적 구획이 아니라 제례적 신성함이 덧입혀진 3차원 공간으로 인식되었다. 그러나 위와 같은 지형 속에 정렬되지 않은 형태로 산재되어 있던 원주민 주거 형태는 앞에서 언급했듯이 스페인인이 지향했던 구획화된 도시 형태에 적합하지 않은 것이었다.

그럼에도 불구하고 린코나다로 표현된 공간 인식은 스페인식 거주지 재편에도 흔적을 남긴다. 라미네스 루이스(Ramírez Ruiz, 2006)에 따르면, 거주지 재편 과정에서 새로운 원주민 공동체가 자리를 잡을 때 린코나다 형태의 공간이 선택되었으며, 산과 인접성이 중요한 요소로 고려되었다. 하늘을 나타내는 산지와 인접성이 중요했으며, 일부의 경우 구(舊) 거주지를 둘러싸고 있던 산자락에 새로운 터를 마련했고, 그렇지 않은 경우에도 구 거주지와의 연관성을 찾아내려는 노력이 생겨났다. 예를 들어 정복 이전 구 거주지 인근에 다시 만들어진 마을에는 오늘날까지 뒷산과 교회를 동일시하는 이야기들이 전승되고 있다. 이러한 측면은 원주민 공동체가 식민 체제의 일부로서 단순한 행정자치기구로서 역할에 머무르지 않고, 원주민 사회에 연속성을 부여하는 기능을 했음을 보여준다.

(4) 공동 토지

위에서 살펴보았듯이 자치 단위로서 원주민 공동체는 물리적으로 스페인인과 분리된 거주지를 형성하고, 내부 선출을 통해 카빌도를 구성하여 자치권을 행사했다. 그러나 자치권을 뒷받침해준 물적 조건은 원주민 공동체의 자급자족 경제와 사회적 협동을 가능하게 했던 공동 토지에서 비롯한다. 이러한 원주민 공동체의 공동 토지 개념은 스페인 정복 이전의 토지 이용 전통과도 맞닿는 부분이다.

스페인 정복 이전 원주민 사회의 토지는 개인이나 집단의 소유 자산으로 여겨지지 않았다. 지역에 따라 차이가 있지만, 토지는 혈연집단 또는 소규모 사회 단위에게 교대로 사용권이 주어지거나 공동 토지 개념으로 다루어졌다. 미란다(Miranda, 1972: 24)는 멕시코 중앙 지역과 남부 지역을 구분하여 토지제도를 설명했다. 중앙 지역에서 발전해온 메히카, 타라스카, 틀락스칼라 문화권에서 토지제도는 크게 세 가지로 구분되었다. 첫째는 공동 토지를 경계가 뚜렷한 개별 경작지로 나누어 개별적으로 토지 사용권을 부여하는 방식, 둘째, 주거지역과 비주거지역을 모두 포함하는 특권층의 사유 토지, 셋째는 공공 기관과 공공의 목적을 위해 경작하는 토지였다.

이와 달리 멕시코 남부 마야 문화권에서는 두 가지 형태로 나뉘어졌는데, 하나는 중부 지역과 유사하게 공동 토지를 개별 경작지로 나누어 개별적으로 토지 사용권을 부여하는 방식이었다. 다만 중부 지역과 차이점은 개별 경작지 간의 경계가 모호했다는 점이다. 다른 하나는 거의 주거지역에서만 허용된 특권층의 사유 토지였다.

즉, 토지는 기본적으로 공유의 성격을 지녔으며 공공의 목적을 위해 사용되었다. 토지는 특정한 소유자에 의해 거래될 수 있는 것이 아니라, 개인과 집단에게 사용권이 주어지는 것뿐이었다. 멕시코 중앙지역에는 일부 지배층이나 특정 가족에게만 배분되어 거래되는 특권층의 사유 토지가 있었으나(Lockhart, 1999: 222), 이 경우에도 개인적인 판매와 구입이 아니라, 공적으로 재배정되는 형식을 띠고 있었다. 따라서 토지는 지배층의 독점적 권력을 위한 기반이라기보다는 사회 구성원에게 식량을 공급하는 자급 자족적 기능과 사회를 유지시키는 다양한 활동 무대의 의미에서 이해되었다.

이러한 공동 토지는 스페인의 정치적·사회적 제도가 이식된 후 거주지 재편을 통해 원주민 공동체가 설립되는 과정에서 원칙적으로 보호되었다. 앞서 언급했듯이 거주지 재편으로 남겨진 토지가 스페인 식민 지배자의 수중으로 쉽게 넘어갔고, 원주민 공동체의 토지는 늘 스페인 식민자들의 탐욕에 위협을 받았지만, 왕실에서는 식민화 사업 초기부터 다양한 법제화를 통해 원주민 공동 토지를 보호하겠다는 의지를 보였으며, 다양한 소속의 수도사들이 이러한 왕실의 의지를 현지에서 실행함으로써 원주민 공동체 토지의 막무가내식 약탈은 막을 수 있었다. 사실 식민지 시대 내내 토지보호법을 반복적으로 공표한 것은 그만큼 토지 약탈이 심했다는 반증이기도 하지만, 그 정도와 속도를 어느 정도 제어하는 데 성공한 것도 사실이다.

원주민 공동체의 설립과 함께 공동 토지뿐만 아니라 토지 소유 방식도 계승되어, 원주민 특권층이 누리던 사적 토지 이용권과 공동 토지에 대한 공동체의 권리 모두 인정되었다. 그 결과 거주지 재편이라는 상당히 폭력적인 과정을 통해 설치되던 원주민 공동체에 대한 반발을 어느 정도 가라앉힐 수 있었다.

원주민 공동체의 공동 토지는 에히도(ejido)와 푼도레갈(fundo legal) 두 가지 형태로 보장되었다. 푼도레갈은 주거지, 시장, 학교, 교회 등 공공건물 건축을 위해 마련된 토지였다. 푼도레갈이라는 이름은 후에 붙여진 것이지만, 1567년 법적으로 원주민 공동체에 보장되었다. 푼도레갈에서는 가축 방목과 경작이 금지되었기 때문에 1573년에는 가축 방목용 토지로 에히도가 새롭게 지정되었다. 해당 원주민 공동체에 소속된 각 세대가 두 가지 형태의 공동 토지에 대한 사용권을 가지고 있었으나, 토지 사용권은 세습만 허용되었고, 양도는 불가능했다. 따라서 대가 끊기는 경우 토지 사용권은 판매되는 대신 공동체 내의 다른 가정에게 재배정되었다(Park, 2014: 120~123). 이와 같은 공동 토지의 존재는 원주민 공동체를 단일한 경제단위로 묶어주는 것뿐만 아니라 토지 운영 및 공동 경작을 통해 사회적 결속을 공고히 하는 데도 기여했다.

3. 결론

이상에서 살펴본 바와 같이 식민 체제의 변화는 원주민을 어떻게 통제할 것인가와 함께 원주민을 통제하고자 하는 다양한 이해 집단들(왕실, 정복자, 사제, 왕실 관리, 식민지 이주자) 사이의 세력 다툼을 반영한다. 식민 체제의 목적은 원주민 노동력과 식민지에서 생산되는 자원을 관리하는 데 있지만, 군사적 정복 이후 수십 년에 걸쳐 일어난 식민 체제 변화는 식민지의 효율적 관리와 수탈이라는 1차적 목적뿐만이 아니라, 그렇게 관리되고 수탈된 자원을 식민 통치 계층 내부에서 어떻게 배분할 것인가의 문제와 맞닿아 있었다.

그러한 의미에서 원주민 공동체의 성립은 두 가지 과정의 결과였다. 하나는 정복자와 그 후손의 세력 확장을 억제하고 식민지에 대한 왕권, 더 정확하게는 왕실의 사법권을 강화시키려는 시도였고, 다른 하나는 기존 원주민 정치·사회 조직을 보존하는 동시에 파편화하여 스페인인의 이해관계에 부합시키는 것이었다.

이 글에서는 엔코미엔다-코레히미엔토-원주민 공동체라는 축을 따라 초기 식민 체제의 변화 양상을 설명했으나, 위 세 가지 제도는 시간적 흐름에 따라 뒤이어 등장하는 새로운 제도로 교체되면서 각각 역사의 무대에서 사라진 것이 아니라, 꽤 오랜 시간 지역에 따라 산발적으로 공존하며, 스페인인들의 이해관계에 따라 활용되었다. 예를 들어, 엔코미엔다는 누에바에스파냐에서 1720년에 이르러서야 폐지되었고, 코레히미엔토 역시 하급 사법권을 포함한 지방 통치 기능 일체를 원주민 공동체의 카빌도로 이전시킨 후 원주민 공동체의 상부 행정기관으로 원주민-스페인 이중 공동체 구조를 보완하는 역할을 맡았다.

여러 식민 제도가 공존했고, 거의 300년에 이르는 시간동안 다양한 사회적 변화에 노출되었지만, 원주민 공동체는 식민 체제의 기본적인 구성 단위로서 존재했다. 그리고 19세기 초 독립 이후 원주민 공동체의 사회적·정치적 구성은 근대국가의 기본 정치 단위인 무니시피오로 자기 변형을 계속한다. 그러나 이미 17세기 초반부터 원주민 공동체의 설립 원칙이었던 스페인인과 원주민의 거주지 구분은 많은 지역에서 유명무실해졌고, 18세기 이후 일부 원주민 지배층은 원주민 공동체의 자치 기구라기보다 스페인 식민 통치의 대행자 역할을 하거나, 공동 토지를 사유화하여 지역 유지로 폭정을 일삼기도 했다.

이러한 사실은 스페인 식민 체제 내에서 허용된 원주민 공동체가 낭만적 정치 공간으로 온전히 보존된 것이 아니라 내외부적 권력 관계에 따라 요동치는 정치의 장이었음을 보여주는 것이다. 그리고 그것이 바로 스페인 정복 이전부터 현재까지 '원주민'이란 범주를 역사적으로 살펴보기 위한 하나의 방법론으로 원주민 공동체를 분석 단위로 제시하는 이유이기도 하다.

참고문헌

김기현. 2005.「라틴아메리카 원주민 인권: 문화적 다양성의 지향」. ≪라틴아메리카연구≫, 18(3), 85~119쪽.

김윤경. 2013a.「멕시코 원주민의 자치(autonomía)를 위한 운동: 사빠띠스따운동을 중심으로」. ≪이베로아메리카연구≫, 24(1), 133~171쪽.

_____. 2013b.「16세기 아스테카 제국의 정치적 식민화: 변화인가 연속인가?」. ≪이베로아메리카연구≫, 24(3), 1~33쪽.

김희순. 2014.「스페인 식민제국 형성기 도시의 역할 고찰: 16세기 누에바 에스파냐 부왕령을 중심으로」. ≪한국도시지리학회지≫, 17(1), 139~156쪽.

문남권. 2004.「토지 제도를 통해 본 멕시코 대 원주민 정책의 변화: 에히도를 중심으로」. ≪국제지역연구≫, 8(2), 39~67쪽.

주종택. 2005.「멕시코의 원주민 정책과 종족성: 메스티소와 원주민의 관계」. ≪라틴아메리카연구≫, 18(3), 237~270쪽.

최진숙. 2009.「원주민 담론 생성과 물화된 '문화'개념: 과테말라의 사례를 중심으로」. ≪이베로아메리카연구≫, 20(1), 209~231쪽.

카멕, 로버트 M. 제닌 L. 가스코, 게리 H. 고센 엮음. 2014.『메소아메리카의 유산: 아메리카 토착 문명의 역사와 문화』. 강정원 옮김. 그린비.

Fraile, Pedro. 1997. *La otra ciudad del rey. Ciencia de policía y organización urbana en España*. Madrid: Celeste Ediciones.

García Castro, René. 2001. "De señoríos a pueblos de indios. La transición en la región otomiana de Toluca(1521-1550)." in Francisco González-Hermosillo (ed.). *Gobierno Y Economía en los pueblos indios del México colonial*. México: INAH, pp.193~211.

_____. 2002. "Los pueblos de indios." in Bernardo García Martínez(ed.). *Gran Historia de* México *Ilustrada, Nueva España, 1521-1750* I, México: Planeta de Agostini, pp.141~160.

García Zambrano, Angel Julián. 1992. "El poblamiento de México en la época del contacto." *Mesoamérica*, Vol.24, pp.239~296.

Gibson, Charles. 1967. *Los aztecas bajo el dominio español 1519-1810*.México: Siglo XXI.

González-Hermosillo, Francisco. 1991. "Indios en cabildo: historia de una historiografía sobre la Nueva España." *Historias*, Vol.26, pp.25~63.

Jiménez Gómez, Juan Ricardo. 2008. *La república de indios en Querétaro, 1550-1820*. Gobierno, elecciones y bienes de comunidad, México: Universidad Autónoma de Querétaro.

Lenkersdorf, Gudrun. 2010. *Repúblicas de indios. Pueblos mayas en Chiapas, siglo XVI*. México: Plaza y Valdés.

Lynch, John & John Edwards. 2005. *Historia de España. Edad moderna. El Auge del Imperio, 1474-1598*. Vol.4. Barcelona: Crítica.

Menegus Bornemann, Margarita. 1991. *Del señorío a la república de indios: El caso de Toluca, 1500-1600*. Madrid: Ministerio de Agricultura, Pesca y Alimentación, Secretaría General Técnica.

_____. 1999. "El gobierno de los indios en la Nueva España, siglo XVI. Señores o cabildo." *Revista de Indias*, Vol.69, No.217, pp.599~617.

Miranda, José. 1972. *Vida colonial y albores de la Independencia*. México: Secretaría de Educación Pública.

Mörner, Magnus. 1999. *La Corona española y los foráneos en los pueblos de indios de América*. Madrid: Ediciones de Cultura Hispánica.

Ochoa Campos, Moisés. 1968. *La reforma municipal*. México: Editorial Porrúa.

Park, Soo Kyoung. 2014. "El Entramado de la soberanía nacional y la autonomía indígena. Tres momentos en la historia de los pueblos de indios en México, 1549, 1812 y 1857." Tesis doctoral, México: Universidad Autónoma Metropolitana.

Pérez Zevallos, Juan Manuel. 1984. "El gobierno indígena colonial en Xochimilco (Siglo XVI)." *Historia Mexicana*, Vol.33, No.4, pp.445~462.

Ramírez Ruiz, Marcelo. 2006. "Territorialidad, pintura y paisaje del pueblo de indios." in Federico Fernández Christlieb & Ángel Julián García Zambrano(eds.). *Territorialidad y paisaje en el altépetl del Siglo XVI*. México: Fondo de Cultura Económica, pp.168~227.

Ruiz Medrano, Ethelia. 2002. "Las primeras instituciones del poder colonial." in Bernardo García Martínez(ed.). *Gran Historia de México Ilustrada, Nueva España, 1521-1750 I*. México: Planeta de Agostini, pp.41~60.

Taylor, William B. 1970. "Cacicazgos coloniales en el valle de Oaxaca." *Historia mexicana*, Vol.20, No.1, pp.1~41.

제6장

페루와 잉카 호명의 역사*

우석균 서울대학교 라틴아메리카연구소 HK교수

1. 서문

페루에서 '잉카'를 호명(呼名)하는 일은 잉카 시대는 물론이고 정복시대부터 오늘날에 이르기까지도 대단한 호소력을 발휘했다. 잉카콜라(Inca Kola)가 단적인 예이다. 1935년 영국인 이민자가 만든 페루의 이 음료는 스코틀랜드의 아이언브루(Irn-Bru)와 함께 코카콜라가 꺾어보지 못한 지역 기반 음료 단 두 곳 중 한 곳이었다(Alcalde, 2009: 50). 코카콜라로서는 잉카콜라 사례가 더 괘씸했을 것이다. 색깔도 맛도 콜라도 아닌 것이 '콜라'를 사칭하고, '콜라'라는 이름이 붙은 각국 음료 중에서 자국 내에서 코카콜라보다 더 많이 팔리는 유일한 음료였기 때문이다(Alcalde, 2009: 32).[1] '잉카'라는 이름이 민족적 감성을 불러일으킨 점이

* 이 글은 ≪스페인어문학≫ 75호(2015)에 발표된 필자의 논문을 총서의 취지에 맞게 수정 보완한 것이다.

크게 작용했다. 일개 음료가 이럴진대 잉카의 호명이 정치적으로도 막강한 효력을 발휘했으리라는 점은 쉽게 짐작이 갈 것이다. 가령 식민지 시대 말 메스티소였던 호세 가브리엘 콘도르칸키(José Gabriel Condorcanqui)는 잉카 부흥을 시도한 빌카밤바(Vilcabamba) 왕조의 마지막 군주 투팍 아마루(Túpac Amaru)의 후손임을 내세워 소위 잉카 민족주의의 불길이 활활 타오르게 했고, 2001년 알레한드로 톨레도(Alejandro Toledo)는 잉카의 가장 위대한 군주로 꼽히는 파차쿠텍과 자신을 동일시하는 선거 전략으로 대선 승리의 발판을 마련했다.

이 글은 정복 시대부터 오늘날에 이르기까지 이 기나긴 잉카 호명의 역사를 조명하고 그 명과 암을 성찰하고자 한다. 다음 절에서는 잉카를 구심점으로 한 민족의식의 원형(原型)을 추적할 것이고, 3절에서는 잉카 민족주의, 4절은 크리오요 민족주의, 5절은 벨라스코 등장 이후의 잉카 호명에 대해 살펴볼 것이다.

2. 원민족주의

잉카 연구의 초창기 대가 중 한 사람인 존 로우(John Rowe)는 적어도 18세기 중반 무렵 '잉카 민족주의'로 부를 만한 것이 존재했다고 주장한다(Rowe, 1954). 그람시의 이론을 빌려 설명하자면(그람시, 1999), 18세기 중반 식민체제에 저항하는 피지배자들의 역사적 블록이 형성되었고,

---

1) 1999년 코카콜라는 잉카콜라의 지분 49%를 3억 달러에 사들였다. 이에 따라 잉카콜라는 자신들의 해외영업권을 코카콜라에 양도하고, 대신 코카콜라, 환타, 스프라이트 등의 페루 내 병입(Bottling)권을 얻게 된다. 양사가 경쟁 대신 전략적 제휴 관계를 맺게 된 것이다.

이 블록이 잉카의 호명이라는 수단에 의거해 식민 당국과 헤게모니 경쟁을 벌인 것이 '잉카 민족주의'이다. 그렇지만 이 민족주의가 18세기에 갑자기 출현한 것은 아니다. 서구 민족주의 이론의 계보학에서 주류를 차지하고 있는 에릭 홉스봄이나 베네딕트 앤더슨 등이 '전통의 발명'이나 '상상의 공동체' 등의 개념을 내세워 민족이나 전통은 만들어지는 것이라고 역설하면서도 원민족주의(proto-nationalism)의 토대를 부정하지는 않았다는 점을 고려하면, 잉카 민족주의의 맹아가 그 이전에 싹이 텄을 가능성이 분명히 존재한다.

사실 잉카 멸망 직후부터 잉카의 호명은 늘 위력을 발휘했다. 정복자들이 꼭두각시 군주로 앉혀 놓은 망코 잉카(Manco Inca)가 1536년 잉카 부흥을 천명했을 때, 그는 수십 만 명의 병력을 쉽게 규합할 수 있었고, 잉카라는 이름만으로 그 뒤로 36년간 지속될 빌카밤바 왕조를 열 수 있었다. 1548년에는 아이러니한 일도 벌어졌다. 본국의 식민지 직할 통치 강화 시도에 대한 곤살로 피사로(Gonzalo Pizarro)의 반란 때 원주민들이 그를 '잉카'(잉카 군주)로 부른 것이다(Flores Galindo, 1994: 33). 1550년경에는 아타왈파의 처형을 모티브로 한 연극이 처음 공연되었고, 이후 안데스 여러 지역의 축제에서 되풀이되었다. 그러나 아직은 원민족주의가 형성되었다고 보기는 곤란할 것 같다. 망코 잉카의 헤게모니적 지위는 구질서, 즉 잉카 시대의 잔재에서 비롯된 것이고, 곤살로 피사로는 제1세대 정복자들의 이해를 대변한 인물일 뿐이기 때문이다. 아타왈파의 처형을 모티브로 한 연극도 공연 목적 자체가 가톨릭 포교를 위한 것이었음이 분명하다(Millones, 2000: 91).

민족의식의 맹아 같은 것을 싹트게 한 사건은 1572년 투팍 아마루의 처형인 듯하다. 잉카 가르실라소는 『잉카 왕실사』 2부[2]에서 그의 처형을 생생하게 묘사하는데(Vega, 2009: 746~751), 이 장면에서 가장 두드러지는 두 가지 요소는 원주민들의 공분과 투팍 아마루의 의연함이다. 원주민들의 공분이야 피지배자들로서는 당연한 감정일 테니 특별할 것 없다 하더라도 의연한 군주상에 대해서는 주목할 필요가 있다. 훗날 잉카 민족주의가 잉카 군주/식민 질서의 대립항을 구축했을 때 잉카 군주에 대한 미화를 필요로 했기 때문이다. 아직 20대의 젊은 군주인 투팍 아마루가 죽음을 앞두고도 의연한 군주로 그려지고 있다는 점에서 그러한 단초가 보인다.

물론 『잉카 왕실사』 2부가 투팍 아마루가 죽은 후 수십 년 뒤인 17세기 초에 집필된 것이기 때문에 이 대목의 묘사가 1572년 처형 당시 원주민들의 공통적인 감정이나 시각이라고 단정하기는 힘들다. 하지만 잉카 가르실라소는 적어도 1590년대 초반에 『잉카 왕실사』를 구상했거나 이미 쓰기 시작했고, 그러면서 페루의 지인들과의 서신 왕래를 통해 자신이 잘 모르는 일들에 대한 증언을 수집하고 있었다(Ossio, 2010: 57~58). 따라서 처형 대목에 대한 묘사가 완전히 날조되었다고 보기도 어렵고, 잉카 군주의 미화가 1572년 당시에는 몰라도 적어도 1590년대에는 시작되었다고 추정할 수 있다. 이런 추정을 뒷받침해주는 두 가지 방증이 있다. 하나는 1560년대 중반의 타키 옹코이(Taqui Onqoy)와 1590년의 모로 옹코이(Moro Onqoy) 두 반체제 종교운동 사이의 상당한 차이점이다. 타키 옹코이는 안데스의 전통적인 와카(huaca) 신앙, 즉 조상신 혹은 마을의 수호신 숭배에 의거한 것이었지 잉카 군주를 구심점으로 하지 않았다. 반면 1590년 쿠스코를 비롯한 오늘날의 페루 남부 안데스

2) 잉카 가르실라소가 『잉카 왕실사』의 속편으로 쓴 책이다. 잉카 가르실라소가 죽기 전에 탈고했지만 사망 후 출간되면서 그의 의도와 달리 『페루 일반사(Historia general del Perú)』라는 제목으로 출판되었다.

에 퍼진 모로 옹코이 신앙은 잉카 군주가 출현해 원주민들을 죽음에서 구하리라는 내용을 담고 있다. 플로레스 갈린도(Flores Galindo)는 이 차이가 1560년대 중반에는 잉카 시대를 끔찍한 시절로 기억하는 원주민들이 많았고, 투팍 아마루의 처형 이후에는 잉카에 대한 미화가 이루어졌기 때문이라고 본다(Flores Galindo, 1994: 36~37). 또 다른 하나는 잉카 군주가 언젠가 돌아와 마치 메시아처럼 현세를 심판하고 새로운 질서를 구축하리라는 내용의 잉카리 신화이다. 이 신화의 형성 시점에 대해서는 1572년 무렵 설에서 18세기 설까지 이견이 있지만 아타왈파(Atahualpa)와 투팍 아마루의 처형에 대한 기억이 합쳐진 것이라는 것이 정설이고,[3] 모로 옹코이 신앙과 공통적인 점이 있다는 점을 고려하면 1590년대가 원민족주의의 형성 시점이라는 추정이 충분히 가능하다.

17세기 초 잉카 가르실라소와 펠리페 와만 포마 데 아얄라(Felipe Guamán Poma de Ayala)에 이르면 원민족주의의 형성이 진행 중이라는 더 명확한 징후를 볼 수 있다. 메스티소였던 잉카 가르실라소는 '페루 제국(Imperio del Perú)'에 거주하는 모든 '인디오, 메스티소, 크리오요'를 '우리'의 범주에 집어넣었다는 점에서는(우석균, 2014: 149) 잉카/스페인이 아니라 페루/스페인의 대립 구도를 상정하고 있다. 또 비록 『잉카 왕실사』 2부의 주된 집필 목표가 아버지를 비롯한 정복자 세대를 예찬하기 위한 것이었지만, 1부에서는 잉카 군주들에 대한 미화로 일관하고 있다(우석균, 2014: 129~133). 특히 잉카 창건 신화를 다루고 난 뒤 "우리 건물의 주춧돌을 놓았다"(Vega, 1995: 48)라고 적고 있는 점이 인상적이다. '페루 제국'에 잉카 시대의 '아름다운' 질서가 재현되기를 원했다는 점에서

3) 수많은 판본의 잉카리 신화 중에서 하나가 번역되어 있다(「잉카리 신화」, 2013: 301~302). 잉카리 신화에 대한 연구로는 우석균(2005), 강성식(2008) 참조.

잉카 민족주의의 원형으로 보기에 충분한 것이다.

와만 포마의 『새로운 연대기와 선정(善政)(El primer nueva corónica y buen gobierno』(1615/1616)도 잉카 민족주의의 흥미로운 원형적 징후이다. 주지하다시피 와만 포마는 이 텍스트를 통해 원주민 자치를 스페인 국왕에게 요구했다. 와만 포마는 텍스트 여러 곳에서 자신의 어머니가 잉카의 10대 군주인 투팍 잉카 유팡키의 딸이었다는 사실을 강조함으로써 자신이 스페인 국왕과 대화를 할 수 있을 자격이 있음을 암시했을 뿐만 아니라(Adorno, 1989: 79), 잉카 시대의 정치철학에 의거하여 자치 요구의 정당성을 강화했다(Castro-Klarén, 2011: 27). 그런데 와만 포마는 반 잉카 정서의 소유자였고 지역 기반도 친차수유의 와망가(Humanga, 오늘날의 아야쿠초) 일대였다(Murra, 1980: XVI). 잉카계 지배 엘리트이든 아니든 간에 식민 당국과의 교섭에서 잉카를 호명하는 전략이 잉카 민족주의의 발흥 훨씬 전부터 존재했다는 명백한 사례가 바로 와만 포마인 것이다.

이런 징후들이 있었다 해도 17세기 초에 잉카 민족주의의 원형이 이미 존재했다고 확언하기는 어렵다. 하지만 잉카 민족주의의 기원을 1666년으로 올려 잡는 시각도 존재한다. 리마에서 '망코 카팍'을 칭하는 가브리엘이라는 인물이 모든 스페인인을 제거하려는 계획을 꾸민 해이다(Guzmán Palomino: 2). 따라서 18세기에 잉카 민족주의가 확실히 모습을 드러내기 오래전에 그 싹이 텄다는 것은 의심의 여지가 없다.

3. 대반란과 잉카 민족주의

앞서 언급했듯이 '잉카 민족주의'라는 개념은 존 로우가 처음 정립했다. 1954년 논문 「18세기의 잉카 민족운동」에서였다. 그는 투팍 아마루 2세 봉기로 시작된 소위 대반란(Gran Rebelión, 1780~1783년)을 비롯해서 18세기 중반부터 이어진 일련의 원주민 봉기를[4] 잉카의 유산으로 판단한다. 식민지 시대가 스페인 공동체(República de españoles)와 원주민 공동체(República de indios)라는 이원적 체제로 작동하고 있었고,[5] 그 덕분에 잉카 시대의 정치적 전통과 문화적 전통이 보존되면서 18세기 중반부터 '잉카'를 구심점으로 하는 '원주민' 엘리트들의 봉기로 귀결되었다는 것이다. 정치적 전통이란 잉카인이든 혹은 잉카에게 정복당한 부족이든 간에 잉카 시대의 지배 엘리트들이 식민지 시대에 카시케(cacique)로써 원주민 공동체를 이끌어온 전통을 지칭하고, 문화적 전통이란 17세기 말 잉카 의복 양식의 유행과 케로(quero: 잉카의 의례용 도기) 등의 지속적 이용 등을 꼽을 수 있다. 이처럼 잉카 시대에 기원을 둔 전통이 아직 유지되는 상황에서 잉카의 호명은 원주민들 사이에서는 물론이고 식민 당국과의 교섭에서도 정치적, 사회적, 경제적으로 현실적 이득을 가져다줄 수 있는 일이었다. 가령 존 로우는 투팍 아마루 2세가 투팍 아마루의 후손임을 인정받고자 봉기 4년 전부터 소송 중이었다는 점을 거론한다(Rowe, 1954).

잉카 민족주의의 발흥은 아무래도 1700년에 들어선 스페인 부르봉 왕실의 소위 부르봉 개혁과 관계 깊다. 특히 카를로스 3세(재위 1759~1788년)가 중앙집권 강화, 절대왕정 지향, 중상주의, 본국과 식민지의 차별 등의 정책 기조 속에서 정치, 행정, 경제, 조세 등 다방면에서

4) 캠벨에 따르면 1742년의 후안 산토스 아타왈파(Juan Santos Atahualpa)의 봉기에서 대반란에 이르기까지 무려 66회의 반(反)식민 질서 움직임이 있었다(Campbell, 1990: 119).

5) 'República'를 '공동체'로 번역하는 이유는 박수경(2014: 213~215) 참조.

개혁을 시도했다. 식민지인들의 권리는 정치, 사회, 경제 전반적으로 예전보다 제한되고 타격을 입었다. 안데스에서도 광업과 직물의 생산을 늘리기 위해 각각 미타(mita: 일종의 부역 제도)와 오브라헤(obraje: 수공업 형태의 직물 혹은 의류 공장)를 강화하고, 효율적인 세금 징수를 위해 세무서들을 신설하기도 했다. 1776년 라플라타 부왕령을 만들면서 바호페루(Bajo Perú)와 알토페루(Alto Perú), 즉 대체로 오늘날의 페루와 볼리비아에 각각 해당하는 두 지역 간의 경제 네트워크가 타격을 입었다는 점도 안데스 지역에서는 커다란 불만이었다(Klarén, 2004: 146~159). 잉카 민족주의는 이러한 부르봉 개혁에 대한 저항, 나아가 식민 본국에 대한 저항이었다는 점에서 일종의 반식민주의적 민족주의였던 것이다.

수많은 봉기가 있었기 때문에 지도부의 성격, 봉기의 추이, 지향점은 다소 차이가 있다. 가령 후안 산토스 아타왈파는 메스티소였고, 그다지 뚜렷한 근거 없이 잉카 본(本) 왕조의 마지막 군주 '아타왈파'를 자처했다. 1742년 페루 북부에서 봉기하여 안데스 동쪽 사면의 밀림 지역에 근거지를 구축하였고, 초기의 세를 유지하지는 못했지만 1756년 그가 홀연히 자취를 감추었을 때까지 식민 당국에 진압되지 않았다. 그는 잉카 제국의 복원을 천명했고, 그의 구상에서 스페인인과 흑인들을 아예 배제했다(Flores Galindo, 1994: 83~96). 투팍 아마루 2세도 메스티소였지만, 쿠스코 일대의 3개 원주민 촌락의 카시케 지위를 물려받고, 이를 잘 활용하여 부와 사회적 명망을 구축했다는 점에서 존 로우가 잉카 민족주의의 중심 세력으로 주목한 원주민 엘리트의 대표적 사례이다. 그러나 예수회 신부들에게 교육을 받았고, 카시케와 알토페루를 오가는 상인으로 활동하면서 스페인계 유지들과의 친분도 나름대로 지니고 있었다. 그러다보니 투팍 아마루 2세는 초기에 빌카밤바 왕조의 투팍 아마루를 호명했으면서도 잉카 제국의 복원보다는 부르봉 개혁 이전의 체제로 회귀하는 쪽을 염두에 두었고, 스페인계(반도인, 크리오요, 메스티소)를 배제하려고 하지도 않았다. 알토페루의 라파스를 포위해서 투팍 아마루 2세와 함께 대반란의 주요 축을 형성한 투팍 카타리(Túpac Katari)는 투팍 아마루 2세는 물론 후안 산토스 아타왈파와도 다른 행보를 걸었다. 그는 케추아계인 두 사람과 달리 아이마라 원주민이었고, 잉카를 호명하지도 않았다.[6] 스페인계 주민의 축출을 천명한 점에서는 후안 산토스 아타왈파와 비슷했지만 잉카 제국의 복원을 구상한 것은 아니었던 것이다. 또 투팍 아마루 2세와 보조를 맞춰 원주민 봉기를 주도했으면서도 그와 알력을 빚기도 했다. 그래서 대반란을 투팍 아마루 2세가 이끈 제1단계와 투팍 카타리가 이끈 제2단계로 나누기도 한다(Campbell, 1990: 119; Serulinkov, 2012). 투팍 카타리의 이러한 독특한 행보는 잉카 시대까지 거슬러 올라가는 지역감정, 즉 쿠스코 중심주의나 잉카 중심주의에 대한 반발의 결과이다.[7]

세 사람의 이러한 차이점을 놓고 볼 때 잉카 민족주의에 대한 비판적 성찰의 여지가 분명 존재한다. 첫째, 후안 산토스 아타왈파와 투팍 아마루 2세가 메스티소이면서도 잉카를 호명해 원주민들의 강력한 지지를 얻었다는 점은 동원 민족주의라는 비판에서 자유로울 수 없다. 둘째,

---

6) '투팍 아마루'와 '투팍 카타리'는 같은 뜻의 이름이다. '아마루'와 '카타리'가 각각 케추아어와 아이마라어로 '뱀'을 뜻한다.

7) 투팍 아마루 2세 추종자들과 투팍 카타리 추종자들의 갈등에 대해서는 Campbell (1990) 참조. 잉카의 멸망 이유 중 하나로, 잉카가 급속도로 팽창한 정복 국가여서 피정복 부족들을 충분히 국가적으로 통합시키지 못한 순간에 스페인 정복자들의 침입을 받았다는 점을 거론하기도 한다(Rostworowski, 1992: 286). 앞서 와만 포마의 지역감정을 언급했는데, 17세기 초기에 연대기를 남긴 또 다른 원주민 후안 산타 크루스 파차쿠티(Juan Santa Cruz Pachacuti)도 아이마라인이 많이 거주하는 코야수유(Collasuyu)의 시각에서 자신의 텍스트를 썼다.

후안 산토스 아타왈파의 잉카 제국 복원 목표나 투팍 아마루 2세의 부르봉 개혁 이전의 식민질서 복구 목표는 국민국가를 목표로 한 것이 아니라는 점에서 이들의 봉기를 '민족주의'의 틀에서 다루는 것에 대한 불편함을 준다. 셋째, 잉카 제국 복원이라는 목표는 과거 회귀적인 태도라는 비판을 받을 수밖에 없다. 넷째, 스페인계 척결이라는 목표를 공유한 원주민 봉기들은 민족주의보다는 종족주의가 더 적합한 범주일 수도 있다. 다섯째, 투팍 카타리가 잉카를 호명하지 않았다는 점은 18세기 중반 이후의 모든 원주민 봉기를 잉카 민족주의로 분류할 수 없다는 점을 보여준다.

하지만 이러한 유보적인 성찰에도 불구하고 18세기의 원주민 봉기들이 결국은 반식민주의적 움직임이었다는 점에서 소위 제3세계 민족주의의 특징을 선취한 것이고, 잉카의 호명이 스페인/잉카의 대립 구도를 선명하게 구축하고 강화시켰다는 점에서 '잉카 민족주의'라는 범주가 상당히 타당하다고 볼 수 있다. 그리고 투팍 카타리 자신이 잉카를 호명하지 않았다 해도, 그의 추종자들은 잉카 군주의 귀환을 현실로 받아들였을 가능성이 충분히 존재한다. 잉카리 신화가 안데스에 광범위하게 유포되어 있었기 때문이다(Campbell, 1990: 120). 그리고 투팍 카타리의 봉기 자체가 커다란 위력을 발휘할 수 있었던 것은 투팍 아마루 2세가 잉카를 호명하면서 광범위한 반식민 전선을 구축할 가능성을 열었기 때문이다. 또 투팍 아마루 2세의 봉기야말로 잉카를 호명한 순간 그의 원래 의도와 상관없이 스페인/잉카의 대립 구도로 전개된 대표적인 사례이다. 그는 '투팍 아마루'라는 이름을 통해 잉카를 호명했을 뿐만 아니라, 카를로스 3세의 생일인 11월 16일을 기해 봉기를 일으킴으로써 잉카/스페인 구도를 의도적으로 조장했다. 이를 즉흥적인 결정으로 보기도 어렵다. 투팍 아마루 2세는 최소한 봉기 몇 년 전부터

『잉카 왕실사』 1부에 깊이 심취해 있었기 때문이다. 『잉카 왕실사』 1부가 투팍 아마루 2세가 토착민 군주가 다스리는 민족 사회를 꿈꾸었을 때 유토피아적 청사진이었다고 말할 정도이다(Elmore, 2008: 223, 225). 투팍 아마루 2세가 잉카를 호명한 순간 그의 의도와 상관없이 스페인/잉카의 구도가 구축, 강화된 징후로는 여러 가지 사례를 들 수 있다. 가령 애초의 봉기 지도부 42인 중에는 반도인과 크리오요가 16명, 메스티소가 17명으로 오히려 다수였는데도 불구하고(Elmore, 2008: 222에서 재인용), 결국 스페인계는 거의 대부분 투팍 아마루 2세에게 등을 돌렸다. 또 식민 당국은 잉카계 원주민 귀족들의 초상화와 문장, 잉카식 의복, 『잉카 왕실사』, 원주민 엘리트들이 곧잘 사용하던 '잉카'라는 칭호 등의 사용을 전면적으로 금지하였다. 그리고 19세기 초 독립전쟁 때 왕당파는 독립은 곧 스페인계의 멸절을 가져올 뿐이라고 선전하기도 했다.

4. 잉카인 sí, 인디오 no

잉카 민족주의는 대반란의 실패로 오히려 기반을 크게 상실했다. 대반란 때 무려 1만 명의 사망자가 난 일로(원주민은 10만 명 사망) 스페인계 주민들은 원주민들에 대해 두려움을 느끼게 되었고, 앞서 언급한 잉카 호명의 금지 등의 예에서 알 수 있듯이 철저한 원주민 배제 정책을 펼치기 시작했다. 이 정책 기조는 독립 후에도 이어져 대반란은 국가 공식 역사에서 오랫동안 야만의 역사로 간주되어 투팍 아마루 2세에 대한 재조명은 1968년 벨라스코 정권이 들어선 이후에나 이루어졌다(Serulnikov, 2012).

페루 독립과 건국은 크리오요 민족주의가 주도했고, 기본적인 건국이념은 소위 '볼리바르화(化)'였다. '볼리바르화'란 페루에 진주한 시몬 볼리바르가 원주민의 공동소유 토지를 부정하는 훈령을 공표한 데에서 유래된 용어이다(Molinié, 2004: 235), 18세기 내내 이어진 원주민 봉기의 주요 원인 중 하나였던 토지 문제에서 크리오요들의 손을 들어준 사건이었고, 또 공동소유 같은 원주민들의 전통적인 경제·문화 유산이 근대국가에 어울리지 않는다는 선언을 한 것이나 마찬가지였기 때문에 원주민 배제라는 원칙에 입각한 크리오요 민족주의의 상징적 사건이 볼리바르의 훈령이었던 것이다.

그럼에도 불구하고 원주민과 잉카인은 다른 대접을 받았다는 점이 커다란 아이러니이다. 이는 크리오요 민족주의가 잉카의 호명을 여전히 필요로 했기 때문에 발생한 아이러니다. 그 필요는 크리오요들이 적이 된 스페인 본토인들과 자신들을 차별화시킬 필요성을 느끼면서 비롯되었다. 가장 먼저 잉카를 호명한 이들은 대반란의 끔찍한 기억이 별로 없는 부에노스아이레스인들이었다. 1810년대에 이들은 잉카의 상징인 태양을 카빌도(cabildo) 문장(紋章), 동전, 국기 등에 사용하였다. 그리고 1820년 해방군을 이끌고 페루에 온 산 마르틴은 페루 국기를 만들면서 태양을 집어넣었다. 그러자 페루 크리오요들도 얼마 안 가서 잉카 관련 상징들을 적극적으로 이용하였다. 심지어 잠재적인 폭도, 원시인 정도로 간주하던 원주민들을 포섭하려는 시도도 있었다. 가령 독립선언 이듬해인 1822년 리마에 위치한 국회는 내륙지방 원주민들의 동참을 촉구하면서 그들을 "태양의 고귀한 후손이며 사랑하는 형제"라고 불렀다 (Earle, 2007: 2장).

그러나 크리오요들의 이러한 태도 변화는 제스처에 불과했다는 사실이 여러 가지 면에서 드러났다. 가령 페루-볼리비아 연방(Confederación

Perú-Boliviana, 1836~1839년)과 이를 이끈 볼리비아 대통령 안드레스 데 산타 크루스(Andrés de Santa Cruz, 1829~1839년 재임)에 대한 페루 크리오요들의 비합리적인 태도를 보면 잘 알 수 있다. 연방은 페루 북부, 페루 남부, 볼리비아가 협조하여 페루공화국(República Peruana)을 건국하자는 구상을 담고 있었다. 정복 이전부터 존재한 안데스 각 지방 사이의 역사적, 문화적, 경제적 고리를 생각하면 충분히 현실적인 구상이었다. 그러나 리마를 중심으로 한 해안지대와 경제적 이해관계가 충돌했을 뿐만 아니라, 라플라타 부왕령 설치 이전의 페루 부왕령의 원래 영토가 독립 후 대체로 페루와 볼리비아로 양분된 현실에서 산타 크루스의 연방 구상은 분쟁의 씨앗일 수밖에 없었다. 페루-볼리비아 연방이 공식적으로 선언되기 직전 해인 1835년 페루에 내전이 일어나자, 산타 크루스는 자신의 구상을 위해 볼리비아 군을 페루에 파병하기도 했다. 리마의 크리오요들은 산타 크루스를 외국인, 정복자, 잉카인들의 성스러운 땅을 더럽힌 자로 규정했다. 그런데 이는 산타 크루스에 대한 대단히 중상모략 수준의 비난이었다. 우선 그의 부친은 와망가에서 태어나 쿠스코에서 자랐고, 산타 크루스는 독립전쟁 초기부터 참전하였을 뿐만 아니라 페루 독립 과정에서 결정적 승리를 거둔 전투의 하나였던 후닌 전투의 유공자이기도 하다. 그래서 산타 크루스는 볼리비아 국적을 지녔어도 완전한 외국인이 아니었다. 사실 리마의 크리오요들이 그를 외국인으로 본 것은 볼리비아인이기 때문이 아니라 원주민이었기 때문이다. 그러나 이 역시 정당한 비난이 아니다. 산타 크루스는 메스티소였기 때문이다. 이는 원주민 피가 섞인 이들을 백인이 아니라 원주민으로 간주하는 19세기 크리오요 민족주의의 한 측면을 보여주는 일이다. 산타 크루스에 대한 '정복자'라는 규정의 이면에는 감히 원주민 따위가 '정복' 같은 위업을 넘보았다는 시각이 존재했다(Méndez, 2000: 15~19).

원주민 국민에 대한 필요성과 이들에 대한 멸시가 상존하는 가운데 크리오요 민족주의는 새로운 민족을 발명한다. 가령 크리오요 민족주의는 우선 원주민들이 존재적으로 슬픔(sadness)을 안고 사는 이들이라는 점을 부각시킨다. 이는 라스 카사스(Bartolomé de Las Casas) 신부에서 시작하여 프랑스와 독일의 낭만주의로 이어지는 전통을 이용한 것인데, 페루 원주민의 경우 잉카 제국의 멸망이 슬픔의 근원이라는 것이다. 그런데 페루 같은 신생국가, 즉 역동적으로 나라의 기틀을 잡아가야 하는 국가에서 '슬픈 원주민'은 필요 없었다. 크리오요 민족주의가 필요로 한 것은 존재적 상처를 입기 전의 "[잉카] 제국의 원주민(imperial indian)"이었다(Molinié, 2004: 235~236). 그리고 '제국의 원주민'의 호명 필요성이 생기면서 잉카 시대에 대한 재조명에 나섰다.

이는 라틴아메리카 전역에서 공통적으로 일어난 일로, 가령 1870년대에 크리오요 지식인 엘리트를 중심으로 정복 이전의 "문명화된 과거(a civilized past)"를 주목하는 분위기가 형성되었다. 이들은 먼저 원주민 문명들이 외부의 영향 없이 자생적으로 발현했다는 점을 주목했다. 또 그리스, 로마, 이집트, 바빌로니아 등과 마찬가지로 훌륭한 문명 수준에 이르렀다는 점을 지적했다. 물론 정복 당시 구세계와 신세계의 문명 수준의 차이에서 구세계가 우위에 있었다는 점을 들어 이에 대한 반론도 줄기차게 제기되었지만 '문명화된 과거'의 '제국의 원주민'은 크리오요 민족주의에서 국민의 자격을 획득하였다(Earle, 2007: 4장). 물론 제국의 원주민이 더 이상 존재하지 않는 상황에서 이는 사실상 원주민에 대한 철저한 배제를 의미했다. 그래서 세실리아 멘데스는 크리오요 민족주의의 주요 특징을 '잉카인 sí, 인디오 no'로 규정하고 있는 것이다(Méndez, 2000).

멘데스의 지적처럼 크리오요 민족주의는 적어도 벨라스코 정권의 등장 때까지는 유지되었다(Méndez, 2000: 10). 하지만 태평양전쟁의 패배로 이미 그전과 같은 헤게모니적 지위를 유지할 수는 없었다. 그에 대해서는 크리오요들 자신이 더 뼈저리게 느꼈음이 분명하다. 문인이자 사상가인 곤살레스 프라다(Manuel González Prada)는 이미 1888년에 페루는 크리오요와 외국인들뿐만 아니라 다수의 인디오 군중들로 구성되어 있다고 일갈했다(González Prada, 1979: 73). 잉카인이 아닌 현대 원주민으로 시선을 돌려야 한다는 주장이다. 곤살레스 프라다야 페루 원주민주의의 서막을 연 인물이니 그렇다 해도, 크리오요 민족주의의 수호자였던 호세 데 라 리바 아구에로의 행보는 이 민족주의가 수세로 돌아섰다는 징후를 보여준다. 리바 아구에로는 1916년 잉카 가르실라소 사망 300주년에 즈음한 강연에서 그를 페루의 가장 위대한 작가, 가장 고전적인 작가로 칭송하면서 세르반테스와 셰익스피어에 견주었다(Riva Agüero, 1993: 263). 투팍 아마루 2세의 봉기 이후 위험 인물이었던 잉카 가르실라소를 스페인의 문화 영웅인 세르반테스에 견주면서 그에게 국민문학의 대표자 자격을 부여한 것은 의미심장한 일이 아닐 수 없다. 물론 리바 아구에로가 '잉카인 sí, 인디오 no', '문명화된 과거'의 기조를 포기한 것은 결코 아니지만 말이다.

잉카 가르실라소의 복권에 이어 원주민주의가 유행한 1920년대부터는 잉카의 호명이 더욱 빈번하고 강렬해졌다. 좌파 지식인들은 이 시기에 잉카를 완벽한 국가로, 나아가 아이유(ayllu)를 현대사회에도 유효한 완벽한 공동체 시스템이라고 주장했다(Molinié, 2004: 238). 쿠스코의 원주민주의를 이끌었던 발카르셀(Luis E. Valcárcel)의 행보도 주목할 대상이다. 그는 1930년에 리마로 이주해서 여러 박물관에서 활동하고 잉카 역사 강의를 산마르코스 대학에서 담당했다. 그리고 1945년 출범한 부스타만테(José Luis Bustamante y Rivero) 정권하에서는 교육부 장관을 역임하면서 문화박물관, 산마르코스 대학 민족지학-고고학 연구소, 페루 원주민 연구소 등을 차례로 설립하는 데 결정적인 역할을 했다. 바르가스 요사는 원주민주의가 1940년대에 국가의 공식 교의(doctrina oficial)가 되었다고 지적하는데(Vargas Llosa, 2004: 165), 그 과정에서 발카르셀이 중요한 역할을 한 것이다.

물론 발카르셀은 잉카만을 호명한 것이 아니고 원주민주의의 전반적인 확산을 위해 노력하였다. 그러나 잉카가 원주민주의에서 차지하고 있는 위치를 고려하면 잉카의 호명도 국가의 공식 교의에 당연히 포함되었다. 이제 잉카를 호명하는 일은 이른바 '정치적 올바름(political correctness)'에 해당하는 시대로 접어들었다. 일례로 1962년 대통령 선거의 승리자 벨라운데(Fernando Belaúnde Terry)는 "잉카 제국의 기억들을 되살리면서 국민에게 민족적 위대함을 다시 한 번 꿈꿀 것을 촉구"(스키드모어 외, 2014: 297)했다.

5. 벨라스코에서 네오 잉카주의까지

앞서 언급했듯이, 벨라스코의 등장으로 투팍 아마루 2세의 복권과 크리오요 민족주의의 종식이 이루어졌다. 1968년 10월 군부 쿠데타로 집권한 벨라스코는 투팍 아마루 2세의 반식민주의 노선을 높이 평가해서 그를 국가적 상징으로 삼았다. 또한 케추아어를 국가 공식언어로 인정하고, 원주민을 위해 대대적인 농지개혁을 시도하기도 했다. 언뜻 보면 잉카 민족주의가 수면 아래 잠복해 있다가 다시 부활한 듯한 인상을 준다. 그렇지만 벨라스코가 잉카 민족주의의 부활을 시도한 것은 분명 아니다. 가령 벨라스코는 1930년 제정된 '원주민의 날(Día del

Inido)'을 '농민의 날(Día del Campesino)'로 바꾸었다. 이는 벨라스코가 원주민 국민이 아니라 농민 국민을 위한 국가를 꿈꾸었다는 뜻이다. 다만 원주민이 농민의 대다수를 차지하고 있기 때문에 잉카를 호명하고 원주민을 포용하는 정책을 펼쳤던 것이다. 잉카계 원주민이 다스리는 나라를 꿈꾸었던 투팍 아마루 2세의 꿈과는 달리, 벨라스코는 국가와 국민이 하나가 되는 근대적 민족주의를 구상하고 있었기에 잉카 민족주의와는 성격이 다르다고 볼 수밖에 없다. 실제로 벨라스코는 미국이 헤게모니를 쥔 신식민주의적 체제도 문제라고 생각했지만 원주민 농민 중심으로 격화되고 있는 계급투쟁도 심각한 국가적 문제로 인식했다(Klarén, 2004: 382~383). 그래서 그의 농지개혁은 자본주의, 신식민주의 체제의 경제적 불평등 해소와 원주민 농민의 급진화 방지를 무마하여 제3의 길 혹은 페루식 민족주의 시대를 개척하기 위한 중요한 수단이었다. 그래서 벨라스코에 대해서도 동원 민족주의라는 비판이 따르게 되었다. 또 벨라스코는 아이유 등 페루의 전통적인 농업 시스템보다는 협동조합을 근간으로 하는 농지개혁을 선호했다. 위에서 아래로의 개혁에 방점이 찍힌 이 접근 방식은 소위 '원주민 없는 원주민주의'(Irigoyen Fajardo, 2002: 160~162)라는 비판으로부터도 자유로울 수 없다.

그러나 몇 가지 문제점에도 불구하고 벨라스코의 출현은 상당한 파장을 불러일으켰다. 벨라스코 등장 당시 페루의 국민 작가였으며 인류학자로서 잉카리 신화 채집에도 크게 기여한 호세 마리아 아르게다스(José María Arguedas)는 벨라스코와 그를 떠받드는 혁명 세력이 곤살레스 프라다와 마리아테기(José Carlos Mariátegui) 시절부터 요구하던 것을 불과 아홉 달 만에 성취했다고 예찬했을 정도이다(Mayhua Quispe, 2011에서 재인용). 벨라스코는 또한 알베르토 플로레스 갈린도, 마누엘 부르가(Manuel Burga) 등을 주요 인물로 하는 페루의 68세대 형성에도 결정적 영향을 끼쳤다. 이 세대가 사르트르의 비판 정신이나 프라하의 봄, 파리 학생 운동 등등의 1968년 서구의 주요 사건들의 영향을 받지 않은 것은 아니지만, 기본적으로는 벨라스코의 사회변혁의 꿈에 결정적인 영향을 받은 세대였다(우석균, 2011: 73~74). 플로레스 갈린도와 부르가는 안데스 유토피아에 특별한 관심을 기울였다. 『잉카 왕을 찾아서: 안데스의 정체성과 유토피아』(1986)와 『유토피아의 탄생: 잉카 군주들의 죽음과 부활(Nacimiento de una utopía: muerte y resurrección de los incas)』(2005)이 각각 이와 관련된 대표적인 저작이다. 벨라스코의 등장 직후에 투팍 아마루 2세에 대한 집중적인 조명이 이루어졌다면, 이들은 '파차쿠티(pachacuti)'에 주목했다(Serulnikov, 2012). 파차쿠티는 파차쿠텍의 다른 표기법이고 대재앙 혹은 대격변을 뜻한다. 잉카의 9대 군주가 '파차쿠텍'이라고 불리게 된 이유가 새로운 시대가 열렸다는 것을 선포하기 위해서 혹은 그런 평가를 받았기 때문으로 추정된다(우석균, 2012: 19~20). 그러나 플로레스 갈린도나 부르가가 주목한 것은 역사 속의 인물인 파차쿠텍이 아니라 이 어휘에 담겨 있는 안데스의 전통적인 세계관이었다(Serulnikov, 2012). 가령 플로레스 갈린도가 페루 역사를 새로운 질서를 열 잉카 군주를 찾아온 역사라고 규정할 때, 잉카 군주는 상징적 표현에 불과하고 원주민 권리가 보장되는 새로운 질서가 핵심이다.

그러나 일상의 영역에서는 파차쿠티보다 파차쿠텍의 호명이 두드러졌다. 원주민들의 세계관 파차쿠티에 담긴 심오한 철학과 미래 전망을 충분히 이해하지 못한 탓이다. 하지만 파차쿠텍의 호명만으로도 상당한 의미가 있다. 파차쿠텍은 잉카 가르실라소와 와만 포마는 물론 후안 데 베탄소스(Juan de Betanzos), 페드로 시에사 데 레온(Pedro Cieza de León), 라스 카사스, 호세 데 아코스타(José de Acosta), 프란시스코 데 톨레도(Francisco de Toledo) 부왕 등등 승자가 남긴 기록들에서도 가장 위대한 군주, 잉카의 국가 기틀을 잡은 군주 등으로 언급된다(Pinedo Macedo, 2002: 12~13). 그럼에도 불구하고 오랫동안 잉카 군주들 중에서 가장 주목을 받은 군주는 본 왕조의 마지막 군주 아타왈파였다. 그가 카하마르카에서 프란시스코 피사로(Francisco Pizarro)에게 사로잡힌 사건이 페루의 역사, 문화, 정체성에서 그 이전과 이후를 천양지차로 가르고 있기 때문이다(Reyna, 2010: 172). 그러나 서구의 직선적 시간관이나 발전주의가 우승열패의 문명관을 구축했고, 이에 따라 잉카의 번영보다 패망 원인을 주목하게 만든 측면도 작용하지 않았나 싶다. 가령 인류 문명의 성쇠를 다루는 『총, 균, 쇠』가 유럽인과 아메리카 원주민의 운명을 가른 가장 상징적인 사건으로 카하마르카 사건을 지목한 것도(다이아몬드, 1998: 193) 필자는 그 연장선상에서 발생한 일로 본다. 어찌 되었든 파차쿠텍의 호명은 잉카 역사 서술의 주 관심을 멸망에서 전성기로 돌려놓은 쾌거라는 점을 분명히 지적하고 싶다.

1992년이 되면 파차쿠텍은 더 확고한 지위를 획득한다. 그해 12월에 파차쿠텍 동상 겸 박물관이 쿠스코 시가지 남쪽에 건립되면서이다. 특히 공항과 시내 중심지를 잇는 간선도로 로터리에 건립되면서 수많은 국내외 관광객이 첫인상부터 자연스럽게 쿠스코, 잉카, 파차쿠텍을 동일시하도록 유도하고 있다. 1995년에서 1998년 사이 인티 라이미(Inti Raymi) 행사 중에 일어난 일도 의미심장하다. 이 기간 동안 잉카 군주 역할을 담당한 이는 알프레도 잉카 로카(Alfredo Inca Roca)라는 인물로, 그 이전부터 잉카의 6대 군주로 전해지는 잉카 로카의 후손임을 내세우던 인물이었다. 그러나 인티 라이미의 의식 중 하나인 쿠스코 시장에게 당부의 말을 하는 순서에서 그는 시장을 데리고 오라는 영을 파차쿠텍의 이름으로 내렸다(Moliné, 2004: 243). 2000년 후지모리의 부정선거를 규탄한 시위를 주도한 알레한드로 톨레도가 군중의 '파차쿠텍' 연호를 받게 된 것도 이런 맥락에서였다. 마추피추(Machu Picchu) 아랫마을이며 유적지로 가는 버스가 출발하는 아구아스 칼리엔테스(Aguas Calientes)에도 당연히 파차쿠텍 동상이 들어섰다. 마추피추가 파차쿠텍 때 건설되었다는 것이 유력한 설이기 때문이다. 또 2011년에는 쿠스코 중앙광장에 또 다른 파차쿠텍 동상이 건립되었다.

잉카의 가장 위대한 시기로 마침내 시선을 돌렸다는 점이 파차쿠텍 호명의 빛이라면 그 그림자도 짙다. 우선 알레한드로 톨레도 사례를 들지 않을 수 없다. 그는 페루를 전통과 근대성 혹은 전통과 세계화가 양립되는 국가로 만들겠다는 공약을 내세워 표심을 자극했다(Pinedo Macedo, 2002: 5~6). 전형적인 동원 민족주의 행태를 보인 것이다. 이런 국가주의적 행태 외에도 현대판 잉카주의인 네오 잉카주의(neo-incaísmo)라는 쿠스코 중심의 지역주의에 대한 우려도 있다.

잉카주의란 1909년 쿠스코대학의 대학 개혁 이후 쿠스코의 지식인과 중산층을 중심으로 일어난 운동이다. 1920년대 원주민주의의 강력한 한 축이었고, 1940년대의 '쿠스코의 날' 제정, 인타 라이미 부활 등을 이끌기도 했다(Molinié, 2004: 238~242). 앞서 언급한 발카르셀이 잉카주의의 주역 중 한 사람이다. 이들의 잉카 복권 시도 이면에는 반리마 정서가 존재했다. 특히, 친원주민 정책을 표방했지만 실제로는 집권 11년 동안(1919~1930년) 리마 중심의 근대화를 주도한 레기아(Augusto B. Leguía) 대통령 시절에 지방 지식인 혹은 리마로 이주한 지방 지식인들 사이에서 반리마 정서가 팽배했다(Cornejo Polar, 1989: 112). 네오 잉카주의는 1980년대에 분명한 모습을 드러낸다. 1944년 인타 라이미 부활 때 만들어진 노래가 1984년 쿠스코의 시가(市歌)로 추인되고, 1990년 도시 이름을 케추아어 표기에 입각해 코스코(Qosqo)로 개명하고, 잉카의 신성(神聖)이었던 무지개가 들어간 깃발을 국가 공식 깃발로 인정해줄 것을 요청하기도 하는 등의 일들이 벌어졌다(Molinié, 2004: 246).

잉카주의와 네오 잉카주의는 잉카 시대 때부터 현대 페루에 이르기까지의 역사를 관통하는 일종의 쿠스코 중심주의, 즉 '잉카'라는 권위에 기댄 쿠스코 특유의 지역주의이자 패권주의라는 비판을 받아왔다. 2011년 건립된 쿠스코 중앙광장의 파차쿠텍 동상에 대한 비판이 한 예이다. 이를 다룬 기사에 따르면(Knowlton, 2011), 동상 건립은 쿠스코 시장 루이스 플로레스 가르시아(Luis Flores García)가 각계와의 충분한 협의 없이 다소 즉흥적으로 주도한 것이다. 비판의 목소리 중 하나는 동상이 중앙광장의 경관과 배치된다는 점이었다. 19세기 공화국 시대에 만들어진 분수를 받침대로 하고 있다는 점, 동상이 주변의 식민풍 경관과 배치된다는 점이 문제로 지적되었다. 당시 문화부 장관이었던 후안 M. 오시오(Juan M. Ossio)는 이런 점과 중앙 부처와 충분한 협의 없이 일이 진행된 것에 대해 불편한 시각을 내비쳤다. 이 갈등은 물론 정복 이후 오늘날까지 계속되고 있는 역사 전쟁, 문화 전쟁의 일단으로 볼 수 있다. 하지만 후안 M. 오시오는 인류학자로 원주민 문제에 우호적인 인물이라는 점을 주목할 필요가 있다. 그의 불편한 심정을 크리오요 민족주의의 잔재 정도로 치부할 일이 아닌 것이다.

이 기사는 또한 식민지 시대와 공화국 시대마저 소위 잉카화(incanization)시키고 있다는 우려를 소개하는 것으로 그치지 않고, 쿠스코를 일종의 잉카 테마파크처럼 만드는 것에 대한 불편한 시각의 존재에 대해서도 언급한다. '잉카화'란 잉카주의와 관광의 상관관계를 분석하면서 실버맨이 사용한 용어이다. 그녀는 쿠스코가 오래 전부터 "잉카화 계획"에 의거해 "새로운 잉카 쿠스코(a new Inca Cusco)"를 건설하는 시정을 펼쳤다고 말한다. 이 정책과 직접적인 연관은 없지만 스페인인들에 의한 쿠스코의 명목상 창건 400주년인 1933년 중앙정부에서 특별예산을 배정해준 덕분에 잉카의 고고학적 유산을 대대적으로 발굴, 단장, 보수한 일이 기원이 되었다고 말한다. 1950년 대지진으로 쿠스코가 크게 파괴되어 대대적인 재건 작업에 착수하면서 그 기회에 쿠스코를 잉카의 도시로 만들자는 합의의 밑거름이 되었기 때문이다. 그러나 잉카 시대의 쿠스코로 돌아가자는 것은 아니었다. 쿠스코를 잉카의 도시로 단장하는 일만큼 중요한 일이 근대화된 도시를 바라는 쿠스코 시민들의 바람을 충족시키는 것이었기 때문이다. 그래서 현대에 걸맞은 새로운 잉카 양식(neo-Inca style)의 창조가 필요했다. 즉, 전통을 발명하고자 한 것이 잉카화 계획의 핵심이었다. 아이러니한 것은 새로운 식민지 시대 양식(neocolonial style)의 창조도 이 계획에 포함되어 있었다는 점이다(Silverman, 2002: 884~887). 크리오요 민족주의가 아직 존속되는 시대여서인지, 식민지 시대도 충분히 잉카화시킬 수 있다는 쿠스코 특유의 자신감의 발로였는지는 가늠하기 쉽지 않다. 분명한 것은 '새로운 잉카 쿠스코'가 1950년대부터 가능해진, 항공편을 통한 쿠스코 관광에 적합한 계획이었다는 점이다(Silverman, 2002: 884). 잉카화 계획에 상업적 요소가 개입되는 순간이었다. 실버맨은 1980년대부터의 각종 잉카 조형물, 1992년의 파차쿠텍 동상과 박물관 건립, 아베니다 델 솔(Avenida del Sol)에 그려진 남미 최대 규모의 벽화(폭 47미터, 높이 6미터) 등이 잉카화 계획의 연장선상에서 이루어진 일로 보고 있다(Silverman, 2002: 885~886). 몰리니에는 지역주의로서의 네오 잉카주의만 지적하지만, 실버맨은 잉카의 호명에 침투한 상업주의도 지적하고 있는 것이다.

6. 잉카의 호명과 미래 전망

이 글에서 살펴본 것처럼 잉카의 호명은 페루 역사에서 상수(常數)이다. 이런 현상에 대해서 전근대적이라거나 비합리적이라거나 혹은 과거회귀적인 양태에 불과하다고 느낄 이들도 많을 것이다. 하지만 이러한 접근법은 타자에 대한 몰이해에 불과하다. 우리를 돌아보면 쉽게 알 수 있다. 가령 잉카콜라에 대한 맹목적인 소비를 보고 실소를 금치 못하겠으면, 불과 20년도 채 안 된 IMF시대를 돌이켜보기 바란다. 그 무렵 범양식품이라는 기업은 콜라를 새로 출시하면서 '815콜라'라고 이름 붙이고 '콜라 독립'을 외치는 광고로 톡톡히 효과를 보았다. IMF의 경제적 신탁통치를 받는 듯한 현실 속에서 민족적 자존심을 다친 우리 국민의 민족적 감성을 제대로 파고든 것이다. 또 몇 백 년 전에 멸망한 잉카나 잉카 군주의 호명이 과거 회귀적이고 비현실적인 향수라고 생각된다면 단군 신화를 생각해보기 바란다. 오늘날 우리가 생각하는 의미로서의 단군 신화는 20세기 초 국권 상실 직전에 호명된 것이다. 잉카의 후예들, 아니 좀 더 넓게 보자면 안데스인들은 직전의 역사, 길어봐야 5세기 전의 역사 속 인물인 잉카 군주를 호명했지만, 우리는 무려 4000여 년 전의 인물, 그것도 사실상 인물을 호명하여 민족의식에 호소하지 않았던가.

물론 오늘날 우리에게는 단군 신화도 815콜라도 그다지 대단한 영향력을 발휘하지는 못한다. 하지만 앞서 언급했듯이 페루 원주민들이 잉카 군주를 호명하는 이유는 수백 년 전 인물이 환생하리라고 믿기 때문이 아니라, 현 질서를 인정하지 못하기 때문이다. 그리고 그들이 인정하지 못하는 현 질서란 공식적으로는 다민족, 다문화 국가를 표방하면서도 실제로는 식민지 시대와 별 차이 없이 원주민이 가장 하급 사회계층에 속하고 있는 질서이다. 그래서 잉카의 호명은 단순히 과거의 소환이 아니다. 원주민들의 자리가 없다면 국가도, 사회도 그리고 원주민들 자신도 한 치도 앞으로 나아갈 수 없다는 미래 전망의 반어적 표현이 바로 잉카의 호명인 것이다. 그래서 잉카의 호명은 늘 강력한 힘을 발휘할 수 있었고, 또 발휘하고 있는 것이다.

참고문헌

강성식. 2008. 「잉카리신화, 안데스의 염원」. ≪라틴아메리카연구≫, 21(4), 139~164쪽.

그람시, 안토니오. 1999. 『그람시의 옥중수고』 1, 2. 이상훈 옮김. 거름.

다이아몬드, 제레드. 1998. 『총, 균, 쇠』. 김진준 옮김. 문학사상사.

박수경. 2014. 「누에바 에스파냐의 사회정치적 단위로서의 원주민공동체」. ≪라틴아메리카연구≫, 27(4), 209~235쪽.

스키드모어, 토머스 E. 외. 2014. 『현대 라틴아메리카』. 우석균·김동환 옮김. 그린비.

우석균. 2005. 「안데스 유토피아」. ≪이베로아메리카≫, 7(2), 1~30쪽.

_____. 2011. 「알베르토 플로레스 갈린도의 『잉카 왕을 찾아서: 안데스의 정체성과 유토피아』」. ≪트랜스라틴≫, 18, 67~78쪽. http://translatin.snu.ac.kr/translatin/1112/pdf/Trans11121808.pdf

_____. 2012. 「토머스 모어, 천년왕국설, 안데스 유토피아, 파차쿠텍」. 서울대학교 라틴아메리카연구소, ≪오늘의 라틴아메리카: 제3기 라틴아메리카 심화과정 10강≫, 서울대학교 라틴아메리카연구소, 1~14쪽.

_____. 2014. 「잉카 가르실라소, 르네상스, 메스티소 텍스트」. ≪이베로아메리카연구≫, 25(1), 127~152쪽.

「잉카리 신화」. 2013. 강성식 옮김. ≪지구적 세계문학≫, 2, 301~302쪽.

Adorno, Rolena. 1989. *Cronista y príncipe: la obra de don Felipe Guaman Poma de Ayala*. Lima: Pontificia Universidad Católica del Perú.

Alcalde, M. Cristina. 2009. "Between Incas and Indians: Inca Kola and the Contruction of a Peruvian-Global Modernity." *Journal of Consumer Culture*, 9(1), pp.31~54.

Campbell, León G. 1990. "Ideología y faccionalismo durante la gran rebelión." en Steve J. Stern(comp.). *Resistencia, rebelión y conciencia campesina en los Andes: siglos XVIII al XX*. Lima: Instituto de Estudios Peruanos, pp.118~140.

Castro-Klarén, Sara. 2011. *The Narrow Pass of Our Nerves: Writing, Coloniality and Postcolonial Theory*. Madrid: Iberoamericana.

Cornejo Polar, Antonio. 1989. *La formación de la tradición literaria en el Perú*. Lima: Centro de Estudios y Publicaciones.

Earle, Rebecca. 2007. *The Return of the Native: Indians and Myth-Making in Spanish America, 1810－1930*. e-book. Durham and London: Duke University Press.

Elmore, Peter. 2008. "The Tupac Amaru Rebellion: Anticolonialism and Proto-nationalism in Late Colonial Peru." in Sara Castro-Klaren(ed.). *A Companion to Latin American Literature and Culture*. Malden, MA: Blackwell Publishing, pp.213~227.

Flores Galindo, Alberto. 1994. *Buscando un Inca: identidad y utopía en los Andes*, 4a ed., Lima: Editorial Horizonte.

González Prada, Manuel. 1979. *Páginas libres*. Lima: Editorial Universo.

Guzmán Palomino, Luis. "El Movimiento Nacionalista Inca." http://miguel.guzman.free.fr/Runapacha/MOVNACINKA.pdf

Irigoyen Fajardo, Raquel. 2002. "Peru: Pluralist Constitution, Monist Judiciary－A Post-Reform Assessment." in Rachel Sieder(ed.). *Multiculturalism in Latin America: Indigenous Rights, Diversity and Democracy*. New York: Palgrave Macmillan, pp.157~183.

Klarén, Peter F. 2004. *Nación y sociedad en la historia del Perú*. trad. Javier Flores, Lima: Instituto de Estudios Peruanos.

Knowlton, David. 2011. "Inca, a Statue and a Struggle." http://cuzcoeats.com/inca-statue-struggle/

Mayhua Quispe, Mario. 2011. "Centenario del Nacimiento de José María Arguedas." *Antauro*. http://antauroprensa.com/106/cultural.html

Méndez, Cecilia. 2000. "Incas sí, indios no: Apuntes para el estudio del nacionalismo criollo en el Perú." 2a ed., *Documento de trabajo* No. 56/Serie Historia, 10, Lima: Instituto de Estudios Latinoamericanos.

Millones, Luis. 2000. *Dioses familiares, 1a reimpresión*. Lima: Fondo Editorial del Congreso del Perú.

Molinié, Antoinette. 2004. "The Resurrection of the Inca: the Role of Indian Representations in the Invention of the Peruvian Nation." *History and Anthropology*, 15(3), September, pp.233~250.

Murra, John V. 1980. "Waman Puma, etnógrafo del mundo andino." *Felipe Guamán Poma de Ayala, El primer nueva corónica y buen gobierno*. edición crítica de John V. Murra y Rolena Adorno. México, D.F.: Fondo de Cultura Económica, pp.XIII~XIX.

Ossio, Juan M. 2010. "Los mitos de origen de los Incas en la construcción de los Comentarios Reales." en Raquel Chang-Rodríguez(ed.). *Entre la espada y la pluma. El Inca Garcilaso de la Vega y sus Comentarios reales*. Lima: Fondo Editorial de la Pontificia Universidad Católica del Perú, pp.57~72.

Pinedo Macedo, Donaldo Humberto. 2002. "Identificación política y fragmentación: entre el mesianismo y el espectáculo." *CLACSO*. http://bibliotecavirtual.clacso.org.ar/ar/libros/becas/2002/fragmenta/pinedo.pdf, pp.1~31.

Reyna, Iván R. 2010. *El encuentro de Cajamarca*. Lima: Fondo Editorial de la UNMSM.

Riva Agüero, José de la. 1993. "Elogio del Inca Garcilaso." en VV. AA., *Inca Garcilaso de la Vega. Primer mestizo de América*. Lima: Instituto Cambio y Desarrollo, pp.261~304.

Rostworowski, María. 1992. *Historia del Tahuantinsuyu*, 4a ed. Lima: Instituto de Estudios Peruanos.

Rowe, John. 1954. "El movimiento nacional inca del siglo XVIII." *Revista Universitaria*, 7, pp.17~47.

Serulnikov, Sergio. 2012. "La insurrección tupamarista: historia e historiografías." http://www.20-10historia.com/articulo14.phtml

Silverman, Helaine. 2002. "Touring Ancient Times: The Present and Presented Past in Contemporary Peru." *American Anthropologist*, 104(3), pp.881~902.

Vargas Llosa, Mario. 2004. *La utopía arcaica: José María Arguedas y las ficciones del indigenismo*, 2a reimpresión. México, D.F.: Fondo de Cultura Económica.

Vega, Inca Garcilaso de la. 1995. *Comentarios reales de los Incas,* reimpresión. edición, índice analítico y glosario de Carlos Araníbar. México D.F.: Fondo de Cultura Económica.

_____. 2009. *Historia general del Perú.* Lima: SCG.

제7장

에콰도르 원주민운동과 코레아 정권의 갈등 요인*

이성훈 서울대학교 라틴아메리카연구소

1. 들어가면서

1980년대 이후로 가장 주목할 만한 사회운동으로 평가되던 에콰도르 원주민운동은 2000년대 들어 침체기에 들어섰다. 코레아 정부 들어서 보다 심화된 원주민운동의 침체를 일시적인 것으로 볼 수도 있으나, 정부와의 충돌 과정에서 보여준 것처럼 구조적인 측면이 있다. 이렇게 코레아 정권 아래서 원주민운동의 침체가 심화되는 상황은 에콰도르 원주민운동의 방향성과 관련하여 주목할 만하다. 원주민운동이 코레아 정권이 등장하면서 갑작스럽게 약화된 것은 아니지만, 좌파 정권이 집권하면서 급속하게 약화되었다는 사실은 에콰도르 원주민운동의 성격과 밀접한 관련을 갖기 때문이다.

---

* 이 글은 ≪중남미연구≫, 36(3)호(2017)에 발표된 필자의 논문을 총서의 취지에 맞게 수정 보완한 것이다.

2006년 11월 대통령에 선출된 라파엘 코레아(Rafael Correa)는 2017년 5월 후임인 레닌 모레노(Lenín Moreno)에게 정권을 넘기게 된다. 2009년과 2013년에 연임에 성공했던 코레아로서는 집권 후반기의 정치적 위기에도 불구하고 에콰도르 최초로 3선 대통령의 임기를 성공적으로 마친 셈이다. 코레아가 2006년 대선 이후 선거에서 잇달아 승리하게 된 배경에는 오랜 사회적 모순 구조가 놓여 있다. 1990년대의 신자유주의 반대 운동처럼, 이 모순 구조를 개혁하려던 원주민운동을 비롯한 사회적 압력이 코레아의 중요한 정치적 기반이었다. 물론 2006년 대통령 선거에서 원주민운동이 코레아의 당선에 직접적으로 기여한 것은 아니었다. 그러나 코레아의 당선에는 반신자유주의 투쟁을 주도했던 원주민운동이 직간접적인 영향력을 끼쳤다고 할 수 있다. 또한 경제부문 장관으로서 반신자유주의 정책을 주장했던 코레아의 정책적 지향점 역시 원주민운동의 영향권 내에 놓여 있다고 할 수 있다. 따라서 코레아는 여당인 알리안사 파이스(Alianza País)를 기반으로 이른바 시민혁명(Revolución ciudadana)을 통해 에콰도르 사회를 급진적으로 변화시키고자 했다.

반신자유주의 정책과 수사를 통해 원주민운동의 지지를 얻었던 코레아는 집권 초기 원주민운동과 우호적인 관계를 유지했다. 원주민운동과 우호적인 관계를 유지하게 된 배경에는 그의 정책뿐만 아니라, 원주민 친화적인 이미지도 영향을 끼쳤다. 코레아는 원주민과 대중적인 일체감을 획득하기 위해 원주민 의상을 입고 케추아어로 연설을 하는 등 원주민 친화적인 이미지를 만들었던 것이다. 비록 케추아어를 사용하고 원주민 전통의상을 입는 행위들이 원주민 문화의 토속화(folklorization)라는 비판을 받기도 하지만(León Trujillo, 2010: 17), 원주민들의 지지를 얻어내는 데 일정한 기여를 했다. 반면 집권 초기 코레아가 취한 일련의 개혁 정책은 전통적인 보수 과두 계층의 정치 경제적 이해관계와 충돌했다. 따라서 이에 저항하는 보수 세력의 거센 정치적 도전은 코레아가 직면해야 할 가장 큰 정치적 위협이었다. 그러나 정권이 유지되면서 코레아 정권이 맞닥뜨린 보다 큰 도전은 앞으로 살펴보겠지만 원주민운동 세력의 이반이라고 할 수 있다. 코레아 정권의 중요 지지 세력이라 할 수 있는 원주민운동을 중심으로 한 사회운동이 점차 정권을 비판하는 야당 세력으로 변화했던 것이다. 집권 초반 우호적이었던 코레아와 원주민운동 세력과의 관계는 결국 세 번째 임기를 마칠 쯤에는 서로 대립적으로 변했다.

이런 대립적인 관계로 인해 코레아의 지지율도 영향을 받게 된다. 코레아는 임기 중 전반적으로 높은 지지율을 기록했다. 마크 베커(Marc Becker)가 지적하고 있듯이 빈곤율 하락, 고용률 개선, 임금 상승, 문해율과 의료 제도 개선 등 그의 정책이 가져온 긍정적인 변화 덕분이었다. 이러한 긍정적인 변화가 원유 가격 하락이라는 불안정한 상황에서 달성되었다는 점에서 더욱 의미가 있다(Becker, 2013: 43). 그러나 코레아 정부의 성취에 대해 모든 사람이 동의하는 것은 아니었다. 지지 세력은 이런 성과를 통해 코레아를 긍정적으로 평가하는 반면, 반대자들은 코레아의 정치 행태와 신자유주의적인 정책을 들어 비판했다. 이런 입장 차이는 점차 극단적으로 치닫게 되는데, 여기에는 원주민운동과의 대립이 특히 큰 영향을 끼쳤다. 원주민운동이 코레아 지지에서 비판으로 돌아서게 된 주된 원인은 코레아 정부가 신자유주의적인 사회구조를 본질적으로 변화시킬 의지가 없다는 인식 때문이었다. 이렇게 두 진영 사이에 대립이 거세지면서 코레아 정권의 지지율은 하락하게 된다. 코레아 정권의 지지율이 정권 말기에 극심하게 하락하게 된 데에는 원주민운동과의 대립이 큰 영향을 끼쳤던 것이다.

그렇다면 반신자유주의 전선에서 서로 협력했던 원주민운동과 코레아 정권이 서로 멀어진 이유는 무엇인가? 단순하게 신자유주의 정책을 둘러싼 입장 차이가 아니라 보다 근본적인 인식 차이가 두 진영 사이에 존재하기 때문이다. 서로의 유사한 정치적 기획과 목표에도 불구하고 서로 적대적인 관계가 된 이러한 인식 차이를 살펴보는 것이 원주민운동과 코레아 정부의 불화를 이해하고, 향후 에콰도르 원주민운동을 이해하는 데 중요한 참조점이 될 것이다.

2. 코레아 정권의 등장과 원주민운동

앞서 언급한 것처럼 코레아의 집권은 원주민운동의 영향력과 깊은 관련이 있었다.[1] 그러나 코레아가 집권하면서 원주민운동의 활동 공간이 축소되는 역설적인 상황이 전개되었다. 반신자유주의 정책과 기성 정치에 대한 반감을 통해 대중적인 인기를 얻은 코레아가 등장하면서 원주민운동은 새로운 도전에 직면하게 된 것이다. 물론 코레아가 집권하면서 원주민운동이 약화된 것은 아니었다. 2000년대 초반에 이미

1) 에콰도르 원주민운동 조직에는 크게 CONAIE(Confederación de Nacionalidades Indígenas del Ecuador: 에콰도르 원주민 종족 연맹), FENOCIN(Federación Nacional de Organizaciones Campesinas, Indígenas y Negras: 전국 농민, 원주민, 아프리카계 인구 조직 동맹), FEINE(Federación Ecuatoriana de Indígenas Evangélicos: 에콰도르 복음주의 원주민 동맹)가 존재한다. 이들 조직들은 정치적 성향과 지향점에서 차이를 보이고 있으며, 이 중 코나이에(CONAIE)가 규모와 영향력에서 원주민운동을 대표하는 조직이다. 코나이에의 형성 과정에 대한 자세한 설명은 김윤경(2010: 206~211)에 그리고 1960년대 원주민운동의 형성에 관해서는 김달관(2010: 39~45)에 잘 정리되어 있다.

원주민운동 세력은 약화되었는데, 그 원인을 간략하게 살펴보는 것이 두 진영 사이의 갈등을 이해하는 데 필요하다.

우선, 원주민운동과 루시오 구티에레스(Lucio Gutiérrez) 대령 사이에 벌어졌던 복합적인 관계를 들 수 있다(Martínez Novo, 2010: 6~7). 2000년 일부 원주민운동 세력이 구티에레스 대령과 결탁하여 쿠데타에 참여했다. 이는 원주민운동이 가지고 있던 민주적 원칙에 반하는 것으로 원주민운동의 정당성을 훼손했다. 나아가 원주민운동은 2002년 구티에레스가 대선에 승리한 후에 정권에 참여했지만, 이는 더욱 부정적인 결과를 가져왔다. 구티에레스가 원주민운동의 반대에도 불구하고 신자유주의 정책을 추진했던 것이다. 결국 집권 후 1년 만에 연대는 깨어졌고, 구티에레스는 원주민운동을 분열시키는 전략을 구사했다. 구티에레스가 원주민 풀뿌리 공동체에 대한 후견주의를 통해서 전국 단위 원주민운동 조직을 무력화했던 것이다. 이처럼 구티에레스 정권과의 부정적인 관계는 원주민운동의 약화에 큰 원인이 되었다.

또 다른 요인은 좌파 운동의 시대적인 흐름과 밀접한 관련을 가지고 있다. 원주민운동은 1990년대 좌파 세력의 쇠퇴기에 반신자유주의 투쟁의 전위로서 존재감을 드러냈다. 그러나 2000년대 들어 라틴아메리카 지역에서 좌파 세력이 영향력을 회복하면서 원주민운동의 존재감은 점차 약화하게 된다. 에콰도르의 경우에도 반신자유주의 노선을 주장하던 코레아가 당선되면서 원주민운동의 정치적 영향력은 약화되었다. 마지막으로 원주민운동 지도부와 원주민 풀뿌리 공동체 사이의 괴리를 들 수 있다. 원주민운동이 성장하면서 원주민 지도자들은 전국적인 영향력을 가진 정치인으로 성장했지만, 풀뿌리 공동체들은 공동체 차원에서 충분한 변화를 경험하지 못했다(Martínez Novo, 2010: 7~9). 따라서 원주민들은 차츰 운동 지도부에 대해 불만을 갖게 되었고, 구체적인

성과가 없는 시위나 조직화에 대해 거부감을 드러냈다. 풀뿌리 공동체들은 원주민운동조직이 강조하는 종족성이나 원주민 문화보다는 생활수준 향상과 같은 일상의 구체적인 목표가 더 중요했던 것이다. 이런 과정을 거쳐 코레아가 등장할 무렵 원주민운동은 상당히 약화된 상태였다.

이런 상황에서 코레아의 정치 활동은 시작되었다. 코레아는 상대적으로 짧은 기간 동안에 대중적인 정치인으로 성장했는데, 당초 그는 미국 일리노이 대학 출신으로 키토의 사립대학에서 경제학을 강의하던 학자였다. 대학 교수 시절 그는 신자유주의 경제학의 대안을 모색하는 학자들과 함께 "에콰도르 대안 포럼(foro ecuador alternativo)"을 만들어 활동했다. 코레아가 전국적인 지명도를 갖게 된 결정적인 계기는 2005년 경제부 장관에 임명되어 당시 정부의 신자유주의 정책과 대립되는 '다른 경제 정책'을 주장하다가 경질된 사건이었다(Lalander & Ospina Peralta, 2012: 21~22). 이때부터 그의 정치인으로서 본격적인 행보가 시작된다. 코레아가 주장하는 정책은 기본적으로 반신자유주의라는 원주민운동의 입장과 매우 유사했다. 미국과의 "자유무역 협정 거부, 만타(Manta)의 미군기지 폐쇄, 외채 재평가, 그리고 제헌의회 소집 요구" 등은 원주민운동의 요구를 반영한 것이었다(Jameson, 2010: 68~69). 따라서 그는 원주민운동의 강력한 지지를 받았다.

그러나 집권 이후 코레아와 원주민운동 조직 사이의 관계가 틀어지면서 원주민운동 세력은 코레아 정부에 반대하는 실질적인 야당 세력으로 변모했다. 많은 원주민 활동가들은 코레아 정부의 정책을 모순적이라고 비판했다. 원주민들에게 우호적인 정책을 펼쳤지만, 다른 한편으로는 광산 채굴, 수자원 민영화, 그리고 이중언어교육 기관(DINEIB)의 운영권 갈등 등 원주민 공동체들의 이익에 반하는 정책을 펼쳤기 때문이다(Becker, 2012: 124). 이런 일련의 정책들이 시행되면서 코레아와 원주민운동 사이의 긴장이 보다 첨예해졌다. 특히 코레아 정권이 추진한 광산업과 다른 지하자원 채굴업과 관련한 정책은 두 진영 사이의 첨예한 갈등 요소였다. 코레아는 광산업을 경제 발전의 동력으로 삼고자 했고, 원주민운동 세력은 이러한 정책을 신자유주의적인 것으로 간주하고 반대했다. 코레아는 지하자원 채굴이야말로 경제를 성장시키고, 보다 많은 일자리와 사회적 프로그램에 필요한 재원을 마련할 수 있는 적절한 수단이라는 입장이었다. 코레아의 이런 입장에도 불구하고 원주민운동은 반코레아 진영으로 결집하기 시작했다(Becker, 2012: 124~125). 그들은 경제 발전을 위한 최선의 조치라는 코레아의 주장을 신뢰하지 않았고, 원주민들을 희생시키는 신자유주의 정책의 연장이라고 보았다.[2] 이렇게 자신의 정책에 반대하는 원주민운동에 대해 코레아는 '근본주의자들로 구성된', '유아적 좌파'라고 폄하하면서 공격적인 방식으로 대응했다(Becker, 2010: 177). 이에 대해 원주민운동을 비롯한 사회운동 세력은 정권을 비판하는 다양한 목소리들을 수용하지 못하고 범죄시하고 있다고 비난했다.

베커는 두 진영 사이의 불화를 설명하기 위해 코나이에(CONAIE) 지도자이자 2006년 대선에서 파차쿠틱(Pachakutik)의 대통령 후보였던 루이스 마카스(Luis Macas)의 표현을 인용하고 있다. 코레아가 추구하는 시민혁명(Revolución ciudadana)의 본질상 원주민운동과 대립할 수밖에 없다

2) 원주민운동의 부정적인 평가에도 불구하고 코레아는 반신자유주의 정책을 펼쳤다. 그 결과 사회적 프로그램 지출이 2006년 GDP의 5%에서 2011년 9.85%로 증가했다. 정부는 가정용 천연 가스 및 저소득층용 전기에 보조금을 지급했다. 또한 소득, 공공 의료, 교육의 질을 개선하기 위한 많은 재원을 투입했으며, 2006년 37%의 빈곤율도 코레아 정권의 적극적인 정책에 따라 2011년 29%로 감소했다(de la Torre, 2014: 459).

는 것이다. 즉, 코레아가 추구하는 시민혁명이 근본적으로 자유주의적이고 개인주의적인 모델이기 때문에, 신자유주의와 근본적으로 단절하지 못한다는 것이다(Becker, 2012: 127). 특히, 코나이에가 격렬하게 반대했던 코레아의 채굴 정책, 특히 대규모 광산과 원유 채취 시도는 이런 신자유주의 정책의 연장이었다. 이렇게 채굴 정책을 두고 원주민 진영과 코레아 사이에 본질적인 차이가 있었던 것이다. 원주민운동 진영은 헌법에 복수 국민성을 명시함으로써 원주민 공동체 영토 내 존재하는 자연자원을 이용할 권리를 주장했다. 식민 시기 이후로 고착되어온 착취적인 경제구조를 바꾸기 위해서는 원주민들의 이런 권리가 필수적인 것이라고 생각했기 때문이었다. 따라서 원주민운동은 자신들의 동의 없이 추진되는 코레아의 채굴 정책을 신자유주의적인 정책의 연장이자, 원주민들의 권리를 침해하는 억압적인 정책으로 간주했다. 결국 이런 입장 차이로 인해 원주민운동과 코레아 정권은 정권 초반의 우호적인 관계를 마감하고 정권 종반기에는 극단적인 대립을 보여준다.

코레아 정권 시기 원주민운동과의 대립은 광산업 정책뿐만 아니라, 토지 정책, 원주민의 사회적 동원, 그리고 '반조합주의' 정책 등 다방면에서 벌어진다.[3] 그러나 보다 본질적인 대립 요인은 복수 국민성을 어떻게 이해할 것인가라는 문제라고 할 수 있다. 헌법에 명시된 복수 국민성에도 불구하고, 코레아는 원주민 공동체가 주장하는 자율성을 지닌 영토성 개념에 반대했다. 그의 정책은 중앙주의적인 정부를 지향했고, 국가의 단일성과 통합성을 강조했다. 따라서 원주민운동이 요구

---

3) 두 진영 사이의 주된 갈등 요인을 "상호문화적 딜레마, 채굴 산업, 사회적 동원 정책, 토지 정책, 국가의 탈부문화(desectorización) 정책"을 둘러싼 것으로 정리하기도 한다(Lalander & Ospina Peralta, 2012: 15).

하는 복수 국민성은 실질적으로 코레아 정부의 국가 개념과 대립되었던 것이다. 여기에는 근본적으로 국가를 어떻게 볼 것인가라는 차이가 존재한다.

이처럼 광산업 진흥 정책이나 토지 정책 등 여러 가지 구체적인 정책을 둘러싼 갈등의 기저에는 복수 국민성에 대한 코레아와 원주민운동 진영의 입장 차이가 놓여 있는 것이다. 이런 입장 차이가 자연스럽게 코레아의 정책을 둘러싼 갈등으로 이어졌다. 코레어가 추구하는 반조합주의를 둘러싼 갈등 역시 복수 국민성에 대한 입장 차이와 밀접하게 연결되어 있다고 할 수 있다.[4] 따라서 이 글에서는 복수 국민성(plurinacionalidad)과 반조합주의(anti-corporatization)를 중심으로 코레아와 원주민운동의 대립 양상을 살펴보고자 한다.

3. 복수 국민성을 둘러싼 입장 차

복수 국민성 문제는 코레아 정부와 원주민운동 사이의 갈등에 핵심적인 요소이다.[5] 대표적인 원주민 조직인 코나이에는 코레아 당선 이후

---

4) 코레아는 원주민들의 집단적 이익을 추구하는 원주민운동 조직의 태도를 조합주의적 혹은 사회의 부문화라는 관점에서 비판하고 있다. 따라서 그가 주장하는 반조합주의 혹은 탈부문화는 거의 동일한 개념으로, 개념상의 혼란을 피하기 위해서 이 글에서는 반조합주의로 통일해서 사용하고자 한다(Lalander & Ospina Peralta, 2012: 16, 38).

5) 복수 국민성(Plurinationality) 개념은 아직까지 국내 학계에 생소한 개념이다. 원주민운동을 연구하는 학자들에 의해 소개되고 있지만, 그 의미가 명확하게 정의되거나 합의되지 않고 있다. 따라서 연구자에 따라서 다민족성, 다국가성 등으로 다양하게 번역되지만, 이 글에서 근대 국민국가의 개념을 해체하려는 원주민운동의 요구를

2008년 3차 전국위원회에서 복수 국민성 의제를 다시 추진할 것을 결의했다. 이에 따라 2008년 3월 초 대통령과 제헌의회 의장에게 공개서한을 전달하여, "복수 국민성, 고유 영토에 대한 원주민의 통제, 원주민 언어의 공용어 지정"을 요구하게 된다(Jameson, 2010: 69~70). 이런 원주민운동의 강력한 요구에 따라 마침내 복수 국민성이 제헌 의회에서 수용되어 새로운 헌법에 명시되게 된다. 복수 국민성이 헌법에 명시됨으로서 원주민운동은 오랜 숙원 사항을 해결하고, 자신들의 요구에 대한 정치적 정당성을 확보할 수 있었다.

2008년 신 헌법에 복수 국민성을 명시한 이후에 원주민운동 세력은 지속적으로 복수 국민성의 구체적인 실현을 요구하게 된다. 코나이에는 복수 국민성이 실현되기 위해서는 국가의 주요 정책 결정에 원주민들이 참여하는 것뿐만 아니라, 원주민 공동체들의 실질적인 자치가 보장되는 것이 필요하다고 보았다(Cooper, 2014: 2). 반면 코레아 정부는 복수 국민성을 중앙정부의 통합성 내에서 개별 종족 집단들이 자신들의 집단적 권리를 인정받는 수준으로 소극적으로 이해했다. 따라서 2008년 헌법은 1998년 헌법에 비해 진전되었지만, 두 진영 사이에 복수 국민성의 해석을 둘러싼 갈등 소지가 남아 있었던 것이다.

이러한 갈등이 나타나게 된 이유는 복수 국민성을 이해하는 서로의 입장이 본질적으로 다르기 때문이다. 물론 복수 국민성 개념에 대해서 이론가들 사이에서도 입장 차이가 존재 한다. 마르티네스 노보(Martínez Novo)는 산투스와 모니카 추지(Monica Chuji)의 입을 빌려 복수 국민성 개념의 불명확성을 지적하고 있다(Martínez Novo, 2010: 11). 먼저, 복수 국민성을 이론화한 산투스(Santos)는 복수 국민성이 국가 내에 또 다른

반영하여 복수 국민성이라는 역어로 통일하여 사용하고자 한다.

국가의 존재를 인정하는 것은 아니라고 말한다. 복수 국민성이 국가의 분열을 의미하는 것은 아니라는 지적인 셈이다. 즉, 국가 내에서 원주민 공동체의 '국민성'을 보장하는 개념이 아니라, 개별 원주민 공동체의 자결과 다양성을 옹호하고 국가 내에 존재하던 원주민에 대한 차별을 해소하기 위한 개념이라고 주장하는 것이다. 자본의 이익이 아니라 원주민 공동체의 이익을 위해 자연 자원을 사용할 수 있도록, 자연 자원 이용과 관련된 결정에 원주민 공동체가 참여할 수 있도록 해 달라는 요구도 같은 맥락이다. 이렇게 산투스가 복수 국민성을 원주민 공동체에 대한 차별을 해소하기 위한 전략적인 개념으로 이해하는 데 반해, 원주민운동 활동가였던 모니카 추지는 복수 국민성을 보다 확대된 개념으로 이해한다. 국가를 새로운 영토적 단위를 가지고 새롭게 구조화하는 정치적 과정이라는 것이다. 이런 새로운 영토적 단위 조직에는 원주민 영토들이 주(provincia)나 무니시피오(municipio)와 같은 전통적인 행정 단위와 동일한 개념으로 등장하게 된다. 오히려 전통적인 행정 단위보다 더 확장된 자치권을 요구한다는 측면에서 더욱 진전된 양상을 갖는다. 즉, 모니카는 의회, 법원, 선거위원회와 같은 국가 기구에 원주민 공동체가 참여할 수 있게 함으로써, 원주민 공동체들의 실질적인 자치를 보장해야 한다고 주장한다. 자연 자원과 관련해서도 그녀는 자연 자원의 이용에 대해 원주민들이 자신들의 입장을 제시할 권리가 있고, 이 입장을 국가가 받아들여야 한다고 강조했다. 모니카 추지의 입장은 복수 국민성에 대한 원주민운동의 입장을 가장 적극적으로 해석하고 있다. 이처럼 원주민운동은 원주민 공동체의 영토에 대한 권리와 그 안에 매장된 지하자원의 사용을 공동체가 통제할 수 있는 권리를 요구했다. 또한 "자신들의 생활, 교육, 경제 제도가 지배 사회의 것들과 다르다는 것"을 인정해 달라고 했다. 복수 국민성을 "국민국가 내에서 각각의 원주민 공동체들이 각각의 영토, 언어, 역사, 그리고 문화를 갖는"것으로 이해하고, 이들의 권리를 인정해야 한다는 것이다(Becker, 2011: 51~52). 따라서 코레아 정부가 복수 국민성을 헌법에 명시하자는 원주민운동의 요구를 수용하기는 했지만, 복수 국민성을 둘러싼 두 진영 사이의 커다란 입장 차이는 갈등으로 이어질 수밖에 없었다.

앞서 산투스가 지적하고 있는 것처럼 원주민운동이 복수 국민성을 보다 강력하게 주장했던 것은 나름의 원인이 있다. 1990년대 이래의 신자유주의 정책으로 인해 정치경제적인 층위에서 원주민들의 소외가 심화되었던 것이다. 원주민운동은 이런 소외를 극복하기 위해 제도 정당과의 연대를 통해서 현실 정치에 참여했다. 그러나 이러한 시도가 실패하면서 원주민운동 세력은 기성 정치를 불신하게 되었다. 따라서 원주민운동은 기성 정치 세력과의 연대를 통해서 자신들의 권리를 시혜적으로 인정받기보다는, 복수 국민성을 통해 자신들의 권리를 정당하게 인정받고자 했던 것이다. 더욱 본질적인 이유로는 식민 시기 이후로 고착된 에콰도르 사회의 인종주의를 들 수 있다. 결국 식민 시대 이래로 배제되어온 원주민들로서는 자신들의 권리와 문화적 정체성을 지키기 위해서 복수 국민성 개념을 가지고 국가를 새롭게 구성하는 것이 필요했던 것이다.

이런 맥락에서 원주민운동은 복수 국민성을 주장했고, 결국 2008년 헌법에 복수 국민성 개념이 수용되었지만 다소 완화된 형태였다. 즉, 복수 국민성이 받아들여졌지만 중앙정부의 주도적 역할과 국가적 통합성 또한 강조되었던 것이다. 개별 원주민 공동체가 자신들의 영토에서 가지고 있는 자율성은 국가의 주권에 종속되었고, 원주민 공동체의 대표성 또한 정상적인 민주적 대의성을 넘어서지 못했다(Martínez Novo, 2014: 113). 또한 자연 자원의 개발과 관련하여 원주민 공동체가 자신들의 의견을 제시할 권리를 부여받았지만, 국가가 이들의 의견을 반드시 따를 필요는 없었다. 스페인어가 차지하고 있던 국가 공용어에 케추아어를 포함하자는 요구 역시 받아들여지지 않았고, 케추아어는 '상호문화적 소통언어(languages of intercultrual communication)'의 지위만을 가지게 되었다(Martínez Novo, 2010: 12). 이런 조치들은 복수 국민성이 국가에 의해 수용되었지만, 복수 국민성의 진정한 의미는 수용되지 않았다는 비판으로 이어졌다.

복수 국민성을 둘러싼 입장 차이는 코레아가 행정명령을 통해서 원주민들이 통제하던 일부 국가기구의 자율성을 정지시키는 과정에서 잘 드러난다. 특히 2009년 2월 코레아는 1988년 이래로 원주민 조직이 집행부를 선출하고 원주민 관련 교육 정책을 결정해오던 상호문화적 이중언어를 위한 원주민 교육기구(Dirección Nacional de Educación Indígena Intercultural Bilingüe del Ecuador: DINEIB)에 개입하여 교육부가 이 조직을 관장하는 것으로 바꾼다. 이러한 결정을 2008년 헌법에 명시된 복수 국민성의 취지를 훼손하는 것으로 간주한 원주민운동 세력은 격렬하게 반대했다. 원주민운동의 핵심 세력이 DINEIB에 소속된 이중언어 교사들이었다는 것을 고려한다면 더더욱 당연한 반응이었다(Martínez Novo, 2010: 15~16). 이 DINEIB가 이중언어 전문가들을 고용하는 것뿐만 아니라, 원주민운동 세력을 안정적으로 재생산하는 제도적인 장치였기 때문이었다. 이런 정책 변화에 복수 국민성과 원주민 자치와 관련된 코레아 정부와 원주민운동 간의 입장 차이가 잘 나타난다. 코레아 정부는 DINEIB를 원주민운동 조직이 운영하는 것은 국가가 자신의 책무를 방기하는 행위라고 주장했다. 이중언어교육을 통해 원주민들을 국민으로 통합하는 것이 국가의 중요한 역할임에도 불구하고, 이를 민간 영역에 넘겨주었다는 비판인 것이다. 물론 이런 비판은 코레아의 반신자유주의 정책과 밀접한 관련을 갖는다. 신자유주의적 구조조정 맥락에서 DINEIB가 원주민운동 세력에게 위임되었다는 것이다. 이 과정 속에서 이중언어교육기관이 사익을 추구하는 일부 원주민 지도자들의 전리품으로 변모했다는 인식이다. 또한 이 기구가 상호문화적 언어교육이라는 본래의 목적이 아니라 원주민의 종족성에 기반을 둔 배타적인 언어정책을 추구하고 있다고 주장했다(Martínez Novo, 2010: 16). 이런 인식에서 코레아는 DINEIB를 원주민운동 조직이 아닌 국가가 직접 운영하려는 조치를 취했고, 이는 두 진영 간의 심각한 갈등으로 이어졌던 것이다. 이런 갈등의 이면에는 원주민 조직의 독자성을 제약하고, 정부의 입장을 따르는 풀뿌리 공동체와 일부 원주민운동 지도자들을 분리시키려는 코레아 정부의 의도 역시 숨어 있었다.

이처럼 코레아 정부가 복수 국민성을 허용하면서 원주민 권리에 있어 일정한 진전이 있었던 것이 사실이다. 그러나 앞에서 살펴본 것처럼 복수 국민성을 둘러싼 두 진영 사이의 입장 차이는 개별 정책들을 두고 정부와 원주민운동 사이의 갈등을 만들어내는 주된 원인이었다.

4. 복수 국민성과 상호문화적 딜레마

복수 국민성 개념을 둘러싼 입장 차이는 '상호문화적 딜레마(inter-cultural dilemma)'라는 개념을 통해 보다 잘 드러난다(Lalander, 2010: 508). 상호문화적 딜레마는 다음과 같은 상황을 지칭하기 위해 사용되고 있다. 즉, 원주민운동은 정체성 정치에 기반을 두고 있지만, 자신들의 요구를 달성하기 위해서는 때로는 정체성을 달리하는 정치 세력과 연대를 맺어야 하는 상황에 처할 때가 있다는 것이다. 원주민운동이 존재하고 성장하기 위해서는 종족적이고 문화적인 정체성이 핵심 요인이지만, 현실 속의 정치적인 필요성과 타협해야 하는 지점이 있다는 것이다. 다시 말해, 원주민운동은 '우리' 원주민과 '그들' 백인-메스티소 사이의 차이와 분리에 기초한 정체성 정치에 기반을 두고 있지만, 현실 정치 과정에서 이들 백인-메스티소 세력과 연대해야 할 필요성이 있는 것이다(Lalander & Ospina Peralta, 2012: 23~24). 이런 상황은 원주민 고유의 정체성을 강화해야 할 정책과 연대의 정책 사이의 긴장으로 해석될 수 있다. 이 딜레마는 코나이에의 정치 조직이라 할 수 있는 파차쿠틱 다국민적 통합운동(Movimiento Unidad Plurinacional Pachakutik, 이하 파차쿠틱)이[6] 현실 정치에 참여하기 위해 다른 정치 집단들과 연대하면서 상호문화적인 성격을 강조하는 반면, 코나이에의 경우 원주민성에 근간한 복수 국민성을 더 강조하고 있는 데서 잘 드러난다. 이렇게 운동의 방향성을 두고 원주민운동에 존재하는 사회적, 정치적, 그리고 문화적 긴장이 바로 '상호문화적 딜레마'이다.

이러한 상호문화적 딜레마는 에콰도르 원주민운동의 태생적인 조건이었다. 1990년, 반신자유주의 투쟁 속에서 본격화할 때부터 원주민운동은 상호문화적 딜레마를 가지고 있었다. 반신자유주의 투쟁 과정에서 원주민운동은 다양한 좌파 정치 세력들과 결합했기 때문이다(Lalander

---

6) 에콰도르 원주민은 페루와 볼리비아에 비해 상대적으로 많지 않다. 관점에 따라 원주민 인구수를 추산하는 방식은 많은 차이를 보이고 있는 데, 대략 10%에서 35%에 달한다. 이런 시각의 차이는 원주민운동을 바라보는 관점의 차이와 밀접한 관련이 있다. 공식적인 센서스 조사는 대략 7% 내외를, 원주민운동 조직은 40%를 주장하기도 한다. 원주민운동을 우호적으로 보는 시각은 원주민 인구를 적극적으로 계산하고, 비판적인 입장은 보수적인 관점에서 소극적으로 계산한다(Mijestki & Beck, 2011: 42~43).

& Ospina Peralta, 2012: 24). 이런 원주민운동과 좌파 세력 사이의 우호적인 관계는 코레아 정권이 등장할 때까지 안정적으로 유지되었다. 그러나 2006년 신자유주의에 반대하는 코레아 정부가 등장하면서 원주민운동의 상호문화적 딜레마가 심화되게 된다. 즉, 원주민운동이 가지고 있는 상호문화적 딜레마에도 불구하고 두 진영 사이의 연대 가능성은 존재한다. 파차쿠틱처럼 실제로 두 진영이 신자유주의에 맞서 연대를 조직하기도 했다. 그러나 코레아 집권 이후 반신자유주의 투쟁이 강조되고 원주민 문제가 상대적으로 간과되는 상황에서 원주민운동과 좌파 세력의 연대는 위기에 봉착하게 된 것이다. 여기에는 두 진영 사이에 태생적으로 존재하는 상호 불신도 큰 영향을 끼쳤다. 이런 상황에서 원주민운동은 좌파 세력과의 연대가 아니라, 복수 국민성을 통해 자신들의 정체성과 정치적·경제적 권리를 보장받고자 했던 것이다.

이러한 불신의 단초는 2006년 선거 국면에서 이미 드러났다. 원주민운동과 코레아 사이의 본질적인 차이는 종족적인 입장을 강조하는 태도와 이데올로기를 강조하는 입장의 차이였다. 그러나 여기에 더해 양 진영에 존재하는 현실적인 조건들이 상호 작용하면서 연대가 어려워진 것이다. 이런 현실적인 조건 중 하나는 지금까지 원주민운동이 기성 정당과의 연대에서 얻은 좌절의 경험이었다(Lalander & Ospina Peralta, 2012: 27~28). 원주민운동은 구티에레스와의 연대와 파국의 경험에서 '외부' 인물과 다시 연대하는 것을 주저할 수밖에 없었다. 이러한 원주민운동 외부와의 연대에 대해 비판적인 인식은 루시오 구티에레스와의 연대뿐만 아니라, 파차쿠틱 내부의 좌파 세력들과의 오랜 공존에서 나온 것이다.

코레아 역시 원주민 조직에 대한 부정적인 입장을 가지고 있었는데, 여기에는 두 가지 원인이 있다고 할 수 있다. 하나는 코레아가 가지고 있던 기성 정치제도에 대한 강한 불신이다. 코레아는 의회 해산을 대통령 선거 공약으로 내걸 정도로 기성 제도 정치를 불신했는데, 원주민운동과 사회운동 세력에 대해서도 마찬가지였다. 두 번째는 이데올로기적인 이유를 들 수 있다. 코레아는 노동조합이나 다른 대중 조직들처럼 원주민운동 역시 '조합주의적' 성향을 가지고 있으며, 집단이기주의적인 목표를 추구하고 있다고 보았다(Lalander & Ospina Peralta, 2012: 28~29). 코레아와 원주민운동은 이런 현실적인 이유들로 인해 서로를 불신하고 연대에 대해 주저했다. 물론 결선 투표에서 원주민운동이 코레아 지지를 선언했지만, 당선 이후 두 진영 사이의 불신은 결국 갈등으로 나타났다.

지금까지 살펴본 것처럼 이런 차이에도 불구하고 반신자유주의 투쟁이라는 공통의 목표가 명확했던 시기에는 서로의 불신은 드러나지 않거나 다소간 완화될 수 있었다. 그러나 반신자유주의 정책을 내세운 코레아가 집권하면서 원주민운동과의 관계는 약화되고 서로 간의 불신은 더욱 심화하게 된다. 2006년 대선까지 좌파와 원주민운동 사이에 정치적 연대가 가능했지만, 코레아가 집권하면서 이러한 조건들이 변모했기 때문이다. 코레아의 권력이 강화되면서 정부는 원주민운동의 요구를 고려하기보다는 자신들의 정책을 주도적으로 끌고 갔고, 원주민운동과의 관계는 약화되었다(Lalander & Ospina Peralta, 2012: 30). 이런 상황 속에서 원주민운동은 상호문화적 딜레마에서 벗어나, 본래의 종족적 정체성을 강조하는 쪽으로 입장을 선회했던 것이다. 상호문화성을 강조하면서 좌파와의 연대에 기대기보다는, 복수 국민성을 요구하고 자신들의 원주민 정체성을 강조하는 것으로 대응했다.

5. 복수 국민성과 '반조합주의' 정책

코레아 정부는 원주민운동뿐만 아니라 교사, 학생, 공무원 등 대부분의 시민사회 세력들과도 갈등을 빚었다. 이들을 '진정한' 의미의 사회운동 세력이나 시민사회의 대표자들로 간주하기보다는 오히려, 통합적인 국가 발전을 가로 막는 특권 세력으로 간주했기 때문이다(de la Torre, 2014: 460). 따라서 코레아 정권은 원주민운동을 포함한 사회운동 세력을 적대시하고 이들의 영향력을 축소하고자 했다. 이런 코레아의 입장은 2008년 3월 말 복수 국민성 국가를 요구하는 코나이에에 대한 연설 내용에 잘 나타나 있다.

> 자기 권력을 지키려는 급진 세력들은(용납되지 않을 것이다). 이들은 복수 국민성을 자신들의 사법, 의료, 교육 체계를 가진 개별 영토들의 결합으로 이해하려고 한다. 이 복수 국민성 내에서 에콰도르 국가의 합법적인 정부가 아니라 그들 자신들이 통치하려고 시도한다. 우리는 이것을 받아들일 수 없다(Lalander & Ospina Peralta, 2012: 42에서 재인용).

앞서 살펴본 것처럼 코레아 정부가 용인하는 복수 국민성은, 원주민 공동체들이 자신들의 영토 안에서 상당한 수준으로 자치와 자율성을 보장받는 통치 형식이 아니었다. 오히려 코레아 정부는 원주민운동이 주장하는 복수 국민성을 신자유주의 정책 속에서 우파가 주장했던 국가의 역할 축소와 민간의 자율성 강화라는 맥락과 비슷하게 이해했다(Lalander & Ospina Peralta, 2012: 42). 신자유주의 정책을 반대하는 코레아는 민간의 자율성보다는 국가의 역할을 강조했기 때문에, 원주민운동의 복수 국민성 요구에 부정적이었던 것이다. 반면 코나이에는 코레아의 이런 태도를 원주민들이 투쟁을 통해 얻어낸 민주적 성취가 후퇴하는 것으로 받아들였다. 즉, 원주민운동이 자신들과 관련된 국가 정책 과정에 개입하여 일정한 결정권을 행사할 수 있었지만, 다시 지배적인 엘리트 세력이 이 과정을 통제하려는 것으로 이해했던 것이다. 이런 입장 차이는 당연히 갈등을 가져올 수밖에 없었다. 특히, 코레아는 원주민운동의 이런 태도를 '국가의 조합주의화'라는 관점에서 이해했다.

원주민운동의 요구를 집단이기주의적인 것으로 이해한 코레아는 사회의 '반조합주의화'를 정치적 목표로 제시했다. 통상 조합주의(coporatism)는 "국가와 이익집단 간의 관계를 설명하는 개념으로, 국가가 이익집단의 대표와의 합의를 거쳐서 또는 후자의 도움을 얻어 정책을 결정하고 실행하는 모델"(강준만, 2008)을 의미한다. 코레아의 경우 조합주의를 이익집단이 특정 범주 내에서 이익을 독점하는 댓가로 국가와 이익단체가 유착하는 양상으로 이해했다. 따라서 그가 주장하는 사회의 반조합주의화는 특정 집단이 자신들의 이익을 얻기 위해 고착시킨 사회적 균열(cleavage)을 해소하는 것을 의미한다(Lalander & Ospina Peralta, 2012: 16~17). 즉, 정해진 자원을 둘러싼 갈등으로 인해 사회 전체가 이해를 달리하는 대규모 집단들로 분열되게 되는데, 이것이 사회적 균열인 것이다. 코레아는 국가 전체의 통합과 발전을 위해서 이런 사회적 균열을 해소하는 것이 중요하다고 본 것이다. 이를 위해 코레아는 종족성을 우선시하는 원주민운동의 요구를 사회적 균열의 대표적인 사례로 간주하고, 이를 해소하기 위해 사회의 반조합주의화를 강조하는 것이다. 또한 반조합주의는 국가의 개념과 공공 정책 결정에 개입하려는 사회적 참여를 둘러싼 입장 차이에서도 나타난다(Lalander & Ospina Peralta, 2012: 38). 원주민운동이 복수 국민성을 통해 국가를 재구성하고 공공 정책에 개입하려는 요구를 조합주의적 요구로 이해하는 것이다. 따라서 코레아는 반조합주의라는 목표를 통해 에콰도르 사회에 구조화되어 있는 종족적 분할을 통한 사회적 균열을 없애고자 했다.

이러한 코레아의 주장은 크게 보아 지금까지 원주민운동이 자신들의 이익을 우선시하는 조합주의적인 모델을 통해서 정치적 영향력을 확장했다는 비판적인 인식에 기대고 있다. 이런 인식은 코나이에가 역사적으로 배제되었던 원주민 인구들을 대표하는 의미 있는 조직이라고 할지라도, 원주민 수를 뛰어넘는 과도한 정치적 영향력을 행사하고 있다는 비판으로 이어진다(Becker, 2011: 48). 원주민운동의 조합주의 경향에 대한 이런 비판적인 인식은 국가와 국가 기구들의 역할을 강화하는 것으로 이어졌다(Cartuche Vacacela, 2015: 43). 기존의 일부 국가기구들이 특정 조합이나 조직 등 이익단체들의 개별적인 이익에 포획되는 경우가 있다면 이제, 여기에서 벗어나 국가 주도의 통합된 정책을 추구해야 한다는 것이다.

이런 반조합주의적인 태도는 자연스럽게 원주민운동의 상호문화적 딜레마와 직접적으로 다시 연결된다. 원주민운동이 요구하는 복수 국민성은 코레아의 시민혁명이 추구하는 반조합주의라는 목표와 서로 충돌하기 때문이다. 결국 원주민운동은 자신들의 요구를 조합주의적인 것으로 간주하는 코레아에 맞서 종족적 정체성을 강화하는 선택을 하게 된다. 그러나 코레아 역시 딜레마를 가지고 있다고 할 수 있다. 그가 추구하는 국가의 통합성을 강조하기 위해서 다양한 집단들을 결합하는 상호문화성이 중요했다. 이는 코레아 정부의 중심 슬로건 중 하나인 "모든 사람들의 나라(La patria ya es de todos)"에 잘 나타나 있다(Lalander & Ospina Peralta, 2012: 38). 이런 상호문화성을 달성하기 위해서는 원주민운동 세력이 정권에 참여하는 것이 필요했고, 이를 위해 일부 원주민운동 지도자들이 가지고 있는 대표성을 이용했다. 실제로 파차쿠틱에 속해 있던 많은 지도자들과 운동가들이 원주민운동 진영에서 벗어나 코레아의 알리안사 파이스에 참여했던 것이다. 그러나 원주민운동 세력의 포용은 자신의 상호문화성을 과시하기 위한 가식적인 것이었고, 복수 국민성을 인정한 태도는 아니었다.

이처럼 코레아 정부는 국가 영역에서 원주민운동이라는 종족 층위의 특정 집단이 가지고 있는 영향력을 제한하고자 했다. 그 대신 시민의 개념을 강조했다(Lalander & Ospina Peralta, 2012: 29). 시민이 사회적 변화의 유일한 행위자여야 한다는 것이다.[7] 이렇게 코레아가 주장하는 시민혁명은 원주민운동의 종족성 개념보다는 개인의 권리를 강조하는 자유주의적인 프레임에 기반을 두고 있다. 파차쿠틱 전국 지도자인 마를론 산티(Marlon Santi)는 코레아의 시민혁명이 주장하는 개인의 권리와 "보편적 시민"이라는 사유가 원주민들이 가지고 있는 역사적 특수성을 고려하지 않는 태도라고 비판한다(Becker, 2011: 48에서 재인용). 식민 시대 이래로 고착된 사회적 모순 구조를 개혁하기 위해 투쟁해온 원주민운동의 역사를 간과하고, 원주민들의 고유한 역사를 지우고 억압하는 식민적이고 자유주의적인 이데올로기를 강화하고 있다는 것이다. 따라서 원주민운동이 요구했던 복수 국민성이야말로 원주민 공동체의 권리

---

7) 원주민운동이 요구했던 복수 국민성뿐만 아니라 코레아 정권이 주장했던 시민혁명의 내용 역시 헌법에 표현되어 있기 때문에, 두 진영 사이의 충돌은 구조적이라고 할 수 있다. 복수 국민성과 함께, 시민혁명이 주장하는 에콰도르 사회의 시민화(ciudadanización) 담론 역시 신헌법에 반영되었던 것이다. 연구에 따르면 헌법에 시민성(ciudadanía)과 시민 권력(poder ciudadano)이 100회 이상 언급되고, 시민 참여 개념 역시 38회가 등장한다. 이렇게 코레아 정권의 시민혁명 개념 역시 헌법 속에 충분하게 표현되어 있다고 할 수 있다(Lalander & Ospina Peralta, 2012: 38~39).

를 보장할 수 있는 제도적 장치라는 입장이다. 또한 코레아의 반조합주의는 원주민들을 독립적인 행위자로보다는 국가 분배의 수혜자로 간주하고 있다는 비판이 가능하다. 이런 코레아의 태도가 원주민 조직들이 가지고 있는 자원 개발이나 민주주의에 대한 관점을 '유아적인' 좌파로 폄하하는 것으로 이어졌다는 것이다(de la Torre, 2014: 461).

살펴본 것처럼 코레아는 원주민운동의 요구를 조합주의적인 것으로 간주하고 반조합주의라는 목표를 설정했다. 반조합주의는 원주민운동이 요구하는 자율과 분권보다는 국가의 역할과 정부 기능의 강화를 의미했다. 원주민 조직들이 오랜 투쟁을 통해서 국가적 의사 결정 과정에 민주적으로 참여할 수 있었다면, 이제 이런 과정은 제약을 받게 되는 것이다(Cartuche Vacacela, 2015: 50). 또한 원주민운동 조직의 사회적 동원 역시 민주적 의사 표현이라기보다는 폭력적 진압의 대상이 되었다. 점차 원주민운동이 얻어낸 사회적 성취들이 후퇴하기 시작했고, 원주민 집단의 요구는 집단주의적인 것으로 폄하되었다. DINEIB의 사례에서 보듯이 원주민과 관련된 기구들의 자율성과 운영과 관련한 정부의 결정은 코레아가 원주민들의 요구를 어떻게 이해하고 있는지를 명확하게 보여준다.

여기에 대해 원주민운동은 정체성 담론을 강화하는 것으로 대응했다. 코레아와의 대화를 거부하고 정권에 대한 전면적인 투쟁을 선택했던 것이다. 이러한 대립적인 담론의 토대에는 앞서 살펴본 것처럼 종족적 차이와 문화적 정체성을 강조하는 복수 국민성 개념이 있었다. 그러나 복수 국민성은 원주민운동의 오랜 숙원이었던 한편, 코레아 정권과의 지속적인 갈등의 주된 요인이기도 했다. 코레아 정부가 강하게 추진하는 반조합주의 정책 속에서 복수 국민성 개념은 현실화되기 어려웠고, 지난 시기 얻어낸 역사적 성취들 역시 지켜내기 어려운 상황이 되었다.

코레아 정권은 원주민운동을 종족적인 가치를 우선시하는 조합주의적 집단으로 비판하고 있다. 또한 무엇보다도 정부는 원주민 조직을 우파와 동일시하는 전략적 담론을 통해서 원주민 조직들을 공격했다. 이런 상황 속에서 원주민운동은 코레아 정부와의 극단적인 대립을 선택할 수밖에 없었던 것이다.

6. 맺는 말

살펴본 것처럼 원주민운동과 코레아 정권 사이의 관계는 복합적이었다. 집권 초기 둘 사이의 관계는 우호적이었고, 복수 국민성이 헌법에 명시된 것처럼 원주민 권리에서 있어서 상당한 진전이 있었다. 그러나 점차 원주민운동과 코레아 정부와의 대립은 심화되어갔다. 2009년 1월에 대규모 광산 채굴을 가능하게 한 이른바 광산법에 반대하는 대규모 시위에서 시작하여 원주민들은 코레아 정권에 대한 저항 운동에 나서게 된다. 원주민운동은 코레아 정권이 추구하는 반신자유주의 정책과 원주민 정책에 있어서 일정한 성취를 인정한다. 그럼에도 불구하고 원주민운동과 코레아 정권의 대립은 거칠어져 가는데, 광산 정책, 토지 제도, 원주민 관련 기구의 자율성 등 개별 정책을 둘러싼 갈등의 기저에는 두 진영 사이에 커다란 간극이 존재했기 때문이다. 이러한 커다란 간극을 복수 국민성, 상호문화적 딜레마와 반조합주의 정책 등의 개념을 가지고 살펴보았다.

1990년 대규모 봉기 이후 코레아가 집권하기까지 원주민운동은 반신자유주의 저항의 중심이었다. 원주민운동은 신자유주의에 맞서 자신들의 권리를 주장하기 위해 복수 국민성을 주장했다. 복수 국민성은 자원 이용의 권리, 재원의 재분배, 그리고 국가의 다양한 층위에 원주민의 참여를 가능하게 하는 원주민운동의 이론적 토대였다. 그러나 원주민운동과 코레아 사이에 복수 국민성을 이해하는 방식에는 큰 차이가 있었다. 따라서 2008년 복수 국민성이 헌법에 포함되었지만 그 본질은 완화될 수밖에 없었던 것이다. 즉, 복수 국민성이 개념으로는 수용되었지만, 국가의 통합성과 시민의 역할이 강조되었고 국가의 주권을 침해하는 원주민 공동체의 권리는 인정되지 않았다.

또한 코레아는 신자유주의와 원주민운동의 영향 속에서 국가의 역할이 축소되면서 국가 기구들이 조합주의에 포섭되는 경향이 나타났다고 본다. 원주민운동이 복수 국민성을 통해 자신들의 권리를 주장하는 태도를 원주민운동의 조합주의화로 이해하는 것이다. 따라서 코레아는 반조합주의를 통해 에콰도르 사회를 분열시키고 있는 사회적 균열을 없애고자 했다. 이를 위해서 원주민운동의 주장을 이기주의적인 것으로 폄하할 필요가 있었던 것이다. 이러한 코레아의 주장은 크게 보아 원주민운동이 조합주의적인 모델을 통해서 정치적 영향력을 확장했으며, 과도한 정치적 영향력을 행사하고 있다는 비판으로 나아갔다.

이처럼 원주민운동과 코레아 사이에 복수 국민성과 원주민운동의 요구를 둘러싼 커다란 간극이 존재했다. 코레아 정부 시기 복수 국민성 개념은 현실화되기 어려웠고, 원주민운동이 얻어낸 사회적 성취들은 반조합주의라는 코레아의 공격적 정책 아래 약화되었다. 이렇듯 코레아 정권은 원주민운동을 조합주의적 집단으로 비판할 뿐만 아니라, 정치적 우파 세력에 불과하다는 정치적 선동을 통해 원주민 조직들을 공격했다. 이런 상황은 집권 후반기 두 진영 사이의 갈등이 보여주듯이, 극단적인 대립으로 나갈 수밖에 없었다. 원주민운동 역시 코레아와의 대화를 거부하고 정권에 대한 전면적인 투쟁을 선택했던 것이다.

이렇게 코레아 정권 시기 벌어졌던 원주민운동과 좌파 정권과의 극단적인 대립은 레닌 모레노 시기 원주민운동 진영에 커다란 고민을 남기고 있다. 코레아 정권 말기의 극단적인 대립구도에서 벗어나기 위해서는 원주민운동뿐만 아니라 레닌 모레노 정권의 새로운 정치적 상상력이 필요할 것이다. 즉, 반신자유주의 투쟁 시기 두 진영의 공통적인 이해관계를 반영했던 복수 국민성과 상호문화성 개념들을 발전적으로 극복하고, 변화된 조건 속에서 새로운 접점을 모색하는 과정이 요구된다.

참고 문헌

강준만. 2008.『선샤인 지식노트 새로운 세상과 만나는 200개의 지식코드』. 인물과 사상사. http://terms.naver.com/entry.nhn?docId=1838482&cid=42045&categoryId=42045

김달관. 2010.「에콰도르 원주민운동의 등장배경과 변천과정: 국민국가형성부터 현재까지」. ≪이베로아메리카연구≫, 21:2, 25~55쪽.

김윤경. 2010.「1980~1990년대 에콰도르의 원주민운동: CONAIE의 '상호문화성'과 '복수 국민'」. ≪서양사론≫, 107권, 201~233쪽.

Becker, Marc. 2010. *Pachakutik: indigenous movements and electoral politics in Ecuador*. Lanham, MD: Rowman & Littlefield Publishers.

_____. 2011. "Correa, Indigenous Movements, and the Writing of a New Constitutuion in Ecuador." *Latin American Perspectives*, 38:1, pp.47~62.

_____. 2012. "Social Movements and the Government of Rafael Correa: Confrontation or Cooperation?" in Gary Prevost, Carlos Oliva Campos, & Harry E. Vanden(eds.). *Social Movements and Leftist Governments in Latin America: Confrontation or Co-optation?* London: Zed Books.

_____. 2013. "The stormy Relations between Rafael Correa and Social Movements in Ecuador." *Latin American Perspectives*, Vol.40, No.3, pp.43~62.

Cartuche Vacacela, Inti. 2015. "El conflicto entre la Conaie y la Revolución ciudadana." *Revista AMAWTAY Revista Digital de la Pluriversidad "Amawtay Wasi"*. Vol.2, No.4, pp.38~53. http://www.amawtaywasi.org/revista_amawtay_wasi_4

Cooper. David Heath. 2014. "Redefining the State: Plurinationalism and Indigenous Resistance in Ecuador." Master thesis. Kansas University.

Jameseon, Kenneth P. 2010. "The Indegenous Movement in Ecuador: The Struggle for a Plurinational State." *Latin American Perspectives*, 38:1, pp.63~73.

Lalander, Rickard. 2010. “Between Interculturalism and Ethnocentrism: Local Government and the Indigenous Movement in Otavalo-Ecuador.” *Bulletin of Latin American Research*, 29:4, pp.505~521.

Lalander, Rickard & Pablo Ospina Peralta. 2012. “Movimiento indígena y revolución ciudadana en Ecuador.” *Cuestiones políticas*, Vol.28, No.48. pp.13~50.

León Trujillo, Jorge. 2010. “Las organizaciones indígenas y el gobierno de Rafael Correa: Indigenous Organizations and Rafael Correa’s Government.” *Íconos. Revista de Ciencias Sociales*, Num.37, pp.13~23.

Martínez Novo, Carmen. 2010. “The ”Citizen’s Revolution“ and the Indigenous Movement in Ecuador: Recentering the Ecuadorian State at the Expense of Social Movements.” Paper presented at the Off Centered States: Political Formation and Deformation in the Andes, Quito. http://sarr.emory.edu/documents/Andes/MartinezNovo.pdf

_____. 2014. “Managing Diversity in Postneoliberal Ecuador.” *The Journal of Latin American and Caribbean Anthoropology*, Vol.19, No.1, pp.103~125.

Mijeski, Kenneth J. & Scott H. Beck. 2011. *Pachakutik and the Rise and Decline of the Ecuadorian Indigenous Movement*. Athens: Ohio University Press.

Torre, Carlos de la. 2014. “The People, Democracy, and Authoritarianism in Rafael Correa’s Ecuador.” *Constellations: An International Journal of Critical and Democratic Theory*, Vol.21, No.4. pp.457~466.

제8장

준식민지 국가, 푸에르토리코의 산업화와 국가의 자치적 역할*

임태균 서울대학교 라틴아메리카연구소 HK교수

1. 들어가기

푸에르토리코는 미국의 자치령(Commonwealth)으로 완전한 독립국의 지위를 가지고 있지는 않지만, 경제적으로 상당한 자치권을 가지고 발전해왔다. 1952년에 공식적으로 미국의 자치령의 지위가 주어진 푸에르토리코는 외교와 국방에 있어서는 미국 연방정부의 책임하에 있지만, 자치 헌법을 가지고 있고 예산, 행정, 제한적이지만 사법체제는 미국의 여느 주보다 훨씬 더 자치적으로 운영되고 있다.

푸에르토리코는 1950년대와 1960년대 "푸에르토리코 경제의 기적"이라 일컬어질 만큼 괄목할 만한 성장을 이루어내며 라틴아메리카 경제발전의 모델로 떠올랐다. 푸에르토리코의 산업화에는 오퍼레이션 부트

* 이 글은 ≪중남미연구≫ 37권 1호(2018)에 발표한 필자의 논문을 총서 취지에 맞게 수정 보완한 것이다.

스트랩(Operation Bootstrap)[1]이라는 독특한 형태의 산업화 정책이 있었으며, 그 결과로 나타난 경제적 도약의 중심에는 제약 산업의 부상이 있었다. 미국의 다국적 제약 회사들이 푸에르토리코에 대거 투자 및 진출하여 의약품을 현지에서 생산하면서 푸에르토리코는 미국 제약 산업, 나아가 세계 제약 산업에서 중요한 비중을 차지하게 되었다. 과거 서구의 식민지였다는 공통된 역사를 지닌 라틴아메리카 국가들이 경제 발전의 딜레마에 빠진 상황에서 푸에르토리코가 이루어낸 성장은 북미 근대화 이론주의자들에게 희망으로 거론되었다. 미국에게 푸에르토리코는 다른 라틴아메리카 국가들을 비롯한 제3세계에 공산주의를 대체할 자본주의 모델을 제시한 것이다. 이로서 미국의 자치령으로서 푸에르토리코는 종속이론의 전형으로 간주되어왔다.

푸에르토리코에 대한 이러한 접근은 1980년대 들어 종속이론이 그 설득력을 잃은 상황에서도 유효했고 라틴아메리카 연구의 시류에 대한 역행이었다. 기존의 종속이론에서는 항상 미국을 비롯한 중심부의 국가와 이들에 협력하고 이익을 얻는 주변부 국가 내의 계층들이 주변부의 정치를 설명하는 주요 변수였다. 기본적으로 자치적인 정책 결정이라는 개념이 존재하지 않았다. 하지만 1980년대에 접어들면서 동아시아 신흥국의 성장, 그리고 이후 주요 라틴아메리카 국가들의 발전에 있어서 제국주의적 열강과 국내 경제 주체들의 이해관계로 설명할 수 없는 국가의 주체적인 역할이 주목을 받으면서 종속이론은 도마 위에 올랐다(Evans, 1985). 하지만 전적으로 수출 플랫폼으로서의 산업화를 추진한 푸에르토리코와 주변의 카리브해 국가들에는 종속이론이 유효한 분석틀로서 인정되곤 했다(Becker, 1984).

1) '신발 끈을 묶다'라는 뜻으로 무뇨스 마린 정부가 추진했던 산업화 정책이다.

하지만 경제적 종속이 일반화된 것으로 보이는 카리브해의 국가들에서도 그들 정부의 행위, 즉 계급 이익과 분리되어 있는 정부 관료들의 자치적인 정책 결정이 중요한 역할을 할 수 있다. 푸에르토리코와 같은 준식민지 국가도 예외는 아니다. 스미스(Smith, 1981)는 제국주의에 대한 연구에서, 중심부의 지배하에 있는 국가도 현지의 관료들은 자국 정부의 하부 구조에서 중요한 영향력을 발휘한다고 주장했다(Smith, 1981: 51). 푸에르토리코도 비록 미국 자치령의 형태로 준식민지 국가의 형태를 띠고 있지만, 경제적으로 독립적인 지위를 인정받는 상황에서 산업화에 푸에르토리코 정부의 역할이 매우 중요했을 것이라는 것을 유추해 볼 수 있다.

이 글은 준식민지 국가의 형태로 발전해온 푸에르토리코의 산업 발전 과정에 푸에르토리코 정부의 자치적 정책 결정이 어떠한 영향을 미쳤는지 역사적으로 살펴보고자 한다. 이를 위해 이 글은 오퍼레이션 부트스트랩을 위주로 한 푸에르토리코 산업화를 먼저 살펴보고, 이어서 제약산업의 출현과 성장 과정을 분석하고자 한다. 특히 미국 정부와 미국 자본과의 관계에서 푸에르토리코 정부의 정책 결정이 산업 발전의 방향에 미치는 영향을 주목하고자 한다.

2. 산업화의 추진과 푸에르토리코 정부의 역할

1) 산업화 이전의 푸에르토리코

푸에르토리코는 1898년 스페인이 미국과의 전쟁에서 패배하고 미국에 푸에르토리코에 대한 직접 지배권을 넘겨주면서 미국의 식민지가 되었다. 사실 1897년 푸에르토리코 독립 인사들이 스페인과의 협상을 통해 자치권을 인정받았다. 하지만 미국이 푸에르토리코가 지닌 투자와 무역에 대한 잠재력과 미 해군의 강화에 필요한 지정학적 중요성을 놓치지 않고 푸에르토리코를 침범하면서 푸에르토리코는 당시 미국의 글로벌 전략의 요충지가 되었다(Skidmore, Smith, and Green, 2010: 118).

한편 푸에르토리코 지배층의 대부분은 미국의 점령이 푸에르토리코 경제에 가져올 이익 때문 미국으로의 편입을 지지하는 입장을 보였다. 당시 푸에르토리코에서는 설탕 산업이 중심 산업이었는데, 역내 최대 설탕 소비지인 미국이 자국 산업 보호를 위해 수입 설탕에 높은 관세를 부과하고 있었기 때문에 푸에르토리코는 미국으로의 편입이 관세 면제로 자국 설탕 산업을 활성화하는 데에 이득이 될 것으로 기대했다. 사실 미국은 1900년 포레이커법(Foraker Act)을 제정하여, 푸에르토리코를 미국법이 적용되지만 그 생산품의 미국 본토 유입에는 여전히 관세가 부과되는 지역으로 규정했다. 하지만 설탕 산업에는 예외를 두어 푸에르토리코는 무관세로 미국에 설탕을 수출할 수 있었다. 이후 한동안 푸에르토리코의 설탕 산업은 가파르게 성장했고 푸에르토리코의 미국에 대한 무역 의존도는 1930년에 이미 대외무역의 90% 이상이 미국과의 교역에 치중될 만큼 심화했다.

1930년대에 들어서 푸에르토리코의 설탕 산업은 내리막길을 걷기 시작했다. 세계 제1차 대전 동안 유럽산 설탕 공급이 급감함에 따라 설탕 가격이 상승하면서 세계 설탕 산업은 이례적인 붐을 누렸다. 하지만 세계 제1차 대전이 끝나고 1920년대에 들어 유럽의 설탕 생산이 다시 활기를 띠면서 세계 설탕 가격은 하락했다. 푸에르토리코는 1930년대에 들어설 때까지 이러한 세계 설탕 시장 변화에 큰 영향을 받지 않고 번성했는데, 이는 미국이 타국으로부터의 수입 설탕에 대한 관세를 강화하여 국내 설탕 산업을 보호했기 때문이다. 푸에르토리코는 미국 자치령으로서 이러한 관세 조치의 주요 수혜자가 되었다(Ayala and Bernabe, 2007: 96). 하지만 미국 정부가 1934년 '설탕법(Sugar Act)'을 통해 설탕 수입에 대한 쿼터를 쿠바와 하와이에 대거 할당하면서 푸에르토리코는 설탕 생산을 줄일 수밖에 없었다. 이와 함께 사탕수수 농업의 생산성이 하락하면서 푸에르토리코의 설탕 산업은 점점 쇠퇴했고 1960년대 중반에 가서는 사탕수수 생산이 거의 중단되기에 이르렀다.

1940년대 초 푸에르토리코는 생산성이 낮은 농업 경제를 벗어나 고생산성의 산업 경제로의 전환을 꿈꾸며 개혁을 단행했다. 1941년 대중민주당(Popular Democratic Party)의 수장인 루이스 무뇨스 마린(Luiz Muñoz Marín)이 상원 의장으로 선출되면서, 푸에르토리코는 당시 미국이 임명해 보낸 마지막 미국인 푸에르토리코 지사 렉스포드 터그웰(Rexford Tugwell)의 협조하에 수입 대체 산업화에 기반을 둔 산업화 정책을 전개했다. 당시 터그웰은 푸에르토리코의 자치를 옹호하던 인물로, 무뇨스 마린을 공공연히 지지했다. 무뇨스 마린의 주도하에 푸에르토리코 정부는 1942년 푸에르토리코 산업개발회사(Puerto Rico Industrial Development Company: PRIDCO)를 만들어 국영기업의 설립을 관장하도록 했다. 이러한 푸에르토리코의 수입 대체 산업화는 사탕수수로 만드는 럼주 공장을 위한 중간재 생산과 건설업 확대에 필요한 자재 생산에 초점이 맞추어져 있었으며, 이들 산업은 역시 국영기업들에 의해 운영되었다(Dietz, 2003: 42). 하지만 1941년에서 1946년경까지 진행된 국가주도의 산업화는 특별한 성과를 내지 못했고 1946~1947년 자유주의적 발전 전략으로 선회했다(Padin, 2003: 285). 국내 자본가 계층의 눈에 띄는 성장도, 기술의 발전이나 숙련 노동자의 유의미한 증가도 없이, 푸에르토리코는 국영기업들의 사유화를 통해 미국 본토의 자본과 기술에 거의 전적으로 의존하는 새로운 경제 발전의 국면에 들어서게 된 것이다(Dietz, 2003: 45).

2) 오퍼레이션 부트스트랩을 통한 산업화 추진

푸에르토리코의 경제 발전은 1947년 오퍼레이션 부트스트랩(또는 Operación Manos a la Obra)이라는 산업화 정책을 통하여 새로운 국면을 맞이하게 되었다. 1946년 즈음 무뇨스 마린은 더 이상 수입 대체 산업화가 푸에르토리코 경제의 미래를 책임질 수 없다고 판단하고 수출 지향적 생산과 미국 자본에의 직접투자로 대중민주당(Popular Democratic Party)의 경제 전략을 수정했다. 이러한 대폭적인 산업정책의 전환과 그에 따른 괄목할 만한 경제성장의 중심에는 테오도로 모스코소(Teodoro Moscoso)라는 인물이 있었다(Maldonado, 1997). 모스코소는 1942년 PRIDCO의 설립 당시 무뇨스 마린과 터그웰에 의해 사장으로 임명된 인물로, 당시 국가 주도의 산업화를 지지하던 기존의 정책가들과 달리, 푸에르토리코는 자체적인 산업화 재원이 부족하기 때문에 산업화를 위해서는 외국 자본의 도입이 필수적이라는 확고한 의식을 가지고 있었다(Maldonado, 1997: 25~31). 1940년대 초반의 국가 주도 내부 지향적 산업화가 별다른 성과를 내지 못하자 모스코소의 산업화 방안이 주목을 받게 되었고, 모스코소는 오퍼레이션 부트스트랩이라는 푸에르토리코 산업화 정책의 주축으로 나서게 되었다. 20세기 하반기에 푸에르토리코가 아메리카의 호랑이라 불릴 정도의 경제 발전을 이루게 하는 시발점이 된 오퍼레이션 부트스트랩은 기본적으로 "초대에 의한 산업화(Industrialization by Invitation)" 전략이었는데, 미국의 자금과 미국 기업에 의존하여 미국으로의 수출을 위한 제조업의 빠른 구축과 이로 인한 고용 증대가 그 핵심이었다. 특히 1947년 통과된 '산업 장려법(Industrial

Incentives Act of 1947)'은 푸에르토리코 역사상 처음으로 지방세를 완전히 면제해주는 법안으로 미국 기업들을 유치하는 데 큰 역할을 했다. 또한 미국 연방 최저임금법이 푸에르토리코에서는 일률적으로 적용되지 않고 산업별로 조정됨에 따라 1940년대 말에는 이미 푸에르토리코의 임금이 미국 본토보다 상당히 낮아졌다. 결국 조세 감면 혜택과 상대적으로 잘 통제된 저임금이 미국 시장에 대한 자유로운 접근이라는 지정학적 이점과 더불어 푸에르토리코의 새로운 산업화 계획의 중추적 요소가 되었다(Ayala and Bernabe, 2007: 189~190; Suárez, 2001: 68~70). 1950년 푸에르토리코 정부는 경제개발청(Economic Development Administration, 일명 Fomento)을 신설하고 PRIDCO를 그 관하에 두는 개편을 단행했고 모스코소를 경제개발청(Fomento)의 수장으로 지명하여 푸에르토리코의 변화된 산업화 정책을 강화했다(Dietz, 1986: 211). 경제개발청은 오퍼레이션 부트스트랩의 핵심 기관으로 산업화를 위한 해외 민간자본의 유치를 총괄했는데, 국영기업을 관할하던 PRIDCO가 포멘토 밑으로 편입되었다는 것은 푸에르토리코의 산업화 전략이 자유화의 물결을 탔다는 것을 반증한다.

푸에르토리코는 미국 기업의 투자로 인한 노동 집약적 제조업 발전으로 1950년대와 1960년대에 각각 연평균 GNP 5.3%와 7%라는 높은 경제성장을 이룩했다(Curet Cuevas, 1986: 43~44). 하지만 1960년대 중반에 들면서 푸에르토리코의 경제발전 모델은 고비를 맞이하게 되었다. 제조업으로 인해 창출된 고용이 농업의 퇴보로 인한 실업을 해결할 만큼 크지 못했고, 이로 인한 미국으로의 인구 유출이 심해졌다. 노동집약적 제조업을 위한 장점이던 낮은 임금도 다른 개발도상국에 비해 더 이상 경쟁력을 유지하지 못하게 되었다. 또한 GATT 협상의 진전으로 인해 미국이 개발도상국으로부터 수입되는 노동집약적 상품에 대해 관세를 낮추면서 푸에르토리코가 특별하게 누리고 있던 미국 시장에의 자유로운 접근이라는 이점도 그 효과가 감소하기 시작했다.

이에 푸에르토리코 정부는 1960년대 하반기에 들어 오퍼레이션 부트스트랩 정책의 초점을 기존의 노동 집약적 산업 발전에서 자본 집약적, 기술 집약적 산업 발전으로 전환했다. 특히 당시 푸에르토리코 지사인 대중민주당의 라파엘 헤르난데스 콜론(Rafael Hernández Colón)은 세계석유 파동과 함께 찾아온 1970년대의 불황에 즉각 대처하며 기존 푸에르토리코의 자본/기술 집약적 산업화를 수정 및 심화시켰다. 1975년 헤르난데스 콜론은 경제학자 제임스 토빈(James Tobin)이 이끄는 위원회를 통해 푸에르토리코의 재정에 관한 리포트를 작성했는데, 이 리포트는 푸에르토리코 경제에서 재생산 가능 유형 재산의 절반이 해외 소유임을 지적하며 푸에르토리코가 미국 자본에 덜 의존하는 경제 정책을 만들어야 할 것이라고 결론지었다(Tobin et al., 1975). 하지만 헤르난데스 콜론 정부는 세금 면제 정책을 강화하며 오히려 푸에르토리코의 경제발전에 미국 자본 의존을 더욱 확고히 했다. 1976년 헤르난데스 콜론 정부는 미국 의회에 대한 로비를 통해 기존의 미국 국내세입법 931조(Section 931 of the Internal Revenue Code)를 개정하여 미국 국내세입법 936조(Section 936 of the Internal Revenue Code)를 제정하도록 했다(Ayala and Bernabe, 2007: 268). 기존의 931조는 푸에르토리코를 포함한 미국령에서 활동하는 미국 기업들이 사업을 청산할 때에만 연방세를 내지 않고 수익을 미국 본토로 송금할 수 있도록 규정하고 있었다. 반면 936조는 사업 청산이라는 조건 없이 어느 때든 수익을 송금할 수 있도록 함으로써, 미국 자본의 푸에르토리코 투자를 활성화했다. 936조를 통해 제약산업을 중심으로 한 기술/자본 집약적인 산업에 종사하는 미국 기업들이 푸에르토리코에 많이 들어오게 되었는데 이들 소위 '936 기업들'은

936조가 단계적으로 폐지된 1996년~2006년까지 푸에르토리코 경제의 주축이 되었다. 이들 기업들은 특히 R&D를 통한 지적재산과 특허에서 얻은 수익을 푸에르토리코로 이전하여 세금을 면제받곤 했는데, 실제로 이러한 소득 이전이 미국 기업의 푸에르토리코 투자의 중요한 유인이 되기도 했다(Grubert and Slemrod, 1998: 365). 한편, 푸에르토리코 지방세의 경우 1977년에 새로 집권한 보수진영의 새진보당 지사 카를로스 로메로 바르셀로(Carlod Romero Barceló)가 앞 정권인 대중민주당 헤르난데스 콜론의 정책을 확대하여 1978년 기존의 제조업에 국한되어 있던 면세 범위를 수출 지향의 금융, 유통 및 서비스업으로 확대했다(Dietz, 2003: 141). 위와 같은 자본/기술 집약적 산업화로의 전환을 통해 푸에르토리코 경제에서 제약, 화학 그리고 전자 산업이 기존의 의류 봉제업을 대체해나갔고, 소유 구조에서도 대규모의 미국 다국적 기업들이 상대적으로 중소규모의 미국 기업들을 대신해 주류를 이루게 되었다.

하지만 염원과 달리 푸에르토리코의 미국 자본 유치 계획은 푸에르토리코의 실업 문제를 해결해주지 못했다. 고도의 기술/자본 집약적 산업은 과거의 농업이나 노동 집약적인 산업이 제공하던 만큼의 일자리를 창출할 수 없었다. 또한 미국 기업들의 수익이 푸에르토리코에 충분히 재투자되지 못하면서 민간 부문이 창출하는 생산이 푸에르토리코를 지탱하기에는 점점 더 부족해졌고, 푸에르토리코 정부는 더욱 미국 연방보조금에 의존하게 되었다. 1970년대 중반 경기 침체를 거치며 급격히 늘어난 푸에르토리코의 연간 연방보조금 수령액은 1968년 2억9000 달러에서 1979년 29억 달러까지 증가했고, 1980년에는 푸에르토리코 개인소득의 30% 이상을 연방보조금이 차지할 정도였다(Leibowitz, 1989: 151). 연방보조금은 그 이후로도 현재까지 개인소득의 20% 이상을 차지하고 있다.

우여곡절에도 불구하고 오퍼레이션 부트스트랩이라는 경제발전 전략이 푸에르토리코로 하여금 눈에 띠는 산업화를 이루어내게 한 것은 사실이다. 푸에르토리코는 미국 기업들의 가장 매력적인 투자 진출 지역이 되었고, 제조업, 특히 제약회사들이 대거 진출하면서 푸에르토리코 GDP에서 제조업이 차지하는 비율이 두 배 가량 증가했다. 하지만 미국의 자본과 엄청난 세제 혜택을 그 매개로 선택한 푸에르토리코 경제는 세제 혜택이 사라지면서 급격히 동력을 잃게 되었다. 2000년 대중민주당의 실라 칼데론(Sila Calderón)이 집권을 시작하면서 푸에르토리코 정부는 오퍼레이션 부트스트랩을 이어나가기 위해 미국 내국세입법 901조(Section 901 of the Internal Revenue Code)하에 푸에르토리코에 투자하는 미국 기업들이 '제한적 외국 기업'으로 등록함으로써 얻을 수 있는 혜택을 확대하는 법안에 대해 로비를 했으나 실패하고 말았다 (Ayala and Bernabe, 2007: 309).

3. 제약 산업의 발전과 푸에르토리코 정부의 산업 정책

1) 푸에르토리코 제약 산업의 출현과 성장

푸에르토리코 산업화의 중심으로 떠오른 산업이 제약 산업이다. 푸에르토리코의 제약 산업은 미국의 다국적 제약 회사들이 푸에르토리코에 진출하면서 본격적으로 시작했다. 1950년 처음으로 스털링 드러그(Sterling Drug)가 푸에르토리코에 생산 공장을 개설한 이래로, 1960년대 들어 푸에르토리코에 진출한 미국 제약 회사의 숫자가 본격적으로 증가했고 1970년대에는 그 증가세가 더욱 가속화했다. 스털링 드러그의

〈표 8-1〉 푸에르토리코 제약 산업 성장 추이

연도	공장 수	노동자 수	제약 산업 부가가치 (백만 달러)	제약 산업 부가가치 / 제조업 부가가치(%)
1949	21	-	-	-
1952	28	-	-	-
1954	33	437	3	1.58
1958	21	364	3	0.92
1963	25	666	20	3.25
1967	28	1,074	60	6.03
1972	40	3,833	327	17.07
1977	75	9,019	1,028	25.10
1982	84	13,171	3,276	38.07
1987	77	16,000	5,321	38.81
1992	88	24,892	9,978	43.89
1997	92	30,561	19,656	53.96
2002	74	25,036	33,160	72.70
2007	65	25,550	46,479	-
2012	46	-	-	-

자료: U.S. Census Bureau(1956, 1960, 1974, 1980, 1990, 1994, 2000, 2005, 2010, 2015)

첫 진출 이후 1950년대에는 후반이 되어서야 백스터 래버러터리스(Baxter Laboratories)가 추가로 푸에르토리코에 진출했다. 그러다 1960년대에 들어서는 체이스 케미컬(Chase Chemical)을 필두로 11개의 미국 제약 회사가 줄지어 푸에르토리코에 진출했고, 1970년대에는 27개의 미국 제약 회사가 푸에르토리코에서 진출했다. 1973년에는 한 해 동안 7개의 미국 제약 회사가 푸에르토리코에 진출하기도 했다.

푸에르토리코 제약 산업의 성장은 1970년대에 더욱 뚜렷해졌다. <표 8-1>은 제약 산업의 성장 추이를 공장 수, 노동자 수, 그리고 부가가치 규모를 통해서 보여준다. 1950년 첫 미국 제약 회사가 진출하기 전에도 푸에르토리코에는 제약 산업 관련 공장이 존재했다. 하지만 1970년대에 들어 미국 제약 회사들의 진출로 제약 공장 수는 급속히 증가하여 1990년대 중반에는 90여 개에 이르렀다. 노동자 수도 1954년 437명에 불과하던 것이 1970년대부터 급속히 늘어 1990년대 중반에는 3만 명이 넘었다. 공장과 노동자 수는 1990년대 말에 다소 감소했는데 이는 미국 제약 회사들이 합병을 통해 공장을 대규모화하거나 공장을 철수했기 때문이다. 부가가치는 제약 산업의 성장을 실질적으로 잘 보여주는 지표인데, 1950년대에 300만 달러 정도에 불과하던 연간 부가가치는 1970년대 하반기에 10억 달러를 초과하여 2000년대까지 꾸준히 증가했다. 제약 산업의 성장은 전체 제조업 부가가치에서 제약 산업이 차지하는 비중의 변화를 보면 더욱 뚜렷하게 알 수 있는데, 1.54%에 불과하던 제약 산업의 부가가치 비중은 1970년대 말에 30%를 넘어섰고 2000년대 초에는 70%를 초과했다. 제조업이 푸에르토리코 전체 경제에서 차지하는 비중이 절대적인 상황에서 제약 산업이 홀로 푸에르토리코 경제성장을 주도했다고 해도 과언이 아니다. 푸에르토리코 제약 산업은 국가의 전체 수출에서도 그 비중이 점점 증가했다. 푸에르토리코의 수출은 시간이 흐를수록 제약 산업이 더욱 주도했다. 1980년대 초반에 20%를 넘나들던 제약 산업의 수출 비중은 2000년을 전후로 급격히 증가하며 60%를 넘었고 2013년에는 70%를 초과했다.

푸에르토리코에서 제약 산업이 성장할 수 있던 배경은 여러 가지를 들 수 있다. 먼저 지리적으로 푸에르토리코는 거대하고 확실한 소비시장인 미국 본토와 매우 가까운 거리에 있다. 그리고 미국 본토에 비해서 상대적으로 값싼 노동력을 가지고 있었음에도 불구하고 라틴아메리카 국가들과 비교해서 높은 교육 수준과 양질의 인적 자본을 보유하고 있었다. 자본·기술 집약적 산업인 제약 산업에 있어서 숙련 노동자를 저비용으로 공급할 수 있는 푸에르토리코는 매우 유리한 환경을 가지고 있다. 이러한 배경들은 미국의 제약 회사들이 푸에르토리코에 진출하여 생산 기지를 만들도록 하는 유인이 되었다. 하지만 이러한 요인들에 미국의 자본이 반응하여 움직인 원인은 푸에르토리코의 산업화를 둘러싼 다양한 세제 및 산업 정책이다.

푸에르토리코가 글로벌 제약 산업의 중요한 생산지로 성장하게 된 가장 잘 알려진 정책적 요인은 미국 연방정부의 세금 우대 조치다(Ramcharran, 2011: 396). 푸에르토리코에 제약 산업이 출현하는 데 관련된 제도적 장치는 1921년 미국 국세청이 만든 내국세입법 931조로 거슬러 올라간다. 931조는 미국 기업들이 필리핀을 중심으로 한 미국령에서 외국 기업들과 경쟁하는 것을 지원하고, 미국 투자가들이 외국에 투자 시 받는 조세 이연을 미국령에 투자할 때도 동등하게 받게 하며, 이를 통해 미국령의 경제 발전을 도모하기 위한 것이었다(Eden, 1994: 37). 다시 말해, 931조는 미국 정부가 미국령에서 자국 기업 및 그 자회사의 활동을 장려하기 위한 조세법이었는데, '80-50' 요건을 만족한 기업, 즉 3년간 총소득의 80% 이상을 미국령에서 벌어들이고 동시에 50% 이상을 실질 거래나 상업 활동을 통해 얻은 기업에게 미국 연방세를 면제해주었다(Office of the Federal Register, 1958: 777). 다만 본국에 있는 모회사로 수익을 송금할 시에는 세금을 부과했는데, 미국령 자회사를 정리할 경우에는 세금 없이 자산을 본국으로 보낼 수 있도록 했다. 미국 정부는 나아가 1928년 351조를 제정하여 미국 기업들이 그들의 미국령 자회사에 특허권과 같은 무형 자산을 이전할 때 세금을 면제해 주었다(Eden, 1994: 38). 따라서 미국의 다국적 기업들은 미국령 자회사에 특허 기술을 보내어 현지에서 생산을 함으로써 연방세와 관련하여 완전한 비과세 소득을 만들 수 있게 되었다.

이러한 상황에서 1976년 미국 정부는 미국령에 고용 창출을 위한 투자 유치를 장려하는 목적으로 조세개혁법(Tax Reform Act of 1976)을 제정했는데, 이 일부로 936조를 만들어 기존 931조가 낳은 부작용을 개선하고자 했다(Boorstein, 1990: 30). 가장 주목할 만한 부작용으로, 931조하에서는 미국 기업의 자회사의 수익이 회사의 청산 시에만 세금 없이 미국의 모회사로 송금될 수 있었는데, 이 점 때문에 미국령에 있는 자회사들을 한정된 기간 동안만 운영하고 나서 사업을 정리하는 양상을 만들어냈다. 이런 역효과를 보완하기 위해 936조는 미국령 자회사의 수익에 대해 모회사로의 즉각적인 송금을 가능하게 했다. 이런 936조는 여느 미국령보다 푸에르토리코에 있는 미국 다국적 기업의 자회사들에게 가장 큰 혜택을 주었는데, 1983년 이래로 10년 동안은 99% 이상의 936조 혜택이 푸에르토리코 자회사들에 돌아갔다(US General Accounting Office, 1993: 2).

푸에르토리코 제약 산업은 936조의 가장 크고 실질적인 수혜자가 되었다. 제약 산업이 누린 세금 혜택은 다른 산업에 비해서 매우 뚜렷했다. 제약 회사들의 세금 절세율이 일률적으로 나타나지는 않았지만, 상대적으로 많은 수의 제약 회사들이 높은 절세 혜택을 입었다. 1980년대에 들어서도 제약 산업의 세금 혜택은 매우 높았다. 제약 산업은 이 기간 중 연간 세금 혜택의 46~56%를 차지하며 가장 많은 세금 혜택을 누렸다.

2) 푸에르토리코 정부의 주도적 역할

푸에르토리코 제약 산업이 931조와 936조 같은 미국 연방정부의 세금 제도의 덕을 본 것은 사실이다. 하지만 푸에르토리코 제약 산업이 미국 정부의 정책적 제도 때문에 등장하고 푸에르토리코 제1 산업으로 성장했다고 보기는 어렵다. 오히려 이는 푸에르토리코 정부의 정책에 의한 것이며 미국 정부의 세제 개혁은 보조적인 역할을 했다.

먼저, 앞서 설명한 931조는 1921년 미국 정부가 만든 세금 제도로 푸에르토리코보다 필리핀을 염두에 두고 만든 것이었으며, 이 법의 제정 이후로도 20년이 넘도록 푸에르토리코에는 별다른 영향을 주지 못했다. 미국 정부의 세금 혜택 제도가 실효를 거두기 위해서는 푸에르토리코 정부가 지방 정부 차원에서 그에 부응하는 실질적인 지방세 혜택을 마련해야 했다. 푸에르토리코 정부는 1940년대 중반까지 별다른 조치를 취하지 않았고, 따라서 931조를 비롯한 일련의 세금 제도들은 푸에르토리코 산업과 경제에 별다른 긍정적인 변화를 가져오지 못했다 (Suárez, 2000: 24).

931조를 통한 미국 연방정부의 의지가 푸에르토리코 경제에 유의미한 결과는 나타내기 시작한 것은 1947년 푸에르토리코 정부가 산업촉진법(Industrial Incentives Act)을 통해 오퍼레이션 부트스트랩 정책을 펼치면서다. '초대에 의한 산업화'를 기본 원칙으로 미국 자본의 유입을 적극 조장한 오퍼레이션 부트스트랩은 그 핵심인 산업촉진법을 통해 푸에르토리코에 진출하는 외국 기업의 현지 수익과 부동산에 대한 세금, 그리고 지방세를 면제해주었다. 이를 통해 푸에르토리코는 식품, 의류 등의 노동 집약적 제조업에 괄목한 만한 성장을 이룩했다.

하지만 931조가 특히 제약 산업의 성장에 직접적으로 실효를 나타낸 것은 1960년대에 오퍼레이션 부트스트랩의 초점이 노동 집약적 산업에서 자본·기술 집약적 산업으로 전환하면서다. 1960년대 중반에 들어서면서 노동 집약적 산업을 중심으로 한 기존의 투자 유입이 규모가 작다는 한계를 드러냈고, 푸에르토리코 국내 임금의 상승으로 인한 투자

유인도 감소했다. 이에 푸에르토리코 정부는 미국 대기업들의 안정적인 투자를 기대하며 국가 산업 정책의 핵심을 자본·기술 집약적 산업으로 수정했다. 이러면서 푸에르토리코의 제조업은 그 구성에 큰 변화를 겪었다. 제약 산업은 1970년대 전반기에 이미 푸에르토리코 제조업에서 가장 핵심적인 위치에 올랐다(Suárez, 2000: 27). 1947년 오퍼레이션 부트스트랩이 시작하기 전에는 식료품 산업의 비중이 40%에 육박하며 절대적인 입지를 차지하고 있었다. 하지만 1970년대 초반까지 식료품 산업은 꾸준히 감소한 반면, 제약 산업은 1976년 제조업 GDP의 23.1%라는 압도적인 비중을 차지하며 이미 푸에르토리코의 제1 산업으로 자리매김했다.

한편 936조는 미국 제약 회사들로 하여금 푸에르토리코에서의 활동을 더욱 용이하게 했으며 따라서 푸에르토리코 제약 사업의 확장에 일익을 담당했다. 하지만 936조가 제정된 1976년 즈음에는 이미 제약 산업이 푸에르토리코의 제1 산업으로 등극해 있는 상태였다. 따라서 미국 정부의 936조가 푸에르토리코의 제약 산업을 더욱 안정적으로 강화한 것은 사실이나 제약 산업의 1차적인 성공을 견인한 것은 아니다. 오히려 미국 정부는 936조를 통하여 푸에르토리코에 진출한 미국 기업들에 대한 면세를 축소하고자 했다. 당시 미국의 다국적 기업들은 특허로 이어지는 연구개발 지출을 수익에서 공제받음으로써 소득세를 줄일 수 있었는데, 기존의 931조는 이들 기업들이 이미 세금 혜택을 받으며 만든 특허 기술을 푸에르토리코 자회사에서의 생산 활동에 이용함으로써 완전한 비과세 수익을 만들 수 있게 해주었다(US General Accounting Office, 1993: 3). 미국 정부는 1982년 조세 평등과 재정의무법(Tax Equity and Fiscal Responsibility Act)과 1986년 세제 개혁법(Tax Reform Act)을 통해 936조를 수정하여 푸에르토리코에서 특허와 같은 무형자산을 통해 얻은 소득의 일정 부분을 미국의 모회사에 할당하여 과세의 대상이 되도록 했다. 또한 931조와 같은 수준, 즉 총소득 80%, 실질 거래 50%이던 936조의 기존 요건을 강화하여, 3년간 총소득의 80% 이상을 미국령에서 취득해야 한다는 요건은 유지하되 실질적인 거래나 상업 활동을 통해 얻어야 하는 소득의 비중을 1982년에 65%로, 그리고 1986년에는 75%로 강화했다(US General Accounting Office, 1993: 3).

3) 정확히 의도치 않은 제약 산업의 발전

제약 산업의 등장과 성장의 가장 중요한 요인이 푸에르토리코 정부의 정책이기는 하지만, 그 결과가 정책적으로 의도되거나 계획된 것은 아니었다. 먼저, 1기 오퍼레이션 부트스트랩이 한창이던 1950년대에 푸에르토리코 정부가 일찌감치 관심을 가진 산업은 제약 산업이 아니라 전자기기 산업이었다. 1947년 시작한 1기 오퍼레이션 부트스트랩은 의류, 직물, 식료품 가공 등의 경공업 위주로, 큰 규모의 미국 자본을 유치하는 데에는 한계가 있었다. 이러한 1기 오퍼레이션 부트스트랩의 한계를 인식하고 있던 푸에르토리코 정부는 1952년 무렵 푸에르토리코 정부는 미국의 블루칩 산업이던 전자기기 산업의 우량 기업들을 유치하기 위한 노력을 진행했다. 그 첫 주요 대상은 미국의 세계적인 전자기기 기업인 제너럴 일렉트릭(General Electric: GE)이었다. 오퍼레이션 부트스트랩의 컨트롤 타워인 경제개발청의 수장, 테오도로 모스코소는 GE가 오퍼레이션 부트스트랩에 추진력을 더해줄 것으로 기대했다(Maldonado, 1997: 91). 하지만 초기 경제개발청의 GE와의 접촉은 수출 기업인 인터내셔널 GE(International GE)를 통해 이루어졌고, GE로부터 제품을 수입하는 데에는 관심이 없고 오로지 GE 공장들을 푸에르토리코에 유치하는 데에 집중하던 경제개발청의 의도는 인터내셔널 GE의 관심을 끌지 못했다(Maldonado, 1997: 92). 그러던 중 우연한 기회에 GE 전자제품의 생산 및 서비스를 담당하던 부문의 부사장 아서 빈슨(Arthur Vinson)을 만남으로 해서 푸에르토리코의 GE 생산 공장 유치는 급물살을 탔다. 생산 비용의 경쟁력 향상을 책임지고 있던 빈슨은 처음에는 가정용 시계 공장을 고려했으나 푸에르토리코에서의 수익성이 좋지 않을 것이라는 경제개발청의 솔직한 의견에, 1955년 원가 경쟁력이 있는 것으로 판단한 전자회로 차단기 공장을 푸에르토리코에서 운영하기로 결정했다(Maldonado, 1997: 92~93). 1956년 5월 190명의 노동자로 생산을 시작한 GE의 푸에르토리코 전자회로 차단기 공장은 1960년대 초반에는 1000여 명의 노동자가 일하는 규모로 빠르게 성장하며 GE의 성공 사례로 남았다(Maldonado, 1997: 93~94). 하지만 GE의 푸에르토리코 진출이 푸에르토리코에서의 전자기기 산업에 눈에 띄는 성장을 가져오지는 못했다. 푸에르토리코 정부의 의도와 달리 GE 전자회로 차단기 공장의 전자기기 산업에서의 파급 효과는 그리 크지 않았다.

다음으로, 1960년대 중반부터 시작된 2기 오퍼레이션 부트스트랩 초반에 푸에르토리코 정부가 초점을 맞춘 산업은 석유화학 산업이었다. 사실 1950년대 말 1기 오퍼레이션 부트스트랩 정책의 한계가 나타나면서 푸에르토리코 정부는 석유화학 산업에 서서히 눈을 돌리기 시작했다. 이윽고 푸에르토리코 정부는 1960년 중반 미국의 석유 회사 필립스(Phillips)를 유치했고 이를 위해 미국 정부로부터 필립스에 대한 석유 수입 쿼터 면제를 받아냈다(Baver, 1993: 51). 필립스에 이어 1967년에는 코르코(Commonwealth Oil Refining Company: CORCO)와 유니언 카바이드 카리브(Union carbide Caribe), 그리고 1968년에는 새로 진출한 정유회사인 선 오일(Sun Oil)이 석유 수입 쿼터를 면제 받았다. 이로써 1960년대 말까지 푸에르토리코는 세 개의 석유화학 거점 시설(Phillips, CORCO, Union Caribe), 그리고 추가로 새 정유 시설(Sun Oil)을 갖게 되었는데, 이들을 통해 푸에르토리코는 플라스틱 공장들을 추진, 유치하는 데에 어느 정도 성공하여 고용 창출의 효과를 보기도 했다(Baver, 1993: 53~54). 하지만 1973년 1차 세계 석유 파동이 터지면서 푸에르토리코의 석유화학 산업은 급격한 쇠퇴의 길로 들어섰다.

이와 같이, 제약 산업은 푸에르토리코 정부가 제조업의 성장에 있어서 특별히 지목하여 추진한 산업이 아니었다. 푸에르토리코 정부가 2기 오퍼레이션 부트스트랩하에 자본·기술 집약적 산업이라는 큰 범주에서 산업 정책을 펼쳤지만, 그 주요 관심 대상은 전자기기 산업이나 석유화학 산업이었다. 하지만 자본·기술 집약적 산업이라는 상위 범주에 대한 전반적인 육성 정책이 같은 범주 안에서 유사한 산업적 특성을 가진 다른 산업, 즉 제약 산업의 부상을 가져온 것이다. 정해진 특정 산업에 대한 주도면밀한 정책적 접근이 아니었던 오퍼레이션 부트스트랩이 제약 산업이라는 황금알을 낳은 것이다. 물론 제약 산업이 푸에르토리코의 제 1산업으로 떠오른 이래로 푸에르토리코의 많은 국가 정책들이 제약 산업의 지속과 확장을 위해 만들어진 것은 사실이다. 의도치 않은 제약 산업의 부상이 푸에르토리코 정부로 하여금 의도적인 정책을 펼치도록 유도한 것이다.

한편, 푸에르토리코가 미국의 다수의 다국적 제약 회사를 유치하고 이들이 높은 수준의 세금 혜택을 받음에 따라, 미국 연방정부는 견제에 들어가기 시작했다. 미국 정부는 푸에르토리코에 진출한 기업들이 936조를 통해 세금을 회피하며 큰 수익을 내는 것에 부정적인 태도를 드러냈다. 특히 1980년대 들어 미국 정부의 재정 적자가 가중됨에 따라, 미 의회는 지속적으로 936조를 폐지하려는 노력을 가했다. 1986년 레이건 정부의 936조 폐지 노력은 푸에르토리코에 자회사를 가지고 있는 미국 기업들로 구성된 푸에르토리코-미국 재단(Puerto Rico-U.S.A. Foundation)을 필두로 한 민간 부문과 푸에르토리코 정부의 합동 로비로 무산되었다. 1993년 클린턴 정부가 들어서면서 미국은 936조에 대해 더욱 직접적인 압박을 가했고, 결국 1996년 클린턴 대통령은 소기업 고용보호법(Small Business Job Protection Act of 1996)을 통과시키면서 936조의 종말을 알렸다. 이 법은 실질적으로는 1995년 10월 13일에 기 발효되었는데, 2005년 말까지 10년에 걸쳐 936조를 점진적으로 폐지하는 것을 골자로 했다(Dietz, 2003: 148~149). 미국 정부의 936조 폐지는 푸에르토리코 제약 산업에는 악재가 아닐 수 없었다. 936조하에서 뿐만 아니라 그 이전 931조하에서부터 누려온 세제 혜택이 10년이라는 과도기를 거치기는 했지만 종말을 알렸기 때문이다.

하지만 936조의 폐지가 제약 산업의 쇠퇴를 가져오지는 않았다. 이는 푸에르토리코 제약 산업의 성장과 발전이 931조나 936조의 도입과 꼭 그 시기를 같이 하지 않았다는 점에서 이미 유추할 수 있다. 앞서 살펴본 바와 같이, 미국의 다국적 제약 회사들이 푸에르토리코에 본격적으로 진출하기 시작한 것은 931조가 도입된 1921년이나 936조가 도입된 1976년이 아니었다. 물론 미국 연방정부에 의한 이들 세금 혜택 제도가 제약 산업의 성장에 긍정적인 영향을 미치기는 했지만, 이 요인들이 실질적으로 효과를 나타낸 것은 푸에르토리코 정부가 1947년 오퍼레이션 부트스트랩이라는 산업 정책과 그 후에 여러 세제 혜택 제도를 마련하면서였다. 물론 이런 푸에르토리코 정부의 정책들도 정확히 제약 산업을 목표로 만들어진 것이라고 보기는 힘들지만, 푸에르토리코의 정책적 혜택이 결과적으로 제약 산업의 발전을 가속화시킨 것은 사실이다. 이렇듯 푸에르토리코 제약 산업의 성장에서 미국 정부의 연방세 혜택보다 푸에르토리코의 산업 정책과 지방세 혜택이 실질적인 촉매제 역할을 한 점을 고려해볼 때, 936조 폐지 자체의 영향도 제한적이라는 것이 전혀 예기치 못할 상황은 아니다.

936조의 폐지에 대응하여 푸에르토리코 정부는 새로운 정책적 우대로 푸에르토리코에 진출한 미국 제약 회사들의 사업과 투자를 지속가능하게 했다(Dietz, 2003: 158). 예를 들어, 1998년 푸에르토리코 정부는 '톨게이트세(tollgate tax)'를 폐지함으로써 936조의 폐지에서 오는 제약 회사들의 세금 부담을 어느 정도 상쇄해 주었다. 1976년에 도입된 톨게이트세는 936조 기업들이 본국의 모회사로 송금하는 소득에 대해 미국 연방세를 완전히 감면받는 대신에 푸에르토리코 정부에 10%의 지방세를 납부하도록 한 제도였다. 이러한 푸에르토리코 정부의 혜택 제공은 936조하에서 푸에르토리코에 견고히 자리 잡은 미국의 다국적 제약 회사들이 다른 곳으로 사업을 이전하는 것이 쉽지 않은 상황에서 사업을 지속할 호재로 작용했다고 할 수 있다. 실제로 936조의 폐지 이후 푸에르토리코에 진출해 있는 미국의 몇몇 다국적 제약 회사들이 푸에르토리코 공장의 철수를 결정하기도 했지만, 여전히 푸에르토리코 제약 산업의 영향력은 여전하다. 푸에르토리코는 현재 미국에서 가장 많이 소비되는 20개의 의약품 중에서 16개, 그리고 전 세계적으로 가장 많이 소비되는 10개의 의약품 중에서 7개를 생산하고 있다(Johnson, 2017). 최근 몇몇 다국적 기업들의 철수는 936조의 폐지로 인한 것이라기보다는 2006년부터 시작된 푸에르토리코의 경제 침체에 따른 것이다.

4. 나가기

푸에르토리코는 준식민지 국가의 형태로 20세기 중반을 넘어서면서 놀랄 만한 경제적 발전과 산업화를 이룩했다. 특히 제약 산업은 현재까지도 약 600억 달러의 제약 산업 인프라를 자랑하며 미국 본토, 영국, 일본, 그리고 프랑스의 뒤를 이어 세계에서 5번째로 많은 생산량을 자랑한다(Richards, 2006). 세계 주요 제약 회사들의 약 50%가 푸에르토리코에 진출해 있을 정도다(PharmaBoardroom, 2016: 8).

이러한 푸에르토리코의 산업 발전은, 미국의 자치령이라는 준식민지적 정치 지위에도 불구하고, 미국과의 절대적 종속 관계에서 설명하는 것은 무리가 있다. 푸에르토리코의 산업화와 제약 산업의 발전의 뒤에 푸에르토리코 정부의 오퍼레이션 부트스트랩 산업 정책, 그리고 관련된 산업 및 세제 정책 이외에 931조와 936조를 비롯한 미국 연방 정부의 다양한 정책들이 있었다는 것은 사실이다. 이러한 미국 정부의 세금 혜택 제도들이 푸에르토리코의 산업 발전을 도운 것은 부인할 수 없는 사실이지만, 실질적으로 이 제도들이 효과를 나타내도록 도화선의 역할을 한 것은 푸에르토리코 정부의 산업 및 세제 정책들이었다. 푸에르토리코의 관련 정책들은 노동 집약적 제조업에서 자본·기술 집약적 제조업으로의 전환이라는 큰 목표를 가지고 있었다. 하지만 푸에르토리코 정부가 제약 산업을 특정지어 정책을 펼친 것은 아니다. 오히려 같은 범주 안에 있는 다른 산업, 즉 전자기기 산업이나 석유화학 산업에 더욱 초점이 맞추어져 있었다. 정확히 의도치 않은, 비슷한 성격의 다른 산업인 제약 산업이 눈에 띄게 성장한 것이다. 푸에르토리코 정부의 정책 결정이 유기적이고 잘 계획되지 못한 면은 있지만, 미국 정부와 미국 자본과의 관계에서 그 영향력은 매우 중요했다고 할 수 있다.

이는 푸에르토리코 정부가 세부적이고 치밀한 정책보다는 해외 자본, 즉 미국 자본에 대한 개방적인 성향을 바탕으로 산업화에 대한 윤곽을 그리는 정책을 펼친 것이기 때문이다. 다시 말해, 푸에르토리코의 산업 발전은 미국 본토 내부의 이권에 의한 것이라기보다 20세기 중반 푸에르토리코 국가 엘리트의 자발적 선택이었으며 그 궤도의 수정 또한 그들의 자치적인 결정에 의한 것이라고 할 수 있다.

최근 푸에르토리코는 2015년 터진 디폴트로 인해 경제적으로 큰 위기에 빠져 있다. 디폴트 당시 푸에르토리코 정부는 약 720억 달러의 채무를 가지고 있으며 이를 지불할 수 없는 상태임을 시인했다. 이 푸에르토리코 경제위기는 미국 역사상 가장 큰 지방자치단체 파산인 2013년 디트로이트 파산보다 그 규모가 4배가량 큰 것이었다. 사실 푸에르토리코의 경제는 약 10여 년 전부터 이미 눈에 띄게 내리막길을 걸어왔다. 특히 2008년 미국 발 금융 위기를 계기로 심각한 마이너스 성장을 거듭했다. 2010년에는 마이너스 3.8%라는 최악의 경제성장률을 기록하기도 했다. 2012년에 잠시 GDP 성장률이 플러스로 돌아서는 듯 했지만 이내 다시 마이너스 성장으로 추락했다. 지난 10년 동안 푸에르토리코는 마이너스 성장을 반복하며 기나긴 침체의 늪을 빠져 나오지 못하고 있는 것이다. 이러한 상황은 푸에르토리코의 미국에 대한 종속적 관계를 심화시키고 있다. 산업화 과정에서 보여준 자치적인 정책 결정이 점점 더 제한되고 있는 것이다. 미국으로의 완전한 편입이 요원한 현 상황에서 앞으로 푸에르토리코 정부가 어떠한 탈종속 또는 종속의 길을 걸을지 귀추가 주목된다.

참고문헌

Ayala, César and Rafael Bernabe. 2007. *Puerto Rico in the American Century: A History since 1898*. Chapel Hill: University of North Carolina Press.

Baver, Sherrie L. 1993. *The Political Economy of Colonialism: The State and Industrialization in Puerto Rico*. Westport: Praeger.

Becker, David. 1984. "Development, Democracy, and Dependency in Latin America: a Postimperialist View." *Third World Quarterly*, Vol.6, No.2, pp.411~431.

Boorstein, Joseph. 1990. "Puerto Rico's Industrialization: Economic Miracle or Mirage?" Doctoral Dissertation, School of Business Administration. New York University.

Curet Cuevas, Eliézer. 1986. *Puerto Rico: Development by Integration to the US*. Rio Piedras: Editorial Cultural.

Dietz, James. 1986. *Economic History of Puerto Rico: Institutional Change and Capitalist Development*. Princeton: Princeton University Press.

_____. 2003. *Puerto Rico: Negotiating Development and Change*. Boulder and London: Lynne Rienner Publishers.

Eden, Lorraine. 1994. "Puerto Rican Transfers and Section 936." *Tax Notes International*, Vol.37, pp.36~45.

Evans, Peter. 1985. "After Dependency: Recent Studies of Class, State and Industrialization." *Latin American Research Review*, Vol.20, No.2, pp.149~160.

Glubert, Harry and Joel Slemrod. 1998. "The effect of taxes on investment and income shifting to Puerto Rico." *Review of Economics and Statistics*, Vol.80, No.3, pp.365~373.

Johnson, Tim. 2017. "Puerto Rico's Economy at 'a Near Standstill' as Businesses Wither, Wait for Power." *Miami Herald*, October 10. http://www.miamiherald.com/news/weather/hurricane/article178138206.html(accessed on October 20, 2017)

Leibowitz, Arnold. 1989. *Defining Status: A Comprehensive Analysis of United States Territorial Relations*. Dordrecht and Boston: Martinus Nijhoff Publishers.

Maldonado, Alex. 1997. *Teodoro Moscoso and Puerto Rico's Operation Bootstrap*. Gainesville: University of Florida Press.

Office of the Federal Register. 1958. *The Code of Federal Regulations of the United States of America*. Washington, D.C.: US government printing office.

Padin, Jose. 2003. "Puerto Rico in the post war: liberalized development banking and the fall of the 'fifth tiger'." *World Development*, Vol.31, No.2, pp.281~301.

PharmaBoardroom. 2016. *Healthcare and Life Sciences Review: Puerto Rico*. London: PharmaBoardroom.

Ramcharran, Harri. 2011. "The Pharmaceutical Industry of Puerto Rico: Ramifications of Global Competition." *Journal of Policy Modeling*, Vol.33, pp.395~406.

Richards, Kevin C. 2006. "Puerto Rico's Pharmaceutical Industry: 40 Years Young!" *Pharmaceutical Online*. September 20. https://www.pharmaceuticalonline.com/doc/puerto-ricos-pharmaceutical-industry-40-years-0003(accessed on October 10, 2017)

Skidmore, Thomas, Peter Smith, and James Green. 2010. *Modern Latin America*. New York: Oxford University Press.

Smith, Tony. 1981. *The Pattern of Imperialism: The United States, Great Britain, and the Latin-Industrializing World Since 1815*. New York: Cambridge University Press.

Suárez, Sandra. 2000. *Does Business Learn?: Tax Breaks, Uncertainty, and Political Strategies*. Ann Arbor: The University of Michigan Press.

_____. 2001. "Political and economic motivations for labor control: A comparison of Ireland, Puerto Rico, and Singapore." *Studies in Comparative International Development*, Vol.36, No.2, pp.54~81.

Tobin, James et al. 1975. "The Committee to Study Puerto Rico's Finances." Report to the Governor.

U.S. Census Bureau. 1956. *1954 Puerto Rico Census of Manufacturers*. Washington, D.C.: US Government Printing Office.

_____. 1960. *1958 Puerto Rico Census of Manufacturers*. Washington, D.C.: US Government Printing Office.

_____. 1974. *1972 Economic Censuses of Outlying Areas: Puerto Rico, Manufactures*. Washington, D.C.: US Government Printing Office.

_____. *1977 Economic Censuses of Outlying Areas: Puerto Rico, Manufactures*. Washington, D.C.: US Government Printing Office.

_____. 1990. *1987 Economic Censuses of Outlying Areas: Puerto Rico, Manufactures*. Washington, D.C.: US Government Printing Office.

_____. 1994. *1992 Economic Census of Outlying Areas: Puerto Rico, Manufactures*. Washington, D.C.: US Government Printing Office.

_____. 2000. 1*997 Economic Census of Outlying Areas: Puerto Rico, Manufacturing*. Washington, D.C.: US Government Printing Office.

_____. 2005. *2002 Economic Census of Island Areas: Puerto Rico, Manufacturing*. Washington, D.C.: US Government Printing Office.

_____. 2010. *2007 Economic Census of Island Areas: Puerto Rico*. Washington, D.C.: US Government Printing Office. https://factfinder.census.gov/faces/tableservices/jsf/pages/productview.xhtml?src=bkmk(accessed on October 10, 2017)

_____. 2015. *2012 Economic Census of Island Areas: Puerto Rico*. Washington, D.C.: US Government Printing Office. https://factfinder.census.gov/faces/tableservices/jsf/pages/productview.xhtml?src=bkmk(accessed on October 10, 2017)

US General Accounting Office. 1993. *Tax Policy: Puerto Rico and the Section 936 Tax Credit*. Washington, D.C.: US General Accounting Office.

제3부

탈영토화와 상호문화성

제9장

볼리비아의 탈식민 프로젝트와 상호문화적 이중언어교육 역사

상호문화주의와 파울루 프레이리의 '인간화'를 위한 교육론을 통한 고찰*

양은미 서울대학교 라틴아메리카연구소

1. 들어가는 말

볼리비아는 상호문화주의를 가장 구체적이고 실험적으로 구현하기에 이상적인 무대이다. 이는 무엇보다도 볼리비아가, 더욱 구체적으로는 볼리비아의 원주민이 가장 명시적·체계적·적극적으로 '상호문화'를 법과 교육의 장에서 거론하고 추구하고 있기 때문이다. 이렇듯 라틴아메리카에서 일고 있는 원주민운동들에서 상호문화주의 정신이 구체적인데도 불구하고 이에 대한 논의가 공허하고 손에 잡히지 않는 이유는 이들의 투쟁이 '존재론적' 속성을 지녔음에도 존재 전체를 생각하려는 시도가 부족하기 때문이다. 이 시점에서 던져야 할 질문이 있다. 왜 원주민에 대하여 말해야 하는가? 그것도 상호문화주의를 논하는 데

---

* 이 글은 ≪이베로아메리카연구≫ 29권 1호에 발표한 필자의 논문을 총서 취지에 맞게 수정 보완한 것이다.

원주민, 그리고 원주민운동을 말해야 하는가? 오늘날 상호문화주의가 원주민운동과 맞물려 확산되고 있기 때문에 이러한 질문이 무의미하다고 여겨질 수 있지만 원주민과 원주민운동에 대한 인식론적 한계를 생각할 때 마땅히 필요한 질문이다. 원주민에게 부여된 의미와 시선을 짚어보는 것은 현재 라틴아메리카에서 일어나고 있는 원주민운동이 대다수 사용하고 있는 상호문화성을 이해하는 데 필수적인 작업이다.

인도를 찾아 항해하던 콜럼버스가 이후 아메리카라고 불리게 된 땅에 거주하던 사람들을 인디오라고 부른 이후 그 땅에서 '발견된', 실상은 서로 상이한 문화와 언어를 가진 부족들에 속한 모든 선주민들이 '인디오'라고 불리게 된 것은 널리 알려진 사실이다. 이것이 엄밀히 말하면 오만하고 폭력적인 '이름 짓기(naming)'였음에도 본격적인 식민화가 시작되면서 이들에게, 모순적인 표현이지만, '강제로 부여된 정체성'과 사회적 위치를 생각하면 그것은 어쩌면 단순한 '실수' 정도에 지나지 않을 것이다. 악의 없는 실수든 의도적 오만함이든 갑자기 자기들의 땅에서 피부가 하얀 이방인들과 거하게 되고 이들에 의해 '인디오'라는 이름으로 불리게 된 선주민들은 이후 백인-유럽인인 포르투갈과 스페인 출신이 지배하는 사회에서 '흑인'과 함께 피지배 계층의 지위에 놓이게 되었다. 올리베이라(Oliveira)가 말한 대로 20세기 말과 21세기 초에 인디오의 신분을 가졌다는 것은 일련의 권리를 부여해주는 법적 지위를 지니고, "자신이 속한 상호 행위의 범주와 회로에 의해 국가 사회와 구별되는" 하나의 집단성(colectividad)의 일부가 된다는 의미였다(Caleffi, 2015: 2에서 재인용). 이 표현이 고상하게 들린다면, 그러한 일방적 집단성은 말 그대로 백인 지배 계층에 의해 부여된 것으로서 실상 다양한 부족 출신인 원주민들의 세계관, 언어, 문화적 정체성을 '인디오'라는 하나의 범주로 묶어버린 행위였음을 거듭 분명히 할 필요가 있겠다.

1990년대는 라틴아메리카의 원주민운동을 바라보는, 나아가 라틴아메리카 사회가 스스로와 세계를 바라보는 시선에 있어 근본적인 변화의 의지가 보인 의식의 전환기라고 볼 수 있다. 이 시기 신자유주의와 세계화로 인해 폭발적으로 증가, 확대되기 시작한 원주민운동의 본질은 기존의 다양한 원주민운동단체들이 출신 지역과 부족을 넘어 연대하는 데 기폭제로 작용한 배경이다. 중요한 것은 이 같은 패러다임과 현상이 원주민들에게는 20세기 말에 등장한 전혀 새로운 것이 아니며, 과거의 식민주의와 제국주의와 별반 다르지 않다는 점이다(Quispe, 2014: 171에서 재인용). 과거 식민지주의나 독립 후 1세기가 넘어 전 세계를 휩쓸고 있는 세계화와 신자유주의가 원주민 공동체와 원주민 개인에게 미치는 영향은 동일하다. 인종 혹은 민족 차별, 문화적 차별, 경제적 착취, 언어 수탈이 그것이다(Quispe, 2014: 171). 엄격히 말하면 독립만 되었지 여전히 식민주의의 유산을 고스란히 품고 현재를 살고 있는 라틴아메리카(그리고 과거 제국주의의 기억을 가진 모든 지역)에서, 원주민을 포함해 여전히 열등한 타자로 살고 있는 모든 이들에게 신자유주의라는 허울 좋은 패러다임은 제국주의와 식민주의의 또 다른 이름에 지나지 않는다. 1990년대 라틴아메리카 지식인들에 의해 제시된 새로운 인식론 체계인 근대성/(탈)식민성 기획에 의해 라틴아메리카가 근대성이라고 믿고 싶어 했고, 또 그렇게 기획되어왔던 것이 사실은 식민성과 자본주의 체제의 시작이었다는 지적은 이제 연구자들 사이에 상당히 호소력 있게 자리 잡았다.

즉, 라틴아메리카에서 원주민을 둘러싼 논의는 권력 기반의 식민성과의 관계에서만 의미를 가지며, 이 관계를 벗어나서는 의미를 상실한다는 김은중의 지적은 타당하다.

안데스 지역 국가들을 비롯한 라틴아메리카 국가들에서 일고 있는 원주민운동 및 여타 사회운동이 현재 라틴아메리카 사회를 특징짓는 주요 현상으로 자리 잡은 지 오래됐음에도 불구하고, 이 새로운 현상에 대한 이해와 해석은 기존의 틀을 벗어나지 못하고 있다. 이는 이 지역의 사회운동을 바라보는 정치 이론과 실제 이 사회운동들이 보여주는 정치적 실천과의 거리에 기인한다. 즉 북쪽(el Norte)에서 만들어진 기존의 헤게모니 이론으로 남쪽(el Sur)에서 일어나고 있는 실천을 분석하려는 데서 오는 한계인 것이다(김은중, 2010a: 154).

이러한 문제의식을 바탕으로 이 글은 세 가지 전제에서 출발한다. 첫 번째는 볼리비아를 비롯한 라틴아메리카에서 원주민은 '억눌린' 존재였고, 정도와 양상의 차이는 있으나 지금도 그러하다는 것이다. 둘째, 지금까지 원주민운동을 바라보는 시선에는 제고의 여지가 있다는 것이다. 셋째, 상호문화주의는 분명히 다문화주의와는 차별화되며 라틴아메리카의 원주민운동을 읽어내는 데서 보다 구체적인 개념 정립이 가능하다는 것이다. 이 글에서는 현재 볼리비아에서 원주민운동에 의해 동력을 얻어온 탈식민 프로젝트가 내건 상호문화주의 실천을 통해 1960년대부터 라틴아메리카의 원주민운동을 비롯한 풀뿌리조직에 깊은 영향을 미쳐온 파울루 프레이리(Paulo Freire)의 해방, 즉 인간화를 위한 교육론과 상호문화주의의 접점을 찾아보려 한다. 이를 위해 2절과 3절에서는 언어가 인간 존재로서의 필수 요건인 주체적 세계 읽기를 위한 도구라는 관점에서 라틴아메리카가 거쳐 온 식민적 이름 짓기의 역사를 상기해보고, 파울루 프레이리의 교육론을 바탕으로 그 동안 세계를 읽고 이름 지을 권리를 박탈당해온 이들은 물론 그것을 박탈한 자의 인간화를 위한 원리로서의 상호문화성의 개념을 이해해보고자 한다. 이어

4절에서는 볼리비아의 탈식민적 노력의 시초라 할 수 있는 와리사타 원주민 공동체 학교의 철학과 오늘날 원주민운동에의 영향과 시사점을 살펴볼 것이다. 5절은 상호문화성이 관념론적 차원에 머물지 않기 위해 필연적으로 지닌 교육적, 정치적 속성에 대한 이해를 바탕으로, 상호문화적 이중언어교육(EIB)에서 "문화 내적, 상호문화적, 다언어" 소통을 근간으로 하는 교육(EIIP)으로 향하는 볼리비아 상호문화 교육의 흐름을 다룰 것이다.

2. 라틴아메리카 이름 짓기의 역사

언어의 힘은 세계를 이름 짓는 힘이라는 프레이리의 신념이 의미 있는 것은 이 지점에서이다(Freire, 2015a; 2015b). 프레이리의 철학에 대한 이해는 시대를 따라 다른 양상을 보여왔다. 그가 인정한 그리스도와 마르크스로부터의 영향을 받은 사실을 노골적으로, 또는 교묘하게 공격하는 것은 물론 그의 교육론을 적용할 때조차도 속한 사회와 시대의 필요에 따른 편파적 해석은 늘 있어 왔다. 사라 모타(Motta, 2013)는 프레이리의 교육론을 "주체성이 존재함, 행함, 삶, 그리고 사랑함(이라는 인간 존재 혹은 인간화의 필수적 조건들)과 서로 유리되지 않은 흐름으로 변모하는 것을 통해 '살아지는' 정치의 한 형태를 제안하는 것"으로서 이해한다. 여기서 정치는 특정 계층에게 국한된 직업적 실천이 아니라 모든 개인이 일상을 살아가며 자아를 만들어가는 과정에서 행하는 모든 의식적 선택으로서, 특히 라틴아메리카의 많은 국가들이 오늘날 외치는 21세기 사회주의의 맥락에 처한 개인들이 이미 속해 있는 과정이다(Mansell, 2013: 17).

현재 정부를 위시한 볼리비아 사회가 보여주고 있는 변화의 노력은 분명 탈식민을 위한 노력이다. 프레이리의 표현에 따르면 이는 '다시 이름 짓기'의 노력이다. 즉, 자신과 자신이 속한 세계를 백인 지배 계층의 식민주의적 언어가 아니라 원주민의 언어로 이름 짓고자 하려는 노력이다. 지금 세계가 공식적으로 알고 있는, 라틴아메리카와 관련된 거의 모든 것은－구체적인 대상부터 추상적인 개념, 사고방식까지－식민적인 방식으로 이름 지어졌다. 만셀(Mansell, 2013)은 라틴아메리카의 역사를 이름 짓기의 관점에서 3개의 시기로 나눈다. 첫 번째는 소위 아메리카 '발견' 직후의 '식민적 이름 짓기' 시기, 두 번째는 독립 이후 라틴아메리카라는 범주와 거기에 속한 개별 국가들로서의 국가정체성 정립이 최대 과제로 삼고 라틴아메리카판 실증주의를 펼쳤던 시기, 세 번째는 20세기부터 지금까지 이어지는 '우리의 아메리카'에 대한 고민과 라틴아메리카 철학에 대한 고민이 시작된 시기가 그것이다. 엔리케 두셀(Enrique Dussel)은 '발명', '발견', 정복', '식민화'[1]를 개념적으로 구별하여 사용하는데, 이는 이 용어들이 "이론적, 공간적, 통시적으로 상이한 의미를 가진 형태들로, 상이한 '실존적 경험'"이기 때문이라고 설명한다(두셀, 2011: 30). '라틴아메리카'라는, 그 이름 자체부터 존재론적 의미에서 일방적이고 폭력적인 방식으로 지어진 공간이다. 어떤 대상이 역사 속에서 그 이름으로 존재하게 된 기원을 말하는 데 있어 이 같은 정교한 용어 구분과 이해는 중요한 의미가 있다. 이 장에서 말하려는 것이 라틴아메리카에서의 은폐적·폭력적 이름 짓기의 틀이기 때문이

1) 두셀은 1492년 이후 유럽의, 그리고 라틴아메리카에 뿌리내린 그 후손의 라틴아메리카에 대한 이 네 가지 행위를 각각(1492년의) 제1형태, 제2형태, 제3형태, 제4형태라고 명명한다.

다. 두셀은 타 용어와는 차별화되는 '발명'을 사용함에 있어 멕시코의 역사학자 에드문도 오고르만(Edmundo O'Gorman)의 명제 '아메리카의 발명'에 의지한다. 오고르만이 의도한 '발명'이라는 명제의 핵심은 '존재론적으로' 엄밀한 의미에서 볼 때 아메리카는 콜럼버스에 의해 '발견'된 것이 아니라, "유럽을 닮은 이미지로 '발명'되었다"는 것이었다(두셀, 2011: 30~31). 이후 아메리고 베스푸치(Amerigo Vespucci)의 항해와 그가 도달하게 된 땅은 '신세계'로서 '발견'된 것으로 의식되고 표현되었지만, 그 같은 발견 또한 존재론적인 따라서 치명적인 한계를 지닌 것이다. 이는 아메리카를, 그리고 그곳의 거주민인 인디오를 존재 그 자체로의 타자로 인식한 것이 아니었기 때문이다. 아메리카는 유럽이 자신과 유사한 이미지를 발명해내기 위한 '질료' 또는 '가능태'로서만 '발견'된 것이다. 두셀은 오고르만의 이 같은 해석의 정확성을 인정하지만 그가 아메리카의 존재를 부정하고 있음을 지적한다(두셀, 2011: 44~47).[2] 아울러 오고르만에게서[3] 두셀이 차용한 '발명'이라는 개념은 인도로 가는

2) 두셀은 오고르만의 명제와 해석이 전적으로 유럽 중심적임을 지적하면서 그 같은 한계를 프로이트의 그것에 빗댄다. 즉, 프로이트가 그의 저서들에서 성을 분석함에 있어 원래 의도는 실제 성을 기술하는 것이었으나 결국 마치스모적인 성을 분석하는 결과에 이른 것처럼, 오고르만 역시 애초에는 유럽 중심주의가 아메리카의 역사를 결정했다는 것을 기술하고 분석할 의도였다는 것이다(두셀, 2011: 40).

3) '아메리카의 발명'을 두고 오고르만과 두셀은 그것이 본질적으로는 '타자의 은폐'였다는 이야기를 하고 있지만, 두 사람이 '발명'이라는 말로 의도하는 것이 서로 다르다는 사실은 생각보다 중요하다. 오고르만은 '아메리카의 발명'에 대한 이해에서도 철저히 유럽 중심적인 태도를 보이고 있다. "아메리카는 그런 인류 미래의 형상을 즉자적으로 '현실화하는 가능성' 외에 다른 여지가 없다. 따라서 …… 아메리카는 유럽을 닮은 이미지로 발명되었다"라는 그의 말은 그 같은 사고를 단편적으로 보여주고 있다. 여기서 '형상'이라 함은 서양 문화를 가리킨다. 두셀은 소위 라틴아메리카 지식인이라는 사람의 비판적인 분석이 이 같은 유럽 중심주의적인 태도를 보이는

항로에서 발견한 섬을 '아시아적 존재'로 여긴 콜럼버스의 실존적 경험을 가리키는데, 즉, '아시아 존재(ser-asiático)'가 항해자들의 상상 속에만 존재하는 발명품이라는 것이다(두셀, 2011: 40~41). 두 경우 모두, 또한 그것이 발명이었든 발견이었든 간에 '인디오'가 '타자'로서 부정되었다는 사실에는 변함이 없다. 즉, 유럽과 아메리카의 만남과 관계는 그 시작부터 유럽에 의한 일방적인 '타자의 은폐'를 본질로 하는 불균형을 품고 있었다. 온전한 '상호' 관계라는 것이 성립될 토대가 부재했다.

이후의 단계인 '정복'과 '식민화'가 타자로서 거부된 원주민에 대한 더욱 본격적이고 구체적인 '행위'임은 말할 필요도 없다. 이 행위가 분명 폭력적인 것이었기는 하나—물론 그 본질적 폭력성은 지금도 라틴아메리카 사회에 작용하고 있다—그 같은 폭력은 다층적이고 교묘한, 때로는 점잖은 방식으로 행해졌다. 우선 '정복'은 말 그대로 실천적이다. "타자를 변증법적으로 동일자에 포함시키는 군사적이고 실천적이고 폭력적인 과정이며, 타자는 '구별' 속에서 타자로서 부정된다(두셀, 2011: 53). 프레이리는 반대화적 행동의 첫째 특징을 정복 욕구라 했다.[4] 정복 행동 자체는 이미 정복하는 자와 정복당하는 자로 나눈다(프레이리, 2002: 164). 즉 이 단계부터 이미 억압자와 피억압자 관계가 공식화됐다고 볼 수 있으며, 이 관계에서는 정복당한 자와 자연, 문화가 사물로 전락한다. 뒤이어 인디오와, 그리고 머지않아 이 땅에 '수입'된 아프리카 노예의 일상생활은 '식민화'된다. 좀 더 교묘한 단계인 이 단계에서

것이 라틴아메리카와 같은 피지배 식민 문화의 내적 모순이라고 지적한다(두셀, 2011: 40~41).

4) 반대화적 행동이론의 또 다른 측면은 정복, 분할 통치, 조작, 문화침략이다(프레이리, 2002: 164~198). 반면 대화적 행동의 주요 측면으로는 협동, 해방을 위한 단결, 조직, 문화통합을 들고 있다(프레이리, 2002: 198~217).

인디오와 아프리카 노예는 정복민에 의해 '동일자'로 '포섭'되고, 문명화되고, '근대화'해야 할 대상으로 여겨졌고, 실제로 그 작업이 긴 과정에 걸쳐 이루어져 왔다. '동일자로 포섭'되었다는 말은 백인 정복자들과 함께 '우리'라는 말로 허울 좋게 묶였지만 실상은 공론의 영역에서 소외되었음을 뜻한다(두셀, 2011: 66~67). 어찌됐든 유럽은 아메리카를 발견, 정복하고 식민화함으로써 표면적이나마 통합을 이룰 수 있었다.

정복과 식민화의 과정에서 문자의 표준화는 핵심적이고 우선적인 과업이었다. 실제로 유럽이 본격적으로 아메리카 정복과 식민화의 의지를 다지기 시작하면서 가장 먼저 한 일 중의 하나는 스페인어와 포르투갈어 외의 언어 사용을 금지한 것이었다. 미뇰로가 "스페인 정복민들은 세계 읽기보다는 단어를 읽는 것을 강조했으며, 따라서 문자를 언어와 지식의 닻으로 만들었다"(Mignolo, 1995: 105)고 지적하며, 피정복민들이 '신세계'로 둔갑한 자신들의 세계와 그것이 위치한 더 큰 세계를 주체적으로 읽을 기회를 박탈당했음을 강조했다. 요컨대 16세기 아메리카의 문해정책에서 '문해'의 본질은 유럽에서 온 정복민에 의한 "권위주의적 이름 짓기와 타자의 지식 위에 덧쓰기"였다고 말할 수 있는 것이다. 따라서 아메리카인디오의 유산은 정복민의 유산과 동등한 위치에서, 독자적인 가치를 지닌 것으로서 상이한 방식으로 존재할 수 없었다. 대신 그것은 "유럽 문해에 종속된 위치에 있고, 유럽 지식의 완전체(완선성, 전체성) 속으로 번역되고 변화되어야" 했다(Mansell, 2013: 20). 그러한 변화가 필연적으로 원주민의 입장에서는 원주민 존재 자체의 축소, 환원, 변질, 왜곡일 수밖에 없음은 당연하다. 이 같은 이름 짓기 권리의 박탈은 프레이리에게는 "인간적으로 존재한다는 것은 세계를 이름 짓고 변화시키는 것이다"라고 할 만큼 인간으로서 존재할 권리를 박탈당한 것과 같은 의미였다(Freire, 2015a: 106).

독립과 함께 공식적으로 포르투갈과 스페인에 의한 아메리카의 지배는 막을 내렸다. 이 시기 라틴아메리카 신생 독립국들에게 가장 큰 과제는 과거의 가톨릭 전통의 도그마를 깨고 이성에 기초한 근대적 국가를 수립하는 것이었다. 이제는 독립한 아메리카의 지배 계층에게 프랑스와 영국을 필두로 하는 서구의 실증주의적 자유주의야말로 아메리카를 구시대의 유물로 남아 있지 않게 할 신세계에 걸맞은 이데올로기였다. 앞서 본 것처럼 기존에 타자로서 부정, 혹은 은폐되었던 타자들은 식민화 과정에서 통합되면서 동시에 소외되었지만, 이제 '근대적'이어야 할 라틴아메리카의 신생 독립국으로서 유럽의 선진화된 문명의 대열에 합류하기 위해서는 타자를 새로운 국가 질서 속에 위치시키는 새로운 척도와 정치적 수사가 필요했다. 타자에 대한 정책이 그들이 내건 자유와 이성, 질서와 진보라는 모토와 명백하게 모순적으로 보여서는 안 될 테니 말이다. 그러나 타자와 그들을 형성하는 모든 것－언어, 자연, 문화, 신앙 등－은 여전히 지배 계층에게는 '야만'의 것이었고, 과학과 이성이 지배하는 근대와는 배치되는 것이었다. 따라서 유럽에서 수입한 실증주의에 대한 라틴아메리카의 해석과 적용은 그들이 차지하고, 이후 자기들끼리의 싸움과 합의에 의해 국경이 정해진 영토에서, 그리고 국가 사회에서 그 '야만적' 요소가 각각 차지하는 비중에 의존하게 된다. 따라서 19세기 라틴아메리카 국가들은 이제 내부의 타자(other within)를 어떻게 해석하고 다루느냐에 몰입하게 된다. 도밍고 사르미엔토(Domingo Sarmiento)와 안드레스 베요(Andrés Bello), 지우베르투 프레이리(Gilberto Freyre)와 같은 지식인들은 이 시기 열등감에 시달리는 라틴아메리카 지배층들의 국가 정체성 건설을 위한 노력에서 주축을 차지하게 된다. 국가 내에 존재하는 비유럽적 요소는 숙명적으로 떠안고 가야 하되 교육을 통해 개선되고 극복되어야 할 문제였다. 이 시기의 노력은,

국가마다 상이한 환경과 '인종적' 구성, 사회적 요인으로 일반화해서 말할 수는 없으나, 본질적인 측면에서는 서구를 척도로 삼고 서구적인 것에 의해 스스로를 이름 짓는 형상에서 벗어나지 못했다는 공통점을 갖고 있다.

19세기 말부터는 유럽화를 향한 집착과 라틴아메리카의 야만적 요소로 인한 열등감을 동력으로 하는 실증주의에 대한 문제의식이 제기되기 시작했다. 포르피리오 디아스의 독재에 저항하여 일어난 멕시코혁명(1910~1920년)은 오랜 시간 침묵했던 민중, 즉 아래로부터의 궐기, 민중적 상상력의 표출이었다(Mansell, 2013). 이를 계기로 멕시코 사회에는 유럽을 발전된 문명의 기준으로 삼는 의존적 정체성이 아니라 멕시코 자체의 모습을 인정하는 새로운 정체성, 이른바 '멕시카니다드(Mexicanidad)'에 대한 사유와 실천이 일기 시작했다. 이는 라틴아메리카 전체가 라틴아메리카 고유의 철학, 사상의 부재를 의식하고 진지하게 고민하게 만든 신호탄으로 작용했다. 라틴아메리카의 역사라는 것 자체에 의문을 제기하며 그것이 여전히 "'진짜 과거'가 되지 않고 역사가 되기로 선택하지 않은 '현재'"라고 말한 레오폴도 세아(Mansell, 2013: 26에서 재인용)의 비판적 자기인식은 이 시기 대표적인 라틴아메리카 지식인들의 문제의식이었다. 그렇다면 '진짜' 라틴아메리카의 철학이 탄생하기 위해서는 라틴아메리카의 '진짜 현재'에의 직면과 현실적인 인식이 선행되어야 함은 자명한 사실이다. 19세기 말부터 20세기 전체는 '우리의 아메리카(Nuestra América)'를 둘러싼 많은 지식인들과 민중들의 치열한 고민과 실천의 시기이다. "무엇이 라틴아메리카의 철학이어야 하는가?"에 대한 지식인들의 문제의식과 대답이 다 일치하는 것은 아니지만, 철저한 현실 인식이 그 출발점이 되어야 한다는 데는 동의한다. 프레이리는 라틴아메리카에서 그 같은 자기 인식과 현실 읽기가 이루어지고 있지 않거나 제한되고 왜곡된 형태로 이루어지고 있음을 가장 직접적이고 도전적으로 지적한 지식인 중 한 명이다. 그는 그 현실이 분명한 '억압'임을 거르지 않고 말했고, 이는 필연적으로 그간 있는 듯 없는 듯 살도록 길들여져 온 '피억압자'의 존재를 사람들의 의식 한가운데로 가져왔다. 더욱 정확하게는, 프레이리가 정면으로 피억압자라는 대상을 정면으로 겨냥했다고 할 수 있다. 그러나 그것은 단순히 "억눌린 자여 일어나라"는 식의 편파적 메시지라기보다는 라틴아메리카 사회 전체로 하여금 그 사회의 구조적 문제인 억압 상황을 '현실'로 마주하게 하려는 시도였다. 그 메시지는 당연히 억압자를 향할 때가 아니라 피억압자를 향할 때 의미 있는 울림, 즉 현실 변혁을 향한 파장을 일으킬 것이기 때문이었다. 프레이리의 문해 교육은 이러한 맥락에서 이해되어야 한다. 제대로 된 현실을 읽기 위해서는 그 동안 빼앗겼던 자기의 말, 자기의 언어를 회복해야 하고, 문제라고 인식된 현실 변혁의 힘은 자기의 말로 세계를 이름 지을 권리를 보장받는 데서 나오기 때문이다. 물론 프레이리(Freire, 2015a)도 경고한 것처럼 그렇게 이름 지어진 세계가 또 다시 억압적인 것이 되지 않기 위해서는 서로의 이름 지을 권리를 인정한 다양한 주체들 간의 대화를 통해 현실 변혁이 이루어져야 한다. 이러한 문제의식은 실제로 20세기 이후 라틴아메리카 사회에 큰 도전이 되었고, 언어는 식민주의의 잔재를 청산하려는 과정에서 논의의 핵심으로 떠올랐다.

3. 인간화를 위한 원리로서의 상호문화주의

그 어느 때보다 상호문화성을 둘러싼 논의가 활발한 시점에서 상호문화성 혹은 상호문화주의와 20세기 해방을 위한 교육론과 실천으로 라틴아메리카의 원주민운동과 농민운동에 깊은 영향을 끼쳐온 파울루 프레이리 교육론의 접점을 찾아보는 시도는 유의미하다고 본다. 여기서는 무엇보다 프레이리 교육론의 핵심인 '인간화(humanização)'의 관점에서 상호문화주의를 살펴보려 한다. 인류의 역사는 온갖 형태의 '비인간화'로 점철되어왔다. 특히 식민 시대부터 본격화된, 과학이라는 이름으로 인간의 우열을 분류한다는 폭력적 발상인 '인종'이라는 기준은 아직까지도 타자를 보는 우리의 시선을 제약하고 얽어매고 있다. 인종주의는 쉽게 말해 미뇰로의 정의대로 "누가 인간에 속하느냐를 결정하기 위한 척도"(criterion for deciding who belongs to humanity)이다(Tlostanova and Mignolo, 2012: 55). 프레이리는 바로 역사적 현실인 '비인간화', 즉 불의, 착취, 억압, 억압자의 폭력으로 점철되는 현실 속에서 인간성을 박탈당한 민중의 유일한 소명으로서의 '인간화'의 필요성을 역설하며 페다고지의 첫 장을 시작한다(Freire, 2015a: 37). 그의 교육론과 실천은 모호한 구석이 없다. 더 정확하게는 그것은 그가 철저하게 추구하는 바였다. 엘리트 지배 계층이 사용하는 정치적 수사는 본질상 식민적 권력 기반의 유지 및 강화의 의도를 감추고 대중을 길들이려는 목적이므로 프레이리의 화법과 반대되는 것이었다. 그가 구사하는 어휘는 직접적이고, 간결하며, 구체적이다. 따라서 그의 이론과 실천이 '해방을 위한 투쟁'이라는 표현으로 요약되는 것은, 비록 그것이 지금의 우리에게 다소 과격하게 느껴질지라도 매우 적절하다고 본다. 그럴 필요가 없을 때 애써 우회하지 않는 그는 그에게 호의적인 독자가 이 표현을 '그를 위해' 순화할 필요를 전혀 느끼지 않을 것이다. 그리고 그가 말하는 해방은 바로 '인간화'이다.

프레이리의 인간화를 위한 교육론에서 상호문화주의와 일맥상통하는 일련의 전제와 원리 및 지향점을 도출할 수 있다. 먼저 그가 확고하고 일관되게 주장하는 인간화를 위한 논의와 실천의 전제, 즉 출발점을 간추려보자. 첫째, 억압이라는 현실과 그에 따른 피억압자와 억압자 존재의 공식화이다. 그는 발명, 발견, 정복, 식민화가 공공연하게 진행 중이던 과거는 물론 현재까지도 억압은 라틴아메리카 사회의 사고관과 일상생활을 특징짓는 중요한 요소이다. 피억압자와 억압자의 관계는 본질상 동등하지 않으며, 이 둘 사이에 '대화'는 없다. 프레이리가 말하는 대화는 어디까지나 '수평적 관계'에 기반한다고 볼 때, 양측의 관계에 진정한 '상호성'이란 존재하지 않는다고 말할 수 있다. 억압자에게 있어 공적으로 학습되고 활용되어야 할 지식과 전통과 문화는 오로지 억압자 자신의 것이다. 이 같은 현실을 '문제'로 인식하는 것은 인간성 회복을 논하고 그 바탕 원리로서의 상호문화주의를 논할 수 있기 위한 중요한 출발점이다. 문제가 없는데 어떻게 해결책을 논할 수 있겠는가. 실제로 라틴아메리카의 역사가 그러한 불편한 진실들을 침묵하는 것으로 점철되어왔음은 억압받아온 자들은 물론 중산층 이상을 포함한 시민들 전반의 변화를 촉구하는 목소리가 그 어느 때보다도 거세고 하나로 결집되어 있는 것만 보더라도 부인할 수 없는 사실이다.

둘째, 인간화를 위한 싸움은 억압의 현실을 탈출구가 없는 폐쇄적인 세계가 아니라 변화시킬 수 있는 제한적 상황으로 인식할 때 비로소 가능하다. 그런 의미에서 억압자-피억압자 모순은 관념 속에서 생겨나는 것이 아니라 구체적인 상황 속에서 생겨난다는 프레이리의 지적을 상기할 필요가 있다. 따라서 그러한 모순의 해결은 당연히 관념론이나 탁상공론이 아닌 구체적인 억압 상황을 없애고 그에 상응하는 강도의 자율성과 주체성이 보장되는 상황으로 변혁시키는 것을 통해서만 가능한 것이다. 지극히 당연하고 이론의 여지가 없는 사실이지만 라틴아메리카 사회의 많은 본질적인 문제는—인종에 기반한 구조적 차별을 핵심으로 하는 문제들—지배 계층에 의해 관념적 차원의 문제로써 의도적으로 은폐되거나 지엽적이고 편파적인 문제로 축소되어왔다. 즉, 첫 번째 전제와도 통하는 그러한 문제의 구체성에 대한 (특히 지배 계층의) 부정은 피억압자로 하여금 실제 문제가 무엇인지에 대한 정확하고 예리한 이해를 불가능하게 했으며, 왜인지는 모르나 분명히 고통스럽고 불만족스러운 자신이 처한 현실을 '신이 내린 벌'로, 따라서 감히 거기서 벗어나거나 그것을 바꾸려는 의식 자체를 갖기 어렵게 했다. 그러므로 피에르 푸르터(Pierre Furter)의 표현대로 세계를 주어진 불변의 '공간'이 아닌 필요와 의지에 따라 축소되고 확장될 수 있는 '범위'로 인식하는 것은 다문화주의와 구별되는, 충분히 구체적이고 실현 가능한 꿈으로서의 '다른 세상'을 이루는 데 핵심 원리인 상호문화주의의 중요한 전제이다.[5)]

셋째, 억압 현실을 깨고 변화시키려는 노력은 피억압자에게서 나올 수 있다는 것이다. 이 말은 바꿔 말하면 진정한 상호문화주의의 실현을 위한 노력은 억압받는 자로부터 출발할 수 있음을 의미한다. 억압자에게서 출발한 억압 현실에 대한 문제의식은 애초에 한계가 많다. 그것은 억압 현실의 제거와 타파를 위한 집단적·구조적 노력의 필요성 인식으로 이어지는 것이 아닌, 개인적 동정을 베푸는 행위에 머물거나 피억압자의 더욱 격한 반발 가능성을 제거하기 위한 '허구적 관용'의 형태를 띠게 마련이다. "억압자에게 있어 존재는 '소유'"라는 프레이리의 지적은 해방, 즉 인간화를 위한 노력이 억압자로부터 출발할 수 없는 인식론적 한계를 말해 준다(Freire, 2015a: 78).[6)] 그러나 우리는 억압자여서는

5) 다문화주의와 상호문화주의의 차이에 대해서는 이 절의 뒷부분에서 보다 자세히 조명해볼 것이다.

6) "(타자의) 존재를 '소유'로 보는 억압자는 그것을 얻는 과정에서 거의 예외 없이 무산자를 희생시킨다"(프레이리, 2002: 78). "일단 폭력과 억압의 상황이 정착되면,

안 되는 이유와 함께 왜 피억압자여야 하는지에 대한 보다 적극적인 설명을 필요로 한다. 이에 대해 프레이리는 다음과 같이 말한다.

> 이러한 교훈과 훈련은 피억압자 자신들, 그리고 그들과 참된 연대감을 느끼는 사람들에게서 나와야 한다. 개인으로서든, 집단으로서든 그들은 인간성 회복을 위해 싸움으로써 진정한 관용의 회복을 도모하게 된다. 억압적 사회의 혹독한 의미를 이해하는 데 피억압자보다 더 나은 적격자가 또 있겠는가? 피억압자만큼 억압의 현실을 뼈저리게 느끼는 이가 또 있겠는가? 해방의 필요성을 더 절실하게 느끼는 이가 또 있겠는가? 해방의 필요성을 더 절실하게 느끼는 이가 또 있겠는가? 피억압자는 이 해방을 우연히 얻는 것이 아니라 해방을 추구하는 프락시스로서, 해방을 위해 싸워야 한다는 필요성을 인식함으로써 쟁취되는 것이다. 또한 피억압자가 설정한 애초의 목적 때문에 이 싸움은 억압자의 폭력 한가운데 있는, 때로는 허구적 관용 속에 감춰진 비정함에 반대하는 사랑의 행위가 된다(프레이리, 2002: 53).

물론 억압이라는 현실에 매몰된 피억압자는 자기와 세계에 대한 불완전하고 이중적인 인식을 가지고 있는데, 이는 알베르 멤미(Memmi, 1991)가 '식민화된 심성'이라고 부른 것으로, 프레이리 역시 그 점을 간과하

그 안에 자리 잡은 사람들, 즉 억압자와 피억압자 모두에게 전체적인 생활방식과 행동 방식이 생겨나게 된다. 양측 모두 이 상황에 매몰되며, 양측 모두 억압의 영향을 받는다. …… 이러한 분위기는 억압자에게 세계와 인간에 대한 강렬한 소유욕을 가지게 한다. 세계와 인간에 대한 직접적이고 구체적이고 물질적인 소유를 떠나서는, 억압자의 의식은 그 자체도 이해하지 못하며, 심지어 존재하지도 못한다"(프레이리, 2002: 69).

지 않았다. 억압을 억압으로 인지하지 못하던 피억압자는 어느 순간 억압을 인지하게 되더라도 한편으로는 현실에 대한 반발 의식을 가지고 그 상황에서 벗어나고픈 염원을 가지면서도, 정작 그가 그 상황을 벗어나 속하고 싶은, 그리고 되고 싶은 나의 모습은 진정한 자유의 세계, 자유로운 나와는 거리가 멀 수 있다. 따라서 "투쟁의 초기 단계에 있는 피억압자는 해방을 위해 노력하기보다 '아류 억압자'(subopressor)가 되는 것"을 목표로 삼는 경향이 있다(Freire, 2015a: 44). 그럼에도 불구하고 피억압자인 자신뿐 아니라 억압자의 인간화까지 목표로 삼아 싸울 수 있는 것은 피억압자임을 프레이리는 역설한다. "피억압자는 자신을 해방시킴으로써 억압자도 함께 해방시킬 수 있게 된다"

위에서 프레이리의 인간화를 위한 투쟁의 전제에서 상호문화주의의 필요성을 논할 수 있기 위한 접점을 찾아낸 것과 마찬가지로, 이번에는 보다 본격적으로 현재 볼리비아를 비롯한 라틴아메리카 사회에서 많은 대안 사회운동들이 표방하고 있는 상호문화주의에 대해 최소한의 개념 정의를 내려보는 것이 가능해 보인다. 이는 구체적으로 상호문화주의는 무엇을 추구하는가, 핵심 원리는 무엇인가, 그것의 실현을 위한 차별화되는 수단과 방법은 무엇인가와 같은 질문들에 대한 대답으로서, 상호문화주의를 대표적으로 다문화주의처럼 라틴아메리카가 겪어온 식민주의의 병폐의 본질을 희석시키고 그 해결책을 피상적이고 파편적인 것으로 만들려는 지배 계층의 정치적 수사 또는 허구적 관용 정책들과는 본질적으로 구분짓는 속성들로 이해될 수 있을 것이다.

첫째, 상호문화주의의 궁극적인 지향점은 필연적으로 '새로운 세계'이다. 미뇰로 역시 현재의 탈식민 프로젝트가 가진 특징들을 파악하면서 "20세기 중반의 탈식민 프로젝트와 달리 현재의 탈식민 프로젝트는 기존의 지구적 식민성 내에서 더 나은 곳을 찾는 것이 아니라 이 식민성을 깨고 다른 세계를 창조하는 것"을 목표로 한다고 했다. 새로운 세계에 대한 희망은 앞서 제시한 두 번째 전제, 즉 인간화를 위한 싸움은 억압적 현실이 탈출구가 없는 폐쇄적 세계가 아니며 변화시킬 수 있는 제한적 상황이라고 인식하는 데서 출발해야 한다는 것과 직결된다. 인간화를 위한 싸움은 새로운 세계는 가능하다는 '희망'을 가질 때 가능하다. 실제로 희망은 사랑과 더불어 프레이리의 교육론에서 필수적인 요소였다.

둘째, 다양성 속의 통일성 추구이다. 다만 이 특성은 확고한 입장을 가진 복수의 주체가 동등한 위치에서 소통하는 것이지 한 국가 내 존재하는 각 문화들의 산술적 평균을 추구하거나 어떤 문제에 대해 중립을 취한다는 의미가 아니라는 부연 설명이 붙는다. 무엇보다도 프레이리는 교육에서의 중립은 허구라는 점을 지적했다. 다른 문제들은 차치하고라도 그의 말대로 관점이 없는 중립성을 취한다면 어떤 방법으로 실제로 존재하는 갈등을 가르치겠는가? 지식은 단어와 (주입된) 사실들로 이루어진 고정불변의 완전체로 존재하지 않는다. 지식은 세계 속에 위치한 나와 타인의, 대화에 참여하는 행위 과정을 통해 건설된다. 변화를 가능하게 하는 힘으로서의 가르치는 행위가 결코 중립적일 수 없음을 프레이리는 그의 여러 저서에서 호소한 바 있다.

셋째, 인간화를 위한 싸움은 양측, 즉 피억압자와 억압자 모두의 인간성 회복을 목표로 해야 한다.

> 덜 인간적인 상태는 완전한 인간성의 왜곡이므로 조만간 피억압자로 하여금 그런 상태를 만든 자에 대한 투쟁에 나서도록 만든다. 이 투쟁이 의미를 가지려면, 피억압자는 자신의 인간성을 되찾으려는 (바꿔 말해 인간성을 창조하는) 과정에서 거꾸로 억압자를 억압하는 위치에 있어서는 안

> 되며, 양측의 인간성을 모두 회복하려 해야 한다. 그렇다면 자신과 억압자 둘 다를 해방시키는 것이야말로 피억압자의 인간적이고 역사적인 과제라 할 수 있다(프레이리, 2002: 52).

이는 양측 관계의 재설정을 의미하는 것으로, 그 새로운 관계는 기존의 명령하고 순응하는, 억압하고 억압당하는, 소외시키고 소외당하는 일방적이고 차별적 관계가 아닌 등등한 위치에서 소통을 기반으로 하는 관계이다. 라틴아메리카 역사에서 같은 공간과 시간에 함께 존재한다고 해서 사회 성원 모두 동등한 '우리'가 아니었고, 지금도 그렇다는 것은, 적어도 억압받는 쪽에서는, 안주하려는 의도가 아니라면 큰 반박 없이 인정하는 사실이다. 특히 정면으로 그 같은 현실에 저항하고 있는 쪽이라면 더욱 그렇다. 그렇다면 '우리'는 무엇이고, 상호문화성에서의 '우리'는 누구여야 하는 것일까.

> '우리'라고 하는 것은 실체가 아니라 주체이다. 그것은 나와 네가 더불어 형성하는 공동의 주체인 것이다. 하지만 주체는 사물적 존재가 아니라 오직 능동적인 활동으로써만 생성되는 까닭에, 사물적 실체와 주체를 구별하지 못하는 사람들 눈에는 '우리'라고 하는 것은 이른바 '상상의 공동체'로서 한갓 관념물(ens rationis)에 지나지 않는 것처럼 보인다. 하지만 '우리'라는 것은 실체화된 민족을 말하는 것도, 개인 위에 군림하는 억압적 국가를 가리키는 것도 아니다. 그것은 오직 공동의 서로 주체의 이름으로서 주체성 또는 능동성과, 수동성 또는 고통을 서로 공유하는 사람들의 공동체를 의미한다(김상봉, 2007: 17).

상호문화성을 보충해주는 이 같은 '서로 주체성'의 개념은 단순히 육체적으로 존재하는 실체의 한 공간에서의 공존이 아니라 여러 맥락에서 서로 다른 배경을 가진 이들 간의 역동적 '관계'를 핵심으로 한다. 관계는 대상들의 사이라는 수동적 의미로서의 공간이 아니라 그 사이를 만드는 주체들에 의해 거기서 '기획'되고 '실천'되는 적극적 개념이다. 위의 특징들을 상호문화주의의 본질적 특징으로 이해할 수 있다고 본다면 이는 지배 계층이 정책적으로 추진하는 다문화주의의 허울 좋은 속임수를 정면으로 반박한다. 분명 '다문화'의 사전적 의미는 다양한 문화 자체를 의미하고 다문화주의(multiculturalism) 역시 한 사회나 국가라는 경계 내에 다양한 문화의 존재를 인정하고 존중하자는 주의이다. 이를 두고 문화적 다원주의(cultural pluralism)라고도 한다. 프레이리 역시 인종차별 문제가 계급 간 경계를 고려하지 않고서는 논해질 수 없음을 인정하면서도 그것이 결코 계급의 문제로 환원될 수 없음을 역설하며 문화적 다원주의 혹은 다원주의에 대한 견해를 피력한 바 있다. 서로 우위를 점하려 하지 않으려는 확고한 원칙하에 다양한 문화들 간에 존재하는 '비적대적(não antagônico)' 긴장과 갈등은 지극히 자연스러운 것이다. 또한 "다문화주의는 우발적 현상으로서 그저 있게 되는 것이 아니라 역사 속에서 정치적으로 창조되고 생산되는 것이며 역사 속에서 힘겹게 일구어지는 것"이라고 하며 다문화주의가 지녀야 할 실천적, 정치적 본질을 지적했다(Freire, 2015b: 211~218). 그러나 현재 특히 라틴아메리카 사회에서 다문화주의가 프레이리가 지향하는, 방향성 있는 교육적 실천을 필요조건으로 하는 적극적 개념으로서 이해, 적용되지 않고 있다고 말하는 것은 이렇게 볼 때 '다문화주의에 대한 비판으로서 상호문화성 담론'(안태환, 2009: 111)의 필요성은 그저 새로운 '주의(ism)'를 만들어내기 위한 이념적 허세는 아니다. 적어도 정치적으로는, 두 개념은 궁극적으로 반대의 지향점을 갖는다. 안태환은 알브레히트를 인용하며 새로운 패러다임의 창조를 말하는 상호문화주의와 달리 다문화성(multuculturalidad)이 지닌 문제의식의 한계로서 '타자'에 대한 궁극적 태도에 있어 궁극적으로는 근대성/식민성의 범주 안에 머물기를 원하는 태도를 지적했다(안태환, 2009: 112). 알브레히트는 다음과 같이 말했다.

> 인류학에서 다문화성의 적용은 복합적 사고를 받아들이는 윤리적 문제이다. 여러 사람들에 의해 문화적 상대주의와 가까운 개념으로 받아들여지고 있고 현상 유지적 사고로 인식되고 있다. 근대성은 혁명과 단절로 받아들여지지만 신자유주의 시대에는 '근대성'은 각각의 정체성을 존중하는 다양성의 인정을 의미한다. 신자유주의 시대는 곧 소비주의 사회를 뜻하는데, '다문화'의 용어는 포스트모더니즘의 유행어였다(안태환, 2009: 112에서 재인용).

객관적 현실로서의 다문화성의 적용, 즉 지배 계층에 의해 사용되는 다문화주의의 이 같은 한계는 다분히 의식적이며, 의도적인 것으로 해석할 수 있다.

> '상호문화성'은 서로 다른 두 개의 우주론이 작용하고 있음을 의미한다. 그러나 '상호문화성'은 같은 논리를 두 개의 다른 언어로 말하는 것이 아니라, 공동의 선을 위해서 두 개의 다른 논리가 서로에게 도움이 되는 대화를 나누는 것이다. 반면에, '다문화적'이라는 말이 의미하는 것은 지식, 교육, 국가와 정부의 개념, 정치경제학, 도덕 등의 지배 원리를 국가가 통제하고, 이러한 국가의 통제하에 국민들은 국가가 관리하는 정치, 경제, 윤리의 토대를 이루는 '인식적 원리'에 도전하지 않는 선에서 자신들의 '문화를 향유할 자유'를 갖는 것이다. 국가의 입장에서 '상호문화성'은 달

갑지 않다. '상호문화성'은 넓은 의미에서 '문화적 권리'와는 완전히 다른 '인식의 권리'에 대한 근본적인 요구를 뜻하는 것이기 때문에 국가가 장려하는 것은 '다문화적' 사회이다(김은중, 2010b: 163).

따라서 현재의 다문화주의가 프레이리가 말한 억압자의 '허구적 관용'을 보여주기 위한 대표적인 정치적 수사이자 정책이라고 말하는 것이 억지는 아닐 것이다. 다문화주의에서는 "대화는 세계를 이름 짓는 사람들 간의 만남"이라는 프레이리의 정의가 온전히 적용되지 않는다. 다시 말해 다문화주의에서는 현재 라틴아메리카 사회에서 '다문화'를 포함한 표현은 물론 다문화성의 표출을 장려하는 사회적 분위기가 분명 존재하지만, 교육과 정치의 주체는, 다시 말해 세계를 보는 틀을 만들고 그것을 이루는 요소 및 현상들을 이름 짓는 행위의 주체는 여전히 특정 계층이다. 실제로 20세기 말부터 라틴아메리카의 많은 국가들이 그나마 이른바 신자유주의적 다문화주의(neoliberal multiculturalism)를 정부 정책으로 채택해왔다(López, 2014: 36에서 재인용). 그러나 그마저도 국제적 압력에 대한 가시적 대응이었고 위와 같이 명명한 데서도 알 수 있듯 어디까지나 신자유주의라는 제국주의적 패러다임을 벗어날 의도가 애초에 없었다. 이쯤 되면 상호문화주의를 단순히 특정 인종 혹은 민족 단체가 이끄는, 그것도 문화적 차원의 움직임으로 축소시킬 수 없음은 분명해진다. 상호문화주의는 그것이 지닌 정치적이며 교육적 속성을 에둘러 표현하지 않는다. 위에서 도출한 상호문화주의의 일련의 특징들로 봤을 때 상호문화주의는 정치와 교육을 핵심 도구로 삼으며, 그래야만 비로소 사회 영역 전체에서의, 일상에서의 상호문화적 인식과 실천이 가능해짐을 분명히 인지하고, 선포하고 있다. 일상에서부터, 문화적 차원에서부터 상호문화성을 실현한다는 것은 순진한 발상이거나 자기

기만이다. 프레이리는 여기서 한발 더 나아가 교육 실천이 정치적 지향성을 갖는다는 견해를 피력했다(Freire, 2015a; 2015b).

결국 본질적 차원에서 다문화주의와 구별되는 상호문화주의가 추구하는 교육의 모습은 자명해진다. 이런 관점에서의 교육은 모두의 인간화를 목표로 하는 것이기에 개인의 변화와 세계의 변화를 추구하고, 교육받는 자 자신이 그러한 변화의 필요성을 자각하도록 지도한다. 특히 피억압자가 객체가 아닌 주체로서 인간화에 참여하는 것이 필요하다(Freire, 2015a). 이 같은 프레이리의 지적은 억압자에게는 말할 필요도 없고 무엇보다 피억압자들을 향한 일침이다. 그저 이 싸움을 이끄는 소수 지도부만 따라가겠다는 생각으로는 진정한 의미의 인간화에 도달할 수 없다. 그 싸움에서 기존의 억압 상황보다는 어느 정도 나은 소기의 성과를 거둔다 할지라도 그것은 애초에 설정한 '모두의 인간화'라는 목표 달성에는 실패한 것이다. 싸움을 이끈 소수의 지도 세력과 싸움에 참여하는 피억압자 사이에는 이러한 안일하고 소극적 자세에 의해 자의건 타의건 또 다른 주종 관계가 형성될 수 있다.

이렇게 인간화의 과정에 참여하는 자들 스스로가 '문제'를 파악하고 제기하기 위해서는, 달리 말해 현실을 문제적 상황으로 볼 수 있기 위해서는 현실을 '총체적'으로 바라봐야 한다(Freire, 2015b). 어떤 국가건 지배 계층이 국민으로 하여금 그들이 공론의 영역에 참여하고 있고 그들의 목소리가 전달된다고 믿게 만드는 방법 중의 하나는 덜 중요한 문제를, 혹은 진짜 문제가 아닌 화제를 이슈화시키거나, 진짜 문제를 다루되 그것을 파편화시키는 것이다. 즉, 지역과 대상, 분야에 있어 특정 현실에만 집중하게 함으로써 총체적 현실을 바라보지 못하게 하는 것이다. 라틴아메리카에서의 원주민 문제도 그 동안 문화적 차원, 지역적 차원, 언어적 차원 등 가능한 한 원주민운동이 진짜 가진 메시지를 파편화시키고 축소시키는 방식으로 다뤄져 왔다.

이러한 총체성과 더불어 한 개인이 자신이 속한 세상과 자신의 위치를 스스로 읽는 행위가 온전하기 위해, 즉 온전히 자유로운 것이기 위해서 필요한 도구는 자신의 언어이다. 정책으로서 이중언어의 필요성은 여기서 나온다. 착각하지 말아야 할 것은 진정한 다언어주의(multilinguismo) 혹은 이중언어주의는 (사전적이며, 나아가 프레이리가 지향한 의미에서의) 다문화주의, 그리고 이 글에서 논하는 상호문화주의라는 큰 틀에 의해 뒷받침되지 않고서는 있을 수 없다는 사실이다. 실제로도 라틴아메리카 국가들의 많은 접경 지역에 위치한 학교들과 원주민 인구 비중이 큰 지역에서 이중언어교육이 실시되고 있음에도 불구하고 이것이 기존의 지배-피지배 계층의 구조를 본질적으로 바꾸지 못하고 있다는 사실이 이를 반증한다.[7] 상호문화주의와 이중언어 정책의 필연적인 결합에 대해서는 5절에서 보다 자세히 논하도록 하겠다.

4. 볼리비아 원주민 상호문화교육의 기원: 와리사타 아이유 학교

그것이 상호문화주의든 다른 이름이든 위에서 살펴본 것처럼 기존의

---

7) 브라질과 스페인어권 국가들의 접경지역에서 실시되는 이중언어교육은 이 글에서 논하는, 스페인어 혹은 포르투갈어와 동시에 원주민 부족 언어를 동시에 교육하는 이중언어교육과는 다른 관점과 차원에서 논해야 할 문제이다. 단, 라틴아메리카의 많은 국가들에서 말하는 이중언어교육의 노력이 그간 의식적으로 전자에 치우쳐 있었다는 지적은 원주민의 언어와 문화, 즉 존재 자체를 상호문화적 관점에서 바라보려는 노력을 의도적으로 도외시해왔다는 점에서 이 글의 논점과 관련이 있다고 하겠다.

것들과 차별화되는 전제와 지향점들을 가진, 다문화주의와 구별되는 새로운 이름의 철학이 필요한 이유 역시 새로운 이름 짓기를 통한 탈식민적 사고의 필요성으로 설명할 수 있을 것이다. 실제로 상호문화주의를 내거는 오늘날의 원주민운동이 호소하는 것 역시 단순히 그들이 신자유주의적 근대 문명에 부적절하고 뒤쳐졌다는 것이 아니라 '서구의 근대적 어휘로 원주민운동을 이해하기 불가능하다'는 것이다(김은중, 2015). 그들은 그저 그들의 물리적 존재를 인정해주고 그들의 장신구와 의복, 신앙을 뭉뚱그려 전시 가치가 있는 '협의의' 문화로서 존중해주기를, 현대인에게 가진 주거지의 의미로서 땅을 요구하는 것이 아니다. 원주민운동을 읽는 기존의 관점에 일말의 문제의식과 회의를 느낀다면 이제는 기존의 사고 체계 내에서 특정 대상이나 사실에 대한 지엽적 수정이 아니라 근본적인 인식론적 전환을 시도해야 한다. 이는 흔히 타자의 입장에서 생각하라는 단순한, 혹은 경우에 따라서는 무리한 주문이 아니다. 원주민운동 역시 그렇다. 모두가 원주민이 자신의 문화를 바라보고 향유하는 방식으로 원주민문화에 접근할 수 없으며, 그 반대도 마찬가지이다. 그보다는 인간 존재의 조건과 방식에 대한 근본적인 사유가 필요하다. 볼리비아를 비롯해 안데스 지역을 중심으로 일고 있는 원주민운동은 "침묵할 수 없고, 거짓된 말로 살아갈 수 없는 인간존재"로서의 외침이다. 프레이리(Freire, 2015a)의 말처럼 참된 인간 존재로서 또 하나의 필요조건이 그러한 참된 말로 속한 세계를 변화시키는데 참여하는 것이라고 볼 때, 원주민운동에서 원주민 언어들의 공식화와 공교육에서 이중언어교육을 핵심적 전략으로 내거는 것은 단순히 편리의 문제가 아님을 알 수 있다. 이는 일방적인 식민주의적 이름 짓기를 거부하고 온전히 자신의 언어로 공론의 영역에 참여하겠다는 의지의 발로이다.

라틴아메리카 국가들의 다양한 원주민운동에서 기존에는 영토 및 경제적 권리가 압도적으로 중요한 가치로 등장했다면, 현대에 와서는 그와 함께 교육 역시 중요한 요소로 자리잡았다. 볼리비아는 특히 탈식민 프로젝트에서 교육의 중요성을 법과 제도적 측면에서 가장 체계적으로 확립한 나라라고 볼 수 있다. 볼리비아의 원주민 교육을 둘러싼 현대 정치는 20세기 초반의 원주민 주도 사회운동으로 거슬러 올라갈 수 있다. 19세기 말 이후 볼리비아 헌법에서는 초등교육을 무상 의무교육으로 정해왔으나 실상 이 법은 대다수의 원주민 인구에게는 적용되지 않았다. 안데스 국가로서 국민 대다수가 원주민으로 이루어진 볼리비아였지만 타 안데스 국가와 마찬가지로 원주민들은 교육뿐 아니라 보건위생 및 인간답게 살기 위한 다른 기초적 권리도 국가로부터 보장받지 못하는 상황이었다. 당시 정부가 이 '다수의 타자'를 포용하는 정책의 핵심은 대표적으로 도밍고 사르미엔토와 같은 교육 정치가들이 이끈 19세기와 20세기 중반까지 라틴아메리카의 통합 정책이 그러했던 것처럼 교육을 통해 이들을 '야만'에서 '문명'으로 구원해주는 것이었다. 다만 이는 원주민들의 그러한 '야만성'과 '미개함'에 대한 동정심의 발로가 아니라, 그렇게 하는 것만이 그들의 국가를 유일하게 우월한 문명의 척도였던 서구식 근대화의 대열로 이끌기 위한 오만함과 열등감의 표출이었다. 따라서 이 시기 국가가 실시한 교육혁신 프로젝트는 원주민들의 체제 순응과 함께 볼리비아 내에 점점 증가해가던, 아울러 원주민 공동체가 겪고 있던 토지 수탈의 결과였던 원주민들의 사회운동을 무력화시키는 기능을 했다(Cedillo, 2014: 148에서 재인용). 궁극적으로 이를 이루고자 했던 교육 혁신의 여러 목표들 중 하나는 원주민들을 위한 농촌 사범학교[(escuelas) normales rurales]를 세우는 것이었다.

제도적으로 원주민들을 국가적 교육 프로젝트 안에 포함시키려는 분위기 속에서 원주민 공동체들은 자체적으로 원주민들을 위한 최초의 학교들을 세우려는 움직임을 보이기 시작했고, 실제 당시의 원주민 사회운동은 문해와 학교 교육에의 접근을 보장하는 것을 주요 목표로 했다. 교육, 특히 학교는 백인들의 대농장 확대에 저항하기 위한 공간으로서의 의미를 가졌기에 이 학교들은 백인들의 눈을 피해 비밀리에 운영되어야 했다. 원주민들에게 학교는 단순히 글을 깨우치고 지식을 얻기 위한 장소가 아닌 원주민들의 의식화와 결집, 사회운동의 핵심이 되는 공간이었다(Cedillo, 2014: 149). 특히 토지와 문해 교육을 비롯한 사회 구성원으로서의 다양한 법적 권리를 요구했던 아이마라 원주민들의 투쟁은 1931년 아이마라 영토인 와리사타[8]에 최초의 원주민 교사 훈련 학교 설립을 일구어냈다. 기존처럼 도시가 아닌 원주민들의 공동체 내에 원주민 학교를 만든 것은 영토를 둘러싼 분쟁에서 백인들에 대항해 자신들의 영토를 지키기 위해서는 자신들의 언어뿐 아니라 스페인어에 능숙할 필요가 있다는 것을 절감했기 때문이었다. 비밀리에 조직된 이 공동체 학교에서는 전에 도시에서 산 경험이 있거나 군복무 기간 동안 스페인어를 읽고 쓰는 것을 배운 원주민 지도자들이 교사가 되어 일주일 혹은 한 달에 한 번 꼴로 서로의 집에 모여 교육하는 것이었다(Quispe, 2014: 173~174에서 재인용). 이것이 발전해서 탄생한 것이 1931년 8월 2일에 시작된 아이유 와리사타(Escuela-Ayllu de Warisata)라는 공동체 학교로, 현재까지도 당시 원주민들에게 가장 의미 있는 교육적 경험을 제공했다고 평가된다. 와리사타 학교 설립을 구상하고 구체화한 주역은 아이마라 카시키인 아벨리노 시냐니(Avelino Siñani, 1881~1941년)와

---

8) 와리사타는 라파스에서 약 100km 떨어진 오마수요스(Omasuyos) 지방의 해발 3900m가 넘는 곳에 위치한 지역으로, 주민 대다수가 아이마라족이다.

메스티소 교육자 엘리사르도 페레스(Elizardo Pérez, 1892~1980년)다.[9] 아벨리노 시냐니는 와리사타 출신의 아이마라족으로 19세기 초부터 원주민 영토를 보호하고 원주민 교육을 추진하기 위해 싸웠고, 엘리사르도 페레스는 원주민 토지의 수탈과 봉건적 억압에 대항했던 인물이다.[10] 공식적으로 와리사타 학교는 원주민 학교가 국가가 정하는 법의 틀 안에서 세워지고 운영될 수 있도록 하기 위해 학령 인구가 30명이 넘는 부락에는 교사 1명과 함께 학교를 만드는 것을 허가했던 법에 근거해 국가에 의해 세워진 것이었다(Educabolivia, 2009: 2). 그러나 시냐니와 페레스는 교육과 그들이 속한 국가 볼리비아에 관한 지역 공동체의 공유 가치와 세계관에 따라 와리사타 학교를 이끌었다. 와리사타 학교가 추구한 새로운 교육의 모델은 "공부, 노동, 생산"을 필수 개념으로, 실제 학교의 일과는 생산적인 노동과 교실 수업으로 나뉘어 이루어졌다(Condori, 2007: 19). 이 같은 학교 운영 철학에 핵심 개념이 아이마라족인 시냐니의 이상이었음은 물론이고 공식적으로는 국가를 대변하고 있었던 페레스가 꿈꾸던 것이었음에 주목할 필요가 있다. 페레스가 라파스의 고지대에서 원주민 교육의 새로운 모델의 실험지로서 구상한 것이

---

9) 와리사타 학교는 법적으로 1919년 다니엘 산체스 부스타만테(Daniel Sánchez Bustamante)가 공포하고 1931년 개정된 '원주민 교육법령(Decreto de Educación Indígena)'에 설립 근거를 두고 있다.

10) 사범학교를 졸업하고 도시 지역의 학교들에서 줄곧 평범한 교사 생활을 하던 페레스는 1930년대 초 라파스시에 위치한 한 농촌 학교의 교장으로 임명되었으나 15일 만에 사임 의사를 밝혔다. 이는 '인디오' 학교들이 자리 잡아야 하는 곳은 바로 시골 지역 공동체들의 심장, 즉 한가운데여야 한다는 그의 교육 원칙 때문이었다. 그러한 학교를 설립하기에 적합한 장소를 찾기 위해 티티카카 호수 인근의 부락들을 물색하던 페레스는 자신의 프로젝트를 실행하기 위한 최적의 장소를 와리사타에서 발견했다(Flores, 2016).

와리사타 학교이다. 페레스는 이 학교가 단지 원주민들뿐만 아니라 볼리비아라는 국가의 다른 영역에도 혁신적 영감을 주기를 기대했던 것이다. 그 독창성의 바탕은 바로 일과 공부의 통합, 공동체 고유의 문화적 제도들을 학교에서의 경험과 연결시킨 데 있다(Nuñez, 2012). 이론적 가르침과 실천적 가르침을 분리하지 않는 와리사타 학교의 교육은 아이마라족을 비롯한 원주민 공동체의 삶의 방식 자체를 구현한 것으로, 학문에서든 일상에서든 이론과 실천의 분리를 불가능한 것으로 여겼던 프레이리의 지론, 그리고 그것을 바탕으로 라틴아메리카를 비롯한 세계 각지에서 실시한 문해 프로젝트의 정신과 일치한다.

와리사타 학교는 또한 기능적 문해를 비롯해 '읽기'라는 행위가 처한 현실과 맥락에서 유리될 수 없음을 진작 인지하고 이를 교육적으로 실천하기도 했다. 기존에 많은 국가들이 민족적 차이는커녕 도시와 농촌 현실을 무시하고 획일적 교육과 학교 모델을 적용한 것과 달리, 와리사타는 철저히 안데스 농민들이 처한 현실에 적용될 수 있는 모델을 제안했다. 이 모델은 읽기와 쓰기는 공동체의 지식, 지혜와 동떨어진 방식으로 가르쳐질 수 없으며, 공동체의 일련의 사회적 실천 안에서만 가능하다는 공동체의 믿음과 생활 방식에 입각해 만들어진 것이었다. 앞서 말했듯 관 주도 교육정책은 국민이 처한 상이한 현실을 고려하지 않은 것이었고, 이는 곧 지역에 따른 상이한 정체성을 고려하지 않았다는 의미였다. 이러한 '맥락의 거세'는 자연과 사물들과 매우 친밀한 방식으로 관계하는 데 익숙한 농촌지역 사람들에게서 그들의 가장 자연스러운 사회화 방식을 빼앗은 것과도 같았다. 언어의 문제도 이것과 직결되는 것으로서, 학교에서 이중언어교육이 보장되지 않고는 진정한 의미의 상호문화적이고 지역 문화에 대한 존중을 바탕으로 하는 배움이 존재할 수 없다(Nuñez, 2012).

와리사타 학교의 또 다른 특징은 거의 모든 영역에서 그 운영이 철저히 아래로부터의 참여에 의해 이루어졌다는 것이다. 학교의 존재는 시작부터 원주민 공동체의 교육을 위한 것이었고, 공동체와 온전히 융화되어, 공동체의 주도하에 경영이 이루어졌다.[11] 이를 위해 학교의 모든 결정에 대한 책임을 맡은 아마우타스(Amawt'as '아이마라의 현인'을 의미) 혹은 '파를라멘토 데 아마우타스(Parlamento de Amautas)', 즉 아마우타스 의회가 조직되어 한 달에 세 번의 회의를 가졌으며, 의회는 학교 구성원의 온전한 참여를 위해 학생, 교사, 아마우타스로 구성된 위원회를 구성하는 책임을 맡았다(Cedillo, 2014: 151~152). 와리사타에서 원주민은 일방적 주입식 교육의 대상이 아니라 학교의 존립과 교육 내용의 주체로서 인식되고 요구되었다. 이는 국가 사회에서 체제의 언어가 아니면 침묵할 것을 요구당하는, 즉 인간 존재로서의 가치를 부정당해온 원주민들에게 근본적으로 혁신적인 경험이었다. 페레스의 말을 따르자면,

> 와리사타에서 인디오는 인간이다. 그 광활하고 아름다운 터전에서 그는 비로소 자기의 문화와 생각, 그리고 정신의 주인이자 지배자가 된다. 이 곳에서 함께 일하고 함께 학교를 부활시키겠다는 공동의 맹세에 의해 세워진 수업, 그 이상의 수업은 존재하지 않는다(Educabolivia, 2009: 3에서 재인용).

공동체적 삶의 정신과 실천이라는 원주민들의 존재 방식과 생활 방식의 뿌리를 잘 구현한 와리사타 학교는 원주민 부족들의 정체성을 재확

---

11) 와리사타 학교는 원주민들을 국가 경영의 주인이 아니라 식민주의적 체제에 침묵하고 복종하는 비위협적 요소로 국가에 통합시키려는 국가의 불순한 지원에 기대지 않는 새로운 인간의 양성을 목표로 했던 만큼 실제 운영에서도 국가의 지원과 개입을 거의 무에 가까울 정도로 제한했다(Cedillo, 2014: 151).

인한 최초의 대안 사회운동 중 하나로 여겨진다(Peñaloza, 2015). 아울러 교육의 내용과 방식, 학교의 운영 방식에 있어 권력의 식민성과 지식의 식민성을 타파하기 위해 노력했던 체계적인 교육 경험이었다(Quispe, 2014: 174). 그러나 바로 그런 이유로 와리사타 학교는 헤르만 부시 대통령 정권 퇴진 후 1940년 폐교되고 만다. 와리사타 학교가 운영된 근 10년간은 원주민 교육의 황금기라고 할 수 있을 만큼 국내적으로나 (라틴아메리카 이웃국가들의 원주민 공동체들과의) 지역적 연대에 있어 교육을 핵심 저항 수단으로 하는 원주민운동의 유의미한 성장을 거두었다.[12] 그러나 한편 이 시기는 이를 유지하느냐 폐쇄하느냐를 놓고 거센 공방이 오간 기간이기도 했다. 와리사타 학교가 세워지던 무렵에도 여전히 와리사타 지역은 대농장주들의 영향권 아래 있었으며 학교가 지닌 사회 저항적 성격으로 인해 늘 감시의 눈길을 받아야 했다. 헤르만 부시가 물러나고 와리사타 학교가 탄생시킨 모든 원주민 교육센터는 폐쇄되었고 교사 등 운영진을 비롯해 학생들은 해산되고 박해에 시달렸

---

12) 1940년에는 볼리비아 전역에 1939년 원주민 교육규정(Reglamento de Educación Indigenal)하에 구성된 교육센터(Nucleos)가 16개에 이르렀고, 이는 호세 루이스 테하다 소르사노(José Luis Tejada Sorzano, 1934~1936년), 호세 다비드 토로(José David Toro, 1936~1937년), 헤르만 부시(Germán Busch, 1937~1939년) 정부의 교육 정책에 의해 적극 장려·보호되었다. 아이유 와리사타 정신의 확산은 국내에만 국한되지 않았다. 볼리비아는 같은 해 멕시코에서 제1회 라틴아메리카 원주민 의회(el Primer Congreso Indigenista Latinoamericano)를 개최하여 와리사타 아이유 학교의 사상적 원칙들을 천명하고 이에 대해 국제적인 승인을 받는 성과를 일구어냈다. 이후 볼리비아의 사례에 영감을 받아 멕시코, 페루, 에콰도르, 과테말라, EEUU, 베네수엘라, 콜롬비아와 같은 국가들도 의회에서 작성된 일련의 권고안 아래 자국에 (원주민) 교육정책을 발전시켰고, 쿠바도 곧 이 흐름에 합류했다(Núñez, 2012).

다.[13] 학교의 실패는 그것의 교육 방식과 내용의 취약성이 아니라 이 같은 개념의 학교가 당시의 봉건체제에 위험 요소로 간주되어 체제의 방해를 받은 탓이었다고 보는 것이 합당하다(Núñez, 2012).

5. 볼리비아 탈식민 프로젝트와 상호문화 교육: EIB에서 EIIP로

20세기의 상당 부분에 걸쳐 국가 건설 이데올로기에서 단일언어주의와 단일문화주의가 유일하게 정상적이고 이상적인 정책으로 고수되어 온 고집스러운 분위기 속에서 이중언어주의를 둘러싼 논의가 일찍부터 꾸준히 있어온 것 자체는 고무적인 일이다. 그도 그럴 것이 단일 언어체제하에서의 교육제도는 형식적으로는 원주민들을 포용하고 있으나 궁극적으로는 원주민들을 시민으로서의 사회참여에서 배제시키려는 의도를 가지고 있었고, 실제로 자신이 속해 있는 현실과 실제 사용하는 언어와 동떨어진 지배 계층의 언어와 문화의 기계적 학습으로 인해 원주민들의 문맹률은 심각한 수준이었다. 그렇기 때문에 스페인어와 포르투갈어 같은 지배 언어 외의 언어를 정규교육의 장에 도입한 것은 동기와 질의 문제와는 별개로 국가의 통합 정책과 원주민의 사회참여 측면에서 봤을 때 이전과는 차별화되는 단계임은 분명하다. 라틴아메리카 지역에서 국가 주도 원주민 이중언어교육의 시초는 20세기 상반기로 거슬러 올라가는데, 이 시기 이중언어교육은 교육에 언어학을 적용한 것으로 특징지어진다. 당시 멕시코와 페루, 볼리비아, 과테말라와

---

13) 최악의 박해는 카사라베(Casarabe)에서 발생한 것으로, 수십 명의 학생들이 체제 전복 모의라는 혐의하에 살해당했다(Peñaloza, 2015).

같은 국가들은 공통적으로 국가 건설이라는 과제 앞에 원주민의 통합이라는 공통의 '문제'를 가지고 있었다. 따라서 주로 음성학과 음운론에 기초해 원주민 언어를 알파벳이라는 문자로 전환하는 방식의 이중언어교육을 실행하기에 적합한 지역으로 간주됐다. 언어와 문화 동화 전략을 통해 통합을 구축하려는 당국에게 이중언어교육은 확실히 '과학적인' 해결 방안으로 비춰졌다. 명실공히 국가 건설 과정에 기여하기 위한 것이었고, 원주민들의 '문화'보다는 '언어'가 강조되었던 이 시기의 이중언어교육은 하향식(top-down) 방식의 엘리트 이중언어교육으로 대부분 국가 혹은 SIL(Summer Institute of Linguistics, 하계언어학연구소)와 같은 국제기구가 주도했다. 이는 대부분 과도기 이중언어교육(transitional bilingualism) 모델과 유지 및 발전(maintanence and development) 모델[14]에 입각한 것으로, 그중에서도 전자가 주를 이루는 경향을 보여왔다. 과도기 이중언어교육은 출발점에서부터 원주민을 '문제'로 바라보고 '교육'을 그 해결책으로 보는 관점에서 벗어나지 않으며, 궁극적으로 원주민이 헤게모니 언어를 주언어로 삼게 하는 것을 목표로 한다(López, 2014: 24~26).

볼리비아의 경우도 예외는 아니었다. 1952년 볼리비아 혁명 정부가 약속한 원주민들의 보다 폭넓은 국정 참여는 결과적으로 충실히 이행되지 못했다. 오히려 역으로 새롭게 도입된 국수주의에 기반한 정치 모델은 권력의 식민성과 지식의 식민성을 강화시킬 뿐이었다(Quispe, 2014). 구체적으로 교육의 영역에서는 1955년에 통과된 교육법(Código de la Educación Boliviana)에 따라 국가 주도의 문해 프로그램들은 '원주민 언어가 스페인어의 즉각적 학습을 위한 매개로서 사용'되도록 그 기능을

14) 이중언어교육의 이론적 모델.

제한했다. 그러한 현실은 볼리비아 원주민을 비롯한 피지배 계층을 각성하게 했고, 1960년대부터 1990년대까지는 볼리비아에서 원주민 조직체의 확장과 함께 대안적인 교육 계획들의 출현이 두드러진 시기였다. 바로 이 현장이 파울루 프레이리가 브라질 정부에 의해 반란 분자로 지목되고 볼리비아에 정치 망명자로서 첫 발을 디뎠을 당시 마주한 모습이었다.[15)]

라틴아메리카 지역 EIB의 흐름에서 그 같은 목표의 수정을 위한 노력이 본격적으로 일어난 것은 1970년대 후반과 1980년대 초반 사이의 일이었다. 특히 남아메리카 지역에서 급속하게 증가한 원주민 공동체 지도자들과 지식인들, 교사들을 중심으로 한 원주민의 사회참여 요구 증대는 이 변화의 계기가 되었다(López and Sichra, 2008). 무엇보다 원주민운동의 주역들은 공교육의 '이유, 방법, 목적'을 논하고, 그리고 이를 바탕으로 한 이중언어교육의 성질과 방향을 정하는 데 있어 직접적이고 주체적인 역할을 맡기 시작했다. 이중언어교육 모델 이론을 따르자면, 이 시기는 가장 이상적이라 할 수 있는 강화 이중언어교육(enrichment bilingual education)이 추구된 시기로 분류될 수 있다. 이중언어교육에서

15) 1963년 파울루 프레이리와 그의 팀은 브라질 북부 히우그랑지두노르치(Rio Grande do Norte)의 앙지쿠스(Angicos)에서 40일, 40시간에 걸쳐 성인들이 글을 깨우치게 한 문해 프로젝트를 실시했다. 같은 해 교육부의 공식 프로그램으로 전국적 확산을 눈앞에 두고 있었으나 1964년 군사 쿠데타로 군부독재가 시작되면서 프레이리는 일순간 체제 전복 모의라는 혐의를 받고, 두 차례의 투옥 끝에 망명을 강요당했다. 프레이리에게 당시 유일하게 문을 열어준 나라가 민족혁명운동당(MNR) 빅토르 파스 에스텐소로(Víctor Paz Estenssoro) 정권 하의 볼리비아였고 그는 같은 해 10월 라파스에 입국했다. 결과적으로는, 계속되는 정권 교체로 정치적·사회적으로 격변기에 있던 볼리비아에 1964년 11월 에스텐소로 정부에 반기를 든 군사쿠데타가 발생하면서 그 해를 넘기지 못하고 칠레로 망명해 1969년까지 머물렀다.

상호문화성을 핵심 원리로 끌어안기 위한 법과 제도적 기틀도 점차 마련되었다. 1980년대 말과 1990년대 초 무렵에는 대부분의 라틴아메리카 국가들이 헌법 개정을 통해 원주민에 관한 주제들과 권리들을 상세하게 규정했다.16) 볼리비아 역시 1994년 헌법 개정을 통해 볼리비아라는 단일 공화국의 다민족적, 다문화적 구성과 원주민의 시민으로서의 존재와 권리를 최초로 법적으로 인정했다(헌법 제1조). 이처럼 국가와 원주민의 관계의 본질적 측면에 원주민 비중이 높은 이웃 국가들과 공통분모를 가지고 있었고, 따라서 어느 시점까지는 이중언어교육의 전개 양상 또한 비슷한 모습을 보였다고 할 수 있다.

타 국가와 볼리비아의 EIB가 가시적으로 다른 전개 양상을 보이기 시작한 시기가 바로 이 때로, 멕시코나 과테말라처럼 하향식 접근을 선택했던 볼리비아가 1980~1990년대에는 상향식(bottom-up) 접근으로 선회하게 되는데, 이는 무엇보다 파울루 프레이리의 교육론에서 영감을 받은 전국적인 규모의 문해 캠페인 및 일련의 교육 프로젝트와 상호문화주의 개념의 도입으로 인한 것이었다. 이것이 불러온 두 가지 직접적인 결과는 원주민의 민족적·정치적 조직 결성과 EIB의 학교에의 도입이었다. 이 시기 풀뿌리 원주민 조직체들이 제출한 EIB의 내용과 방향에 대한 상세한 제안은 실제로 1994년의 보다 광범위한 교육 개혁을 일구어냈다. 실제로 1994~2002년의 교육개혁 기간 동안 실시된 많은 EIB 프로그램에서 프로젝트의 기획부터 평가까지 원주민 부모들과 지도자들이 참여해 학교 운영과 교사들의 업무 수행에까지 의견을 개진하고 실제 영향을 미치는 이른바 하향식 접근이 이루어졌다. 1980년대 말과 1990년대 전반에 걸쳐 EIB는 원주민들의 동의와 이에 호의적인 볼리비

16) 멕시코는 1992년, 페루는 1993년, 에콰도르 1998년 헌법 개정이 이루어졌다.

아 정부[17]의 정치적 의지에 힘입어 그야말로 붐을 이루었다. 구스타프슨(Gustafson) 역시 1990년대 라틴아메리카 전역을 휩쓴 신자유주의의 물결과 함께 볼리비아가 세계은행과 국제통화기금이 지원하는 경제·정치 개혁의 실험실이 되었음을 지적하며 볼리비아의 이전 시기와는 구별되는 상호문화성의 관 주도적 성격에 주목했다.

볼리비아는 다시 한 번 시대의 조류를 따르며 관 주도 상호문화성(official interculturality)[18]의 기수가 되었다. 이는 부분적으로는 원주민의 요구에 부응한 것이기도 했고, 부분적으로는 신자유주의적 개혁가들 편에서는 전술적인(tactical) 서막을 반영한 것이기도 했다. 관 주도 상호문화성의 대두는 초기에 유니세프의 지원을 받는 EIB 프로젝트들의 복합적인 혼성체를 위한 여지를 만들어냈다. 1980년대 후반 원주민과 동시에 유니세프의 지원을 받는 실험적 프로젝트로서 출발한 EIB는 1990년대에 접어들어서는 이제 국가 정책으로서의 모양새를 갖추며 정부의 지지와 증가하는 (국제) 원조에 힘입어 아이마라, 케추아, 과라니 지역들로 점차 확장해 나갔다. 이 프로젝트들은 1994년의 교육개혁법과 함께 국가 정책으로 변모했으며 원주민들로부터 상당한 지지를 받았다(Gustafson, 2014: 79).

그러다 2000년대 초 볼리비아 정부의 경제적 신자유주의와 원주민

17) 좌익혁명운동당(MIR)의 하이메 파스 사모라(Jaime Paz Zamora, 1989~1993년), 민족혁명운동당(MNR)의 곤살로 산체스 데 로사다(Gonzalo Sánchez de Lozada, 1993~1997년), 민족민주행동당(ADN)의 우고 반세르 수아레스(Hugo Banzer Súarez, 1997~2001년)의 연속된 3개 정권이 EIB를 승인하고 적극 추진했다.

18) 직역하면 '공식적 상호문화성'이나 이 글에서는 '민간 주도'에 대립되는 개념으로서 정부 주도적 성격을 강조하기 위해 '관 주도 상호문화성'으로 통칭한다.

사회운동이 맞물려 돌아가던 흐름은 또 한 번 전환기를 맞게 된다. 2006년 에보 모랄레스가 집권하게 되면서 모두를 위한 상호문화주의를 공식적으로 채택한 것이다(López, 2014: 37~38). 정부가 공식적으로 추진하는 상호문화주의의 개념이 이전과 달라진 것은 원주민운동의 구성 성분과 에보 모랄레스와 사회주의운동당(MAS)의 집권 배경을 생각해 보면 지극히 자연스러운 것이라고 할 수 있다. 우선 에보 모랄레스는 원주민 출신이면서 코카 재배 농민들의 지도자로서 신자유주의와 미국의 제국주의에 맞서 투쟁해온 인물이다. 중요한 것은 모랄레스의 근원을 농민 혹은 원주민으로 단순화할 수 없다는 것이다. 그의 지지층은 농민과 원주민 외에도 "도시민, 동업조합, 협동조합, 은퇴자, '민족주의'를 설파하는 메스티소"를 포함한다. 그뿐만 아니라 원주민운동 자체로 보더라도 인디오와 농민 혹은 서민의 연합은 오래 전부터 있어 왔다(르무안, 2010). 이 같은 사실의 논쟁적 성격은 적어도 이 글에서는 논의의 중심이 아니다.[19] 이러한 지지 기반을 가지고 있는 정부가 순전하게, 명확한 선가르기를 하며 원주민만을 화두로 하는 상호문화성을 설파한다는 것은 불가능하다. 실제로 에보 모랄레스와 사회주의운동당이 내건 공약 중 하나인 원주민 권리의 회복 및 확대는 기존에 EIB에서 주창하는 것들과 일치한다고 볼 수 있다. 그러나 여기서 집중해야 할 것은

19) 원주민운동에서 인디오와 농민, 더 광범위하게는 서민과의 연합은 오랜 논쟁거리였다. 이를 둘러싸고 한편에서는 '차이를 존중한 사회 동화'를, 다른 한편에서는 '인종성'에 근거한 보다 자주적 발전을 주장하며, 실제로도 원주민운동은 시대의 조류를 따라 농민/서민들과 연대하여, 혹은 그 자신이 농민/서민들로서 참여, 조직되기도 하고, 때로는 인종성을 중심에 내세우기도 했다(르무안, 2014). 1990년대 말부터 라틴아메리카를 휩쓴 신자유주의의 물결은 전자의 경향을 더욱 강화시키는 양상을 보이고 있으며, 에보 모랄레스와 사회주의운동당의 집권은 이 같은 배경과 직결된다.

모랄레스 정부가 주창하는 '새로운 다국민국가', '탈식민화'의 정의와 방향이다. 앞서 언급한, 20세기 말부터 21세기 초까지 원주민의 공동체 중심주의와 자본주의, 특히 신자유주의 모델과의 동행 혹은 동맹이 있던 시기다. 그리고 이 동맹은 필연적으로 모호함과 양립할 수 없는 지점에 직면할 수밖에 없음은 주지의 사실이다. 2000년대 초 신자유주의의 체제에 반대하는 대중의 목소리에 반감을 품은 지배 계층은 상호문화성 구현과 관련된 모든 정책을 민주주의에 대한 위협 요소로 간주했다. 한편 2003년에는 원주민과 서민들을 중심으로 한 반신자유주의자들이 볼리비아의 천연가스 산업 국유화를 요구하는 가스 전쟁이 발생하기도 했다. 이에 국가가 자원 채취와 분배에 더욱 적극적인 역할을 하기를 원하는 이른바 국가주의 이데올로기(ideología estatista)의 부활은 모랄레스 당선에 결정적인 동력으로 작용했다(Molina, 2008: 7). 이를 등에 업은 모랄레스와 그의 당이 내건 공약은 "식민주의적 인종주의, 가부장제, 그리고 불평등 위에 터를 닦은 경제를 해체하겠다"는 것이었고, 이제 새로운 그들이 볼리비아의 새로운 모습으로 천명한 탈식민화 및 다국민주의 연설은 "상호문화성과는 차별화되는, 보다 급진적인 무엇인가를 제안할 필요가 있었다"(Gustafson, 2014에서 재인용). 이러한 취지는 무엇보다 2009년 헌법 개정과 2010년의 공포된 신교육법(Ley 070)을 통해 선포되었다. 특히 '아벨리노 시냐니-엘리사르도 페레스법(Lei Avelino Siñani-Elizardo Perez)'이라는 이름을 가진 신교육법은 1930년대 와리사타 아이유 학교의 공동체 교육 철학과 파울루 프레이리의 해방을 위한 교육론을 구현한 법이다. 새로운 법은 이제 EIB가 아니라 EIIP(Educación intracultural, intercultural y pluringüe), 즉 "문화 내적, 상호문화적, 다언어" 소통을 근간으로 하는 교육을 말한다(2009년 헌법 78조 2장, 2010년 아벨리노 시냐니-엘리사르도 페레스법 1~6조). 새로운 개념으로 무장한 EIB, 아니 더 정확하게는 EIIP는 이제 원주민 교육이 아니라 모든 시민을 위한 교육을 외치며, 교육 언어 또한 스페인어와 모든 원주민 언어들 그리고 외국어(영어)를 포함함을 구체적으로 명시하고 있다. 모랄레스 정부가 주도한 상호문화성 개념의 확장, 따라서 참여 주체의 확장은 기존의 원주민 참여를 제한한다는 의미가 아님에 주의해야 한다. 오히려 신교육법은 2006년부터 원주민 지식인들과 단체들의 주도적 참여에 의한 상향식 의사 결정 과정에 의해 만들어졌다. 인상적인 것 중의 하나는 상호문화성(Intracultural) 개념의 추가로 원주민은 물론 아프로볼리비아노 공동체를 포함한 볼리비아 사회를 구성하는 다양한 민족 혹은 부족들이 자신들 고유의 문화, 언어를 바탕으로 한 개성적 정체성을 공고히 하려는 '문화 내적' 노력이 상호문화적 노력에 우선 혹은 병행되어야 함을 강조하고 있는 점이다(아벨리노 시냐니-엘리사르도 페레스법 6조). 물론 이 노력은 교육을 통해 구체적으로, 명료하게, 또 자발적으로 이루어져야 한다. EIIP는 지배 계층의 의도대로 상호문화주의를 언어교육의 차원에만 머물게 하지 않고 보다 폭넓은 '상호문화교육'으로 승격, 확대시키려는 의도라고 볼 수 있다. 실제로 EIIP는 2009년 헌법과 2010년 교육법을 통해 모든 볼리비아인들을 겨냥한 프로그램으로서의 정체성을 공고히 하며 그간 EIB가 "지배 사회에 뿌리내린 식민주의에 기반한 보다 광범위한 관계를 공격하기보다 계속해서 원주민들을 특별한 교육을 통해 구제되어야 할 문제로 보았다"는 비판을 가한다(Gustafson, 2014). EIIP의 주체가 EIB의 주체와 완전히 상이하지 않다는 점에서 이는 부분적으로는 건설적인 자기 비판이라고 볼 수 있다.

새로운 상호문화주의 정책이 앞으로 그 실행 과정에서 부딪힐 한계가 다 예상 가능한 것일 수는 없다. 또한 앞선 장에서 프레이리의 교육론을 바탕으로 논한 상호문화성의 본질이 갈등을 필연적 요소로 전제하고 있고, 상호문화주의가 어떠한 '완벽한 상태로 완성된' 상태의 세계를 추구하는 것이 아니라는 것이 아닌 끊임없는 대화의 과정이라고 이해할 때 이 자체는 문제될 것이 없다(Freire, 2015a; 2015b). 그러나 모랄레스 정권이 그 등장부터 이미 보이고 있는 특정 지역과 종족에의 치우침은 헌법과 교육법에 제시된 상호문화성 정신은 물론 다문화를 구성하는 개별 문화들의 내적 가치 증진이라는 새로이 추가된 정신을 무색하게 만드는 듯하다. 이는 비단 모랄레스 정권에서 시작된 문제는 아니며, 사실 그간의 원주민운동이 안데스 지역에 집중되어 있었던 경향과 관련이 있다. 학계도 예외는 아니어서 볼리비아의 원주민 역사는 안데스 지역에 더 비중을 두고 조명되어왔고, 그 결과 압도적으로 안데스 정체성을 가진 볼리비아의 이미지는 더욱 굳어져왔다. 1990년 '존엄성과 토지를 위한 행진(la Marcha por el Territorio y Dignidad)'을 통해 아마존 지역과 안데스 지역 원주민이 연대하여 원주민의 권리를 요구하는 정치적 목소리를 내고 2006년 이후의 개혁 과정에서도 아마존의 원주민들이 참여했으나, 이후의 행보는 종족적인 관점에서나 지정학적 관점에서의 균형이라는 측면에서 진전과는 거리가 멀다(Quispe, 2014). 오히려 모랄레스 정권의 정책과 그에 의해 지휘되는 원주민운동은 다시 한 번 안데스 국수주의의 모습을 강하게 띠고 있으며, 이러한 경향은 오히려 20세기 초 자유주의 기획보다 오늘날 모랄레스 정권에서 더 강하다는 평가를 받고 있다(Molina, 2008; Quispe, 2014).

볼리비아의 상호문화주의가 국가의 사회주의 기획과 맞물려 그 성격이 단순하지 않고 여러 가지 갈등과 도전에 직면해 있음에도 불구하고 그것이 가장 의식적이고 체계적이며 광범위하게 논의되고 실천되고 있다는 것은 부정할 수 없다. 국가 주도하에 법과 정책으로 구현된 상호문화주의와 더불어 국가와 연대하지 않고 민간 차원에서 실천되고 있는 상호문화적 실천에 대한 연구도 볼리비아의 상호문화주의의 이해 해서 배제할 수 없다. 앞서도 언급한 것처럼 상호문화주의 자체가 상이한 요소들 간의 긴장과 갈등을 인정하며 그것을 침묵시키는 것이 아닌 대화를 통해 드러내고 소통될 수 있는 차원으로 만들기 위한 것이기 때문에 볼리비아가 상호문화주의 실현에서 도전한 직면들은 오히려 상호문화주의의 실패가 아니라 그러한 방향의 노력이 계속되어야 할 이유이다. 이 지점에서 다시 한 번 경계해야 할 것은 상호문화성의 의미를 언어, 문화, 지역적인 차원으로 축소하려는 일각의 시도이다. 상호문화교육은 단순히 이중언어교육의 동의어도 아니며 디아스포라라는 특정 현상 연구에만 적용되는 지엽적 의미도 아니다. 상호문화성이라는 개념 자체가 그것이 단순한 다양성과 복수성의 존재로 정의될 수 없으며 다문화주의와 결코 혼동되어서는 안 됨을 스스로 강조하며, 그러기 위해 그 논의와 실천이 정치와 교육의 영역으로 이어져야 할 필연성을 내포하고 있다. 따라서 상호문화성을 필수적 단서로 다는 이중언어교육, 즉 EIB에 대해 코르티나(Regina Cortina)는 다음과 같이 설명한다.

> 두 개 이상의 서로 다른 문화가 동등한 바탕 위에서 반드시 학교 교육 과정을 통해 가르쳐지고 이해되어야 하는 이유가 이것이다. EIB의 궁극적 목표는 그저 단기간에 원주민 아동들의 평균 교육연수를 늘리는 것을 넘어 원주민들의 목소리가 사회적, 정치적, 문화적, 경제적 과정에서 경청되고 그들의 시민권이 온전히 인정되는, 그들이 겪어온 민족적, 인종적 소외가 사라지는 보다 민주적인 정치 질서를 창조하는 것이다(Cortina, 2014: 3).

그런 이유로 상호문화주의 교육은 초중등 교육에만 국한되지 않는다. 진정한 탈식민적 노력을 위해 상호문화주의와 다문화주의를 본질적으로 구별하는 것이 타당하다면 그 구현이 고등교육과 정치의 장으로까지 확장될 때 비로소 근본적인 차원에서의 탈식민의 기반이 마련된다고 할 수 있다. 지식의 식민성을 타파하기 위해서는 지식이 생산되고 새로운 국가에 걸맞는 시민 의식이 논해지는 고등교육제도와 내용을 건드리지 않을 수 없기 때문이다. 원주민들의 요구가 그저 정규교육의 장에서 '공식적' 지식으로 인정되고 교육되는, 지배층에 의해 이미 '만들어지고' 선별된 지식을 기존의 교육 체제하에서 남들과 똑같이 배울 기회 보장이 아니라 자신들이, 그리고 같은 국가를 이루는 비원주민 성원들이 배워야 할 지식의 생산에 참여하겠다는 것임을 이해할 때 이는 지극히 자연스럽고 당연한 수순이다. 또한 이러한 노력에서 정치적 차원이 배제된다면 권력의 식민성에 어떠한 도전도 줄 수 없을 것이다. 실제로 볼리비아를 비롯한 라틴아메리카 국가들에서 등장하고 있는 원주민 대학들이 이 글에서 논의된 상호문화주의의 정신을 어떻게 구현하고 있는지에 대한 연구는 앞으로 라틴아메리카에서의 기존의 탈식민적 노력과 차별화되는 상호문화성 실천의 방향과 질을 논하는 데 결정적이라 할 수 있다.

6. 나가는 말

라틴아메리카의 수많은 사람들이 '삶 가운데 죽은 자(mortos em vida)'로, 인간 존재의 '그림자'로서 살아가고 있다고 한 프레이리(2015a)의 표현이 과연 과한 것일까? 중요한 것은 그 사람들 중 많은 이들이 그 같은 상태를 자신의 '현실'로 자각하고 있다는 사실이다. 그렇다면 그들의 인간화, 아니 그들을 그러한 상태로 이끈 이들을 포함한 모두의 인간화는 가능한가. 지금 라틴아메리카에서 일고 있는 상호문화주의는 바로 모두의 인간화를 추구한다. 물론 억압의 현실, 비인간의 상태에서 가장 벗어나고픈 자는 억눌린 자이기에 상호문화성 실현을 먼저 외칠 수 있는, 그럴 수밖에 없는 자 역시 억눌린 자이다. 그렇기 때문에 볼리비아를 비롯한 라틴아메리카의 상호문화주의 흐름의 주체가 원주민인 것은 필연적이다. 상호문화성 실현을 위한 앞으로의 여정에서 원주민을 비롯한 억눌려온 자들은 일련의 과제에 직면해 있다. 먼저는 역사 속에서 피억압자로서 갖게 될 수밖에 없었던 '이중성'을 극복하는 것이다. 자유를 갈망하면서도 자유 이후의 상황을 두려워하는 것, 세계 속에 인간으로서 존재하길 바라면서도 여전히 기존의 억압 현실 안에서 지배계층의 허구적 관용에 기대어 사는 것에 안주하고자 하는 마음은 실제로 현재 라틴아메리카의 다양한 양상으로, 때로는 긴장과 갈등을 표출하며 전개되고 있는 원주민운동의 현실을 일부 설명해준다고 할 수 있다.

상호문화주의 운동을 이끌어가는 원주민들에게 주어진 또 하나의 과제는 상호문화성의 실현을 원주민이나 농민만이 아닌 사회 성원 모두를 위한 것으로 여기고 실천해야 한다는 것이다. 즉, 모두의 인간화를 궁극적 목표로 삼아야 하는 것이다. 우리가 보고 있는 것처럼 다양한 원주민운동과 단체들이 상호문화성을 추구하는 것은 아니다. 투팍 카타리 원주민운동(MKTKA)의 지도자였던 콘스탄티노 리마(Constantino Lima)가 수년 전 한 외신과의 인터뷰에서 분노에 차서 한 말은 이를 단적으로 보여준다.

우리는 별개의 세계에서 살아간다. 그들이 사는 곳은 볼리비아, 우리가 사는 곳은 코야수요다. 대지의 여신 파차마마는 백인에게 유럽을 주셨다. 아프리카인에게는 아프리카를, 아시아인에게는 아시아를, 그리고 우리에게는 볼리비아를 주셨다(르무안, 2010).[20]

이렇듯 볼리비아라는 국가의 경계 내에서 이 둘이 하나가 될 접점은 아예 배제하는 세력은 분명 존재한다. 그러나 탈식민적 속성을 가지며, 프레이리도 강조한 통일성 속의 다양성을 전제로 하는 것을 진정한 상호문화성의 추구라고 본다면, 위와 같은 양상은 모습은 분명 경계해야 할 모습이다.

볼리비아 원주민운동은, 일반적으로 원주민운동이 그렇듯이, 평등을 위한 정치적 투쟁이면서 차이에 대한 인정을 요구하는 문화적 투쟁이다. 원주민 노동자 출신인 에보 모랄레스가 대통령으로 선출됨으로써 정치적 투쟁을 통해 평등을 확보했다는 점에서는 일정 부분 성공을 거두었다. 그러나 추상적 동일성과 총체성으로 환원되지 않는 문화적 차이를 요구하는 투쟁은 정치적 투쟁을 넘어서는 또 다른 차원의 투쟁이다. 차이를 인정하지 않는 통합이 보편주의의 신화라면, 통합을 전제하지 않는 차이에 대한 주장은 문화적 상대주의에 빠질 위험이 많다. 문제는 차이에 대한 인정을 전제로 통합을 모색하는 것이다(김은중, 2010a).

---

20) 그와 그의 단체가 가진 입장은 심지어 더 과격하고 단호했다. "우리의 '새로운 헌법(Reconstitutive)'에 따르면 유럽인은 모조리 사형감이다. 유럽인은 우리 땅을 침략해 가장 중대한 반인륜 범죄를 저질렀다"라고 말하기도 했다. http://www.ilemonde.com/news/articleView.html?idxno=782(검색일자: 2017.11.30)

원주민운동이 통합을 전제로 하지 않고 그간 축소되고 침묵당해 왔던 자신들의 언어와 문화의 인정만을 요구한다면 이는 억압 현실의 근본적 변화일 수 없다.

마지막으로 다시 한 번 기억해야 할 것은 프레이리의 말을 활용하자면 관념론적인 차원에 머물러서는 탈식민화를 위한 노력에 진보가 있을 수 없다. 구체적인 현실 속으로 들어가 긴장과 갈등을 살아내야만 문제를 문제로서 인식할 수 있고, 해결책을 모색할 수 있다. 그런 의미에서 볼리비아의 탈식민 프로젝트와 그 중심에 있는 상호문화주의 기획의 실천 현장에 주목하는 것은 중요하다. 아울러 그 현장을 바라보는 외부의 시선은 원주민운동의 요구를 근거 없는 낭만, 허구의 유토피아로 치부해버리기 전에 신자유주의라는 담론에 그저 적응하지 않고 가능한 또 다른 세계를 위해 투쟁하는 그들의 외침에 조금 더 열린 자세로 귀 기울일 필요가 있을 것이다.

참고문헌

김상봉. 2007. 『서로주체성의 이념』. 도서출판 길.

김은중. 2010a. 「권력의 식민성과 볼리비아 원주민 사회운동」. 『라틴아메리카: 대안사회운동과 참여민주주의 I』. 높이깊이, 153~185쪽.

_____. 2010b. 「포스트식민주의를 통해, 모더니티를 넘어, 트랜스모더니티로」. 부산대학교 인문한국(HK) 고전번역+비교문화학 연구단 엮음. 『유럽중심주의 비판과 주변의 재인식』. 미다스북스, 138~168쪽.

_____. 2015. 『안데스 코뮤니즘, 도래할 공동체?』. ≪이베로아메리카연구≫, Vol.26 No.3, 103~132쪽.

르무안, 모리스. 2010.5.10. "한 손엔 전기, 한 손엔 '대지의 어머니': 볼리비아 인디오의 모순 혹은 절충: 집단·국가·민족정체성의 딜레마". ≪르몽드꼬레≫, 20호. http://www.ilemonde.com/news/articleView.html?idxno=782(검색일자: 2018.01.20)

두셀, 엔리케. 2011. 『1492년 타자의 은폐: '근대성 신화'의 기원을 찾아서』. 박병규 옮김. 그린비.

안태환. 2009. 「라틴아메리카의 근대성/(탈)식민성 기획과 상호문화성의 상응성」. ≪라틴아메리카연구≫, Vol.22 No.3, 95~125쪽.

프레이리, 파울로. 2002. 『페다고지』. 남경태 옮김. 그린비.

Caleffi, Paula. 2015. "O que é ser índio hoje?: A questão indígena na América Latina/Brasil no início do século XXI." *Redalyc*. http://www.redalyc.org/html/162/16200702/(검색일자: 2018.01.18)

Cedillo, Arturo Vilchis. 2014. "La Escuela-Ayllu de Warisata, Bolivia y sus relaciones con México." *De Raíz Diversa*, Vol.1, No.1, abril-septiembre, pp.145~170.

Condori, Jaime Vargas. 2007. "El pensamiento filosofico educativo productivo de la Escuela-Ayllu de Warisata." Dissertation of Master in Higher Education by Universidad Mayor de San Andrés. La Paz.

Constitución de Bolívia. 1994. Constitución política de 1967 con reformas de 1994. http://www.harmonywithnatureun.org/content/documents/159Bolivia%20Consitucion.pdf

Constitución. 2009. Nueva Constitución del Estado. https://www.vicepresidencia.gob.bo/IMG/pdf/ncpe_cepd.pdf

Cortina, Regina. 2014. “Introduction.” in Cortina, Regina(ed.). *The education of indigenous citizens in Latin America*. Bristrol: Multilingual Matters, pp.1~18.

Educabolivia. 2009. “Biografia de Avelino Siñani: Fundador de la Educación Indígena.” *Educabolivia*. http://www.educabolivia.bo/files/tx_avelino_sinani.pdf(검색일자: 2017.12.02)

Freire, Paulo. 2015a. *Pedagogia do oprimido*. São Paulo: Paz & Terra.

______. 2015b. *Pedagogia da esperança: um reencontro com a pedagogia do oprimido*. São Paulo: Paz & Terra.

Flores, Patricia Barriga. 2016. “El maestro Elizardo Pérez.” *La Patria, Informe Especial*. Lunes, 6 de junio. http://lapatriaenlinea.com/?t=el-maestro-elizardo-pa-rez¬a=258485(검색일자: 2017.12.13)

Gustafson, Bret. 2014. Ch. 3 “Intercultual bilingual education in the Andes: political change, new challenges and future directions.” in Cortina Regina(Org.). *The education of Indigenous citizens in Latin America*. Bristrol: Multilingual Matters, pp.74~97.

López, Luis Enrique. 2014. “Indigenous intercultural bilingual education in Latin America.” in Regina Cortina(ed.). *The education of Indigenous citizens in Latin America*. Bristrol: Multilingual Matters, pp.19~49.

López, Luis Enrique and Inge Sichra. 2008. “Intercultural bilingual education for Indigenous peoples in Latin America.” in J. Cummins and N. Hornberger (eds.). *Bilingual Education, Vol. 5. Encyclopedia of Language and Education* (2nd edn). New York, NY: Springer, pp.295~309.

Mansell, Jon L. 2013. Ch. 1 “Naming the world: situating Freirean pedagogics in the philosophical problematic of Nuestra America.” in Sara C. Motta and

Mike Cole(eds.). *Education and social change in Latin America.* NY: Palgrave Macmillan, pp.17~33.

Memmi, Albert. 1991. *The colonizer and the colonized.* Beacon Press.

Mignolo, Walter D. 1995. *The darker side of the Renaissance: literacy, territoriality and colonialization.* Ann Arbor: University of Michigan Press.

Ministerio de Educación. 2010. Ley de la Educación Avelino Siñani-Elizardo Pérez. N° 070, Estado Plurinacional de Bolívia. 20 de deciembre de 2010. La Paz.

Molina, Fernando. 2008. "Bolívia: la geografia de un conflicto." *Nueva Sociedad,* No.218, noviembre-diciembre de 2008.

Motta, Sara C. 2013. "On the pedagogical turn in Latin American social movements." in Sara C. Motta and Mike Cole(eds.). *Education and social change in Latin America.* NY: Palgrave Macmillan, pp.53~68.

Núñez, Gabriela. 2012. "Warisata: Modelo educativo precursor a los estudios sobre oralidad y escritura." Message in Blog. https://hawansuyo.com/2012/10/17/warisata-modelo-educativo-precursor-a-los-estudios-sobre-oralidad-y-escritura-gabriela-nunez/(검색일자: 2017.11.30)

Peñaloza, Aníbal Leopoldo Mansilla. 2015.4.17 "La Escuela Ayllu Warisata en la Ley 070." *El Diário Opinión.* http://www.eldiario.net/noticias/2015/2015_04/nt150417/opinion.php?n=8&-la-escuela-ayllu-de-warisata-en-la-ley-070(검색일자: 2017.12.20)

Quispe, Luz Jiménez. 2014. "Indigenous leaders and the challenges of decolonization in Bolivia." in Regina Cortina(ed.). *The education of Indigenous citizens in Latin America.* Bristrol: Multilingual Matters, pp. 169~186.

Tlostanova, Madina V. and Walter D. Mignolo. 2012. *Learning to unlearn: decolonial reflections from Eurasia and the Americas*. Columbus: The Ohio State University Press.

제10장

「학교신화」

정복, 식민 지배, 근대화의 기억*

우석균 서울대학교 라틴아메리카연구소 HK교수

1. 서론

「학교신화」는 페루 인류학자 알레한드로 오르티스 레스카니에레가 1971년 케추아인 노인에게 채록한 이야기로 '왜 우리는 학교에 가기 싫어하는가? 자문해본다'라는 부제가 달려 있다. 돈 이시드로 와마니(Don Isidro Huamaní)라는 이름의 이 노인은 아야쿠초주 출신으로 잠시 리마에 왔다가 친분이 있던 그에게 케추아어로 이 이야기를 해주었다. 오르티스 레스카니에레에 따르면 그는 평생 도시에 산 적이 없으며 학교는 한 달을 다닌 것이 전부인 인물이다(Ortiz Rescaniere, 1973: 244). 「학교신화」의 매력은 부제에서 짐작할 수 있듯이 20세기 현실이 투영되어 있다는 점이다. 특히 페루의 교육 현실에 대한 예리한 비판이

* 이 글은 ≪라틴아메리카연구≫ 30권 1호(2017)에 발표한 필자의 논문을 총서 취지에 맞게 수정 보완한 것이다.

담겨 있어서 주목을 받았다. 그러나 진정한 매력은 짧은 이야기임에도 불구하고 정복, 식민화, 근대화 등 페루의 5세기 역사에 대한 생생한 기억들을 포괄하고 있다는 점이다. 「학교신화」가 1532년 11월 스페인 정복자들이 아타왈파를 생포한 사건을 일컫는 '카하마르카의 만남(El encuentro de Cajamarca)'을 골자로 하는 정복 후 신화가 현대적으로 재창조 혹은 변형되면서 그것이 가능했다.

이 글은 먼저 「학교신화」 내용과 오르티스 레스카니에레의 해제를 상세히 소개할 것이다. 그 다음 장에서는 '카하마르카의 만남'에 대한 목격자들의 기록을 토대로 「학교신화」에 담긴 정복자들의 시각은 물론 선주민들에게 각인된 정복의 트라우마를 추적할 것이다. 이어 다음 장에서는 우선 1550년대 스페인인들의 기록에 선명히 내재된 문자 문화와 구술 문화의 갈등이 「학교신화」에 어떻게 투영되어 있는지를 살펴볼 것이다. 나아가 이 갈등이 식민 지배의 정당성을 옹호하는 기제로 사용되었을 뿐만 아니라, 독립 후의 공교육에도 강력한 영향을 끼쳤다는 점을 부각시킬 것이다. 그리고 본문 마지막 장에서는, 「학교신화」에서 선주민 아이들의 문자 거부가 문명의 이기에 대한 거부가 아니라, 페루의 근대화 기획에 따른 교육 패러다임에 대한 신랄한 비판이라는 점을 주장할 것이다.

2. 「학교신화」와 해제

「학교신화」의 줄거리는 이렇다. 먼저 도입부에서는 창조에 대해서 말한다. 일종의 창조주인 "하늘과 바다의 강력한 신"이 세상을 돌아다니면서 인간을 창조한다. 세상은 마마 파차(Mama Pacha) 혹은 대지모신

(Madre Tierra)으로 명명된다. 그러나 사실상 동일한 여신이다. '마마'가 어머니, '파차'는 대지, 세상, 우주 등을 의미하기 때문이다.

> 하늘과 바다의 강력한 신께서 마마 파차의 육신인 세상을 돌아다녔습니다. 우리 대지모신의 모발과 입, 눈, 숨결로부터 우리를 창조하셨지요. 그래서 리마처럼 말하는 부족들이 존재합니다. 그분의 눈에서 나온 부족들도 있기에, 그곳 사람들은 멀리까지 보고, 이교도들의 시대에 일어난 일도 보고, 뜨거운 계곡 밑바닥이나 하늘 가까이 있는 고원에서 일어나는 일도 보지요(Ortiz Rescaniere, 1973: 239).[1]

"하늘과 바다의 강력한 신"에게는 아들이 둘 있었다. 흥미롭게도 이름이 잉카와 수크리투스(Sucritus), 즉 예수그리스도이다. 큰아들 잉카는 인간에게 말을 가르치고, 마마 파차를 통해 먹을 것을 주고, 농경을 가르치고, 가축을 제공한다.

> 잉카께서 "말하거라"하고 우리에게 이르셨고, 그래서 우리는 말을 배웠습니다. 그때부터 우리는 자식들에게 말을 가르쳤지요. 잉카께서 마마 파차에게 우리에게 먹을 것을 주기를 청하셨고, 그래서 우리는 경작을 배웠습니다. 야마와 소들이 우리에게 복종했습니다. 당시는 풍요로운 시절이었지요(Ortiz Rescaniere, 1973: 241).

---

1) 「학교신화」는 해제 부분을 빼고 ≪트랜스라틴(TransLatin)≫ 19호에 번역되어 있다(Ortiz Rescaniere, 2012: 49~53). 이 글의 「학교신화」 인용문은 대체로 역자인 강성식의 번역을 따랐다.

잉카는 쿠스코를 창건한 뒤에 마마 파차와 결혼한다. 이들 사이에도 아들 둘이 태어난다. 그러자 이미 장성한 예수가 조카들의 출생을 마땅찮아 한다. 그뿐만 아니라 형을 이기고 싶어 안달이다. 달이 예수를 가엾게 여겨 형을 이길 도구를 제공한다. 글씨가 적힌 쪽지였다. 예수가 쪽지를 잉카에게 보여주자, 깜짝 놀란 잉카는 멀리 달아나버린다. 다만 잉카는 쪽지에 적힌 것을 글이 아니라 그림으로 인식한다.

> 그분들[잉카의 두 아들]이 태어났다는 사실 자체가 예수에게는 엄청난 분노와 고통을 안겨주는 사건이었답니다. 예수그리스도는 이미 성장해서 젊은 데다가 건장했기 때문에, 맏형인 잉카를 이기고 싶어 했습니다. "어떻게 하면 형을 이길 수 있을까?"하고 말하곤 했지요. 그 모습에 달이 마음 아파했습니다. "내가 도와주마"하고 글씨가 적힌 쪽지 하나를 떨어뜨렸습니다. "맞아, 이거면 잉카를 놀라게 할 수 있을 거야"하고 예수가 생각했지요. 어두침침한 평원에서 예수가 그 종이를 잉카께 보여주었습니다. 문자를 모르는 잉카께서는 깜짝 놀라셨습니다. "이 그림들은 뭐지? 동생의 속셈이 뭘까?" 잉카께서는 멀리 달아나버리셨지요(Ortiz Rescaniere, 1973: 241).

예수는 만족하지 못하고 잉카를 붙잡으려 한다. 이번에는 퓨마들이 도움을 준다. 잉카가 리마의 사막에 숨어 있다가 끼니 해결을 위해 계곡으로 갈 때마다 퓨마들이 이를 방해한다. 잉카는 결국 굶어죽는다. 그러자 예수는 마마 파차를 구타하고 나아가 목을 베어버린다. 돈 이시드로 와마니에 따르면, 그 후 예수는 교회를 세우고 그곳에서 선주민들을 지켜주고 사랑한다. 그러나 지켜주고 사랑한다는 말이 무색하게, 잉카가 건재했을 때는 기를 펴지 못하던 냐우파 마추(Ñaupa Machu)라는 사악한 존재가 활개를 친다. 냐우파 마추는 산에 살고 있는데, 그 산의 이름이 '학교'이다. 잉카의 두 아들은 아버지를 찾아다니다가 어느 날 냐우파 마추와 조우한다. 그는 아이들을 먹어치울 작정으로 잉카와 마마 파차가 있는 곳을 가르쳐주겠다면서 '학교'로 유인한다. 그리고 부모의 소식이 적혀 있는 글을 보여준다. 잉카의 두 아들도 글을 보자마자 기겁해서 도망친다.

> 냐우파 마추가 두 아이에게 말했습니다. "이리 온, 이리 오라니까. 잉카가 어디 있는지, 마마 파차가 어디 있는지 가르쳐 줄 테니." 그 말에 기분이 좋아진 아이들이 '학교'로 갔답니다. 냐우파 마추는 그들을 먹어치우려고 했습니다. "마마 파차는 더 이상 잉카를 사랑하지 않아. 잉카는 예수그리스도와 친해져서 지금은 둘이 함께 산단다. 형제처럼 말이야. 이 글을 봐, 여기 적혀 있잖니." 잉카의 자식들은 몹시 겁을 먹고 도망쳐버렸습니다 (Ortiz Rescaniere, 1973: 243).

돈 이시드로 와마니의 결론이 재미있다. 그는 "그때부터 모든 아이는 학교에 가야 했습니다. 그런데 마마 파차의 두 자식처럼, 거의 모든 아이가 학교 가는 걸 싫어해서 도망을 친답니다"(Ortiz Rescaniere, 1973: 243)라고 말한다.

오르티스 레스카니에레의 해제도 조금 소개할 필요가 있다. 그는 「학교신화」의 잉카를 인간에게 언어, 농경, 목축을 가르치고 도시(쿠스코)를 창건한 전형적인 문화 영웅으로 정의한다(Ortiz Rescaniere, 1973: 245~246). 하지만 잉카는 말만 가르칠 뿐이지 문자를 주지 않는다. 문자는 오로지 예수의 전유물이다. 나아가 문자는 부정적 함의를 띤 일련의 요소들과 결부되어 있다. 다시 해제를 참조하자면, 「학교신화」에는 잉카/예수의 대립 외에도 태양/달, 낮/밤, 문화/자연(혹은 반문화 anti-cultura) 등등 일련의 대립 구도가 존재한다(Ortiz Rescaniere, 1973: 245). 그런데 예수는 달의 도움을 받고,[2] 밤("어두침침한 평원")에 잉카를 축출하고, 야생동물 퓨마의 도움을 받는다. 예수가 달, 밤, 야생동물과 연계되어 있으니, 예수의 득세와 그의 도구였던 문자는 자연 상태 혹은 반문화 상태로의 퇴보를 의미한다. 예수가 잉카와 대지모신을 살해한 것도 하늘과 바다의 강력한 신, 마마 파차, 잉카가 수행해온 창조와 문명화 과정의 파괴이다. 느닷없이 등장하는 냐우파 마추가 이런 해석을 가능하게 한다. 냐우파 마추는 안데스에서 인간의 시대 이전을 살았던 존재로, 혼돈이나 어둠 혹은 야생의 산 등과 연계된 사악한 정령 정도로 여겨지기 때문이다(Ansion, 2012: 375). 예수의 승리는 이를테면 코스모스에서 카오스로의 퇴보인 셈이다.

퇴보의 모티브가 안데스 신화에서 빈번하게 등장하게 된 것은 정복 이후의 일이다. 안데스 신화들 중에서는 자연 상태에서 문화 단계로의 이행을 모티브로 한 것들도 있고, 그 반대로의 이행을 모티브로 한 것들도 있다. 하지만 전자의 경우 보통 이행 과정에 갈등이 없다. 인간의 교화에 따른 문명화 과정으로 서술되곤 한다. 그러나 후자의 경우 이행에 갈등이 수반되는 양상을 보인다(Tomicki, 1978: 260). 대표적인 사례가 정복 후 발생하여 안데스에 광범위하게 확산된 잉카리 신화(el mito de Inkarrí)이다.[3] 그리고 「학교신화」는 잉카리 신화의 일종으로 분류되는 설화이다(Ansion, 2012: 375). 다음과 같이 잉카 군주의 귀환을 염원하는 대목이 잉카리 신화의 핵심 모티브와 일치하기 때문이다.

---

2) 「학교신화」에서 잉카는 "하늘과 바다의 강력한 신"의 아들이다. 그러나 전통적으로 잉카 군주는 태양신의 아들로 인식되기 때문에 「학교신화」에서 잉카/예수의 대립은 곧 태양/달의 대립이다.

3) 잉카리 신화에 대해서는 우석균(2000), 강성식(2008)을 참조하라.

> 잉카의 두 아들은 어디 있을까요? 사람들이 말하기를, 큰아들이 자라면 되돌아올 거라고 합니다. 그날이 바로 최후의 심판일이 될 겁니다. 하지만 돌아올 수 있을지는 잘 모르겠습니다. 사람들이 말하기를, 우리 아이들이 잉카의 큰아들을 찾아야 한다고, 우리 아이들이 그분을 찾고 있는 중이라고, 아마도 우리 아이들이 찾아낼 것이라고 합니다(Ortiz Rescaniere, 1973: 243).

「학교신화」의 내용과 해제를 살펴보면 우선 선주민들의 피해의식이 두드러진다. 정복에 대해 얼마나 한이 맺혔으면 잉카도, 또 잉카의 두 아들도 문자 같은 문명의 이기를 거부하겠는가. 일면 이해가 가는 측면이 있다. 선주민 입장에서 카하마르카의 만남은 안데스 역사에서 그 이전과 그 이후를 완전히 뒤바꾸어놓은 사건이었고, 가혹한 식민 수탈 체제의 서막이었고, 오늘날까지도 완전히 해소되지 않은 불평등의 기원이었기 때문이다. 그러나 의문은 남는다. 카하마르카의 만남이 아무리 한 맺힌 사건이었다 하더라도 문자라는 문명의 이기를 거부하는 것이 합리적인 선택일까? 심지어 20세기를 사는 선주민 아이들이 선택해야 했을 길일까?

3. 카하마르카의 만남과 성스러운 책

문제는 그렇게 간단하지 않다. 오르티스 레스카니에레의 해제는 짧은 지면에 「학교신화」의 이야기 구조의 근간을 이루는 이항 대립을 부각시키는 과정에서 말/문자(habla/escritura)의 갈등을 지적했지만, 이 대립의 역사적·사회적 맥락을 깊이 성찰해보면 선주민들이 거부한 것은 문자 자체가 아니라, 문자가 상징하고 야기하는 불평등한 기존 질서이다. 결코, 문명의 이기를 맹목적으로 거부한 것이 아니다. 「학교신화」는 기존 질서에 대한 적어도 세 가지 비판을 하고 있다. 그 첫 번째는 가톨릭에 대한 비판이다. 이는 곧 정복과 식민 질서에 대한 비판이기도 하다. 정복도 식민 지배도 가톨릭 포교를 명분으로 이루어졌기 때문이다.

이 점에 대해서는 먼저 카하마르카의 만남에 대해서 상세하게 짚어볼 필요가 있다. 1532년 11월 아타왈파는 쿠스코로 이동하다가 카하마르카 인근에서 온천욕을 하던 중 프란시스코 피사로가 보낸 사신들의 방문을 받았다. 이들은 카하마르카에서 회담을 갖기를 청했다. 그런데 약속한 날에 아타왈파가 그곳에 갔을 때, 프란시스코 피사로를 비롯한 대부분의 스페인인들은 보이지 않고 달랑 세 사람만 그를 기다리고 있었다. 도미니크회 수사 비센테 발베르데(Vicente Valverde), 선주민 통역,[4] 선주민어를 약간은 알아들었다는 에르난도 데 알다나라는 인물이었다. 스페인인들은 168명에 불과했기 때문에 처음부터 기습전 계획을 세우고 매복해 있었는데, 「통고문(requerimiento)」 절차 때문에 발베르데 수사가 통역들을 대동하고 나선 것이다.

이 절차의 기원은 1511년 도미니크회 수사 안토니오 데 몬테시노스(Antonio de Montesinos)였다. 그는 정복자들의 지나친 폭력과 억압을 규탄했고, 이에 스페인 왕실은 1512년 부르고스 회의(Junta de Burgos)를 통해 대책을 마련했다. 그 결과 법률가인 후안 로페스 데 팔라시오스 루비오스(Juan López de Palacios Rubios)가 「통고문」이라는 문건을 작성하여 이듬해부터 정복 전쟁의 현장에 적용되었다. 절차에 따르면, 스페인인들

---

4) 프란시스코 피사로는 1532년 시작된 정복 전쟁 이전에 에콰도르와 페루 해안을 두 차례 탐사했다. 그때 선주민 몇 사람을 붙잡아가서 스페인어를 가르쳐 두 사람을 통역으로 데리고 왔다.

은 전투 개시 전에 먼저 「통고문」을 의무적으로 낭독해야 했다. 「통고문」에는 기독교 교리, 교황과 스페인 군주가 하느님에게 위임받은 권리, 개종 권유 등의 내용이 담겨 있었다. 그리고 선주민들이 개종에 불응할 경우에만 소위 '정당한 전쟁(guerra justa)'을 선언하고 전투를 개시할 수 있었다.

발베르데 수사는 자신과 아타왈파 사이에 있었던 일에 대한 기록을 남기지 않았다. 그러나 카하마르카 원정대에 참여했던 이들 중에서 에르난도 피사로, 크리스토발 데 메나, 프란시스코 데 헤레스, 미겔 데 에스테테, 후안 루이스 데 아르세, 페드로 피사로, 디에고 데 트루히요 등 최소한 일곱 사람이 목격담을 남겼다.[5] 다만 이 기록들의 사실성에 대해서는 논란의 여지가 있다. 우선 두 가지 치명적인 결함이 있다. 첫째, 이들은 대화를 나눈 직접 당사자가 아니었다. 둘째, 스페인인 통역의 케추아어 실력도 형편없었고, 선주민 통역도 고차원적인 종교 교리나 법적 권리 등을 설명하기에는 역부족이었다(Pease G. Y., 1974: 71). 그밖에도 여러 가지 문제가 있다. 기억의 오류 가능성도 있고(Pease G. Y., 1974: 67), 기록자 스스로도 이를 의식해 다른 텍스트를 참조하는

---

5) 이들이 남긴 기록은 다음과 같다. 괄호 안 연도는 기록 시점이다. Hernando Pizarro, "Carta de Hernando Pizarro a la Audiencia de Santo Domingo"(1533); Cristóbal de Mena, *La conquista del Perú llamada la Nueva Castilla*(1534); Francisco de Jerez, *Verdadera relación de la conquista de la Nueva Castilla*(1534); Miguel de Estete, "Noticias del Perú"(1542?); Juan Ruiz de Arce, *Relación de servicios. Advertencia que hizo el fundador del vínculo y mayorazgo a los sucesores en él*(1540년대); Pedro Pizarro, *Relación del descubrimiento y conquista del Perú*(1571); Diego de Trujillo, *Relación del descubrimiento del reino del Perú*(1571). 각 기록과 집필자들에 대해서는 Porras Barrenechea(1962: 73~121)와 Pease G. Y.(1974: 15~22, 65~84)를 참조하라.

결정을 내림으로써 다른 텍스트에 오염되었을 가능성을 배제하지 못하고, 보고서(relación)의 경우 정복한 땅에 대한 권리를 주장하거나 입증하기 위해 스페인 왕실에 제출하는 공적 증명서(probanza) 성격을 띠고 있기 때문에 과장과 미화 가능성이 농후하다(Restall, 2003: 12~14).[6]

이런 문제점들은 실제로 기록마다 많은 차이를 발생시켰고, 그 어느 기록도 전폭적으로 신뢰할 수 없게 만들었다. 따라서 어느 기록이 역사적 진실에 가까운지 가리는 일은 사실상 불가능하다. 하지만 적어도 여러 기록에 공통적으로 반복되는 요소들은 주목할 만한 가치가 있다. 그중 하나가 발베르데 수사가 통고문 절차를 마친 후 성경 혹은 기도서를 건넸는데 아타왈파가 이를 땅바닥에 내팽개쳤고, 스페인인들이 이를 신성모독으로 간주하여 공격을 개시했다는 서술이다. 에르난도 피사로(Porras Barrenechea, 1962: 76)[7]와 후안 루이스 데 아르세(Ruiz de Arce, 1933: 363)는 아타왈파가 책을 던졌다고만 적고 있다. 크리스토발 데 메나는 책에 입을 맞추지도 않고 던졌다고 서술한다(Porras Barrenechea, 1962: 82). 프란시스코 데 헤레스와 미겔 데 에스테테는 책을 펴서 본 뒤에 던졌다고 적고 있다(Porras Barrenechea, 1962: 82 y 108-c). 다만 헤레스는

6) 가령 거의 40년의 시차를 두고 기록을 남긴 페드로 피사로와 트루히요의 경우 그들의 기억이 정확했으리라는 보장이 없고, 1540년대에 기록을 남긴 루이스 데 아르세는 순전히 자기 기억에 의존해서 쓰지 않고 다른 텍스트들을 참조했다는 의심을 받고 있다(Porras Barrenechea, 1962: 111). 가장 공신력을 인정받는 헤레스의 기록도 문제이다. 그 공신력은 헤레스가 프란시스코 피사로의 공식 서기였다는 점에서 비롯되었다. 그 덕분에 석 달의 시간차를 두고 먼저 출판된 메나의 텍스트보다 권위를 인정받아 여러 쇄를 찍기에 이르렀을 뿐만 아니라 많은 유럽어로 번역되었다(Porras Barrenechea, 1962: 87). 그렇지만 헤레스의 기록은 프란시스코 피사로에게 대단히 우호적이었다는 지적이 있다(Seed, 1991: 14).

7) 라울 포라스 바레네체아의 책은 연구서이면서 식민지 시대 텍스트 선집이다.

아타왈파가 책을 펴지 못해 애를 먹은 후에야 겨우 뜻을 이룰 수 있었고, 다른 선주민들처럼 문자나 종이를 경이로워하지 않았다고 말하는 반면, 에스테테는 그저 책을 열어서 훑어보았다고만 서술한다. 페드로 피사로는 아타왈파가 책을 펼 줄 몰라 짜증이 나서 던져버린 것처럼 적고 있다(Porras Barrenechea, 1962: 115-h).

이 공통의 기록은 잉카가 종이에 적힌 문자를 보고 도망쳤다는 「학교신화」의 설정을 연상시킨다. 특히 잉카가 종이쪽지를 보고 두려워했다는 서술은 아타왈파가 책을 펼 줄 몰라 쩔쩔맸다는 헤레스와 페드로 피사로의 기록과 일맥상통하는 점이 있다. 「학교신화」의 잉카는 문자에 대한 지식이 없어서 두려워하고, 아타왈파는 책에 대한 지식이 없어서 당혹해했다는 점에서 그렇다.

그런데 이 대목의 해석에는 각별한 주의가 필요하다. 문자 사회를 사는 사람들로서는 이를 문해자와 문맹자의 만남 과정에서 빚어진 코믹한 일화, 나아가 문자를 지닌 '우월한' 문명의 그렇지 못한 문명에 대한 당연한 승리와 지배를 시사하는 일화 정도로 해석할 여지가 많기 때문이다. 그래서 시드는 데리다의 레비-스트로스 비판을 예로 들어 카하마르카의 만남에 대한 오독 내지 지나치게 단순화된 해석을 경계한다. 레비-스트로스는 구조주의자답게 서구인과 선주민들의 만남을 문자 문화/비문자 문화의 대립구도에서 파악하고 있지만, 이러한 이항대립의 기저에 이미 문자 문화의 우월함이 상정되어 있다는 것이 데리다의 비판이었고, 카하마르카의 만남에 대해서는 이 비판을 유념하여 성찰해야 한다는 것이 시드의 주장이다(Seed, 1991: 8).

적어도 두 가지 점에서 시드의 주장이 설득력이 있다. 첫 번째는 데니스 Y. 아놀드(Denis Y. Arnold)의 해석에 근거한다. 잉카 문명은 우리가 통상적으로 생각하는 문자는 없었지만 키푸(quipu)라는 매듭 문자가 있었다는 것은 익히 알려져 있다. 그런데 아놀드는 직물 문양을 예로 들어 문자의 범위를 확대시킨다. 잉카 이전부터 선주민들이 각종 문양을 이용하여 서사가 담긴 직물을 생산했다는 점에 착안한 것이다. 아놀드는 이를 입증하기 위해 선주민인 후안 데 디오스 야피타의 도움을 얻어 연구에 착수했고, 희곡 『아타왈파의 죽음(La muerte de Atahualpa)』을 분석하면서 카하마르카의 만남을 언급한다. 이 희곡에서는 발베르데가 아타왈파에게 성경이나 기도서가 아니라 스페인 국왕의 편지를 건네는 것으로 되어 있다. 그리고 아놀드는 잉카인들이 글씨를 나스카 문양처럼 대지에 새겨진 문양이나 직물에 새겨진 문양으로 간주했으리라고 주장한다(Arnold, 2006: 40~41). 즉, 에스테테의 기록에서처럼 아타왈파가 책을 펴서 훑어보았다면, 「학교신화」에서 "이 그림들은 뭐지?"라는 잉카의 반응처럼 문자를 그림으로 인식했을 가능성이 더 높다고 본 것이다. 『아타왈파의 죽음』은 원래 16세기 중반 포교 목적으로 스페인 사제들이 처음 공연되었지만, 오늘날까지도 꾸준히 안데스 각처에서 공연이 계속되면서 선주민들의 시각도 반영되었다는 점을 고려하면 아놀드의 주장이 개연성이 있다.

카하마르카의 만남을 문해자와 문맹자의 만남으로 보는 것은 오독내지 지나치게 단순화된 해석이라는 두 번째 근거는 몇 가지 연구의 종합에 따른 필자의 견해이다. 가령 시드는 아타왈파가 다른 선주민들과 달리 문자나 종이를 보고 경이로워하지 않았다는 사실에 분노한 헤레스의 기록을 주목하고 있다. 그리고 이를, 문명인과 야만인의 차이를 알파벳을 사용한 글쓰기 여부로 판단하는 스페인 정복자들의 문화적 기대지평이 아타왈파 때문에 무너진 데에 대한 분노라고 해석한다(Seed, 1991: 17). 필자가 보기에 시드의 해석은 어느 면에서는 설득력이 있고, 또 다른 측면에서는 받아들이기 쉽지 않다. 스페인인들이 카하마르카의 만남에서 일정한 기대를 지니고 있었고, 그 기대를 충족시키지 않은 아타왈파에 분노했다는 서술은 설득력이 있어 보인다. 목격담을 남긴 7인의 정복자 중에서 메나도 아타왈파가 책에 입을 맞추기는커녕 집어 던졌다는 사실에 분노하고 있기 때문이다.

그러나 헤레스와 메나의 분노를 시드처럼 문화적 기대 지평, 더 구체적으로는 알파벳 사용자에 대한 경외심으로 해석하는 것에 대해서는 동의하기 힘들다. 먼저 정복자들의 문해 수준도 그리 높지는 않았다. 카하마르카의 만남 현장에 있었던 168명의 정복자들 중에서 141명에 대해서는 어느 정도 문해 수준의 파악이 가능했는데, 51명만 완전한 문해자였다. 프란시스코 피사로를 비롯한 33인은 완전한 문맹이었고, 나머지 57인은 편차는 있지만 문해 수준이 높지는 않았던 것으로 추정된다(Lockhart, 2002: 35). 따라서 이들이 문해 능력에 입각해 확고한 문화적 우월감을 지녔으리라고 보기에는 곤란한 점이 있다. 그래서 필자는 맥코맥의 해석이 더 설득력 있다고 본다. 그는 헤레스 기록의 요지는 아타왈파가 가톨릭에 대한 발베르데의 설명을 이해했음에도 불구하고 책을 집어던지는 불경을 저질렀다는 점이라고 본다(Mac Cormack, 1988: 695). 여기서 카하마르카의 만남에 대한 기록을 남긴 거의 모든 목격자가 아타왈파가 집어던진 책을 성경 혹은 기도서였다고 서술하고 있는 점을 다시 상기할 필요가 있다. 정복자들의 분노가 문자에 대한 불경이 아니라 성스러운 책에 대한 분노였음을 재확인할 수 있다.

카하마르카의 만남을 다각도로 분석한 레이나의 해석도 같은 결론에 이르게 한다. 레이나는 헤레스의 기록이 형식적인 면에서 통고문 절차와 유사하다고 주장한다(Reyna, 2010: 43). 이는 헤레스가 프란시스코 피사로의 공식 서기로서 아타왈파와 전투를 벌인 행위를 정당화시킬 목적을 가지고 기록에 임했다는 뜻이다. 주지하다시피 스페인의 정복

사업은 가톨릭 포교를 명분으로 했고, 헤레스는 성스러운 책에 대한 아타왈파의 불경을 빌미로 정복자들이 벌인 전투로 소위 정당한 전쟁이었다고 주장하고 있는 셈이다.

그래서 「학교신화」에서 글이 적힌 쪽지를 보고 달아난 잉카의 행위를 문자 자체에 대한 선주민들의 거부로 독해하는 것은 문제가 있다. 선주민들은 문자를 거부한 것이 아니라 가톨릭을 거부한 것이다. 물론 「학교신화」에는 쪽지에 가톨릭 관련 내용이 적혀 있다는 서술은 없다. 그러나 그것을 준 사람이 예수로 설정되어 있다는 점은 선주민이 정복자와 예수, 정복 사업과 가톨릭 포교를 동일시하고 있다는 뜻이다. 그리고 식민지 시대의 선주민들은 성경이나 기도서 같은 책을 가톨릭의 권위를 뒷받침하는 주요 도구로 인식하고 있었던 것이다.

4. 문자 문화와 구술 문화의 갈등

「학교신화」의 두 번째 비판은 문자 문화를 겨냥하고 있다. 선주민들은 현 질서가 문자를 지닌 자와 그렇지 못한 자 사이의 권력관계에 입각한 질서라고 인식하고 있다. 「학교신화」에서 “하늘과 바다의 강력한 신”은 일련의 창조 과정에서 “리마처럼 말하는 부족들(pueblos que son habladores)”도 창조한다. 그런데 “리마는 그분[대지모신]의 입입니다. 그래서 이제 어느 누구도, 어떤 페루 사람도 우리의 언어[케추아어]로 말하려고 하지 않는답니다”(Ortiz Rescaniere, 1973: 239)라는 구절이 뒤따른다. 대지모신이 예수에게 살해당했기 때문에 더 이상 말을 하지 못하게 되었고, 그 후 그 어떤 선주민도 케추아어를 하지 않게 되었다는 뜻이다. 물론 선주민들이 진짜 케추아어를 말하지 않게 되었다는 것이 아니라 그들의 말이 그 어떤 권위도 지니지 못하는 세상을 살고 있다는 뜻이다. 원인은 신들의 전쟁에서 패배했기 때문이다.

리마는 프란시스코 피사로가 1535년 1월 창건한 도시이지만, 그 이름 자체는 선주민 지명인 '리막(Rímac)강'에서 비롯되었다는 것이 정설이다. 잉카 가르실라소도 '리막'이라는 지명이 케추아어에 대한 스페인인들의 무지로 '리마'가 되었다고 주장한다(Vega, 1995: 392). 그리고 스페인인들은 실제로 리막강에서 불과 백 걸음 떨어진 곳에 리마 터를 잡았다. 잉카 가르실라소는 '리막'의 어원도 밝히고 있다. "말을 하는 자(el que habla)"라는 뜻이고, 이름의 유래는 리막강이 흐르는 계곡에 말을 하는 신상이 있었기 때문이다. 그리고 그 신상은 잉카 군주들의 피정복민에 대한 종교적 관용 정책 덕분에 잉카 시대에도 지역민들에게 계속, 심지어 그 지역을 정복한 잉카인들에게도 숭배의 대상이었다(Vega, 1995: 392~393). 따라서 「학교신화」에서 예수의 대지모신 살해는 일차적으로는 가톨릭의 득세와 선주민 종교의 쇠락을 의미한다. 그러나 문자의 권능을 행사한 예수가 말로 권능을 행사한 리막에게 승리한 것은 말에 대한 문자의 승리를 의미한다.

이런 해석이 가능한 것 역시 카하마르카의 만남과 긴밀한 관계가 있다. 그러나 앞장에서 언급한 7인의 기록이 아니라, 프란시스코 로페스 데 고마라(Francisco López de Gómara)의 『인디아스 일반사(Historia general de las Indias)』(1552)와 아구스틴 데 사라테(Agustín de Zarate)의 『페루 지방의 발견과 정복에 대한 역사(Historia del descubrimiento y conquista de la provincia del Perú)』(1555) 등등 1550년대의 기록들과 관련이 있다. 안토니오 코르네호 폴라르의 연구에 따르면 가장 큰 차이는 아타왈파가 책을 집어던진 동기이다. 로페스 데 고마라와 사라테 모두 발베르데 수사가 건넨 성경 혹은 기도서가 말을 하지 않아서 아타왈파가 책을 집어던졌다고 적고 있다. 발베르데 수사가 책을 건네면서 하느님의 말씀이 담겨 있다고 그랬는데, 책이 아무런 말을 하지 않아서 화가 나서 그런 행동을 했다는 것이다(Cornejo Polar, 1994: 37).

'말을 하지 않는 성경'의 모티브에는 적어도 두 가지 함의가 있다. 하나는 문자 문화의 구술 문화에 대한 승리를 선언했다는 점이다. '말을 하지 않는 성경'에 대한 집착은 기록자들의 관심사가 달라졌음을 의미한다. 맥 코맥은 1550년대의 기록들은 초기 7인의 기록처럼 아타왈파 생포가 '정당한 전쟁'의 일환이었다는 점을 부각시킬 필요가 더 이상 없었다고 말한다. 스페인인들 사이에서 정복은 이미 끝난 것으로 간주되었기 때문이다. 따라서 당면 과제는 식민 지배 체제의 확립이었다.[8] 그 과정에서 기록자들은 스페인의 지배를 뒷받침할 필요를 느꼈고, 문자의 유무를 중요한 근거로 제시하게 된 것이다(Mac Cormack, 1988: 710).

또 다른 함의는 문자 문화와 구술 문화의 지속적인 갈등이다. 코르네호 폴라르는 아타왈파와 발베르데의 의사불통 상황, 나아가 문자 문화와 구술 문화의 소통 불가능성을 롤랑 바르트의 '글쓰기의 0도(grado cero)' 개념을 빌어 '상호 행위의 0도'로 규정한다(Cornejo Polar, 1994: 26). 하느님의 말씀이 들어 있다는 말을 곧이곧대로 믿고 책을 귀에 댄 아타왈파의 행동에서 두 문화의 양립 불가능성, 아니면 적어도 양립의 어려움을 지적한 것이다. 그리고 그 불가능 내지 어려움은 곧 문자 문화의 패권적 지위를 의미한다.

---

8) 물론 잉카 부흥 운동을 이끌던 빌카밤바 왕조의 저항이 아직 끝나지는 않았다. 그러나 1550년대에는 크게 위협이 되지는 않았다. 더구나 선주민들의 저항보다 더 큰 위기를 초래한 엔코멘데로들의 반란도 이를 이끈 곤살로 피사로가 1548년 처형됨으로써 일단락이 되었다. 그래서 스페인인들은 식민 지배 체제 확립에 몰두할 수 있었다.

그 지위는 독립 후에도, 심지어 20세기까지도 유지되었다. 즉, 문자 우위의 식민질서가 독립 후에도 변하지 않은 것이다. 선뜻 이해하기 힘들겠지만, 실제로 1550년대에 출현한 '말을 하지 않는 성경(혹은 기도서)'의 모티브가 7인의 목격담보다 후대에 파급력이 더 컸다. 가령 세바스티안 로렌테(Sebastián Lorente)의 『페루 정복사(Historia de la conquista del Perú)』(1861)에도, 또 카를로스 비제(Carlos Wiesse)의 『페루사와 페루 문명사(Historia del Perú y de la civilización peruana)』(1914)에도 동일한 모티브가 들어 있다(Reyna, 2010: 176~177, 39). 더구나 로렌테와 비제는 페루 역사 교육의 기틀을 잡은 인물들이다. 로렌테는 스페인인이었지만 1843년부터 페루에 거주하였고, 그의 또 다른 책으로 '말을 하지 않는 성경'의 모티브가 고스란히 재수록된 『정복사(Historia de la conquista)』(1863)는 많은 중고등학교와 대학교에서 교재로 사용되었다(Reyna, 2010: 180~181). 또 상기 언급한 비제의 책도 1914년부터 오랜 기간 초등학교 교재로 사용되었다. 이는 페루인들이 최초로 역사를 배울 때 문자 문화의 우월성을 배운다는 뜻이다. 그래서 레이나는 비제의 책이 카하마르카의 만남에 대한 "사회적 기억(memoria social)"을 구축했다고까지 말한다(Reyna, 2010: 39~40).

카하마르카의 역사적 현장에 있었던 7인의 기록자들보다 로페스 데 고마라와 사라테의 기록이 후대까지 반복, 재생산되면서 급기야 교과서에 들어가게 된 요인으로는 여러 가지를 꼽을 수 있다. 가령 두 사람이 7인의 목격자보다 더 큰 권위를 지녔다는 점이 작용했을 것이다. 로페스 데 고마라 같은 경우는 아메리카에 가본 적도 없는 인물이다. 그러나 사제이자 역사학자였다. 헤레스 같은 프란시스코 피사로의 공식 서기보다 사회적 지위와 학식이 높았다. 게다가 멕시코의 정복자 에르난 코르테스의 집안 사제를 맡은 이력 때문에 한 번도 대서양을 건너지 않고도 그의 『인디아스 일반사』의 권위는 자연스럽게 높아졌다. 사라테 경우도 유사하다. 비록 페루 부왕청 관리로 일한 경력이 있지만 1544년에서 1545년 사이에 짧게 체류했을 뿐이다. 그러나 스페인으로 귀국한 직후 아직 왕자였던 훗날의 펠리페 2세의 영으로 페루에 대한 기록을 남기게 되었고, 이후 여러 공직을 거친 인물이다. 그러나 이 요인보다 더 결정적인 것은 결국 식민지 시대에 정립된 문해자들의 우월 의식이 독립 후에도 지속적으로 재생산되었기 때문일 것이다. 이를테면, 독립 후에도 식민 유산이 일소되지 않고 그대로 남아 있다는 뜻이다. 이는 「학교신화」에서 20세기의 선주민 아이들이 문자와 학교를 거부하는 일견 비합리적인 선택을 하는 이유를 설명해주는 단초이다.

5. 근대화 기획과 교육 패러다임

선주민 인구 비중이 높은 다른 라틴아메리카 국가들도 그렇지만 페루 역시 국가 발전과 선주민 집단의 함수 관계는 항구적인 딜레마였다. 그 과정에서 교육은 언제나 중요한 화두였다. 선주민의 '수준'을 끌어올려 국가 발전에 기여할 수 있게 만드는 실질적인 도구로 인식되었기 때문이다. 1869년 공교육 고등 위원회(Consejo Superior de Instrucción Pública) 설치법은 국민 교육을 국가의 의무로 규정한 중요한 법안이었으며, 이를 주도한 이들은 1871년 문민당(Partido Civil)을 창당하고 이듬해 페루 최초의 문민 대통령 마누엘 파르도 이 라바예(Manuel Pardo y Lavalle, 1872~1876년 집권) 정부를 출범시켰다. 그리고 1873년 교육에 대한 중앙정부 지원과 자치단체 관할을 골자로 한 자치단체법(Ley de Municipalidades)을 제정하였다. 그러나 1876년에도 6세 이상의 페루인

중 81%가 문맹이었고, 푸노나 아푸리막처럼 선주민이 많은 지역은 문맹률이 각각 96%와 97%였을 정도로 문해 교육이 더디게 진전되었다. 그러나 1899년 재집권하여 이후 20년 동안 여러 대통령을 배출하며 페루 정치를 지배했을 때, 문민당은 십자군이 되어 성전에 임하는 사명감을 가지고 자신들의 교육 기획을 강력하게 추진하였다(Contreras, 2014: 22~24).

잉카리 신화의 모티브를 현대적으로 재창조한 「학교신화」는 아무리 오래 잡아도 선주민을 포함한 전면적인 공교육의 필요성을 주장하고 추진한 문민주의 기획(proyecto civilista) 이전에 만들어졌을 리는 없다. 다만 기원 시점이 19세기 말이나 20세기 초가 아니라 훨씬 뒤일 가능성 역시 배제하지는 못한다. 아무튼 1869년에 이미 공교육이 주창되었음에도 불구하고 1세기 뒤인 1971년에 채록된 「학교신화」가 그에 대한 강력한 거부감을 표출하는 것은 선주민이 발전의 장애물이라는 인식을 뒷받침하는 예로 이용되기 쉽다. 그러나 페루 인류학자 카를로스 이반 데그레고리(Carlos Iván Degregori)는 1986년 「잉카리 신화에서 진보 신화로: 안데스 주민, 문화, 민족 정체성」이라는 연구에서 선주민들 사이에서도 1920년대에서 1960년대 사이에 잉카리 신화가 진보 신화(mito del progreso)로 차츰 대체되었다는 진단을 내린다(Degregori, 2014: 58). 데그레고리가 지적하듯이 잉카 군주의 귀환 모티브를 지닌 잉카리 신화는 흔히 반(反) 발전주의의 상징으로 간주되었다. 그러나 시장과 국가 기능의 확대, 대중매체, 이촌향도, 선주민들의 생활 향상 의지 등 여러 요소가 개입되어 선주민 집단 역시 페루의 다른 사회 집단과 마찬가지로 진보 신화를 받아들였다는 것이다(Degregori, 2014: 57~58).

데그레고리의 글은 잉카리 신화에 대한 전면적인 비판으로 오독되면서 유명해진 측면이 있지만, 방점은 비판보다는 선주민들의 능동적이고 주체적인 삶과 의식의 변화에 찍혀 있다. 그리고 「학교신화」와 관련해서도 유용한 성찰 거리를 제공한다. 가령 데그레고리는 리마주에 위치한 파카라오스(Pacaraos)에서는 선주민 공동체가 직접 문해 교육을 담당할 사람을 채용했다고 한다(Degregori, 2014: 59). 문민주의 기획과 무관하게 교육의 중요성을 인식한 선주민들이 존재했다는 뜻이다. 다만 이러한 진보 의식의 변화는 대단히 불균등하게 확산되어 1920년대에도 잉카 복원의 꿈을 지닌 선주민 농민들이 상당히 많았다. 그러나 잉카리 신화 자체에도 점차 진보 이념이 담기게 된다. 데그레고리는 그 사례로 마누엘 M. 마르살(Manuel M. Marzal)이 1971년 쿠스코주 우르코스(Urcos)에서 채록한 이야기를 인용한다. 이에 따르면 하느님은 잉카인들에게 도시, 길, 성벽 등을 건축할 권능을 주었지만 문해 능력은 주지 않았다. 그러나 미스티(misti)[9]에게는 문해 능력도 주고 그들의 죄도 용인하고 있다(Degregori, 2014: 59~60). 「학교신화」에서 잉카는 말을, 예수는 문자를 지니고 있는 것과 비슷한 설정이다. 그러나 데그레고리는 로드리고 몬토야(Rodrigo Montoya)가 자신의 저서 『민족 문제, 문화, 사회계급에 대한 중재(Intervenciones en: Problama nacional, cultura y clases sociales)』(1981)에서 언급한 학교 신화를 언급하면서, 마르살의 채록 이야기의 문자 습득 여부에 따른 차별담을 선주민들의 의식 변화의 싹으로 해석한다. 몬토야가 말하는 학교 신화는 이 글에서 분석하는 구전 이야기를 지칭하는 것이 아니라 학교 교육이 신분 상승을 이끌어낼 수 있다는 진보 신화, 즉 생활 향상에 대한 열망 내지 믿음을 가리킨다. 페루 안데스 남부의 푸키오(Puquio) 지방 선주민들에 대한 의식 조사 결과 학교의

9) 안데스의 지역 토호를 일컫는 말. 인종적으로는 백인일 수도 있고 메스티소일 수도 있음.

부재, 문해 능력의 결핍 등을 어둠과 밤에, 학교와 문해 교육을 빛과 낮에 비유하고 있다는 것이 몬토야의 연구 결과였다(Degregori, 2014: 60). 데그레고리가 언급한 몬토야의 저서에 대한 서지 정보가 틀린 것이 아니라면, 몬토야는 1980년 저서인『페루의 자본주의와 비자본주의』에서도 이미 동일한 주장을 펼쳤다. 푸키오 선주민들은 서구적 세계/안데스 공동체(comunidad)의 대립을 밤/낮, 시각 장애자/비장애자의 대립으로 인식하고 있으며, 후자에서 전자로의 이동은 진보를 의미하며, 학교에서 문해 교육을 받는 것으로 가능하다는 낙관적 전망을 지니고 있었다. 심지어 케추아어를 이동의 걸림돌로 인식하기도 했다(Montoya, 1980: 311~312).

후안 안시온의 연구는 진보 신화가 선주민들의 의식을 지배하게 되었다는 몬토야와 데그레고리의 진단을 뒷받침한다. 안시온은「학교신화」의 기원 시점을 명백하게 특정하지는 않는다. 그러나 1990년 채록된 후안 사비오(Juan Sabio)를 주인공으로 하는 이야기나, 1961년에서 1987년에 걸쳐 여러 종이 채집되어「곰 후안(Juan el oso)」혹은「곰의 아들(El hijo del oso)」이라는 제목으로 알려진 이야기를「학교신화」의 현대적 변형으로 본다.「학교신화」가 학교와 문자에 대한 거부감을 표출했다면, 후안 사비오를 주인공으로 하는 이야기는 자신의 문화를 잊지 않으면서도 지배자의 지식을 차용하려는 의지를,「곰 후안」혹은「곰의 아들」은 양립 불가능한 듯한 두 세계를 통합시키려는 의지를 보여주었다고 지적한다(Ansion, 2012: 378~380). 이를테면, 안데스 설화에서 연속과 단절을 상정하고 있다. 학교나 문자 혹은 교육 등의 모티브는 연속적으로 등장하는 반면, 이들을 어떻게 대하는가의 문제에는 일정한 단절이 있다고 본 것이다.

그러나 일련의 구전 설화가 근대화의 진전과 함께 이처럼 질서정연하고 단선적인 진화를 하고 있다는 시각에는 동의하기 힘들다. 또 설화의 특성상 기원 시점을 정확히 파악하기도 쉽지 않고, 「곰 후안」 혹은 「곰의 아들」의 경우 「학교신화」보다 먼저 채집된 경우도 있어서 「학교신화」보다 후대 현실을 반영하고 있다고 볼 만한 필연적인 이유도 없다. 또 파카라오스 사례처럼 페루에서 전면적인 공교육 시행의 필요성이 공론화되기 이전에 선주민들 스스로 문해 교육의 필요성을 자각한 사례도 있다는 점도 안시온의 주장을 받아들이기 힘들게 한다. 차라리 데그레고리가 지적한 문해 교육의 필요성 인식의 불균등한 확산이 페루 현실에 더 가까워 보인다. 해안지대와 산악지대의 사회적, 문화적, 경제적 격차야말로 페루의 오랜 문제점이기 때문이다. 그러나 안시온이 열거하는 여러 사례는 선주민들이 문해 교육마저 거부하는 비합리적인 태도로 일관하지 않았다는 점을 보여주고 있다는 점에서는 충분히 가치가 있다. 그래서 「학교신화」에서 학교 가는 것을 싫어하는 선주민 아이들의 태도를 비합리적이고 맹목적인 문명 거부가 아니라 다른 방식으로 독해할 필요가 있다.

결론부터 이야기하자면 선주민 아이들의 학교 부적응은 교육 패러다임의 문제였다. 파트리시아 루이스 브라보의 경우 페루 교육 패러다임의 역사를 세 단계로 구분한다. 20세기 초의 크리오요 부르주아의 근대화 기획, 1968년 집권한 벨라스코 정부의 민중주의 기획, 1990년대의 신자유주의 기획이 그것이다(Ruiz Bravo, 2012: 390~391). 근대화 기획은 1940년 정도를 기점으로 문민주의 기획과 선주민주의 기획으로 나누어진다(Ruiz Bravo, 2012: 387; Contreras, 2014: 14).

파르도와 그의 문민당이 교육에 관심을 두게 된 것은 그 이전의 무지한 군벌 카우디요들과의 차별화의 일환이었다. 당연히 계몽에 관심을 두게 되었고, 아직 별다른 교육 철학이 존재하지 않는 상태에서 서구의 문명화 기획을 모방할 수밖에 없었다. 1899년에서 1919년까지의 문민당 전성기에 문명화 기획은 근대화 기획으로 계승, 발전된다. 여기에는 태평양전쟁(Guerra del Pacífico, 1879~1883년)의 영향이 컸다. 파르도 집권기에 페루 경제는 호황을 누리다가 갑자기 나락으로 떨어졌다. 구아노 가격의 하락, 이에 따른 재정 적자, 초석을 둘러싼 칠레 및 영국과의 갈등 때문이었고, 결국 파르도 퇴임 후에 발발한 전쟁에서 수도 리마까지 점령당하는 치명적인 패배를 당했다(킨, 2014 상권: 566~568). 이 패배로 페루는 국가 개조 논쟁이 고조되었고, 선주민을 명실상부하게 국가에 통합시켜 진정한 국민국가를 만들지 않고는 발전도 없다는 결론에 이르렀다. 이에 따라 근대화 기획의 교육 목표는 하나 된 국민 만들기가 된다. 이는 선주민의 문화적 정체성을 고려하지 않는 일방적인 스페인어화 교육으로 이어졌다(Ruiz Bravo, 2012: 386~387).

선주민주의 교육 정책은 이 일방통행식 교육에 제동을 건 것이었다. 쿠스코주 시쿠아니(Sicuani)에서 초등학교 교사로 있던 호세 마리아 아르게다스(José María Arguedas)는 1944년 소위 '문화적 방법(método cultural)'론을 제안했다. 이는 선주민들에게 스페인어를 가리키는 것보다 케추아어를 알파벳으로 표기해서 가르침으로써 선주민으로서의 문화적 정체성을 존중하고, 그 바탕하에서 더 효과적인 스페인어 문해 교육도 가능하다는 주장을 담고 있었다(Contreras, 2014: 40~42). 아르게다스의 제안은 곧 교육부에 의해 채택되었다. 이는 1920년대의 선주민주의의 성과와 부스타만테 대통령(José Luis Bustamante y Rivero, 1945~1948년)의 집권 덕분이었다. 이 시기에 페루는 국가 공식 담론으로 선주민 전통을 페루의 뿌리로 선언하였다. 그리고 1920년대 선주민주의의 주역이었던 루이스 E. 발카르셀(Luis E. Valcárcel)이 교육부 장관을 역임하면서 (1945~1947년) 아르게다스의 제안이 채택되게 된 것이다(Vargas Llosa,

2004: 167~168; Contreras, 2014: 40~41).

선주민주의 교육 정책은 이미 이중언어교육이나 오늘날의 상호문화 교육의 맹아가 담겨 있다. 그러나 두 가지 점에서 근대화 기획의 범주를 벗어나지 못했다. 하나는 아르게다스 자신도 선주민 문화 전통의 중요성을 강조하면서도 케추아어의 알파벳화 과정을 거쳐 궁극적으로는 스페인어 습득을 목표로 하고 있었다는 점이다(Contreras, 2014: 42). 근대화 기획의 목표였던 하나 된 국민 만들기를 필요악 정도로 인식하고 있었던 것으로 보인다. 또 다른 하나는 현실에서는 크리오요 부르주아들이 주도하는 문민 기획이 여전히 실질적인 지배 담론으로 작동하고 있었다는 점이다. 이를테면, 선주민주의 기획은 '정치적으로 올바른(politically correct)' 것으로 인정받았을 뿐 실질적이고 전면적인 영향력을 행사하기에는 역부족이었다. 그래서 콘트레라스는 데그레고리가 말하는 진보 신화가 선주민들의 신분 상승 욕구를 부추기기 이전까지는 선주민 아이들에게 학교는 낯설고 위협적인 공간, 정복의 트라우마를 상기시키는 공간, 마치 「학교신화」의 냐우파 마추처럼 기만적인 행위를 일삼고 자율성 상실을 획책하는 이들이 지배하는 공간으로 여겨질 수밖에 없었다고 말한다(Contreras, 2012: 387).

6. 결론

「학교신화」는 비록 짧은 이야기에 불과하지만 타자들끼리의 공존이 얼마나 어려운지를 보여주는 좋은 사례이다. 카하마르카의 만남에서 유발된 정복의 트라우마를 고스란히 간직하고 있는 이야기일 뿐만 아니라, 식민지 시대 이래 문자가 차별의 기준이 되는 현실, 문자 문화와 구술 문화의 갈등이 5세기가 지나도록 해소되지 않는 딜레마를 고루 반영하고 있기 때문이다.

특기할 만한 일은 독립 후 페루의 교육 현실에 대한 강력한 비판도 담고 있다는 점이다. 먼저, 다른 라틴아메리카 국가들도 마찬가지지만 페루에서도 독립은 본토 백인과 크리오요 사이의 권력 쟁탈전에 불과했다는 사실을 보여준다. 이는 교육 현실에서도 두 가지 점에서 명백하게 입증된다. 하나는 선주민에게 하나가 된 국민이 될 것을 강요하는 교육 기획이 오랫동안 대세를 이루었다는 점이다. 또 하나는 정복과 식민통치를 정당화할 목적으로 문자 문화의 우월성을 강조하는 방향으로 1550년대에 서술된 카하마르크카의 만남에 대한 기록들이 독립 후 페루 교과서에 고스란히 전이되어 선주민에 대한 실질적인 식민지배를 재생산하고 있다는 점이다.

그러나 20세기가 진행되면서 선주민 교육이 확산되고, 이들 사이에서도 진보 신화의 영향으로 문자 습득을 신분 상승의 도구로 이용하려는 경향이 강화되었다. 그리고 1940년대 이미 선주민주의 교육 패러다임이 대두되었고, 아르게다스 등은 오늘날의 이중언어교육이나 상호문화교육을 초기 형태를 선취하였지만 근대화 기획의 교육 패러다임을 완전히 극복하지는 못했다. 케추아어를 스페인어와 함께 공식 언어로 인정하는 등 진일보한 교육 정책을 취한 벨라스코 시대에도 상황은 크게 달라지지 않았다. 이는 페루 사회에서 식민 유산 극복이 얼마나 지난한 일인가를 보여주는 예이고, 그래서 이 글을 마치면서 최근의 상호문화 교육은 과연 이를 어떻게 극복하고 있는지 고찰하는 연구가 필요하다는 과제를 떠안게 되었다. 그러나 지난 1세기 내지 1세기 반 동안의 페루 교육 현실을 되돌아보면, 그 어떠한 교육 기획도 식민 유산의 극복 없이는 소기의 목적을 달성하지 못하리라는 것은 분명한 듯싶다.

참고문헌

강성식. 2008. 「잉카리신화, 안데스의 염원」. ≪라틴아메리카연구≫, Vol.21, No.4, 139~164쪽.

오르티스 레스카니에레, 알레한드로. 2012. 「학교신화」. 강성식 옮김. ≪트랜스라틴≫, No.19, 49~53쪽.

우석균. 2000. 「안데스 유토피아: 잉카 메시아를 기다리며」. 곽재성·우석균. 『라틴아메리카를 찾아서』. 민음사. 102~110쪽.

킨, 벤자민(Benjamin Keen). 2014. 『라틴아메리카의 역사』 상·하. 김원중·이성훈 옮김. 그린비.

Ansion, Juan. 2012. "Cultura andina: mitos y modernidad." en Orlanda Plaza(coord.). *Cambios sociales en el Perú 1968-2008*, 2ª ed. Lima: Fondo Editorial de la Pontificia Universidad Católica del Perú, pp.371~382.

Arnold, Denise Y. with Juan de Dios Yapita. 2006. *The Metamorphosis of Heads: Textual Struggles, Education, and Land in the Andes*. Pittsburgh: University of Pittsburgh Press.

Contreras, Carlos. 2014. "Maestros, mistis y campesinos en el Perú rural del siglo XX." en Carlos Contreras y Patricia Oliart, *Modernidad y Educación en el Perú*. Lima: Ministerio de Cultura, pp.12~80.

Cornejo Polar, Antonio. 1994. *Escribir en el aire: ensayo sobre la heterogeneidad socio-cultural en las literaturas andinas*. Lima: Editorial Horizonte.

Degregori, Carlos Iván. 2014. "Del mito de inkarrí al mito del progreso: poblaciones andinas, cultura e identidad nacional." en Carlos Franco, Carlos Iván Degregori y Antonio Cornejo Polar. *Cambios culturales en el Perú*. Lima: Ministerio Cultural, pp.55~68.

Lockhart, James. 2002. *The Men of Cajamarca: A Social and Biographical Study of the First Conquerors of Peru*. Austin: University of Texas Press.

Mac Cormack, Sabine G. 1988. "Atahualpa y el libro." *Revista de Indias*, Vol.

XLVIII, Núm.184, pp.693~714.

Montoya, Rodrigo. 1980. *Capitalismo y no-capitalismo en el Perú(Un estudio histórico de su articulación en un eje regional)*. Lima: Mosca Azul Editores.

Ortiz Rescaniere, Alejandro. 1973. "El mito de la escuela." en Juan M. Ossio(ed.). *Ideología mesiánica del mundo andino*, 2ª ed. Lima: Ignacio Prado Pastor, pp.237~250.

Pease G. Y., Franklin. 1974. *Las crónicas y los Andes*. México, D.F.: Fondo de Cultura Económica.

Porras Barrenechea, Raúl. 1962. *Los cronistas del Perú(1528-1650)*. Lima: Sanmartí y Cía.

Restall, Matthew. 2003. *Seven Myths of the Spanish Conquest*. New York: Oxford University Press.

Reyna, Iván R. 2010. *El encuentro de Cajamarca*. Lima: Fondo Editorial de la UNMSM.

Ruiz Bravo, Patricia. 2012. "Educación y cambio social: las paradojas de la escuela." en Orlanda Plaza(coord.). *Cambios sociales en el Perú 1968-2008*, 2ª ed. Lima: Fondo Editorial de la Pontificia Universidad Católica del Perú, pp.383~408.

Ruiz de Arce, Juan. 1933. *Relación de los servicios en indias de don Juan Ruiz de Arce, conquistador del Perú, Boletín de la Academia de la Historia*. Tomo C. II, Cuaderno 11, abril-junio.

Seed, Patricia. 1991. "'Failing to Marvel': Atahualpa's Encounter with the Word." *Latin American Research Review*, Vol.26, No.1, pp.7~32.

Tomicki, Ryszard. 1978. "De Adaneva a Inkarrí. ¿Una visión científica del Perú?" *Estudios Latinoamericanos*, Núm.4, pp.259~264.

Trujillo, Diego de. 1571. *Relacion del descubrimiento del reyno del Peru*. https://es.scribd.com/doc/50568770/TRUJILLO-Diego-de-1571-1970-Relacion-del-descubrimiento-del-reyno-del-Peru.

Vargas Llosa, Mario. 2004. *La utopía arcaica: José María Arguedas y las ficciones del indigenismo*, 2ª reimpresión. México, D.F.: Fondo de Cultura Económica.

Vega, Inca Garcilaso de la. 1995. *Comentarios reales de los Incas*, *reimpresión*, 2 Vols. edición, índice analítico y glosario de Carlos Araníbar. México D.F.: Fondo de Cultura Económica.

제11장

아프로멕시칸 인구와 국가정체성

혼혈 담론 내 흑인성의 위상*

이은아 서울대학교 라틴아메리카연구소

1. 들어가며

아프리카계 라틴아메리카인, 아프로라티노 인구의 잊힌 혹은 사라진 역사의 흔적 복원과 함께 이들 인구의 정체성 규명에 관한 논의가 최근 들어 활발히 진행되고 있다. 학계에서는 이 인구의 인종적, 국가적, 문화적 의식이 다층적이라는 점을 들어 혼혈주의/인종 민주주의/포스트인종주의 등의 담론을 앞세운 사회 통합론에 도전하거나 재고하는 작업을 진행하고 있다.

라틴아메리카에 속한 많은 국가에서 2010년을 기점으로 인구조사에 아프리카계 후손들을 포함시키기 시작했다. 이곳은 국가별로 인구 분포와 그에 따른 인종 인식이 크게 차이나는 상황이지만, 아프리카 디아스

---

* 이 글은 ≪스페인어문학≫, 제86호(2018)에 필자가 발표한 논문을 총서의 취지에 맞게 수정 보완한 것이다.

포라에 대한 관심이 지난 이십여 년 간 증폭하면서 흑인 인구에 대한 개별적 현황 파악이 우선적으로 필요했던 것이다. 2010년 PBS의 <라틴아메리카의 흑인(Black in Latin America)>이라는 다큐멘터리가 방영된 것도 이런 분위기의 반영이라고 할 수 있다. 이 프로그램은 라틴아메리카의 흑인들을 '감춰지거나', '잊힌' 존재로 조명하면서 흑인성(blackness)에 내포된 정치적·인식적 함의를 드러내고자 했다. '라틴아메리카의 흑인성'이라는 주제는 관련 논의를 확대·심화해가는 학계의 경향과는 달리 일반인들에게는 여전히 낯선 내용이다. 그래서 아프리카계 인구의 소외된 일상과 문화에 대해 전반적으로 고찰함으로써 인종주의의 뿌리 깊은 편견과 악영향을 들춰내는 데 초점을 두었다.

최근 발표된 <보이지 않는 뿌리(Invisible Roots)>라는 다큐멘터리 영화는 미국에 거주하는 아프로멕시칸 이민자 공동체의 삶과 정체성, 탈국가적 움직임에 대해서 다룬다. 이 다큐멘터리 영화를 처음 접하면 화면에 등장하는 검은 피부의 멕시코인들이 몹시 생경하게 다가온다. 이들이 멕시코계 이민자라고 미리 알지 않았다면 아마도 아프리카계 미국인으로 착각했을 것이다. 카리브 출신 아프로라티노의 정체성 문제는 출신국의 아프로계 인구 소개나 다양한 매체를 통한 논의, 대중 스타들의 흑인성 논쟁으로 인해 이미 알려진 편이다. 그러나 아프로멕시칸들은 이 영화의 제목처럼 비가시적 인구로 표현할 수 있다. 이 영화의 감독은 피부색을 바라보는 우리의 무지한 혹은 무감한 착각의 편견을 깨고 싶었다고 그 창작 의도를 밝힌다. 감독의 의도대로 관객들은 피부색을 통해 타인을 분류하려드는 인식적 습관을 반추하게 된다.

이 글에서 다룰 아프로멕시칸 인구의 존재와 영향은 멕시코의 일반 시민들조차 쉽게 수긍하지 않는 이야기다. 그들은 "이곳에는 흑인이 없어요(No hay negros aquí)"라고 공공연히 얘기하면서 멕시코인이면서 동시에 흑인일 수도 있다는 사실에 의구심을 표출한다. 흑인성이 지닌 정치적 유효성이라는 측면에서 보면 브라질과 멕시코 양국은 비교할 수 없이 차이가 나는데, 이런 차이는 단순히 아프리카계 인구의 사회적 위상에서 나오는 것이 아니다. 이보다 훨씬 더 근본적인 문제, 즉 이 인구의 존재 자체를 사회의 구성원으로 인정하는가 하는 보다 중요한 사안이 놓여 있다. 그래서 멕시코에서는 아프리카계 후손을 사회에서 보이지 않는 존재로 만듦으로써 국민과 인종을 분리시키고 일종의 패권적 국가/민족 정체성을 만들었다는 주장이 대두되고 있다.

아프로멕시칸 인구에 대한 관심은 멕시코 정부의 대중문화청(Dirección General de Culturas Populares)에서 1989년 '우리의 제3의 뿌리(Nuestra Tercera Raíz)'라는 프로그램을 창설하면서 공식화되었다. 이 프로그램을 통해 아프로멕시칸 사람들의 문화를 복원하고 외부에 알리고자 했는데, 1997년 창립된 메히코 네그로AC(México Negro, A.C.)와 같은 시민단체의 적극적 활동으로 일부 가시적 결과를 맺게 된다. 특히 이 단체는 코스타 치카(Ccosta Chica) 지역민들의 생활 여건, 거주 상태, 직면한 문제 등을 알리는 일에 집중했다. 그럼에도 이런 활동이 사회 전반에 폭넓은 인식의 변화를 일으키는 데에는 여전히 명백한 한계를 드러낸다. 온라인 매체를 포함하여 풀뿌리 운동을 일으킨 사람들의 공헌에도 불구하고 아직 사회적으로 큰 파급력을 일으키지 못하고 있는 실정이다.

2014년 ≪뉴욕 타임스≫ 기사, "네그로? 프리에토? 모레노? 흑인 멕시코인들의 정체성 문제(Negro? Prieto? Moreno? A Question of Identity for Black Mexicans)"[1]의 작가는 멕시코 역사에서 흑인의 잔재를 지우는 과

---

1) https://www.nytimes.com/2014/10/26/world/americas/negro-prieto-moreno-a-question-of-identity-for-black-mexicans.html

정이 너무 노골적이었기 때문에 아프로멕시칸 인구의 아프리카적 정체성을 드러내는 용어마저 모호하게 되었다고 설명한다. 이 기사는 흑인의 존재를 부인하는 핵심적 요인을 지적해준다. 흔히 멕시코의 인종 문제는 원주민에 집약된다고 생각한다. 치아파스로 대변되는 원주민 인구의 열악한 경제 상황에서 알 수 있듯이 이들의 역사적 소외는 오랜 기간 동안 진행되어온 것이다. 그럼에도 원주민은 멕시코 역사의 근간이 되는 고대 문명의 적자라는 점에서 전통과 결부되는 상징적 중요성만은 인정받아왔다. 즉, 멕시코의 탄생과 혼혈의 한 뿌리로서 국가적 자부심을 제공하는 구성원의 가치를 문화적 상상력 내에서 부여받은 것이다. 이와 상반되게 아프로멕시칸 인구는 감추고 싶은 역사의 일부로 인식되어왔다. 아프로멕시코인들이 "스스로를 흑인으로 인정하게 할 만한 동기가 없다"(Carroll, 2015: 171)라고 토로할 만큼 이들의 역사적 유산은 과거에 묻힌 채 부정적 이미지로 전수되어왔다. 이렇듯 아프로멕시칸 인구가 가시화되면서 이들의 국가적 정체성과 인종적 이데올로기가 매끄럽게 맞물리지 않는다는 점이 부각되었다. 나아가 국가적 정체성 내에 흑인성의 자리가 없다는 사실은 멕시코가 대내외적으로 주창하던 비인종적 정치학에 대한 비판적 성찰을 요구했다. 혼혈주의를 표방해온 멕시코는 혼혈 인종이야말로 미래의 지배적 가치를 표방하는 인구라는 이론을 펼치며 국가 통합을 주창해왔지만, 현실 속에서는 인종차별적 관습과 제도가 사회 전반에 깊숙이 천착해 있는 것이다. 그럼에도 통념처럼 받아들여진 혼혈주의가 마치 이런 인종차별적 인식에 맞선 담론적 파괴력을 지니고 있는 듯 주장할 수 있을까? 따라서 이를 기반으로 탈인종주의 혹은 포스트인종주의의 정치학을 내세우는 흐름에 비판적 시선을 가하지 않을 수 없다.

아프로멕시칸 인구의 현황과 학계의 성과를 검토하고 동시에 이들이 도전하는 멕시코의 국가성 담론과 포스트인종적 정치학에 대해 논의해 보고자 한다. 아프로멕시코인에 관한 국내 선행 연구가 부족하기에 이 인구에 관한 개괄적 정보를 다루면서 멕시코에서 이 인구가 대중적 논의의 중심에 서게 된 계기와 멕시코 사회에 남긴 과제 등을 짚어보고자 한다. 이를 위해 아프로멕시칸 인구 대다수가 집중해서 거주하고 있는 코스타 치카 지역에 대한 구체적 연구를 소개하며 이곳 주민들의 탈국가적 이동을 통한 정체성의 인식과 변화를 추적한다. 코스타 치카 주민 중 많은 수가 미국으로 이주하면서 인종적 의식과 국가 정체성 간의 균열을 드러내기 때문에 이 글에서 다루고자 하는 흑인성과 멕시코성 간의 모순 혹은 타협을 보다 잘 포착할 수 있다. 아프로멕시코 연구의 성과와 과제를 일별하면서 흑인성과 혼혈성, 멕시코의 인종주의와 이와 상반된 포스트인종적 담론의 현실적 괴리에 관해 살펴보게 될 것이다.

2. 아프로멕시코인의 역사적 궤적과 현실

현재 멕시코에 거주하는 아프로멕시코인은 태평양 연안을 중심으로 게레로와 오악사카주에 속한 코스타 치카 지역의 흑인들을 지칭하는 경우가 대부분이다. 이들 중 많은 주민들이 미국의 노스캐롤라이나의 윈스턴-살렘이나 남부 캘리포니아에 이주해 거주하고 있다. 식민 시기 약 20만 명의 아프리카 흑인 노예가 멕시코 연안에 도착했다고 알려져 있으나 불법적인 수가 제외되었기 때문에 이보다 많았을 것으로 추산된다.[2] 코스타 치카가 아프리카 후손의 정착지로 잘 알려진 베라크루스와는 정반대되는 지역이기 때문에 이곳에 정착해 공동체를 이루게 된

〈그림 6-1〉 멕시코 내 코스타 치카 지역의 위치를 표시한 지도

과정과 오랜 기간 동안 사회와 분리되어 살게 된 원인이 무엇인지 의아해진다. 1929년 멕시코의 독립과 더불어 노예제가 폐지된 이후 자유민이 된 흑인들은 멕시코만 지역과 코스타 치카 지역 주변에 정착한다. 코스타 치카 지역에 정착한 사람들은 인근 원주민 공동체의 사람들과 혼인을 통해 새로운 혼혈 인구를 이루기도 했다.

아프로멕시코인에 대해 처음 연구한 역사학자인 곤살로 아기레 벨트란은(Gonzalo Aguirre Beltrán)은 『멕시코의 흑인 인구(La Población Negra de México)』(1964)라는 책에서 스페인 정복 군대에 포함된 세비야 출신 흑인 군인들과 이후 아프리카 노예상에 의해 끌려온 흑인 노예들이 구별된다고 말한다. 아기레 벨트란은 식민 시기 멕시코의 노예 매매를 통해 아프리카인이 유입된 과정과 인구 증가, 다른 지역으로의 이동을 추적해낸다. 1500~1700년대 약 20만 명의 흑인이 멕시코에 유입되어 은광과 농장 노동에 가담하는데, 노예 수의 감소로 인해 1640년 11만 명으로 줄어든다. 아프리카 노예 수의 감소에도 불구하고 차츰 다른

2) http://www.americansc.org.uk/Online/Ezekiel.htm

인종과의 결혼을 통해 아프리카 혈통을 지닌 물라토/삼보 인구가 18세기 말 37만 명으로 증가하게 된다. 물론 노예 유입이 19세기까지 지속된 카리브 국가들과는 다르게 새로운 흑인 인구가 유입되지 않았기 때문에 전형적 흑인의 외형에 부합하는 사람들의 규모 자체가 크다고는 할 수 없다. 1570년대 흑인 인구는 스페인 사람들보다 3배, 17세기 중반에는 2.5배가 많았고, 이 경향이 18세기 말까지도 이어졌다. 1810년에 이르러서야 스페인 출신 인구가 이들을 추월하기 시작했다. 1810~1821년 멕시코 독립 전쟁에서 멕시코 혼혈의 30~40% 가량이 아프리카계 혼혈이었고 이들이 훨씬 더 전투적이었다고 알려져 있다. 이런 전투적 태도로 인해 일자리, 주거, 결혼 등에서 그들을 분리하려는 인종주의적 법률이 나왔다.[3]

코스타 치카 주민이 멕시코 사회와 분리된 이유는 이 지역의 지리적·기후적 특성도 있지만, 도로망의 부재로 인해 주변 도시와 교통하기 어려웠기 때문이다. 이들은 멕시코 혁명 이후 에히도 제도의 혜택을 입지 못했고 주변의 원주민 공동체와 달리 국가의 관심에서 완전히 제외됐기 때문에 경제적으로 매우 낙후된 상태에 머물게 된다.[4] 코스타 치카 사람들이 주변 원주민 공동체의 발전을 부러워한다는 사실은 이 지역이 얼마나 낙후되고 소외되었는지를 보여주는 명백한 근거가 될 것이다(Barnett, 2011: 51). 코스타 치카의 국내외 이주는 1990년대 후반 시작되어 21세기 초까지 가속화되는데, 나프타의 영향과 두 차례 강타한 허리케인 탓이라고 할 수 있다(Barnett, 2011: 55). 아이러니하게도 이들

---

3) https://kwekudee-tripdownmemorylane.blogspot.kr/2014/08/afro-mexicans-mexicanos-negros-brave.html

4) Barnett(2011)의 제2장 참조.

이 공동체 외부로 나오기 시작하자 멕시코 사회는 같은 국민이 아닌 외국인으로 간주하기 시작했다. 일자리를 찾아 미국으로 이주한 아프로멕시코인은 주로 노스캐롤라이나의 윈스턴-살렘과 캘리포니아 남부에 집중해 거주하는데, 몇몇 연구 결과에 의하면 특별히 이 지역을 선택한 이유는 단순하다. 초창기 이민자가 우연히 정착한 장소에 지역민들이 지속적으로 이주했기 때문이다. 현재는 초기 밀집 지역의 물가 상승으로 인해 주변 지역으로 확산하는 추세다.

멕시코의 인구조사국이 2015년 처음으로 집계한 수치에 의하면, 전체 인구의 약 1.2%에 해당하는 140만 명이 스스로를 '아프로멕시코인' 혹은 '아프리카계 후손'으로 정의한다. 멕시코에서는 2010년 마지막 인구 조사 이후 인종에 대한 여론이 차츰 변화하면서 정부 기관과 시민권 보호 단체들의 요구가 거세지자 2015년 아프로멕시코인을 공식적인 인구 통계에 포함시킨다. 그러나 아프로멕시코인으로 스스로를 정의하는 140만 명 외에도 실제로 아프리카 흑인의 피가 혼합된 인구 규모는 우리의 상상 이상일 수 있다. 피부색과 외모에 상관없이 무작위로 실시한 혈액 DNA 검사에 의하면 흑인의 유전자가 3~4% 정도 포함된 것으로 확인된다. 리카르도 세르다-플로레스(Ricardo M. Cerda-Flores) 교수의 조사에 의하면 멕시코에서 20명 중 1명 비율로 흑인 선조를 가지고 있을 가능성이 있고,[5] 3~8% 정도의 비율로 흑인의 피가 섞여 있다는 분자인류학(molecular anthropology) 연구 결과도 있다. 그만큼 멕시코 핏줄 내 흑인의 유전은 상당히 높은 편으로, 예를 들어, 사파타의 경우 짧고 고불고불한 머리카락이 흑인 유전자를 입증하는 것으로 알려져

5) 마크 쉬리버(Mark D. Shriver) 교수의 연구에 의하면 미국에는 백인으로 분류되는 사람들 가운데 평균 128명 중 1명 비율로 흑인 선조를 둘 가능성이 있다.

있다. 멕시코에서 잘 알려진 '라밤바' 또한 아프리카 서부, 앙골라의 밤바 지역에서 기원한 것으로 유명하다.[6] 이렇듯 혼혈을 통해 아프리카계 피가 아무리 희석되었다고 하더라도 광범위하게 그 흔적이 남아 있을 확률이 큰데, 이들의 존재가 사회적 인식과 역사적 담론 속에서 급격히 사라진 탓에 현재는 정확히 가늠할 수가 없다.

코스타 치카 사람들은 자신들의 정체성과 아프리카와의 직접적 연관성을 부인하는 경향이 강하다. 이 사람들이 지닌 희미한 인종 인식은 무엇보다도 혼혈 담론의 영향이지만, 다른 지역의 흑인 노예와 역사적 경험에서 크게 차이난다는 점도 중요한 이유가 된다. 이들은 사탕수수 농장이나 도시 상류층에 귀속된 노예와는 달리 주변 사회와 일정한 교류 없이 자신들의 공동체 내에서 분리된 채 생활했기 때문에 유색인 노동자나 사회 하층민 공동체에서 흔히 싹트는 인종적 정체성과 인종차별에 대한 저항의식이 전혀 형성되지 못했다. 이는 개인의 삶과 아프리카적 뿌리 사이의 연계성을 인식할 만한 계기를 지니지 못한 채 살아왔기 때문이다.

또한 검은 피부로 인해 외부 여행 시 신분증 서류를 번번이 요구받았기 때문에 교통의 불편함과 심리적 불안의 원인으로 지역 외부로 이동을 자제했다(Carroll, 2015: 186). 반면 동일한 피부색을 지닌 공동체 내에서 인종적 불평등을 느끼지 못했기 때문에 정치적 목소리를 내는 데 미온적이었다. 이들 인구의 존재는 멕시코 역사에서 삭제된 채 잊혔다. 멕시코 혁명 이후 토지 배분이나 이후 교육과 노동 기회에서 제외되었고 점차 국가와는 상관없는 존재로 인식되었다. 지역 주민 또한 인구조사에 의해 인종/종족적 그룹으로 지정이 되면 뒤따르게 되는 사회적

---

6) https://www.upi.com/Analysis-Mexicos-missing-blacks-Part-3/60621020910279/

혜택 등을 이해하지 못했기에 자기 정체성을 규정할 때 아프리카가 연상되는 용어 사용을 거부해왔다.

코스타 치카 문화를 전시할 박물관을 만들고, 유무형의 전통을 국가적 문화 자료로 보관하는 일에 관심을 지니게 된 것이 비교적 최근의 일이다. 이 지역의 고유한 문화로서 판당고(fandango) 음악과 춤, 칠레나(chilena: 칠레 음악에 뿌리를 둔 운문 형식), 아르테사(artesa)나 팡고(pango)와 같은 연주 도구의 이름을 딴 시를 들 수 있다. 이런 문화 양식들은 아프리카의 흔적을 명백히 보여준다(Weltman-Cisneros, 2013: 133). 또한 코스타 치카의 풀뿌리 사회운동의 역할 덕분에 공적 변화를 만들어냈는데, 2013년 오악사카 내무부 원주민 부서가 발행한 "오아하카 원주민과 아프로멕시코인의 권리를 위한 법률적, 헌법적 수정안을 위한 원칙과 기준(Principles and Criteria for the legal, Constitutional Amendment of Rights for Indigenous and Afro-Mexican Peoples in Oaxaca)"이라는 문건을 들 수 있다. 지역 주민들과의 만남을 추진한 관계 공무원들은 이 문건을 통해 아프로멕시칸 인구를 공식적으로 인정해야 하고 제도적 개혁을 통해 멕시코성에 인종적 다양성이 반영되어야 한다고 지적한다(Carroll, 2015: 192~193).

3. 메민 핀귄(Memín Pinguín) 논쟁

아프로멕시코인들이 가장 최근 대중 매체의 관심을 받은 일은 2013년 말콤 X의 손자인 말콤 샤바즈가 멕시코시티에서 구타로 사망하게 되자 이에 대해 해명을 요구하는 시위를 벌인 사건이다. 그럼에도 여전히 이들을 멕시코의 평범한 일원으로 바라보는 의견보다는 다른 외부 공동체로 간주하는 시선이 강하다. 아프로멕시칸 운동가들은 헌법 수정을 통해 이들의 존재를 공식적으로 인정받고자 투쟁한다. 이런 법률적 인정이야말로 이들이 사회로 편입하는 데 있어 더 나은 길을 열어준다고 항변한다.

이에 앞서 아프로멕시코인이 대중적 논의의 주제로 부상한 첫 계기는 2005년 발행된 메민 핀귄(Memín Pinguín)이라는 5장의 우표 때문이다. 이 논쟁은 여러모로 시사하는 바가 크다. 일면 보기에는 문화 민족주의적 감정을 바탕으로 대중적 호응을 일으키게 된 사건인데, 명망 있는 멕시코의 지식인들이 이 논쟁에 참여했다는 점과 표면적 내용에 비해 배경 담론의 의미가 막중하고 사회적 파급력이 크다는 점에서 반드시 살펴볼 필요가 있다.

메민 핀귄은 멕시코에서 잘 알려진 만화로 침팬지를 닮은 흑인 남자 아이와 세 명의 친구들이 주인공이다. 작은 키에 대머리, 두툼하고 납작한 코를 가진 메민은 코믹하고 순진하지만 멍청하고 이기적인 모습을 지녔다. 자신의 외모에도 불구하고 흑인의 외양적 특징을 경시하는 발언을 서슴없이 하는데, 이는 악의라기보다는 무지 혹은 무관심에서 비롯된 것이다. 한 예화에 흑인을 아이티 사람으로 지칭하는 장면이 나오는데 이런 표현은 인종적 정형성만 더 공고하게 만드는 역할을 강조할 뿐이다.

이 만화는 욜란다 베르가스 둘체(Yolanda Vergas Dulche)가 1947년 한 잡지에 연재한 것으로 1964년 내용이 묶여 책으로 출간되기도 했다. 문제의 발단은 2005년 이 만화를 기념하기 위해 멕시코 우체국에서 메민의 모습을 담은 우표 5장을 제작한 데 있다. 미국인들이 이 우표를 두고 대단히 인종차별적인 발상이라고 분노했기 때문에 부시 행정부는 정부 차원의 항의를 했고 국회의원 및 흑인 인사들은 비판을 이어갔다. 특히 흑인 운동가인 제시 잭슨 목사는 멕시코의 폭스 대통령에게 우표 유통을 중지하지 않는다면 멕시코 대사관 앞에서 시위를 하겠다고 경고했다.

메민 사건에 조금 앞서 미국을 방문했을 당시 멕시코 폭스 대통령은 자국민들이 미국의 흑인들조차 꺼려하는 험한 직업을 떠맡고 있다는 발언을 해 이미 멕시코 안팎에서 비난을 받은 바 있었다. 여기에 만화 논란이 이어지자 미국 측에서는 흑인을 경시하는 멕시코의 인종차별적 경향을 비판하는 여론이 격렬히 일어났다. 그러나 이번에는 멕시코의 대중적 반응이 전혀 예기치 않는 방향, 즉 미국이 자국의 문화적 고유성과 주권을 침범했다는 식으로 흘러가 마치 국가 간 자존심 싸움인 양 진행되었다. 멕시코는 미국이 자국 문화를 기념하는 단순한 행위를 두고 인종차별적이라는 논평과 비판을 이어가는 것은 미국의 제국주의적 태도이자, '인종적 혼합'에 대한 몰지각한 이해라고 반론을 제기하기 시작했다.

멕시코 대중의 불쾌함이 커지자 우표는 매진되었고 만화는 재발간되었다. 이 만화를 방어하는 지식인들, 특히 엔리케 크라우제(Enrique Krauze), 카를로스 몬시바이스(Carlos Monsiváis), 엘레나 포니아토프스카(Elena Poniatowska) 등의 의견 표명이 이어졌다. 이들은 우표의 인종차별적 메시지와 시각적 비호감도를 언급하기보다는 멕시코의 혼종적 국가 형성에서 아프리카계 후손들이 보다 호혜적인 처우를 통해 사회에 편입되었다는 사실을 강조했다. 미국인들이 멕시코 정체성의 핵심이라고 할 수 있는 '혼혈에 근거한 비인종적 국가'의 특성을 이해하지 못할뿐더러 이를 통해 아프리카계 후손들이 미국에 비해 비교할 수 없이 자유로운 인간적 삶을 살았다는 사실을 인지하지 못한다고 비판했다. 다시 말해 멕시코의 모든 사람들이 혼혈인인데 무슨 인종차별이냐는 반문을 던진 것이다. 이 논쟁은 멕시코의 흑인성과 아프로멕시코 인구의 위상

에 대해 관심을 환기시켰다.[7]

그런데 아이러니하게도 사회지배층에 비판적이고 약자의 목소리에 귀기울여온 이 지식인들이 정작 가장 가려진 역사적 현실을 제대로 이해하지 못했다는 점이다. 이와 관련해 마르코 폴로 에르난데스 쿠에바스(Marco Polo Hernández Cuevas)는 "메민의 의도는 혼혈을 통해 백인화하려는 신화적 이론의 일부로서 반흑인 담론을 표출한 것이다"(Hernández Cuevas, 2003: 53)라고 반박한다. 메스티소 국가를 강조해온 지식인들과 정치가들이 흑인 인구의 존재를 국가라는 그림 속에 포함시키지 않았기 때문에 멕시코성을 주조하는 과정 속에서 흑인의 긍정적 이미지를 지우고 역사 속에서 사라지게 만든 것이다. 멕시코 주류 사회가 원주민 인구를 국가 일원으로 정당히 대접해오지 않았지만 적어도 국가 정체성을 형성하는 일부로 자부해온 것은 사실이다. 반면 흑인 인구는 이런 혼혈주의를 통해 멕시코의 시민성과 상관없는 존재인 것처럼 되었다. 이를 바탕으로 멕시코의 민족/국가 정체성과 인종에 대한 전반적인 재고가 필요하다는 학계의 주장이 대두되었다.

4. 국가 형성(nation building)과 혼혈 담론

아프로멕시코인 관련 논의는 과거 인디헤니스모(Indigenismo)를 둘러싸고 진행되었던 논쟁과 중첩되는 부분이 많다. 그럼에도 멕시코에서 흑인성 논쟁이 그만큼 활발하지 못한 이유는 국가성이라는 지배적 담론

7) Moreno Figueroa, and Saldívar Tanaka(2016: 515~533)에 메민 펀권을 둘러싼 인종주의 문제에 관해 지식인들의 지지와 반박, 비판 등이 자세히 기술되어 있다.

에 억눌려, 혼혈성, 원주민성, 멕시코성과 협상을 펼칠 만한 이데올로기적 기반을 충분히 갖추지 못했기 때문이다. 국민국가 형성에 관여한 담론을 살펴보면 혁명 이후 아프리카계 인구의 존재에 대해 실제 인지하고 있었는가 하는 의문조차 생긴다. 멕시코에서 국가적 정체성과 민족주의를 규정하는 문제에서 아프리카계 인구를 어떻게 자리매김했는지는 호세 바스콘셀로스(José Vasconcelos)의 혼혈성 논의에서 알 수 있듯이 거의 인식 밖의 문제였다. 혼혈 담론이 원주민 인구를 정의한 방식을 통해 지배 계층과 지식인 그룹이 언급조차 하지 않았던 아프로멕시칸 인구에 대한 인식을 유추해볼 수 있다. 마누엘 가미오(Manuel Gamio)는 1916년 출판한 『조국을 주조하며(Forjando Patria)』(2010)에서 국가 통합의 과정에 있어 공통의 문화를 공유하는 것이 핵심적이라고 주창하는데, '원주민 문제(indian problem)'로 불리는 문맹, 가난, 교육 부족이 이런 과정에 장애가 된다고 진단한다. 이들의 문화적 동화를 설파한 가미오의 주장 이면에는 원주민을 국가가 해결해야 할 문젯거리이자 이질적 집단으로 진단하는 인종주의적 판단이 들어가 있다.

이런 맥락에서 멕시코의 국가성, 멕시코성을 설명하는 이론적 틀을 통해 혼혈 담론에 내재한 위계성과 이율배반을 살펴보도록 한다. 이로써 혼혈성 담론에서 제외되었던 흑인성 개념이 멕시코성 자체에 대한 근본적인 회의와 도전을 이끌어내는 데 중요한 시사점을 제공한다는 점을 이해할 수 있다. 우선 브레이딩(D. A. Brading)은 『멕시코 민족주의의 기원(The Origins of Mexican Nationalism)』(1985)에서 멕시코 크레올의 계급적 정체성은 스페인 정복을 거부하고 원주민 과거를 찬양하면서 형성되기 시작했다고 분석한다. 소속 정체성을 획득하는 데 인종을 중심으로 한 계급적 정서가 앞선다는 의미이다. 이것은 국가라는 경계 내의 사람들이 동일한 정체성을 공유한다는 베네딕트 앤더슨(Benedict

Anderson)의 『상상의 공동체(Imagined Communities)』(1983)에 비해 한층 정교한 방식으로 멕시코의 지역적 특수성을 반영한 것이다. 클라우디오 롬니츠(Claudio Lomnitz)의 지적처럼 라틴아메리카의 민족주의는 종교를 통한 수평적 동지애라는 유럽 방식과는 달리, 계급적·인종적 소속감이 보다 강한 결속의 근간이 된다. 더구나 어느 한 가지로 국한할 수 없이 정치, 종교, 교육 등이 모두 작용해 국가라는 무형의 실체에 일종의 감정적 애착을 생성하기 때문에 앤더슨이 의미하는 '상상'의 기반으로는 한 민족을 형성하는 복잡다단한 사회적 배경을 포괄할 수 없다.

브레이딩은 멕시코성이 사실상 계급적 동질감을 통한 크레올의 집단 정체성이라고 말한다. 멕시코 민족주의는 크레올을 위시해 하향 방식으로 주입된 측면이 강하기 때문에 독립운동을 거치면서 인종과 노예제의 중요성이 묻히게 되었고, 혁명 이후 혼혈주의가 대두되면서 멕시코를 이루는 다양한 뿌리의 목소리가 반영될 여지가 없었다는 것이다. 반면 롬니츠는 주류로 자처하는 사람들이 '온전하지' 못한 이들을 시민이라는 공동체로 수용하는 과정에서 부각시킨 의식이 멕시코의 민족주의라고 본다. 멕시코를 모두의 국가로 인식하기 위해서는 혼혈이라는 코드가 필요했고, 이것이 지배층 시민과 소외층 시민 사이에 결속력을 만들었다고 분석한다. 『깊이의 멕시코, 침묵의 멕시코(Deep Mexico, Silent Mexico)』(2002)에서 롬니츠는 아프로멕시칸 인구에 대해 별도의 언급을 하지 않지만 목소리 없는 이 인구의 상황에 대해 우회적 설명을 제시한다. 그는 국민국가 형성에 개입하는 문화 정치학이 뿌리 깊은 멕시코, 즉 진정한 멕시코를 잠재우고 혼혈의 이미지를 지배적으로 만듦으로써 멕시코 문화 민족주의를 탄생시켰다고 분석한다. 멕시코성을 정립하는 과정에서 시민권이 정치화되었기 때문에 멕시코의 권위적인 문화 역학은 아프로멕시칸 인구를 온전한 시민으로 인정할 수 없었다. 즉, 공적 목소리가 부재한 곳이 경시되면서 특정한 문화적 이미지가 부각되었기 때문에 바로 뿌리 깊은 흑인 문화는 목소리를 낼 수 있는 기회조차 얻지 못하게 된 것이다.

그렇다면 21세기의 멕시코성은 어떠한가? 신자유주의 시대, 탈국가적 흐름을 거치면서 국가적 정체성에 대한 논쟁이 확장되었다. '메스티소 민족주의의 문제점'이 1990년대에 걸쳐 크게 논의가 되었고, 이후 원주민, 국경지대 거주민, 그리고 치카노 등 중심 밖의 인구를 통해, 아래로부터 도전받고 외연이 확장되는 민족 정체성에 대한 논의가 이어졌다.[8] 이와 관련해 옥타비오 파스(Octavio Paz)뿐 아니라 로제르 바르트라(Roger Bartra)는 유일한 정체성, 즉 멕시코성이라는 통합적 개념이 국가적 현상으로 작동하기에는 혼혈에 기초한 집단적 가치가 오히려 시대의 약한 고리가 된다고 지적한다. 바르트라의 분석에 의하면, "멕시코인은 공격적인 면에서 열정적인데, 하지만 쉽게 애원이나, 울음, 불평으로 해소된다"(바르트라, 2015: 151). 그래서 멕시코의 정치적 엘리트는 "억압된 국민의 감성적 외침을 제도화해서"(바르트라, 2015: 153) 국가문화, 국가 정신을 형성하고자 했고, 이를 통해 "감성과 감상주의의 두꺼운 껍질로 스스로를 보호하면서 근대적 삶에 반항하는 인종의 이름으로"(바르트라, 2015: 153) 사회 메커니즘이 기능하도록 만들었다. 바르트라는 바스콘셀로스와 같은 혼혈주의 주창자들이 얘기한 것처럼 멕시코의 집단적 정체성이 미래적 가치를 지녔다기보다는 통합이라는 환상을 통해 당면한 아픔에서 회피하기 위한 핑계에 불과했다고 비판한다.

한편 데이비드 테오 골드베르그(David Theo Goldber)는 혼혈성을 담론적 가치 측면에서 정의하면서 그 정치적 효과에 대해 비판한다. 그는

---

8) 이성형(1999)을 참조.

멕시코 지배층이 “혼종성을 품은 근대성을 찬양할 가치로 낭만화”(Goldberg, 2002: 10)했다고 평가한다. 지배층은 멕시코를 ‘차이의 창조와 증진’을 전제로 한 하나의 ‘일관된 개별 실체’로 상상했다(Goldberg, 2002: 31). 다시 말해 내부의 타자를 하나로 만들 필요를 정당화하기 위해서 인종화된 차별성을 재생산한 것이다. 따라서 혼혈 이미지를 통해 오히려 인종적으로 정형화되고 이상화된 시민의 이미지가 세워졌고, 공고한 일체를 지향하는 담론에 휩쓸려 원주민이나 아프로멕시칸 인구와 같은 인종적 타자는 탄압당하는 결과를 맞아야 했다.

따라서 혼혈주의와 인디헤니스모가 인종적 다변성과 차별을 없앴다기보다는 멕시코를 인종차별이 없는 국가로 비춰지게끔 만드는 데 이용되었던 셈이다.[9] 인종 간 혼혈이 인종차별에 대한 인식적 혹은 제도적 변화를 일으키지 못했다는 점은 베라크루스의 초기 흑인 공동체를 통해서 잘 드러난다. 아프리카에서 온 흑인이 멕시코 전역으로 퍼져 정착한 이후에도 베라크루스에는 카리브 연안 국가로부터 흑인이 지속적으로 유입되었기 때문에 이들과의 혼혈이 잦았다. 이런 과정을 통해 탄생한 혼혈인들은 인종적으로 가장 가장자리에 속하는 네그로와 스스로를 구분하고자 했는데, 즉 모레노, 파르도 등의 근접한 인종적 카테고리로 이동함으로써 계층적 정체성이 상승되는 효과를 갖고자 했던 것이다. 이는 피부색을 통한 인종 위계 시스템이 지속적으로 작동하고 있음을 보여준다.

한편 멕시코 혁명은 흑인을 국가 내러티브에서 완전히 배제하는 계기가 되었다. 멕시코 혁명 이후 국가적 정체성을 구축하며 생겨난 자존감, 가치의 전수, 외세에 저항하는 정신 등에 흑인성이 설 자리가 없어졌다

---

9) Vaughn(2001)를 참조.

(Carroll, 2015: 180). 인종에 대한 의식은 멕시코 내부라기보다는 오히려 외부의 영향으로 인해 촉발된 측면이 강하다. 알폰소 토로(Alfonso Toro)는 멕시코 시민의 기질을 더 잘 이해하기 위해서 아프로멕시코인들이 오랜 기간에 걸쳐 기여한 부분에 대해 알아야 한다고 주장한다(Toro, 1920-1921). 식민 시기 선교사의 저술, 노예 반란과 저항을 담은 에피소드를 인용하며 토로는 흑인 인구가 멕시코에서 극도로 호전적이었음을 보여준다. 흑인은 멕시코 사회에 동화되는 과정을 통해 자신들의 호전적 행동과 특성을 천천히 전파시켰다. 그 결과, 멕시코 혁명 기간 동안 국민들이 보여준 반란 성향, 투쟁의 열정, 그리고 격동적 행동 등은 그들에게서 일부 비롯된 것이다(Vinson III, 2009: 5). 이런 연구는 물라토, 파르도, 네그로를 멕시코 사회를 오염시키는 그룹으로 폄하하는 시각에 대해 반론을 제기하는 근거로 사용된다.

멕시코의 흑인을 혼혈의 일부로 간주하는 일반화된 시각을 따라가면 흑인성은 아무 의미도 없다는 결론에 이른다. 따라서 아프리카 디아스포라라는 보다 광범위한 맥락에서 벗어나 멕시코라는 개별 국가의 상황에 맞춰 특수하게 이해해야 한다는 의견이 힘을 얻는다. 다른 한 시각은 흑인성을 전면에 내세우면서 이들을 아프로멕시코인이라기보다는 멕시코의 아프리카인으로 간주하는 것이다(Vaughn, 2009: 210~11). 이런 시각은 '우리 모두가 메스티소'라는 국가적 슬로건과 대중적 금기를 통해 이들을 타자화해온 행위에서 크게 벗어나지 않는다.

혼혈성 담론에 대한 비판이 시사하듯이, 혼혈주의 속에 잠식당한 흑인성을 복원하는 연구를 통해서, 또한 흑인 인구의 고유한 역사적 공헌과 문화적 유산을 발굴하는 작업을 통해서, 아프로멕시코인의 생존과 변형을 탐구하는 일이 지속되어야 할 것이다. 이것은 앞서 살펴보았듯이 탈국가적인 시대에 부응하는 새로운 혼종성 개념을 정립함으로써 멕시코성을 근본적으로 다시 상정하는 일이기도 하다.

5. 아프로멕시코 연구의 성과

아프로멕시칸 인구에 대한 관심은 궁극적으로 멕시코성에 대한 재고와 인종주의에 대한 도전으로 이어진다고 할 수 있다. 아프로멕시코 연구는 아프리카계 인구의 유입과 공헌, 영향력 등을 탐구하면서 동시에 이들의 역사적 흔적을 물리적으로 복원하는 작업을 병행해왔다. 또한 현재 밀집 지역을 중심으로 이들의 인종적 의식과 삶의 양식을 탐구하는 문화인류학적 접근을 펼치는가 하면, 이 인구의 탈국가적 이동과 정주를 추적하는 작업 또한 진행하기도 한다.

아기레 벨트란의 『멕시코의 흑인 인구』는 이 분야의 초석이 된 중요한 연구로 간주된다. 이 책은 식민 시기 멕시코의 노예무역 역사를 자세히 고찰하면서 독립 초기 아프리카계 인구가 어떻게 통합되고 동화되었는지 그 역사적 과정을 자세히 보여준다. 멕시코의 많은 학자들이 아기레 벨트란의 뒤를 이은 후속 연구로 노예무역에 대한 양적 연구나 아프리카계 후손의 사적 영역을 담은 기록물 발굴을 이어간다. 그러나 『멕시코의 흑인 인구』는 아프로 인구가 메스티소 사회 속으로 융합되어가는 과정에 보다 주목함으로써 이들이 독자적으로 확보하게 된 사회적 혹은 상징적 함의에 대해서는 전혀 주목하지 않았다. 그래서 아프로멕시코 연구가 독립된 주제로서 연구 가치가 있다는 사실을 증명했음에도 아프로멕시코인을 동시대 속 존재가 아닌 역사의 지나간 과정으로 간주하는 한계를 드러냈다. 벤 빈슨 3세(Ben Vinson III)는 이 책이 아프로멕시코 인구의 생존보다는 메스티소의 발전을 설명하는 데 유용하게 사용된다고 평가한다(Vinson III, 2009: 5).

빈슨 3세에 의하면, 아프로멕시칸 인구에 대한 연구는 크게 세 시기로 나뉜다. 멕시코의 식민과 독립 시기(1521~1821년), 혁명 이전 시기(1822~1910년), 혁명 이후 시기(1910년~현재)이다(Vinson III, 2009: 3). 1960년대 다양한 출신 배경의 영미 학자들이 멕시코 식민 시대 노예제도를 비교 연구하기 시작했고 1970~1990년대 멕시코 출신 학자들은 특정한 지역사회에서 흑인이 기여한 바에 대해 경험론적 연구를 진행했다. 아프로멕시코인의 개별적 경험에 관한 역사적 연구는 몇 가지 방향으로 진행되었는데, 첫째, 흑인 자유민들이 군사 및 종교 제도에 참여한 기록의 복원, 둘째, 식민시기 이들이 행한 종교 혹은 제례적 의미의 주술적 행위에 대한 탐구, 마지막으로 원주민, 아프리카인, 스페인인 사이 성적 교류로 이뤄진 혼혈, 노동력 동원과 연계된 주종 관계, 혹은 가계 내에서 이뤄진 사적 계약에 관한 연구이다(Vinson III, 2009: 7~8).

1960년대를 거치면서 국제화된 아프로멕시코 연구는 북미와 중남미의 흑인 노예에서 비롯된 '니그로 문제(negro problem)'가 양 지역 간 큰 질적 차이가 있다고 진단한다. 그래서 사회 내 표면화된 차별과 타인종과의 극렬한 갈등이라는 기존 틀과는 다른 맥락에서, 식민적 위계성, 국가적 위계성 내 흑인성이 차지하는 위치를 고찰해야 한다고 강조한다. 이런 시각을 통해 멕시코 노예를 아프리카 디아스포라라는 보다 큰 흐름에서 연구하려는 움직임이 생겨난다.

이런 시도와 함께 특정 지역사의 연구를 통해 아프로멕시칸 인구의 특수성을 분석하는 흐름 또한 나타난다. 이런 의미에서 로라 루이스(Laura Lewis)의 『초콜릿과 옥수수가루(Chocolate and Corn Flour)』(2012)는 코스타 치카 지역에 관한 경험론적 연구로 오랜 기간 동안 세밀히 관찰하고 공유한 내용을 기반으로 기술한 의미 있는 서적이다. 코스타 치카 지역의 산니콜라스 토렌티노(San Nicolas Torentino) 마을을 중심으로 주민들의 정체성 규정과 문화적 환경을 상세히 밝히면서 아프로멕시코인들의 인종적 자각과 국가성 인식 사이에 존재하는 모순과 타협을 논의한다. 주민들은 자신들을 정의하는 '모레노'라는 개념을 통해 메스티소, 원주민 모두와 동일시하면서 동시에 차별화한다. 이들은 자신을 모레노로 정의함으로써 흑인이라는 인종적 정체성을 완강히 부인하고 멕시코인의 다양한 혼혈 스펙트럼의 한 일부에 속한다는 믿음을 강하게 보여준다.

루이스는 모레노가 지속적인 인종적 혼합 과정을 함축한 개념일 수 있다고 분석한다(Lewis, 2012: 6). 모레노라는 개념이 다중적 의미를 지닌데 반해 일반적으로 사용되는 아프로멕시코라는 말은 자기정체성 규정과는 상관없는, 정의가 매우 불분명한 용어라고 설명한다. 주민들이 아프로멕시코인이 아닌 모레노를 사용하는 이유는 이 용어가 환기하는 인종적 배경에 거부감이 큰 탓도 있지만, 동시에 인종적 이데올로기가 이들의 삶의 조건에 별다른 영향을 끼치지 않기 때문이다. 즉 이들에게는 인종보다는 경제적 계급 문제가 우선이다(Lewis, 2009: 184). 같은 맥락에서 조지 레이드 앤드류스(George Reid Andrews)는 1990년대 초반 아프리카계 활동가와 대상 주민 간의 이해 부족과 불협화음을 다음과 같이 설명한다. "중산층 출신 활동가들이 느끼는 편견과 차별은 하층 흑인과 유색인종의 삶에 크게 다가오지 않았고, 생존이라는 현안이 훨씬 더 중대하게 느껴졌다"(Andrews, 2004: 189).

이 지역이 아프리카 문화의 요람으로 알려져 있음에도 아프로멕시코인이라는 용어가 통용되게 된 이유는 문화운동가, 정치인, 인류학자, 예술가, 정부 문화부 관계자들의 영향이 크다. 앞서 언급한 '제3의 뿌리' 프로젝트가 촉발한 문화 복구 사업은 박물관 건설, 문화 행사 주체,

혹은 예술 공연 진흥으로 이어졌다. 그러나 이런 활동의 대상이 된 지역 주민들은 공동체 밖 문화 활동가나 정치인의 주장이 공허하게 들린다고 토로한다(Lewis, 2009: 186). 피터 웨이드(Peter Wade)는 아프로 멕시코라는 용어가 "흑인 사회운동을 통해 생겨나는 아프리카의 문화적 유산에 대한 관심에 호응하면서"(Wade, 2006: 108) "아프리카의 피를 나눈 사람을 공히 같은 인종-종족적 카테고리에 넣으려는 미국의 논리에 따른 것"(Wade, 2006: 107)이라고 비판한다. 이런 인류학적 연구는 학계와 주민들 간 인식의 차이가 단순히 멕시코 내부의 문제라기보다는 보다 근본적으로 흑인이라는 인종에 대한 식민적 시각에서 비롯되었음을 드러낸다.

이와 다소 상반되는 관점으로 크리스티나 수(Christina A. Sue)의 『우주적 인종의 땅(Land of the Cosmic Race)』(2013)을 꼽을 수 있는데, 작가는 혼혈 담론의 지배적 영향에도 불구하고 아프리카계 유산에 대해 자부하고 스스로를 흑인으로 명명하는 사례를 보여준다. 나아가 단순한 인류학적 보고에 그치지 않고 인종주의에서 비롯된 인식적 불평등을 분석한다. 수는 아프로멕시코인이 개별적인 사적 영역에서 흑인성을 자각하고 존중하기 위해서는 사회제도적으로 아프로멕시코인의 위상이 동반 상승해야 함을 피력한다. 그래서 인종적 정체성이 단지 피부색에 국한된 인식의 문제가 아닌 가난에 근거한 계급적 정서와 깊게 연관되어 있다는 점을 부각시킨다.

이 두 연구가 강조하는 것처럼 흑인들의 자기 정체성 규정은 그들을 소외된 위치에 방치하는 사회제도를 변혁하는 데 큰 장애가 된다. 1992년 멕시코 헌법 개정을 통해 "국가는 본질적으로 원주민에 근거한 다문화적 구성을 이루고 있다. 법은 그들의 언어, 문화, 관습, 다양한 형태의 사회적 제도를 보호하고 국가의 사법권 접근을 보장한다"(Carroll, 2015:

163)는 내용이 새롭게 포함되었다. 이런 성과와 달리, 아프로멕시코 연구에 기반한 풀뿌리 운동은 아직 명문화된 법 개정에 다다르지 못하고 있다. 그럼에도 일련의 흐름을 통해 생겨난 사회적·정치적 효과를 언급하자면, 사회와의 분리가 삶의 질, 교육에의 접근, 사회적 지위 등을 결정하는 핵심적 요인이 되고, 이것이 바로 인종주의적 시각에서 기인한다는 정치적 자각을 불러일으킨다는 점이다.

6. 아프로멕시칸 인구의 탈국가적 이주와 인종 정체성

라틴아메리카의 포스트인종 이데올로기와 정치학의 중요성이 대두되었음에도 현실과의 괴리가 여전히 지대하다는 점은 잘 알려진 사실이다. 이런 점에서 '인종차별주의자 없는 인종차별주의(racism without racist)'를 거론하는 에두아르도 보니야-실바(Eduardo Bonilla-Silva, 2010)의 설명이 매우 설득력이 있다.

지난 수십 년 간 진행된 반인종주의, 탈식민주의 정치학의 성과로 인해 다양한 이론적 공감대 형성과 실천적 시도가 있었다. 그러나 현실 정치의 한계와 피부색을 둘러싼 고착된 편견으로 인해 인종적 구분에 따른 정치경제적 소외는 해소되지 않았고, 사회적 일체감과 공동체의 가치 존중, 실효적 법률 집행이라는 근본적 목표에 크게 다다르지 못했다. 골드베르그는 『인종 국가(The Racial State)』(2002)에서 인종과 근대 국가의 불가분의 관계에 대해 분석한다. 그는 이 책에서 근대 국가의 형성과 발전 과정에 인종문제가 사회적·경제적·제도적 차이에 다각도로 개입해 작동하고 있음을 보여준다. 그는 멕시코에서 '인종 없음'이라는 개념이 인종차별에 대한 대중적 인식의 부재를 설명하는 데 유효하다고 분석한다. 멕시코에서는 흑인을 비멕시코인으로 만듦으로써 메스티소 대 원주민이라는 인구 구도를 고착화시켰다. 원주민을 종족적 그룹으로 각인시킴으로써 피부색에 의한 인종적 차별을 마치 고유한 문화 공동체의 분리 보호인양 둔갑시켜온 것이다. 근대 국가의 형성과 통합에 인종이라는 개념이 작동하지 않도록 만들어 인종차별 반대 논쟁과 투쟁이 공동체의 본질과 괴리되도록 만들었다.

따라서 멕시코에서 포스트인종 사회를 논의하기 위해서는 이들이 얼마나 피부색주의(pigmentocracy) 사회인지를 인식해야 하는 아이러니한 과제가 선결되어야 한다.[10] 멕시코의 인종주의는 사회에 만연해 있는 데 반해 여전히 크게 공론화되지 않은 사안이다. 종족적 구분으로 기만해왔던 인종차별적 인식이 흑인 인구가 논의의 대상으로 부상하면서 보다 분명히 드러났음에도, '제3의 뿌리' 프로젝트 책임자조차 멕시코에는 "아프로메스티소 문화는 존재하지 않고" 라틴아메리카에는 흑인 디아스포라가 없다고 주장한다(Lewis, 2009: 186). 이렇듯 인종적 카테고리가 공식적으로 존재하지 않는 멕시코에서 아프로멕시코인의 역사적 복원과 시민권 향유가 온전히 이뤄지기까지 그 과정은 지난할 것이다.

아프로멕시코인을 비멕시코인으로 취급하는 인식 속에는 단지 검은 피부에 대한 외면뿐 아니라 피부색에 따른 인종적 위계성이 깊숙하게 자리 잡고 있다. 예를 들어, 멕시코 저널리스트인 세사르 페르난도 사파타(Cesar Fernando Zapata)는 멕시코의 인종주의가 미국의 그것보다 열악하다고 주장한다. 멕시코계 미국인 중 원주민 후손의 경우만 보더라도 계층 상승의 확률이 높을뿐더러 이들을 대변할 소수 인종 정치인들의 활동 영역 또한 열려 있다. 반면, 멕시코의 정치인들은 갈수록 백인에

10) Sue(2013: 6)을 참조.

가까운 사람들이 선출되고 인구의 90%가 원주민을 포함한 메스티소임에도 정치 지배층은 백인계에 가깝다. 즉, 정치인이 국민을 제대로 대변하지 못할 가능성이 짙다는 것이다.[11)]

인종적 의식의 모순과 변화 가능성은 아프로멕시코 세계에서 아프로라티노 세계로 이동하는 이민자들을 통해 보다 수월하게 논의할 수 있다. '중첩된 디아스포라'로 정의되는 아프리카계 이민자들과 마찬가지로 이들 이민자들은 기존의 국가성과 인종에 근거한 정체성 사이의 갈등을 보다 적나라하게 경험하게 될 가능성이 크기 때문이다. 「'멕시코 해안가 사람들': 멕시코와 노스캐롤라이나 윈스턴-살렘에서 이뤄진 아프로멕시코인들의 탈국가적 이민과 공동체 형성('Somos Costeños': Afro-Mexican Transnational Migration and Community Formation in Mexico and Winston-Salem, NC)」(Barnett, 2011)이라는 논문은 노스캐롤라이나주에 거주하는 이민자 공동체가 이런 모순과 변화에 어떻게 놓이는지를 상세히 보여준다. 이들 이민자들은 검은 피부로 인해 동일한 인종차별을 겪음에도 불구하고 자신들을 아프리카계 미국인들과 차별화한다. 결국 이런 편견이 미국의 아프로디아스포라 공동체 내에서 새롭게 형성해가는 관계를 왜곡시킨다. 자신들의 역사적 배경은 물론 미국의 인종주의 역사와 환경적 제약에 대한 이해가 전무한 상황에서 비롯된 부정적 결과다. 저자는 이들과 아프리카계 미국인 사이에 존재하는 갈등과 반감을 줄이는 첫 단계가 멕시코성과 흑인성 사이의 장벽을 없애는 일이라고 강조한다. 양 정체성을 인정하고 일종의 자존감을 획득해야 아프리카계 미국인을 향한 인종차별적 시각을 거둘 수 있을 뿐 아니라 자가당착이

---

11) "El próximo Benito Juárez no será presidente de México... sino de Estados Unidos." http://cesarfernando.blogspot.kr/2004/06/

라고 할 만큼 무지한 자기 정체성과 사회적 통념에 변화를 가할 수 있다는 것이다.

앞에서 언급한 다큐멘터리 영화 <보이지 않는 뿌리>에서 아프로멕시코인들은 남부 캘리포니아에 정착해 고유의 공동체 문화를 누리면서 자신의 정체성에 대해 새롭게 인지해가는 모습을 보여준다. 이 영화에서 감독은 이 공동체의 인종적, 국가적, 문화적 정체성이 복잡하게 드러나는 다양한 일상을 그대로 전달하는 데 초점을 둔다. 캘리포니아 파사데나의 에레라 가족을 통해 이들이 멕시코 고향의 문화와 스페인어를 유지하면서 이민자로 살아가는 모습을 보여준다. 이 공동체가 축제에서 추는 '악마의 춤'은 코스타 치카에서 가져온 그대로를 재현한 것이다. '악마의 춤' 공연자 중 한 사람은 "이 춤이 아프리카에서 왔다고 선조에게서 전해 들었다. 노예가 되어 이곳에 끌려왔을 때 이 춤이 구경꾼을 조롱하는 방식이 되었다"라고 춤의 유래에 대해서 설명한다. 또한 대학생 이스마르는 "멕시코에서는 나는 그저 멕시코인이었어요. 여기서는 내가 흑인이라는 것이 자랑스럽고, 자존감을 북돋아줍니다"라고 고백한다. 이렇듯 이들에게서 아프로멕시코인의 흑인성을 탐구하려는 의식이 생겨나기 시작했다는 사실은 탈국가적 흐름과 인종의식의 변화 사이에 깊은 연관 관계가 있다는 점을 예증해준다.

라티노 사회에서 흑인성의 문제는 다양한 담론이 껄끄럽게 부딪히는 지점에 위치한다. 주로 카리브 출신 아프로라티노가 출신국과 상관없이 아프리카계 미국인에 쉽게 동화되는 것과는 달리 아프로멕시코인은 아프리카 디아스포라라는 큰 맥락에서 매우 이질적인 특징을 보여준다. 아프리카 디아스포라 이론은 흩어진 사람들이 고국으로의 귀환을 열망하며 일종의 인종적 의식의 형태를 유지하는 것을 전제로 한다. 시민권 투쟁이나 정치적 협상이 인종에 근거하지 않는 멕시코에서 이들의 인종적 정체성의 형성은 이런 전제와 맞지 않는다. 그래서 이들은 여전히 자신의 흑인성을 부인하거나, 혹은 새롭게 흑인성을 발견하면서 자존감과 연대의식을 회복한다. 아프로라티노 인구의 '삼중 의식(triple consciousness)'[12]을 거론하는 후안 플로레스(Juan Flores)의 용어는 미국에 거주하는 아프로멕시칸 이민자의 존재에도 정확히 적용된다. 플로레스가 의미하는 삼중 의식과는 차이가 있지만 이들 고유의 삼중 의식을 지니고 있는 것이다. 본국에서 자신의 국가적/인종적 정체성을 어떻게 정의했는지, 이것이 국가 경계를 넘어서 글로벌한 환경 속에서 어떤 차이를 만들어내는지, 그리고 아프리카계 미국인들과의 유대감 혹은 반감 사이에서 어떤 변화를 겪게 되는지가 이런 삼중의식을 역동적으로 형성하는 데 주요한 요인이 됨을 보여준다.

이 다큐멘터리가 말하고자 하는 것처럼 아프로멕시코인들은 스스로 멕시코성과 흑인성 사이에서 새로운 맥락을 만들어가고 있다. 인종적 자각이 희미한 코스타 치카의 이민자들이 캘리포니아의 치카노로 정착하면서 새롭게 형성하는 인종적 정체성이 멕시코의 지배 담론과 상충을 일으킬지, 나아가 이들이 본국의 코스타 치카 지역에 어떤 변화의 단초로 작용할지는 좀 더 논의가 필요하다. 멕시코 사회의 인종주의에 대한 경각심을 불러일으키고 아프로멕시칸 인구의 역사를 복원하는 일과 함께, 그들 스스로 국가적 정체성과 흑인성을 조화롭게 공유하는 방식을 찾는 작업이 모두 병행되어야 함은 확실하다.

식민 시기 멕시코에서 코스타 치카 흑인이 혼혈 원주민과 결혼을 통해 새로운 혼혈을 만든 것처럼 미국에서도 이 모레노들은 혼혈의 과정을 멈추지 않는다. 남부 로스앤젤레스 지역에서 아프리카계 미국인

12) Flores and Román(2009) 참조.

과 아프로멕시칸 이민자의 결혼으로 생긴 혼혈 세대는 '블래시칸(Blaxican)'으로 불리며 주목을 받기 시작했다. 치카노 작가인 리차드 로드리게스(Richard Rodriguez, 2003)는 "'블래시칸'과 재창조된 다른 미국인들('Blaxicans' and Other Reinvented Americans)"라는 글에서 '블래시칸'이라는 새로운 조어가 미국을 재창조하고 있다고 주장한다. 어느 날 우리는 흑인종도 백인종도 없는 세상을 보게 될지도 모른다. 그래서 작가는 흑백으로 이분되는 인종 정체성을 탈신화화하는 일을 시도한다고 주장한다. 그의 논리대로라면 우리는 어떠한 종족에도 속할 수 있고, 그럼으로써 타인을 있는 그대로 이해할 수 있게 된다. 로드리게스는 미국의 종족적·인종적 다양성을 보여줌으로써 이분법적 인종 개념으로 인구를 구분하는 일이 이제 신화에 근거한 허구적 행위에 지나지 않음을 드러낸다. 블래시칸의 경우가 그 다양성을 보여주는 한 근거가 될 것이다.

앞에서 논의했듯이, 혼혈 사회에서 인종적 표지의 제거가 흑인성을 집단적 내러티브, 문화적 지도, 역사적 아카이브에서 사라지게 만들지 않았다. 더욱 중요한 것은 멕시코 흑인성이 국가 주도의 삭제 프로그램으로 축소되지 않았다는 점이다. 포스트인종 정치학, 혹은 탈인종주의 정치학에서 코스타 치카의 존재는 멕시코 사회의 혼혈이라는 지배적 담론, 즉 '인종 없는 혼혈'이 현실과 괴리되어 있음을 또다시 적나라하게 드러냈다. 이들의 존재를 바라보는 사회적 시선은 포스트인종 정치학의 허구적 오류와 위선을 명백히 보여준다. 이런 점에서 코스타 치카의 사람들은 자신들의 주체성을 탈식민화해야만 하는 상황에 놓여 있다. 즉, 코스타 치카 지역민들 역시 스스로가 문화 공동체가 아닌 인종적 구분에 의해 생긴 차별적 거주지로 명백히 인식할 필요가 있다. 그래서 월터 미뇰로(Walter Mignolo)의 '인식론적 불복종', 탈식민적 '디링킹(delinking)'으로 지칭되는 근본적인 인식의 전환이 매우 절실한 것이다.

참고문헌

이성형. 1999.「멕시코 혁명 이후의 민족 정체성의 정치」. ≪서양사론≫, Vol.62, 127~149쪽.

바르트라, 로제르(Roger Bartra). 2015.『새장에 갇힌 멜랑콜리: 멕시코인의 정체성과 탈바꿈』. 김창민 옮김. 그린비.

Anderson, Benedict. 1983. *Imagined Communities*. New York: Verso.

Aguirre Beltrán, Gonzalo. 1989. *La Población Negra de México, 1519-1810: Estudio Etnohistórico*. Mexico: Fondo de Cultura Económica.

Andrews, George Reid. 2004. *Afro Latin America, 1800-2000*. New York: Oxford University Press.

Barnett, Elizabeth. 2011. "“Somos Costeños”: Afro-Mexican Transnational Migration and Community Formation in Mexico and Winston-Salem." NC, Honors Thesis, Connecticut College.

Brading, D. A. 1985. *The Origins of Mexican Nationalism*. Cambridge: Centre of Latin American Studies.

Bonilla-Silva, Eduardo. 2010. *Racism Without Racists: Color-blind Racism and the Persistence of Racial Inequality in the United States*. Lanham: Rowman & Littlefield Publishers.

Carroll, Savannah N. 2015. "Creating the Ideal Mexican: 20th and 21st Centrury Racial and National Identity Discourses in Oaxaca." Doctoral Dissertation, University of Massachusetts.

Flores, Juan and Miriam Jiménez Román. 2009. "Triple-Consciousness? Approaches to Afro-Latino Culture in the United States." *Latin American and Caribbean Ethnic Studies*, 4(3), pp.319~328.

Gamio, Manuel. 2010. *Forjando patria: Pro-nacionalismo*. Trans. by Fernando Armstrong-Fumero. Boulder: University of Colorado Press.

Goldberg, David Theo. 2002. *The Racial State*. Hoboken: Wiley-Blackwell.

Hernández Cuevas, Marco Polo. 2003. "Memín Pinguín: uno de los cómicos mexicanos más populares como instrumento para codificar al negro." *Afro Hispanic Review*, Spring(22-1), pp.52~59.

Lewis, Laura. 2009. ""Afro" Mexico in Black, White, and Indian: An Anthropologist Reflects on Fieldword." in Ben Vinson III and Matthew Restall(eds.). *Black Mexico*. Albuquerque: University of New Mexico Press. pp.183~208.

_____. 2012. *Chocolate and Corn Flour: History, Race, and Place in the Making of "Black" Mexico*. Durham: Duke University Press.

Lomnitz, Claudio. 2002. *Deep Mexico, Silent Mexico: An Anthropology of Nationalism*. Minneapolis: University of Minnesota Press.

Moreno Figueroa, Mónica, and Emiko Saldívar Tanaka. 2016. "We are not racist, we ar mexicans." *Critical Sociology*, Vol.42(4-5), pp.515~533.

Rodriguez, Richard. 2003. ""Blaxicans" and Other Reinvented Americans." https://www.chronicle.com/article/BlaxicansOther/26052

Sue, Christina A. 2013. *Land of the Cosmic Race: Race Mixture, Racism, and Blackness in Mexicao*. New York: Oxford University Press.

Toro, Alfonso. 1920-1921. "Influencia de la raza negra en la formación del pueblo mexicano." *Ethnos. Revista para la vulgarización de Estudios Antropológicos sobre México y Centro América* I, No.8-12, pp.215~218.

Vaughn, Bobby. 2009. "My Blackness and Thesis: Viewing Mexican Blackness Up Close." in Ben Vinson III and Matthew Restall(eds.). *Black Mexico*. Albuquerque: University of New Mexico Press, pp.209~219.

_____. 2001. "Race and Nation: A Study of Blackness in Mexico." Doctoral Dissertation. Stanford University.

Vinson III, Ben. 2009. "Introduction: Black mexico and the Historical Discipline." in Ben Vinson III and Matthew Restall(eds.). *Black Mexico*. Albuquerque: University of New Mexico Press. pp.1~18.

Wade, Peter. 2006. "Afro-Latin Studies: Reflections on the Field." *Latin American and Caribbean Studies* I, No.1, pp.107-108.

Weltman-Cisneros, Talia. 2013. "(Re)mapping the Borderlands of Blackness: Afro-Mexican Consciousness and the Politics of Culture." Doctoral Dissertation, Duke University.

http://www.americansc.org.uk/Online/Ezekiel.htm

http://remezcla.com/features/film/invisible-roots-afro-mexicans-in-southern-california-interview. Interview by Walter Thompson-Hernández

https://kwekudee-tripdownmemorylane.blogspot.kr/2014/08/afro-mexicans-mexicanos-negros-brave.html

http://solarey.net/estimated-1400000-afro-mexicans-december-2015/

https://www.upi.com/Analysis-Mexicos-missing-blacks-Part-3/60621020910279/

https://www.nytimes.com/2014/10/26/world/americas/negro-prieto-moreno-a-question-of-identity-for-black-mexicans.html

http://cesarfernando.blogspot.kr/2004/06/

제12장

『참을 수 없는 가우초』, 근대 세계와 문학에 대한 비판적 성찰*

이경민 조선대학교 스페인어과 교수

악을 행하는 데 초월적 존재를 끌어들일 필요는 없다. 인간은 독자적으로 모든 악행이 가능하므로. _ 조셉 콘래드, 『서구인의 눈으로』

1. 들어가며

로베르토 볼라뇨는 『야만스러운 탐정들』(1998)로 1999년 로물로 가예고스 문학상을 수상하며 문학계에 등장한 이후 비평계는 물론 대중의 지대한 관심을 받으며 라틴아메리카 문학을 대표하는 작가가 되었다. 물론 그가 세계적으로 명성을 얻게 된 계기는 크리스 앤드류스(Chris Andrews)가 "노벨 문학상을 받은 작가를 제외하고 영어로 번역된 작품

* 이 글은 ≪이베로아메리카연구≫, 28권 3호(2017)에 발표한 필자의 논문을 총서 취지에 맞게 수정 보완한 것이다.

중에 볼라뇨의 작품만큼 비평계의 관심을 받고 상업적으로 성공한 작가는 극히 드물다"(Andrews, 2014: 3)라고 지적하듯, 미국에서 예외적으로 성공했기 때문이었다. 그의 성공과 명성에 발맞춰 출판계도 끊임없이 그의 유작을 내놓고 있다. 그가 사망한 2003년 『참을 수 없는 가우초(El gaucho insufrible)』를 시작으로 『2666』(2004), 『제3제국(El Tercer Reich)』(2010), 『진짜 경찰의 무미건조함(Los sinsabores del verdadero policía)』(2011)을 비롯해 2016년에는 『사이언스픽션의 정신(El espíritu de la ciencia-ficción)』을, 심지어 2017년에는 『목동들의 묘(Sepulcros de vaqueros)』에 이르기까지, 볼라뇨 문학의 상품성을 혹은 그의 문학적 위상을 입증하듯, 집요하게 그의 작품을 '발굴'하고 있다. 그의 문학적 영향력은 국내에서도 확인할 수 있다. 2009년 을유문화사가 『아메리카의 나치 문학(La literatura nazi en América)』의 한국어판을 내놓은 이후, 현재까지 총 13편의 작품이 번역, 소개되면서 일정한 독자층을 형성함은 물론이고 '후장 사실주의(Analrealism)'[1]라는 새로운 문학 운동이 발생하게 된 동인이 되었다. 이처럼 볼라뇨는 20세기 말 한국문학에 주목할 만한 궤적을 남긴 마르케스(Gabriel García Márquez), 네루다(Pablo Neruda), 보르헤스(Jorge Borges)의 영향력을 넘어섰고 세풀베다(Luis Sepúlveda)와 코엘류(Paulo Coelho)로 대변되던 국내 라틴아메리카 문학의 최신 지형도를 바

---

1) 2012년 정지돈과 오한기가 '후장 사실주의(Analrealism)' 문학 그룹을 형성한 이후, 2015년 신경숙의 표절 문제가 국내 문학계에 충격적인 파장을 야기한 시점에 자신을 후장 사실주의자를 자칭한 일군의 작가들이 『Analrealism vol.1』라는 단행본 형식의 잡지를 출판한다. 그들이 사용한 '후장 사실주의'라는 용어는 볼라뇨가 1970년대 멕시코에서 주창한 '밑바닥 사실주의(Infrarrealismo)'와 『야만스러운 탐정들』에서 이 문학운동이 문학적으로 형상화된 '내장 사실주의(Realismo visceral)'에 대한 패러디이다.

꿔놓았다.

그러나 정작 볼라뇨 자신은 첫 영문판 작품인 『칠레의 밤(Nocturno de Chile)』(2000)이 출간된 2003년에 생을 마감함으로써 자신의 문학적 성공을 목도할 수 없었다. 그 해 6월 27일, 볼라뇨는 스페인 세비야에서 열린 라틴아메리카 작가 대회에 참가하여 동세대 작가들로부터 새로운 라틴아메리카 문학의 대변자이자 '토템'(Herralde, 2005: 13)으로 추앙되었다. 작가 대회를 마치고 스페인 블라네스(Blanes)로 돌아온 볼라뇨는 아들과 하룻밤을 보내고 이튿날 학교에 바래다준 뒤, 각혈을 하면서도 입원을 미루고 서둘러 『참을 수 없는 가우초』(2003)의 원고를 출력하여 아나그라마 출판사의 호르헤 에랄데(Jorge Herralde)에게 건넸다. 그리고 7월 1일, 간부전 악화로 입원한 볼라뇨는 10일간 혼수상태에서 사경을 헤매다 7월 15일 세상을 떠났다.

그리하여 『참을 수 없는 가우초』는 볼라뇨의 세 번째 단편집이자 첫 번째 유작이 되었다. 죽음이 멀지 않음을 예견한 듯, 볼라뇨는 『참을 수 없는 가우초』에 아들 라우타로(Lautaro)와 딸 알레한드라(Alejandra),[2] 막역한 동료이자 비평가였던 이그나시오 에체바리아(Ignacio Echevarría)에게 헌사를 바쳤다. 또한 「참을 수 없는 가우초」는 아르헨티나 작가 로드리고 프레산(Rodrigo Fresán)에게 「경찰 쥐(El policía de las ratas)」는 불어판 번역자인 로베르트 아뮤티오(Robert Amutio)와 영문판 번역자인 크리스 앤드루스(Chris Andrews)에게 「알바로 루셀로트의 여행(El viaje de Álvaro Rousselot)」은 그의 임종을 지킨 연인 카르멘 페레스 데 베가

2) 볼라뇨는 『2666』에도 두 자녀를 위한 헌사를 남겼다. 『2666』은 볼라뇨가 "『2666』은 너무 잔혹한 작품이라서 내 건강을 끝장낼 수도 있다"(Braithwaite, 2006: 113)라고 할 만큼 심혈을 쏟은 작품이다.

(Carmen Pérez de Vega)에게 「문학+병=병(Literatura+Enfermedad=Enfermedad)」은 주치의 빅토르 바르가스(Victor Vargas)에게 그리고 「크툴루 신화(Los mitos de Cthulhu)」는 그가 "라틴아메리카의 생존 작가 중에 가장 훌륭한 작가 중 한 명"(Bolaño, 2004: 209)이라고 극찬한 아르헨티나 작가 알란 파울스(Alan Pauls)에게 헌사를 남겼다.

죽음이 임박한 상황에서 필생의 역작인 『2666』의 탈고를 뒤로 미루고 『참을 수 없는 가우초』를 출판사에 전달했다는 사실은 이 단편집에 대한 볼라뇨의 개인적 애착과 중요성을 입증하기에 충분하다. 특히, 문학계와 출판계에 대해 노골적이고 직설적인 비판을 담은 두 편의 에세이는 볼라뇨가 작가 정신을 환기하는 마지막 메시지라고 할 수 있다. 하지만 볼라뇨의 문학 세계에 관한 연구는 『2666』, 『야만스러운 탐정들』 등 중·장편의 소설에 집중되어 있으며 상대적으로 단편집에 대한 연구는 미미했다. 『참을 수 없는 가우초』를 전반적으로 다룬 선행 연구도 찾아보기 어려울 뿐더러 국내에서도 「참을 수 없는 가우초」와 보르헤스의 「남부(El Sur)」를 비교 분석한 연구가 유일하다. 이 글은 볼라뇨의 문학적 유서라 할 수 있는 『참을 수 없는 가우초』를 포괄적으로 분석함으로써 문학과 세계에 대한 볼라뇨의 메시지를 살펴보고자 한다.

2. 볼라뇨의 문학적 유서

볼라뇨는 "유목인의 영혼을 지녔으며 복합성에 열광하는"(Vila-Matas, 2002: 99) 작가로서, 이경민(2012)이 지적하듯, 상호·내적 텍스트, 하이퍼텍스트, 프랙탈, 콜라주, 다성성(polifonía) 등의 특징을 보이며 정주하지 않는 유목적 글쓰기를 구현하고 있다. 이는 마치 보르헤스가 "언어는 인용 체계다"(Borges 1989: 55)라고 했듯이, 볼라뇨의 문학 또한 인용 체계와 다르지 않다. 즉, 볼라뇨의 작품은 다양한 작품과 접속, 변주되면서 기성 텍스트가 생산한 문학적 코드와 의미를 불확정적이고 모호하게 만든다. 볼라뇨 역시 자신의 작품 세계가 지닌 특징을 다음과 같이 밝힌 바 있다.

> 저는 독자가 많진 않지만 운 좋게도 충실한 독자를 만났습니다. 그들은 메타 문학적 유희, 제 모든 작품의 놀이에 뛰어들려는 독자들입니다. 한 작품만 읽어도 나쁘진 않겠지요. 하지만 그 작품을 이해하려면 모든 작품을 읽어야 합니다. 모든 작품이 모든 작품을 지시하니까요(Braithwaite, 2006: 118).

따라서 리좀(Rhizome)적 구조로 뒤얽힌 볼라뇨의 작품은 상호-메타텍스트성에 대한 분석이 이루어져야만 해당 작품에 내포된 의미를 포착할 수 있다. 이 글에서 다룰 『참을 수 없는 가우초』에 실린 5편의 단편은 다양한 텍스트와의 접점을 추적하게 하거나 작품 자체가 탐색의 과정을 다룬 변형적 탐정소설의 성격이 혼재되어 있다. 필자는 이런 문학적 특성을 감안하면서 『참을 수 없는 가우초』의 단편들에 대한 순차적 분석을 통해 이 단편집에 드러난 문학과 세계에 대한 볼라뇨의 문제의식을 추적하고자 한다.

1) 「짐」, 절망적 인간의 초상

첫 번째 단편 「짐(Jim)」[3]은 "시인으로서 기발한 뭔가를 찾아서 그걸

쉬운 말로 표현"(볼라뇨, 2013: 11)[4]하고자 하는 그링고(미국인이라는 뜻) 짐이라는 인물에 대한 이야기이다. 일종의 짧은 일화라 할 수 있는 이 단편은 서술자-목격자가 멕시코시티의 거리에서 불 쇼를 지켜보며 눈물 흘리고 있는 짐을 목격하고 죽음(혹은 시적 계시)으로 상징되는 불길의 위협에서 그를 피신시킨다는 이야기가 전부다. 정체를 알 수 없는 짐이라는 인물은 서술자가 "그 불길이 1미터 이내로 날아들었다. 어쩌려고 그래, 길에서 타 죽을 거야? 내가 물었다. 별생각 없이 내뱉은 신소리였는데 불현 듯 그게 바로 짐이 원하는 것이라는 생각이 들었다"(13)라고 서술하듯, 죽음 혹은 생의 마지막 형벌을 기다리는 사람처럼 그려져 있다.[5] 전반적으로 이 단편은 "유령들의 얼굴을 똑바로 마주하고 있는"(13) 짐과 치카나(chicana) 시인으로 "얼굴엔 고통이 묻어 있었고 그 고통 속엔 증오가"(11) 서려 있는 그의 아내, 그리고 "배꼽에서 가슴까지 흉터가 뻗쳐"(12) 있는 불 쇼하는 멕시코인을 통해 절망적 현실을 살아가는 인간의 이미지를 투사하고 있는 것으로 판단할 수 있다.

그러나 이 단편에 대한 구체적인 선행 연구가 없는 데다 볼라뇨의

---

3) 이 단편은 칠레의 일간지 ≪울티마스 노티시아스(Las últimas noticias)≫ 2002년 9월 9일자에 실렸다가 『참을 수 없는 가우초』와 『괄호치고(Entre paréntesis)』(2004)에 포함되었다. 볼라뇨는 2000년 7월부터 2003년 1월까지 이 일간지에 에세이를 연재했는데, 이에 대한 구체적 정황은 Bolaño(2004: 350~352)를 참조하라.

4) 이 글에서는 이경민 옮김 한국어판 『참을 수 없는 가우초』(2013, 열린책들)를 인용하며, 앞으로 이 작품이 인용될 경우 쪽수만 표시한다.

5) 볼라뇨의 작품에는 시적인 계시나 성스러운 현현의 순간이 불이나 빛, 혹은 피로 형상화된 단편이 있는데, 『살인 창녀들』에 실린 「고메스팔라시오」와 「프랑스 벨기에 방랑기」 그리고 『참을 수 없는 가우초』에 실린 「두 편의 가톨릭 이야기」가 그러하다.

문학 세계 전반을 이해하지 않고는 이 단편이 어떤 메시지를 담고 있는지 가늠하기 쉽지 않다. 이에 대한 실마리는 1975년에서 1977년 즈음 멕시코시티에서 밑바닥 사실주의 운동을 하던 볼라뇨의 행보에서 찾을 수 있다. 볼라뇨가 작가와 자신의 운명을 투영한 것으로 보이는 이 단편의 주인공 짐은 당시에 부카렐리(Bucareli)가에 있던 피자 가게의 미국인 주인을 인물화한 것으로, 볼라뇨는 그 파자 가게를 자주 갔다고 한다(Madriaga Caro, 2010: 58). 그런데 흥미롭게도 밑바닥 사실주의 작가들의 행보를 문학적으로 그려낸 『야만스러운 탐정들』에 짐이라는 인물에 대한 구체적 단초가 있다. 소설 1부의 서술자인 마데로(Madero)의 일기를 보면 "피자 가게는 무척 붐볐고, 사람들은 그링고가 커다란 조리용 칼로 직접 잘라 주는 피자 조각을 서서 먹었다. …… 잠시 후, 사소하지만 묘한 사실 하나가 눈에 띄었다. 그링고가 커다란 조리용 칼을 결코 놓지 않는 것이었다"(Bolaño, 1998: 89)라는 묘사가 있는데, 여기에 등장한 그링고가 바로 짐의 모델인 것이다. 뒤이어 『야만스러운 탐정들』의 1977년 7월 시몬 다리외(Simone Darrieux)의 증언에 따르면, 그 미국인이 제리 루이스(Jerry Lewis)로 불렸다는 사실이 언급된다(Bolaño, 1998: 224). 하지만 이 이름이 실명인지는 확인할 수 없다. 짐에 대한 단서는 여기까지이며 볼라뇨의 작품 어디에도 더 이상의 언급은 없다.[6]

짐의 정체가 제리 루이스로 불린 피자 가게 주인이라면, 이 단편에 대한 해석은 그 그링고가 칼을 놓지 않았다는 점에 주목해야 한다.

6) 볼라뇨가 스페인어권 작가를 포함한 모든 아메리카 작가들의 문학세계가 두 작품, 즉 허먼 멜빌(Herman Melville)의 『모비딕』과 마크 트웨인(Mark Twain)의 『허클베리핀의 모험』의 지평 위에 있다고 언급한다(Bolaño, 2004: 269)는 점과 볼라뇨의 무정부주의적 태도를 고려하면, 이 단편의 짐과 『허클베리핀의 모험』의 짐의 상관성을 유추해볼 수도 있으나, 명확한 근거를 발견하기는 어렵다.

그의 칼이 「짐」을 읽는 핵심어로 작동하기 때문이다. 『야만스러운 탐정들』에 두 종류의 칼이 등장한다. 하나는 창녀 루페(Lupe)의 포주인 알베르토(Alberto)가 지니고 다니는 칼이다. 그는 칼로 자신의 성기를 재보는 인물인데, 여기서 그의 칼은 남성적 권력(혹은 폭력)을 포괄적으로 상징한다. 반면에 소노라로 떠난 세사레아 티나헤로(Cesárea Tinajero) 또한 자신을 보호하기 위해 '카보르카(Caborca)'라는 글귀가 새겨진 칼을 지니고 다닌다.[7] 그런데 그 글귀는 그녀가 남긴 유일한 문학잡지명과 동일하다. 따라서 그녀의 칼은 문학과 동일시되면서 생명을 지키는 수단이 된다(이경민, 2012: 42). 이런 맥락을 감안할 때, 『야만스러운 탐정들』에 등장하는 그링고가 들고 있는 칼은 티나헤로의 칼이 지닌 성격에 근접한다. 즉, 그링고의 칼은 생계와 삶을 유지하고 지키기 위한 상징적 도구이다. 그런 맥락에서 『짐』은 어떤 방식으로든 폭력의 주체이자 대상으로 살 수밖에 없는 인간세계, 즉 폭력이 본질적 구성 요소인 세계에서 벗어나는 길이 죽음밖에 없음을 암시한다. 이로써 "중앙아메리카에서 그(짐)는 몇 번이고 강도를 당했는데 전직 군인이자 베트남 참전 용사가 당할 만한 일이 아니었다. 싸움은 그만, 짐이 말했다"(11)라는 서술은 인간세계가 폭력에서 자유로워야 한다는 메시지로 구체화된다. 이로써 「짐」은 폭력이 사라지는 순간에 성스러움의 현현이 도래할 것임을 암시한다.

7) '카보르카'라는 글귀가 새겨진 칼은 『전화(Llamadas telefónicas)』(1997)에 실린 「굼벵이 아저씨(El gusano)」에도 등장하는데, 이 단편에서 굼벵이 아저씨는 늘 몸에 지니고 다니던 자신의 칼을 볼라뇨의 분신인 화자에게 선물한다.

2) 「참을 수 없는 가우초」, 폐허의 세계

두 번째 단편 「참을 수 없는 가우초」는 이경민(2013)의 연구에서 구체적으로 다뤄진 바 있기에 이 글에서는 이 작품의 상호 텍스트성, 그리고 이를 통해 구축된 작품의 의미를 간략히 언급하고자 한다. 이 작품은 아르헨티나 문화 정체성과 문명과 야만 논쟁에 대한 보르헤스의 관점이 녹아 있는 「남부」에 대한 패러디이다. 『돈키호테』의 텍스트와 현실에 대한 문제의식을 드러내는 이 단편은 보르헤스의 「남부」, 「마가복음(El Evangelio según Marcos)」 외에도 아르헨티나 여러 작가들의 작품과도 접속하며 볼라뇨의 문학적 놀이가 유감없이 표출된 작품이다. 이 작품은 20세기 후반 아르헨티나의 몰락을 목격하고 '가우초 되기'를 꿈꾸며 팜파스로 향한 법조인 페레다(Pereda)가 사라진 가우초 전통을 구현하는 과정에서 발생하는 사건들을 해학적으로 그려낸다. 그 해학성은 기성 텍스트와의 접속으로 인한 의미 변화를 통해 배가된다. 황량한 팜파스를 누비는 토끼는 훌리오 코르타사르(Julio Cortázar)의 「파리의 여인에게 보내는 편지(Carta a una señorita en París)」와 안토니오 디 베네데토(Antonio Di Benedetto)의 「궤변적 학식이 담긴 동식물학 3부작(Tríptico zoo-botánico con rasgos de improbable erudición)」과 접속되며, 페레다가 말을 타고 풀페리아(pulpería)에 들어가는 장면은 디 베네데토의 「아바야이(Aballay)」와 직접적으로 접속되어 있다.

보르헤스의 「남부」가 문명과 야만의 지속적 대립을 암시하고 있다면, 이 작품은 그 대립이 종식된 현재, 즉 문명에 대한 낙관적 전망과 가우초 신화와 전통이 모두 몰락한 20세기 후반의 아르헨티나의 현실을 통해 자본주의 근대 세계에 대한 묵시록적 비전을 내비친다. 특히, 이 단편에서 칼(무기)이 등장한다는 점에 주목할 필요가 있다. 작품의 대단원에서 주인공 페레다가 어느 카페에서 코카인을 코에 발라가며 세계문학에 대해 열변을 토하는 작가의 허벅지를 칼로 찌르는데, 이는 텍스트를 무기로 쓰지 못하는 시대착오적이고 무기력한 도시-서구 문명-지식인, 즉 '문자 도시'에 대한 비판이라 할 수 있다(이경민, 2013: 280).

하지만 팜파스-야만-가우초의 공간이 "아르헨티나 지도에서도 사람의 기억에서도"(36) 지워진 공간으로 전락했다는 점에도 주목해야 한다. 가우초가 사라졌다는 것은 역설적으로 '칼'과 결투가 필요치 않은 공간, 즉 야만적 폭력이 제거된 공간으로 변모했음을 의미하기 때문이다. 페레다가 "부에노스아이레스에 남아서 정의의 챔피언"이 될지 팜파스로 돌아갈지 자문하다가 "팜파스에 대해선 아는 게 하나도 없는데"(50)도 불구하고 그곳으로 돌아가는 이유가 거기에 있다. 문명이 몰락한 부에노스아이레스는 디스토피아로 그려지지만 야만이 사라진 팜파스는 역설적으로 유토피아의 회복이 가능한 공간일 수 있다는 것을 의미하기 때문이다. 그런 맥락에서 페레다는 부에노스아이레스를 '지옥'(34)의 공간으로 간주하지만 "반대로 팜파스는 영원해"(34)라고 역설하면서 "그래도 아직 인간으로서 일어설 수" 있고 "인간다운 죽음을 맞을 수"(36) 있는 공간, 즉 인간이 창조한 근대 문명 외부의 삶이 가능한 곳을 야만이 사라진 팜파스로 인식한다고 볼 수 있다.

3) 「경찰 쥐」, 악의 영속성

스페인의 극작가이자 연출가인 알렉스 리골라(Àlex Rigola)[8]에 의해 2013년 연극으로 공연된 바 있는 「경찰 쥐」는 인간세계를 쥐에 빗대어

8) 알렉스 리골라는 2007년 『2666』을 희곡화하여 무대에 올리기도 했다.

인간에게 내재된 악의 욕망과 악의 일상화를 그린 작품으로, 밴 다인(S. S. Van Dine) 등이 제시한 전형적인 탐정소설 서사 구조를 비교적 충실히 따르고 있다. 줄거리는 비교적 간명하다. 페페 엘 티라(Pepe el Tira)라는 경찰 쥐를 주인공으로 하여 "쥐는 쥐를 죽이지"(69) 않는 사회에서 예외적으로 발생한 연쇄 살해 사건의 범인을 추적한다. 페페는 마침내 범인 엑토르(Hector)를 체포하지만, "나를 체포하면 범죄가 사라질 거라 생각하는 겁니까? ……그럼 페페 당신은 누가 치료해주죠?"(77)라고 묻는 범인의 오만함과 야만성에 분노하여 혈투를 벌인 끝에 그를 죽이고 만다. 이후 페페는 "여러 목소리이자 하나의 목소리"(78)를 가진 여왕 쥐를 마주하게 되는데, 여왕 쥐는 엑토르를 '변이(anomalía)'(79)로 규정하며 "쥐는 쥐를 죽이지 않아요"(79)라고 단정한다. 그로 인해 페페는 악을 추적하고 제거하는 선의 위치에서 또 다른 악(변이)의 주체로 변모하는 모순에 빠진다.

이 단편은 두 개의 작품과 직접적으로 접속하고 있다. 볼라뇨는 주인공 페페를 '여가수 요제피네의 조카'(52)로 설정함으로서 프란츠 카프카(Franz Kafka)의 「가수 요제피네, 혹은 쥐의 일족(Josefine, die Sängerin oder Das Volk der Mäuse)」(1924)과의 상관성을 명시적으로 제시하고 있다. 카프카가 불면증과 결핵에 시달리며 죽음을 마주하고 완성한 최후의 작품이 「가수 요제피네」이며, 볼라뇨의 작품 중에 「경찰 쥐」가 동물이 의인화되어 등장하는 유일한 작품임을 고려할 때, 「경찰 쥐」는 카프카처럼 죽음을 목전에 둔 볼라뇨가 '20세기 최고의 작가'(Bolaño, 2004: 326)로 극찬한 카프카에게 전하는 경의의 표현이라 할 것이다.[9] 또한 두 번째

9) 볼라뇨는 자신의 생에 가장 영향을 준 작가와 작품으로 카프카의 『성』과 『소송』을 꼽았으며, 라틴아메리카 작가로는 보르헤스, 코르타사르, 비오이 카사레스(Adolfo

단편인 「참을 수 없는 가우초」가 보르헤스의 「남부」에 대한 패러디임을 고려할 때, 이 단편에서 살인을 통한 처벌이 또 다른 살인자의 탄생을 암시하는 모티브는 보르헤스의 「끝(El fin)」에서 가져온 것으로 판단할 수 있다["그는 다른 사람이 되어 있었다. 사람을 죽였으니 이 땅 위에 그가 머물 곳은 없었다"(Borges, 1989: 521)].[10] 다만, 「끝」이 복수를 통한 살인자의 순환적 재생산을 암시한다면, 「경찰 쥐」는 그 순환성이 처벌을 통해 이뤄진다는 차이가 있을 뿐이다.

그렇다면 볼라뇨가 카프카의 단편에 대한 변형적 다시 쓰기를 통해 말하고자 하는 것은 무엇인가. 카프카의 단편은 음악에는 관심이 없는 쥐 족속이 어찌하여 이해하지도 못하는 요제피네의 노래에 몰입하는지를 탐색하는 과정을 다룬 작품으로, 인간의 삶에 예술이 과연 필요한 것인가에 의문을 제기하는 작품이다. 이 작품에서 쥐 족속이 음악에 관심이 없는 이유는 화자가 "우리들의 생활은 늘 고통스러우니까"라고 말하듯, 음악이 "일상생활과 관계가 없는 것"(카프카, 2014: 293)으로 간주되기 때문이다. 따라서 "음악을 사랑하고 있으며, 또 음악을 우리들에게 전하는 중개 역할도 터득"하고 있는 요제피네는 '예외'(카프카, 2014: 293)적 존재이다. 화자는 그런 요제피네의 노래 혹은 찍찍거림과 공동체의 관계를 탐색하다가 다음과 같이 결론짓는다.

> 요제피네는 몰락의 길을 걸을 수밖에 없다. …… 그것은 우리 종족의 영원한 역사에 있어서 하나의 사소한 에피소드에 지나지 않으며, 대중은

Bioy Casares)를 꼽았다(Braithwaite, 2006: 70).

10) 보르헤스의 「끝」과 「남부」는 「불사조 교파(La secta del Fénix)」와 함께 1944년 초판본 『픽션들(Ficciones)』에 포함되지 않았다가 1956년 판에 추가로 실렸다.

> 그 손실을 극복할 것이다. …… 그러나 요제피네는 …… 기꺼이 우리 종족의 무수한 영웅의 무리 속으로 사라져 버릴 것이다. 그래서 우리는 역사를 교란시키는 사람들이 아니므로 그녀도 곧 모든 그녀의 형제들과 마찬가지로 고양된 구원 속에서 잊혀지고 말 것이다(카프카, 2014: 315).

허정화(1994)는 요제피네의 양가성, 즉 '영웅'과 '고양된 구원'의 긍정성과 요제피네가 망각 속에 사라질 존재라는 부정성을 언급하면서, 쥐 족속 또한 영웅으로 부각되기에 그녀의 노래가 개인적 차원이 아니라 집단적 합창이며, 이는 공동체와 예술가의 변증법적 관계를 드러낸다고 해석한다.[11] 이와 같은 맥락에서 「가수 요제피네, 혹은 쥐의 일족」이라는 제목의 '혹은'이라는 표현은 요제피네의 개인적 정체성과 쥐의 일족의 정체성이 등가적인 것임을 암시한다고 볼 수 있다. 물론 카프카가 제시한 결론에 대해서는 다양한 해석이 가능하겠지만, 볼라뇨가 「경찰 쥐」에서 표명한 예술가와 "예술을 하지 않으니 어떤 예술이든 거의 이해하지"(54) 못하는 대중의 관계 또한 모순적이면서 상보적이다.

> 그들이 (예술가들이) 왜 고독하냐고? 그건 우리가 예술과 예술 작품 감상이란 걸 꿈도 꾸지 못하는 족속이기 때문이다. …… (요제피네는) 우리에게 많은 걸 요구했다는 점에서 위대하며 이곳에 사는 이들이 그녀의 견딜 수 없는 욕망을 받아 줬거나 그러는 척이라도 했다는 점에서 한없이 위대하다. …… 그녀의 행실이 극도의 인내와 희생을 요구했다면서 이 두 가지 기질은 접점이 있는 기질로 우리 안에도 어느 정도 자리 잡고 있다고

11) 요제피네의 죽음과 화자의 결론에 관한 연구는 김연수(2012), 장혜순(2005), 편영수(1987)를 참조하라.

했다(54~56).

따라서 예술은 공동체에 필요치 않은 것일 수도 있으나, 공동체와 불가분적 관계에 있다. 여기에 「경찰 쥐」의 핵심적 메시지가 있다. 볼라뇨는 「경찰 쥐」에서 요제피네라는 예외적 예술가를 동족을 살해하는 엑토르라는 예외적 범죄자로 치환한다. 쥐를 살해한 범인이 쥐라는 페페의 주장에 대해 경찰서장은 쥐가 쥐를 죽인다는 것은 "말도 안 되는 발상"이며 "비현실적인 일"(69)이라고 반박하듯, 동족을 살해하는 일은 극단적 예외이다. 따라서 「가수 요제피네」에서 요제피네-노래(예술)-예외성의 등가 관계는 「경찰 쥐」에서 엑토르-범죄(악)-예외성의 관계로 치환된다. 결과적으로 예술과 공동체의 관계가 그렇듯, 「경찰 쥐」는 범죄(악)가 인간세계에 필요치 않지만 불가분의 관계에 있음을 암시한다. 여기에서 요제피네의 조카로 등장하는 페페 엘 티라는 그녀와 마찬가지로 고독한 존재로 그려진다는 데 주목할 필요가 있다. 요제피네가 예외적 존재이듯, 그녀와 동일한 혈통의 페페 또한 그러하다.

> 운명적으로 내가 다른 이들과 다르다는 사실을 알고서, 홀로 하는 직업, 그러니까 오랜 시간을 절대 고독 속에서 보내며 동족에게 짐이 되지 않으면서 실질적인 직업을 찾게 됐는지도 모른다. …… 내 안에 요제피네의 피가 흐른다는 걸 느끼고 있었으니, 내가 괜히 그녀의 혈육이겠는가(52).

페페는 예외적 범죄를 추적하는 예외적 존재이다. 따라서 그가 엑토르(악)를 제거하는 순간, 그는 추적자이자 악행을 저지른 범죄자라는 이중적이고 모순적이며 예외적인 정체성을 지닌 존재가 된다. 이는 쥐 족속의 세계에 악행이 영속적으로 반복될 것임을 암시한다. 엑토르를 죽인 후 페페는 “신종 바이러스에 동족이 전염되는 꿈”을 꾸고 “쥐는 능히 쥐를 죽일 수 있다”는 말이 머릿속에 맴돌며 “우리 민족이 사라질 운명”(80)에 처해 있음을 감지한다. 그리고 작품의 대단원에서 한 신참이 페페에게 쥐들이 족제비에 쫓기고 있다면서 지원을 기다리다간 늦을 것 같으니 그들을 구하러 가자고 하는데, 페페는 “너무 늦었다는 건 언제를 말하는 건가? 요제피네 이모가 살던 시대인가? 1백 년 전? 3천 년 전? 우리 종이 시작된 그때부터 그럴 운명 아니었던가?”(81)라며 죽음과 멸종의 운명을 돌이킬 수 없는 것으로 이해한다. 결과적으로 볼라뇨는 「경찰 쥐」를 통해 제거되지 않는 인간세계의 필연적이고 근본적인 본질로서 악을 그려내는 한편, 악의 악순환이 파멸을 낳을 것이라는 묵시록적 비전을 내비친다. 그러나 『참을 수 없는 가우초』의 제사로 쓰인 「여가수 요제피네」의 “어찌 되건 우리가 너무 많은 걸 잃진 않겠지”(7)[12]라는 구문을 고려하면 볼라뇨의 관점이 비관적이라고 판단할 수는 없다. 「여가수 요제피네」에서 이 구문이 예술의 상실이 인간사회에 낳을 파장에 대해 비관적 관점을 드러냄으로써 인간과 예술의 상보성을 역설적으로 강조한다면, 예술을 악으로 치환한 볼라뇨의 작품에서 악의 상실은 오히려 인간세계에 대한 희망적 비전을 내포하고 있기 때문이다.

---

12) 이 논문에서 활용한 박환덕 번역의 「여가수 요제피네」에서 이 제사는 “그러므로 우리들은 아마도 그녀의 부재로 인하여 조금도 곤란을 받지는 않을 것이다”(카프카, 2014)라고 되어 있다. 볼라뇨의 『참을 수 없는 가우초』 원문에는 “Quizá nosotros no perdamos demasiado, despúes de todo”(Bolaño, 2003)로 되어 있으며 독일어 원문은 “Vielleicht werden wir also gar nicht sehr viel entbehren”이다.

4) 「알바로 루셀로트의 여행」, 문화의 중심부-주변부 구조의 해체

네 번째 단편 「알바로 루셀로트의 여행」은 표절을 다룬 작품이다.[13] 아르헨티나의 작가 루셀로트는 1950년 『고독』이라는 작품을 출판한다. 4년 뒤 이 작품의 프랑스어 판이 『팜파스의 밤』이라는 제목으로 출판된다. 이후 1957년에 프랑스의 기 모리니(Guy Morini) 감독의 <잃어버린 목소리>라는 영화가 개봉하는데, "루셀로트의 작품을 읽은 사람이라면 그 영화가 『고독』을 교묘히 베꼈다"(85)는 사실을 알 정도로 표절이 명백하다. 그런데 그 영화의 성공은 루셀로트에게 "명성을 안겨주면서 얼마 안 되던 그의 대인 관계도 넓어졌다"(87). 뒤이어 그는 단편집 『신혼여행』을 출판하는데, "초판본이 석 달 만에 바닥나고 1년 만에 1만 5천 부"가 팔리며 그의 이름을 "하룻밤 사이에 번쩍이는 스타"(88)로 만든다. 그런데 이 작품의 프랑스 판본이 나오기도 전에 이 작품과 "똑같다 못해 더 훌륭해 보이는 모리니의 신작 <하루의 테두리>가 부에노스아이레스에서"(88) 개봉한다. "불쾌감이 절정에"(88)에 달했지만, 그는 "분노와 경악을 뒤로한 채 최소한 법적으로는 아무 조치도 취하지 않기로"(89) 마음먹는다. 그런데 그 이후로 개봉한 모리니의 영화는 그의 작품과 유사성을 보이지 않는다. 이후 루셀로트는 프랑스로 건너가 모리니의 행방을 좇는다. 하지만 모리니를 만나는 순간이 다가오자 루셀로트는 그 만남이 "자기의 우둔함과 야수적 포악성을 인정"(105)하는

---

13) 이 작품은 『참을 수 없는 가우초』의 뒤표지에서 밝히고 있듯이, 아르헨티나 작가 비오이 카사레스와 프랑스의 영화감독 알랭 레네(Alain Resnais)의 관계를 환기시킨다. 알랭 레네는 비오이 카사레스의 『모렐의 발명(La invención de Morel)』(1940)에 착안하여 영화 <작년 마리앙바드에서(El año pasado en Marienbad)>(1961)를 제작했다. 이에 대한 구체적 분석은 벤야민 로이(Loy, 2015)를 참조하라.

것으로 인식하게 된다.

이 작품은 기성 작품에 대한 표절, 패러디, 상호 텍스트성 등이 문학의 본질적 속성임을 주장함으로써 예술 작품의 독창성을 무의미한 것으로 간주하는 작품이다. 즉, 볼라뇨는 예술 작품은 누구의 것도 아니거나 모두의 것이라는 듯, 작품의 원형과 예술가의 권위를 파괴한다. 이는 마치 볼라뇨가 앞선 두 작품, 「참을 수 없는 가우초」와 「경찰 쥐」의 패러디적 성격과 상호-메타 텍스성에 기초한 자신의 작품 세계를 정당화하려는 것으로 이해될 수 있으나, 이 단편은 여기에 머물지 않는다. 그 이유는 모리니가 루셀로트를 모형으로 삼고 있다는 사실, 즉 라틴아메리카라는 주변부의 문학이 프랑스의 지배적 문화의 모형으로 작동한다는 데 있다. 볼라뇨는 역사적으로 설정된 문화적 지도의 중심부와 주변부가 어떻게 배치되어 있는지 보여주는데, 대표적으로 루셀로트가 파리에서 만난 아르헨티나인 부랑자의 태도와 그의 문학이 프랑스에서 인정받지 못하는 상황을 통해 구체화된다.

나도 아르헨티나에서 왔는데, 부랑자가 스페인어로 말했다. …… 부랑자는 탱고 한 소절을 흥얼거리더니 벌써 15년 넘게 유럽에서 살고 있고 이곳 생활이 행복하며 때로는 지혜를 얻었다고 말했다. 루셀로트는 부랑자가 프랑스어를 할 때와 다르게 반말을 쓰고 있다는 걸 깨달았다. 목소리 톤까지 변해 있었다(100).

이 작품(『곡예사 가족』)은 의심의 여지없이 루셀로트의 최대 성공작이 됐고 그로 인해 과거 작품들도 재판됐을 뿐 아니라 시(市) 문학상까지 수상하게 된다. …… 애초부터 우리의 시 문학상을 신뢰하지 않던 프랑스인들이 『곡예사 가족』의 번역본을 출판하기까지는 꽤 시일이 걸렸다

(90~91).

첫 번째 인용문에서 아르헨티나 출신 부랑자가 문화적 우열의 관점에서 프랑스를 문화적 중심부로 인정하는 태도를 보인다면, 두 번째 인용문에서는 프랑스가 스스로 중심부임을 확인하고 있다. 루셀로트 또한 그런 방식으로 서열화된 문화 지형도에서 자유롭지 못하다. 그는 모리니의 예술 세계(중심부)가 라틴아메리카(주변부)에 전파될 것이라는 거짓말을 통해 그 어떤 출판사도 알려주지 않던 모리니의 거처를 알아낸다["루셀로트는 자기를 아르헨티나 기자라 소개하고 아르헨티나에서 멕시코에 이르기까지 아메리카 대륙에 막대한 부수를 꾸준히 보급하고 있는 잡지에 인터뷰를 싣고자 한다고 말했다"(102)]. 그러나 루셀로트는 모리니를 찾는 여행에서 중심부-주변부 구조에서 벗어나기 시작한다["기차가 루앙에 멈췄다. 만약 그가 다른 아르헨티나인에 다른 상황이었다면 플로베르의 자취를 찾아 사냥개처럼 순식간에 거리로 뛰쳐나갔을 것이다"(103)]. 이윽고 모리니를 만난 루셀로트는 모리니의 표절을 확인하고 그의 "등을 토닥"(106)거리며 자기가 머무는 호텔 주소를 감독의 바지 주머니에 넣어준다. 그리하여 마침내 그는 서구 문화의 '사생아'가 아니라 아르헨티나 작가로서의 정체성을 확신하기에 이른다.

> 남은 시간 동안 루셀로트는 정말로 아르헨티나 작가가 된 것 같은 느낌이었다. 그건 자신에 대해서도 아르헨티나 문학의 가능성에 대해서도 확신하지 못하여 최근 며칠, 아니 몇 년 전부터 의심하던 바였다(107).

볼라뇨는 서구의 문화적 우월성과 라틴아메리카의 주변부성, 즉 문화적 남-북의 조건을 역전시킨다. 사실 알바로 루셀로트(Ávaro Rousselot)의 이름은 북유럽(알바로)과 프랑스(루셀로트)에서 기원한다는 것은 이 인물의 이름만으로도 문화적으로 서구가 라틴아메리카에 선행함을 의미한다. 하지만 볼라뇨는 루셀로트의 문학을 통해 주변부-라틴아메리카가 중심부-서구의 모형이 되는 전도된 상황을 연출한다. 이는 『문학의 세계공화국(The World Republic of Letters)』에서 세계문학의 장을 설명하면서 세계문학의 지형도를 중심부-주변부로 설정한 파스칼 카사노바(Casanova, 2004)의 주장에 대한 문학적 반박이라 할 것이다.[14] 그러나 볼라뇨는 예술적 독창성이 '허영'(105)에 지나지 않으며 루셀로트가 "파리에서 했던 모든 일이 비난받을 짓이고 헛된 것이며 무의미하고 웃긴 짓"(106~107)이라고 간주함으로써 문화적 중심부-주변부 구조를 전도하여 복수를 감행하는 루셀로트의 행위 또한 폭력적임을 간과하지 않는다.

모리니에 대한 루셀로트의 행위가 폭력으로 규정되는 이유는 모리니의 영화와 마찬가지로 루셀로트의 문학적 독창성 또한 인정되지 않기 때문이다. 이는 루셀로트가 모리니의 영화가 자신의 작품과 유사점이 발견되지 않자, "자기 작품의 최고 독자, 그로 하여금 진정으로 글을 쓰게 하는 유일한 독자, 그에게 화답해줄 수 있는 유일한 독자가 사라졌다"(91)고 생각한다는 것으로 확인된다. 다시 말해, 보르헤스가 「피에르 메나르, 『돈키호테』의 저자」에서 표명하듯, 볼라뇨 또한 뒤이은 에세이 「문학+병=병」에서 "글쓰기는 당연히 글을 읽는 일과 다르지 않으며, 그것은 때로 여행과 아주 비슷하며 그 여행은 경우에 따라 특권적이기도 하죠"(149)라고 언급함으로써 창작과 독서를 동일한 것으로 간주한

14) 카사노바는 세계문학이라는 공간에 그리니치 자오선 같은 문학의 표준시가 있다고 주장하면서, 런던이나 파리를 문학적 수도로서 중심부에 위치하며 이 중심부와 거리가 먼 문한 공간을 주변부에 배치한다.

다. 따라서 루셀로트의 작품 또한 기성 문학에 대한 독서에 근거한 창작이기에 자신의 문학적 독창성을 주장할 수 없다. 그가 모리니의 표절에 대해 아무런 조치를 취하지 않는 것이나, 그런 그의 결정에 대해 "비난도 없었고 예술가의 결백함이나 명예를 찾아야 한다는 요구"(89)가 없었던 것도 그와 같은 맥락에서 이해할 수 있다. 그런 점에서 볼라뇨는 이 단편을 통해 중심부-주변부라는 세계문학의 계서구조를 전도하기보다는 그런 구조가 실재한다는 인식의 허구성을 드러내고 그 구조가 세계문학의 장에서 실질적으로 작동한다는 주장을 해체하고 무효화함으로써 세계문학의 중심부-주변부의 관계를 등가적이며 상호적인 것으로 재설정한다.

5) 「두 편의 가톨릭 이야기」, 선과 악의 아이러니

「두 편의 가톨릭 이야기(Dos cuentos católicos)」는 2002년 ≪열린 문학(Letras libres)≫ 48호에 발표되었다가 『참을 수 없는 가우초』에 포함된 작품이다. '천명(La vocación)'과 '우연(El azar)'이라는 두 개의 에피소드로 구성된 이 단편은 성직자가 되려는 청년과 성직자와 어린 아이를 살해하고 도주하는 어느 살인자의 조우로 발생하는 기막힌 현실을 그린 작품이다. 먼저, '천명'은 "신의 부르심, 천명", "신과의 성스러운 소통의 현기증을 경험"(113)하고 싶어 하는 열여섯 살 주인공(서술자)의 이야기다. 그는 순교자 성 비센테에 의지하여 지내다가 어느 날 모로 언덕에 창녀들이 산다는 후아니토의 "구미가 당기는 말"(114~115)을 듣고 그곳으로 향한다. 어느덧 어둠이 내린 골목에서 그는 맨발로 눈길을 걸어가는 수도사를 우연히 목격하고 "그의 정순한 발자국"을 "신의 메시지", "그토록 오래 기다려 온 화답"(117)으로 여긴다. 그는 수도사가 역에

도착해 화장실에 들른 후 표를 끊고 기차에 올라 떠나는 장면을 지켜본 뒤, 다시 수도사의 발자국을 찾아보지만 흔적조차 없다.

'우연'은 정신병원에서 탈출한 범죄자로 추측되면서도 정체가 불확실한 인물의 행보를 1인칭 시점에서 서술한 작품이다. 이 인물은 도주 중에 음식과 돈을 구하러 과거에 알고 지내던 여인을 찾아간다. 그러다가 우연찮게 들어간 곡식 창고 같은 곳에서 벌거벗은 채 침대에 누워 떨고 있는 아이와 그 옆에서 기도서를 읽고 있는 수도사와 맞닥뜨린다. 주인공은 구체적으로 명시되지 않지만 모종의 이유로 수도사와 아이를 죽이고 수도복으로 갈아입은 뒤 피범벅이 된 발로 모로 언덕을 내려온다. 한 소년이 뒤를 밟고 있다는 걸 눈치 채지만 그는 개의치 않고 역으로 향하고 이내 기차를 타고 그곳을 벗어난다. 이로써 '천명'의 주인공이 천명으로 받아들인 수도사의 고행이 다름 아닌 수도복을 입은 살인자의 도주였음이 밝혀진다.

「경찰 쥐」에서 악을 제거하는 폭력적 선이 악으로 귀결되듯, 볼라뇨는 이 단편에서 두 인물의 조우를 통해 신성한 선의 현현이 악행에 근거하는 부조리한 현실, 즉 선과 악의 아이러니를 그려낸다. '우연'의 화자가 "삶이란 어떻게 보는지에 따라서 달라지는 선물"(119)이라고 하듯, 이 작품에서 선과 악의 경계는 모호하고 불투명하다. 볼라뇨 또한 선과 악의 경계에 대해 "악이란 기본적으로 상이한 방식으로 서술된 에고이즘"(Braithwaite, 2006: 81)이라고 언급한 바 있다. 그런데 악의 필연성과 우연성에 대한 문제는 『야만스러운 탐정들』에서 이미 제기된 문제이다.

> 누구인지는 모르겠으나 갑자기 누가 거대한 검은 날개로 우리를 뒤덮은 악에 대해, 죄악에 대해 말하기 시작했다. …… 벨라노, 문제의 핵심은 악

(혹은 범죄 혹은 죄악 등 당신이 뭐라고 부르든 간에)이 우연인지 필연인지 아는 것일세. 필연적인 것이면 우리는 악에 대항하여 투쟁할 수 있어. 악을 퇴치하는 것은 어려운 일이지만 가능성은 있어. …… 반대로 악이 우연이라면 우리는 더럽게 꼬인 거지. 신에게 자비를 구하는 수밖에. 신이 존재한다면 말이야(Bolaño, 1998: 397).

사실 종교적 성스러움과 악의 관계는 『칠레의 밤』을 필두로 볼라뇨의 여러 작품에서 나타난 주제이다. 『살인 창녀들(Putas asesinas)』의 「오호 실바(Ojo Silva)」에서는 종교의식을 위해 사내아이를 거세하여 신에게 바치는 인도의 관습을 통해 종교의 폭력성을 드러내며, 「랄로 쿠라의 원형(Prefiguración de Lalo Cura)」은 포르노 여배우와 성직자, 즉 성(性)과 성(聖)의 결합으로, 잉태되는 순간부터 남성의 성적 폭력에 노출된 랄로 쿠라의 삶을 다루고 있다.[15] 이 두 단편은 악이 필연과 우연의 문제를 넘어 이 시대의 어떤 시공간에서든 악이 상존함을 명시적으로 보여준다. 그런 관점에서 「두 편의 가톨릭 이야기」는 성직자가 되려는 소년이 경험한 신성한 '천명'을 악행이 만들어낸 필연적 우연(혹은 우연적 필연)으로 구성함으로써 선과 악의 모순적이고 공생적인 영속성을 암시한다. 따라서 이 단편 또한 「짐」, 「참을 수 없는 가우초」, 「경찰 쥐」에서

---

15) 「오호 실바」의 주인공은 "인도의 어느 곳엔 이런 관습이 있대. 이름은 기억나지 않지만 어떤 신에게 소년을 바치는 거야, …… 축제가 시작되기 며칠 전에 소년을 거세한다는 거야. 축제 동안 소년으로 태어나는 신이 남성의 표상이 없는 인간의 몸을 요구하니까"(Bolaño, 2001: 18~19)라고 서술하며 「랄로 쿠라의 원형」의 서술자이자 주인공인 랄로 쿠라는 "코니(어머니)는 날 임신하고도 일을 했다. …… 나는 그 인간들의 성기가 어머니 몸속에 최대한 깊숙이 들어왔을 때 내 눈에 닿았다고 믿고 싶었다"(Bolaño, 2001: 100)라고 기록한다.

드러난 세계와 악에 대한 볼라뇨의 문제의식과 맥을 같이한다.

6) 「문학+병=병」과 「크툴루 신화」,[16] 문학의 미래에 대한 경고

마지막으로 「문학+병=병」과 「크툴루 신화」는 삶과 문학에 대한 볼라뇨의 개인적 비전이 담긴 에세이다. 먼저, 「문학+병=병」은 병마와 싸우고 있는 볼라뇨의 삶과 새로운 문학을 향한 그의 관점이 문학적으로 결합된 에세이이다. 볼라뇨는 이 에세이가 무엇을 다루는지 다음과 같이 말한다.

> 프랑스 시는 19세기 시문학의 최고봉으로, 그 시와 시구들엔 20세기 유럽과 우리의 서구 문화가 맞닥뜨릴 심각한 문제가 예시되어 있으며 그 문제는 여전히 해결되지 않고 있습니다. 혁명과 죽음, 권태와 탈주가 그 문제들이죠(136).

그리고 그 문제들은 "보들레르에서 시작하여 로트레아몽과 랭보에 이르러 정점에 달하고 말라르메"(136)로 끝난다고 하면서 말라르메의 「바다의 미풍(Brise marine)」을 인용한다. 그리고 이 시에서 말라르메(Stephane Mallarmé)가 말한 여행을 "삶에 대한 긍정이자 죽음과의 지속적

---

16) 「크툴루 신화」는 볼라뇨가 2002년 카탈루냐 이베로아메리카 협력 협회(Institut Català de Cooperació Iberoamericana: ICCI)가 주최한 학회에서 발표한 글이다. 이후 2003년 세비야에서 열린 라틴아메리카 작가 대회에서 다시금 이 글을 읽었다. 애초에 이 작가 대회에서는 「세비야가 날 죽인다(Sevilla me mata)」라는 글을 발표하기로 했으나, 건강 악화로 완성하지 못하고 「크툴루 신화」로 대신했다. 「세비야가 날 죽인다」는 『아메리카의 말(Palabra de América)』(2003)에 실리게 된다.

인 놀이"(140)로 이해한다.[17] 따라서 그에게 삶과 문학의 생명은 여행에 있으며, 정지 상태는 죽음과 마찬가지이다. 뒤이어 그는 말라르메의 시가 보들레르(Charles Baudelaire)의 시에 대한 화답이라고 간주하면서 보들레르의 『악의 꽃(Les fleurs du mal)』에 실린 「여행(Le voyage)」을 해석하는데, 여기에서 볼라뇨는 보들레르가 여행을 통해 파악한 인간과 세계에 대한 비전을 다음과 같이 밝힌다.

> 권태의 사막 한가운데 있는 공포의 오아시스.[18] 근대인의 병을 표현하는 데 이보다 더 명확한 진단이 있을까요. 그 권태를 벗어나는 데, 그 죽음의 상태를 탈출하는 데 우리 손에 주어진 유일한 것, 그렇다고 그다지 우리가 손에 쥐고 있지도 않은 그것은 바로 공포입니다. 다시 말해, 악이란 말입니다. …… 오늘날의 모든 것이 이 세상에는 공포의 오아시스만 존재한다고, 혹은 모든 오아시스가 공포를 향하고 있다고 하는 것 같습니다(145~146).

볼라뇨는 인간세계가 악으로 점철된 공간이며, "공포의 오아시스만" 존재하는 악의 세계를 벗어날 수 없다고 피력한다. 그럼에도 불구하고 그는 "그 미지의 세계 깊은 곳으로, 새로운 것을 찾아"(149)라는 시구를 통해 말라르메가 "여행과 여행자의 운명이 어떤지 알면서도 그 여행을 다시 시작"(150)한다고 지적하면서, 우리의 병든 행위와 언어를 치유하

17) 말라르메의 「바다의 미풍」에서 "육신은 슬프도다, 아! 난 모든 책을 읽어 버렸구나./ 떠나리라! 떠나리라!"(137)라는 시구는 '병들고 쇠락한 육신과 문학' 그리고 '여행'을 가리키는 상징적 표현이다. 볼라뇨는 이 시구를 유한한 육체-섹스, 문학-책에 대한 욕망이 사라진 뒤 남은 것이 바로 여행이라고 해석한다(139).

18) 보들레르의 「여행」에 나오는 시구로 볼라뇨는 이 시구를 『2666』의 제사로 활용한다.

기 위한 해독제를 찾아 탐험해야 한다고 주장한다. 즉, "패퇴가 자명한 전투"(149)임에도 불구하고 전투에 임하는 자가 바로 작가라는 것이다.[19] 이윽고 볼라뇨는 "20세기 최고의 작가 카프카가 주사위는 이미 던져졌고 처음 피를 토한 날 이후로 그 무엇도 자신과 글쓰기를 떼어 놓을 수 없다는 것을 알았다"(152)라고 밝히면서 자신 또한 죽음의 순간까지 글쓰기를 멈추지 않을 것임을 시사한다. 그리하여 볼라뇨에게 글쓰기-문학은 "뭔가를 찾아서", "그 뭔가가 책이든, 몸짓이든, 잃어버린 무엇이든, 그것이 어떤 방법이든, 그 어떤 것이 됐든", 즉 "새로운 것을"(152) 찾아가는 삶이자 여행이며 탐험이 된다.

이로써 「문학+병=병」이라는 제목의 함축적 의미에 접근할 수 있다. 문학이 여행이자 탐험으로 이해된다면, 병은 볼라뇨를 죽음으로 몰고 간 질병을 넘어 권태에 사로잡힌 현대 사회의 질병, 즉 악을 가리킨다. 따라서 병이 걸린 세계의 문학은 병으로 귀결되며, 병에 걸린 세계를 벗어날 길도 없다. 그렇지만 볼라뇨는 그런 조건에서도 해독제를, 다시 말해 병을 치료할 '새로운 것'을 찾기 위해서는 미지를 탐험해야 한다고 말한다. 그 탐험이 "심연으로 이끌지라도", "어쩌면 그 심연이 해독제를 찾을 수 있는 유일한 곳"(150)이더라도 말이다. 볼라뇨가 인간세계의 악에 천착하는 여행-글쓰기-탐험을 하는 이유가 여기에 있을 것이다.

다음으로 「크툴루 신화」는 스페인어권 문학의 현재 상황에 대한 비판

---

19) 이와 같은 맥락에서 볼라뇨는 로물로 가예고스 문학상 수상 연설에서 "양질의 글쓰기"란 "암흑에 머리를 들이밀 줄 알고, 허공을 뛰어내릴 줄도 알고, 문학이 기본적으로 위험한 일임을 알고 있는"(Bolaño, 2008: 39) 글이라고 말한다. 또한 그는 작가란 "괴물과 맞서 싸우는" 사무라이이며, "뻔히 패퇴할 줄 알면서도 용기를 내어 싸우러 나가는 것, 그것이 문학"(Braithwaite, 2006: 90)이라고 피력한 바 있다.

적 관점이 두드러진 에세이이다. 볼라뇨가 이 글의 제목을 「크툴루 신화」로 한 것은 문학의 미래에 대한 절망적 비전과 경고를 포괄하고 있다. 러브크레프트(H. P. Lovecraft)가 창조한 크툴루가 인류에 재앙을 가져올 존재로 그려져 있을 뿐만 아니라 이 신화가 인간 역사 이전의 기괴한 외계 생명체들에 대한 공포를 그려내고 있다는 점을 고려할 때, 이 제목은 출세주의 작가와 자본 지상주의 출판사로 인한 문학의 위기를 상징한다고 볼 수 있다. 먼저, 이 글에서 볼라뇨는 출판계의 수익 지상주의가 지배한 문단과 비평계의 현실에 대해 다음과 같은 말로 포문을 연다.

> 콘테라는 비평가는 페레스 레베르테를 완벽한 스페인 소설가라 하더군요. …… 그의 두드러진 장점이 작품의 가독성이라더군요. 그 가독성으로 페레스 레베르테는 가장 완벽한 소설가가 됐을 뿐만 아니라 가장 많이 읽힌 소설가가 됐죠. 그러니까 작품을 가장 많이 판 작가가 됐단 얘깁니다(153~154).

볼라뇨는 '완벽한 작가'의 조건이 작품의 가독성과 수익성 담보에 있는 문단의 현실을 지적함과 동시에, 스페인 비평가인 콘테(Rafael Conte)의 발언을 통해 수익 지상주의에 편승하여 문학의 가치를 출판 자본의 가치로 평가하는 논단, 즉 사회적·문화적 역할을 상실한 비평계를 역설적으로 비판한다.[20] 나아가 그는 문학이 상품화된 상황에서

---

20) 자본주의의 예술 영역 침투와 문학의 상품화가 전 지구적 현상이라는 점에는 의심의 여지가 없다. 예컨대, 가라타니 고진(柄谷行人)은 일본에서 문학은 1980년대에 죽었다고 하면서 무라카미 하루키(村上春樹)가 그렇듯, 작가들이 세계적으로 유통되는 상품을 만들어내고 있지만, 문학이 일본 사회에서 지니고 있었던 역할이나

'독자'가 '소비자'(157)로 전락했다고 강조하면서, "죽음의 도시 코말라가 다가오는 게 희미하게 보입니다"(162)라며 문학의 쇠퇴를 예견한다.[21] 또한 볼라뇨는 출판계와 비평계에 대한 비판을 넘어 문학의 쇠퇴를 촉발한 원인이 문학에 대한 작가의 태도에 있다고 지적한다. 그는 요즘 작가들의 관심이 "오직 성공과 돈과 존경"(173)에 있다면서, "실속 있는 보조금과 지원금"을 챙기고 "계약하고 싶은 마음을 접기 전에 당신을 팔아야 합니다"(170)라는 역설로 사회적 역할을 상실한 작가의 세속적 태도를 조롱한다. 그리고 결론에 이르러 "가르시아 마르케스의 말을 따르고 알렉상드르 뒤마를 읽읍시다. 페레스 드라고나 가르시아 콘테가 하는 말을 경청하고 페레스 레베르테를 읽읍시다. 독자의 구원은 베스트셀러에 있습니다(출판 산업의 구원도 거기 있죠). …… 이 모든 게 우리한테 출구가 없다고 하는 것 같습니다"(174)라며 자본주의 논리로 상실된 작가 정신과 문학 풍토를 신랄하게 비판한다.

3. 나가며

『참을 수 없는 가우초』에 포함된 작품들의 수렴점은 구성적 측면과

의미는 끝났다고 주장한다. 그는 1990년대에 들어 한국에서도 문학이 상품화되고 비평이 사라지면서 문학이 급격하게 영향력을 잃었다고 갈파한다(가라타니 고진 2004).

21) 볼라뇨는 "라틴아메리카 문학은 이사벨 아옌데고 루이스 세풀베다고 앙헬레스 마스트레타고 세르히오 라미레스며 토마스 엘로이 마르티네스고 아길라르 카민인가 코민인가 하는 작자고 제가 이 순간 기억해 내지 못하는 수많은 작가들입니다"(165~166)라며 상업적으로 성공한 작가들을 조롱한다.

내용적 측면에서 정리될 수 있을 것이다. 첫째, 차이를 만들어냄으로써 차별화하려는 패러디와 상호-메타 텍스트성을 활용함으로 인해 다양한 텍스트와의 접점을 탐색해야만 작품의 내포된 의미에 접근할 수 있다. 패러디가 기성 작품에 대한 경의의 표시이자 그 작품을 넘어서려는 의지의 표현이라는 양가성을 지니듯, 『참을 수 없는 가우초』의 단편들은 문학적 원형을 파괴함과 동시에 그 작품을 소환하고 되살려낸다. 「경찰 쥐」, 「참을 수 없는 가우초」가 그 대표적 예라면 「알바로 루셀로트의 여행」은 상호 인용 체계가 문학의 본질적 속성이라고 변호함으로써 세계문학의 장을 중심부-주변부로 분류하는 문학적-문화적 계서 구조를 무효화한다. 둘째, 다양한 텍스트와의 접점을 통해 구축된 작품들이 현대 세계의 병리에 대한 탐색으로 수렴된다. 폭력에 노출된 절망적 인간, 폐허가 된 세계, 반복적이고 영속적인 범죄, 예술의 폭력성, 선과 악의 모순적 아이러니 등을 그려내고 있는 『참을 수 없는 가우초』의 단편들은 '공포의 오아시스' 같은 근대 세계에 내재된 다양한 층위의 악을 재현하고 있다.

인간과 세계의 본질적 요소로서의 악에 대한 볼라뇨의 문제의식은 다음 유작인 『2666』에서 총체적으로 재현된다. 『참을 수 없는 가우초』와 마찬가지로 이 작품도 절망적인 묵시록적 비전으로 가득하다. 신자유주의의 그림자 속에서 여성 연쇄 살인은 계속되지만 그 원인도 범인도 마지막까지 밝혀지지 않는다. 볼라뇨는 이 작품의 배경인 산타 테레사(Santa Teresa)의 모델인 실제 도시 시우다드 후아레스(Ciudad Juárez)를 '지옥'에 비유하면서 "시우다드 후아레스는 우리의 저주이자 우리의 거울이다. 우리의 실패와 자유에 대한 추악한 해석과 우리의 욕망으로 점철된 불안한 거울이다"(Braithwaite, 2006: 69)라고 언급한 바 있는데, 이는 『2666』을 통해 인간이 생산한 악의 세계를 성찰하라는 요구일 것이다. 마찬가지로 『참을 수 없는 가우초』는 악으로 병든 세계에 대한 비판적 거울이며, 「문학+병=병」에서 밝히고 있듯이, 그 세계를 치료할 새로운 것, 해독제를 찾아야 한다는 절박한 요청이다. 그런 점에서 '아이들'과 "용사로 싸우는 전사들"(Braithwaite, 2006: 71)에게 희망을 걸고 있다는 볼라뇨의 발언은 미래 세대를 위해 부조리하고 잔인한 오늘의 현실에 맞서 투쟁하라는 주문이다. 그리고 그 투쟁이 세계와 문학을 대하는 볼라뇨의 작가 정신일 것이다.

참고문헌

가라타니 고진. 2004. 「근대문학의 종말」. 구인모 옮김. ≪문학동네≫, 11(4), 1~22쪽.

볼라뇨, 로베르토. 2013. 『참을 수 없는 가우초』. 이경민 옮김. 열린책들.

강동호·금정연·박솔뫼 외. 2015. 『Analrealism vol.1』. 서울생활.

김연수. 2012. 「카프카의 '작은 문학'과 요제피네의 노래 혹은 휘파람」. ≪카프카연구≫, 28, 25~45쪽.

이경민. 2012. 「유목적 글쓰기로서의 볼라뇨 문학」. ≪이베로아메리카연구≫, 23-3, 27~55쪽.

______. 2013. 「볼라뇨의 「참을 수 없는 가우초」: 보르헤스의 「남부」 다시쓰기」. ≪스페인어문학≫, 68, 261~282쪽.

장혜순. 2005. 「현대에 대한 카프카의 문화비판-노래하는 생쥐와 미적 경험」. ≪카프카연구≫, 13, 257~274쪽.

편영수. 1987. 「카프카에 있어 개인과 공동체: 「여가수 요제피네 혹은 쥐의 족속」을 중심으로」. ≪카프카연구≫, 2, 196~208쪽.

카프카, 프란츠. 2014. 「가수 요제피네, 혹은 쥐의 일족(一族)」. 『변신, 유형지에서(외)』. 박환덕 옮김. 범우, 293~315쪽.

허정화. 1994. 「카프카의 「歌姬 요제피네 혹은 쥐의 족속」에 나타난 예술가와 공동체의 변증법적 관계」. ≪카프카연구≫, 4, 165~183쪽.

Andrews, Chris. 2014. *Roberto Bolaño's Fiction: An Expanding Universe*. New York: Columbia University Press.

Bolaño, Roberto. 1997. *Llamadas telefónicas*. Barcelona: Anagrama.

_______. 1998. *Los detectives salvajes*. Barcelona: Anagrama.

_______. 2001. *Putas asesinas*. Barcelona: Anagrama.

_______. 2003. *El gaucho insufrible*. Barcelona: Anagrama.

_______. 2004. *Entre paréntesis*. Barcelona: Anagrama.

_______. 2008. "Discurso de caracas." in Edmundo Paz Soldán y Gustavo Faverón

Patriau(eds.), *Bolaño salvaje*. Barcelona: Editorial Candaya, pp.33~42.

Borges, Jorge Luis. 1989. *Obras Completas* Vol.I, III. Barcelona: Emecé.

Braithwaite, Andrés(ed.). 2006. *Bolaño por sí mismo: Entrevistas escogidas*. Santiago: Universidad Diego Portales.

Herralde, Jorge. 2005. *Para Roberto Bolaño*. Buenos Aires: Adriana Hidalgo.

Loy, Benjamin. 2015. "Deseos de mundo. Roberto Bolaño y la(no tan nueva) literatura mundial." in Gesine Müller & Dunia Gras Miravet(eds.). *América Latina y la literatura mundial: mercado editorial, redes globales y la invención de un continente*. Madrid: Vervuert, pp.273~294.

Madariaga Caro, Montserrat. 2010. *Bolaño Infra 1975-1977: los años que inspiraron Los detectives salvajes*. Santiago: RIL Editores.

Pascale Casanova. 2004. *The World Republic of Letters*. Trans. M. B. Debervoise. Cambridge, Massachusetts: Harvard University Press.

Vila-Matas, Enrique. 2002. "Bolaño en la distancia." in Celina Manzoni(ed.). *Roberto Bolaño: La escritura como tauromaquia*. Buenos Aires: Corregidor, pp.97~104.

제13장

미국-멕시코 국경

광기와 감금의 미학

이은아 서울대학교 라틴아메리카연구소

1. 들어가며

트럼프 대통령이 취임 전부터 장담했던 국경 장벽 건설과 불법 이민자 추방이 본격화되면서 그의 행정조치를 과거 대공황기에 있었던 대규모 추방에 비유하는가 하면 대통령의 광기 어린 통치행위라고 비난하기도 한다. 이처럼 미국 내 정치경제적 필요에 따라 멕시코 이민자에게 무차별적으로 가하는 국가적 차원의 송환 조치는 뿌리 깊은 '반멕시코 감정(Anti-Mexican sentiment)'과 관련이 있다. 그래서 이번 트럼프 장벽 설치는 광기로 치부될 만큼 비판이 거세지만 역으로 지지하는 목소리도 크다.

불법 이민자 단속과 추방은 이미 이전 정권들에서 줄곧 행해진 일로서, 연방이나 주 차원에서 운영하는 구류 센터의 부족으로 사립 구금

* 이 글은 ≪이베로아메리카연구≫ 28권 2호(2017)에 필자가 발표한 논문을 총서의 취지에 맞게 수정 보완한 것이다.

시설의 경제성이 높다는 기사까지 나올 정도로 감금자의 규모가 상당하다. 오바마 정권하에서 국외로 송환된 비합법적 이민자의 수가 급증하면서 송환 이전까지 구금을 해둘 시설이 부족하자 사설업체의 기관을 임대했는데, 그 결과 사설 보안서비스와 밀입국자 억류 센터가 성장 사업으로 각광받게 된 것이다(장세용, 2014: 336).

미-멕 국경을 둘러싼 폭력과 범죄라는 키워드는 밀입국 과정과 검거, 멕시코의 마약 카르텔과의 전쟁 등을 통해 익히 잘 알려진 내용이다. 이 글에서는 폭력과 범죄 이면의 광기와 이를 억압하고자 생명 권력을 행사하는 국가적/탈국가적 방식의 수용과 감금에 대해 다루고자 한다. 볼리비아계 라티노 작가인 에드문도 파스 솔단(Edmundo Paz Soldán)의 최근작인 『노르테(Norte)』(2012)가 주된 분석의 자료가 될 것이다. 작가는 "미국의 광활함 속에 사라져간 라틴아메리카인들의 이야기를 잊지 않기 위해서" 이 소설을 창작했다고 후기에서 밝히고 있다. 미국의 국가 형성과 발전의 수단으로 삼았던 철도 건설에 동원되었던 이민자들이 그 기차로 인해 사회로부터 축출당하고 인간적 권리를 박탈당하는 상황이 이 작품을 통해 그려진다. 미국 땅의 광범위함 속에서 머물다 사라질 파스 솔단 역시 이 소설의 일부에 작가 스스로의 모습을 담아내고자 했다. 깨진 꿈 앞에서 예술과 범죄의 길을 걸은 이들의 비극을 통해 작가는 자신의 책무와 위기를 점검하고 있다고 보인다.

이야기의 주를 이루고 있는 두 명의 실존 인물들은 1920년대 브라세로 노동자와 1980년대 미-멕 국경을 넘나든 멕시코인 범죄자다. 얼핏 보기에 상관성이 적어 보이는 이들을 연결시키는 고리는 국경 저쪽에서 발현된 광기와 감금이다. 기차라는 교통수단을 통해 미국 영토를 움직인 주인공들은 철도를 돈벌이의 수단으로 삼았지만, 종국에는 정신분열증과 감금이라는 유사한 과정을 통과하며 고통스러운 생애의 끝을 맞는다. 서로 다른 동기와 착란, 사회적 처벌을 겪었지만 이들에게서 이민자 세대를 거치며 반복되는 비극적 유사성을 발견하게 된다.

실존 인물들이 보여준 저항 혹은 반란의 코드, 반복적 모티브의 예술 생산과 정신착란에서 기인한 메시아적 환상, 이것을 미국 사회의 처벌에 맞서는 일탈적 이민자의 미학적 반란으로 볼 수 있을까? 이 두 실존 인물 외에 작가는 현재를 사는 가공의 인물들을 만든다. 라틴아메리카 출신의 이민자들인 동시대 주인공들은 모두 어떤 비극적 패러다임에 얽혀 있는 것처럼, 지면과 화면을 통해 과거의 인물들과 조우하게 되고 이들의 과거를 추적하고 평가하는 일에 관여한다.

이 소설의 주요 인물들은 그들의 삶을 옭아매고 있는 집착과 광기가 만들어내는 경계에 갇히거나 혹은 경계 너머의 세계로 사라진다. 이런 삶의 양식이 미국과 멕시코, 더 나아가 라틴아메리카 사이의 국경을 넘나듦을 통해 획득한 이민자라는 지위와 어떤 연관을 지니는지, 이들을 하나의 끈으로 아우른 작가는 정신병자와 범죄자의 미학적 저항과 반란을 어떻게 상상하는지 살펴보고자 한다. 이 글에서는 비정상적 주인공들이 보여주는 광신적 움직임과, 주체들의 균열과 불안의 지점을 포착하고 전달하는 작가의 문학적 시도를 논의해 봄으로써 박탈에 대한 저항의 정치적 가능성을 가늠해보고자 한다.

2. 본론

1) 트라케로의 천재적 예술성

이야기의 한 축인 마르틴 라미레스(Martín Ramírez)는 1990년대 이후 천재적 아웃사이더 예술가[1])로 평가받고 있다. 생전에는 정신분열증 예술가로 주목받았다. 그에 관한 전기적 사실이 많이 알려져 있지 않은데, 멕시코에서의 기록이 별로 없는데다 미국에서 언어 능력을 상실한 탓에 신상 정보를 구할 수 없었기 때문이다. 1895년생 멕시코 할리스코 출신으로 4명의 자녀를 둔 가장이었으나 빚에 시달리다 못해 도미하여 철도 노동 현장에서 혹사당한 것으로 추정된다. 대공황 이후 1931년 로스앤젤레스 지역의 한 공원에서 노숙자 신세로 지내던 중 현지 경찰에 의해서 체포돼 부랑아라는 죄명으로 구치소에 일시적으로 수감되었고, 이후 신분 조사 과정에서 정신분열증 진단을 받아 정신병원에 수용된다. 1935년 드윗 주립(Dewitt State) 병원으로 이송된 후 세상과 완전히 단절되어 지내다가 1940년대 중반 무렵부터 그림을 그리기 시작한다. 전혀 말을 하지 않았기 때문에 의사소통이 이뤄지지 않은 상태로, 병원 내 잡다한 재료들을 이용해 소규모 사이즈의 그림을 그렸지만 초기 작품은 상당수 폐기되었다. 1950년대 초반 타르모 파스토(Tarmo Pasto) 새크라멘토 주립대 교수가 우연히 그의 재능을 인지하고 작품 활동을 후원하기 시작하였다. 그는 1963년 사망할 때까지 많은 작품을 남겼으나 가족과 다시 만나지 못한 채 외롭게 사망했다.

1920년대 애리조나 지역을 관통하는 산타페 철로, 혹은 그가 노동했

---

1) 아웃사이더 예술은 프랑스 화가 장 뒤뷔페(Jean Dubuffet)의 아르 브뤼(art brut)에서 기인한다. 아이들의 드로잉, 슬럼가 벽의 낙서, 교육을 받지 않은 사람이나 정신 이상자들의 그림 등 문화적 전통의 영향을 받지 않은 모든 종류의 개인적 경험의 즉각적인 기록에 관심을 가졌는데 장 뒤뷔페는 이러한 작품들을 살아 있는 미술, 원생 미술로 뜻하는 아르 브뤼 라고 지칭했다. 원래 정신병동이나 수용소에서 만들어진 작품이라는 좁은 의미인데, 요즘엔 조금 더 넓게 주류와 접하지 않는 미술이라는 뜻을 가지는 단어가 되었다. http://blog.naver.com/songdw1701/220042104756

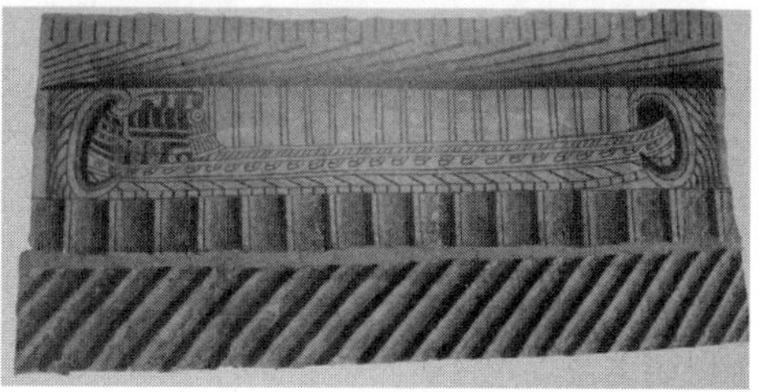

자료: Borja-Villel, 2010: 129(좌측); 113(우측 상단); 87(우측 하단).

을 가능성이 큰 로스앤젤레스의 대규모 수로 건설 사진을 그의 작품들과 나란히 비교해보면 그 유사한 패턴에 놀라움과 연민을 감출 수 없다. 그의 정신세계를 짓누르고 있는 선로와 터널 이미지는 노동의 강도에 대한 절규임에 틀림없다. 이성 세계 너머 영역에서조차 이렇게 집요하게 반응하고 있는 자체가 그의 정신적 유약함이나 분열증, 혹은 예술가적 집요함에 대한 근거라기보다는 혹독한 철로 건설과 보수 작업 현장에 던져진 한 노동자의 육체적, 정신적 착취에 대한 반증으로 읽힌다.

그의 예술 작품을 관통하는 일관된 모티브는 철로와 터널, 책상 앞에 있거나 말을 탄 남자, 과달루페 마리아 상 등이다. 그림의 소재를 통해 이주, 기억, 전치, 소외, 고독 등을 이야기하는데, 무엇보다도 반복적으로 사용된 조개 무늬의 기하하적 문양이 선로를 연상시킨다.

단순화된 철도와 터널 모티브는 라미레스 미학의 근간을 이루지만 미국 자본주의 발흥에 대한 이해를 상징적으로 드러낸다. 대륙 횡단 철도가 완공된 이후 미국은 세계 최고의 철도 나라가 되었고, 노선과 지선을 연결하는 사업이 앞 다투어 진행되었기에 이전에는 상상할 수 없는 신세계로 탈바꿈하였다. 퍼시픽 철도법에 따라 횡단 철도에 쓰이는 철강은 미국산만을 쓸 수 있었기에 철강 산업이 대약진을 하게 된다(박흥수, 2015: 260~261). 철로의 확장에 따라 이민 노동력이 대거 투입되었고, 라미레스가 그 가운데 있었던 것이다. 그림에 반복되는 선로의 직선성은 이중적으로 읽힌다. "(기차)가 열어 놓은 평면 위에서 자유롭게 질주할 수 있는 개방성을 지니는 동시에, 그 평면의 확장을 가로막는 모든 것들을 폭력적으로 동일화하려는 폐쇄성을 감추지 않는다는 점에서"(고미숙, 2014: 69) 마르틴의 '아르 누보'식 문양이야말로 반복의 절제미뿐 아니라 폭력적 동일성을 반영하고 있다. 그림 속의 철로는 평평하고 직선적인 역학적 규칙성을 보여주는데, 그 반복성은 기차의 진행을 가로막는 장애를 제거하는 무지막지한 파괴력과 동시에 벗어날 수 없는 동일성의 굴레같이 작동하고 있다. 철로의 반복성과 동일성이 그의 의식 세계를 사로잡고 있는 듯이 그의 그림 또한 마치 벗어나지 못하는 숙명처럼 동일한 주제를 반복한다.

『달리는 기차에서 본 세계』의 제4장 「대륙 횡단 철도와 아메리칸 드림」은 'CP(센트럴 퍼시픽)'과 'UP(유니온 퍼시픽)' 건설을 위해 중국과 아일랜드계 이민자들이 얼마나 많은 인적 대가를 치렀고, 노동 경쟁에 희생되었는지 기록하고 있다. 그러나 횡단 철도의 지류인 산타페 퍼시픽과 서던 퍼시픽 노선에 주로 동원되었던 멕시코계 이민자들에 관한 언급은 전무하다. 멕시코 철도 브라세로 노동자에 관한 연구에 의하면, 농업에 종사한 브라세로 노동자에 비해 철도 노동자인 트라케로(traquero)에 관한 심층적 조사가 현저히 부족하다. 1900년에서 1930년까지 멕시코 인구 약 백만여 명이 국경을 넘어 이주했다고 알려져 있다.

특히 남서부 지역이 자본주의 경제 체제로 전환되면서 값싼 노동력을 필요로 했기 때문에 본토인보다 더 많은 멕시코 이주 노동자들을 채용하기 시작했고, 이들 트라케로스(traqueros)는 곧 남서부와 중부 평원지대에서 가장 큰 규모의 철도 노동자가 되었다(Garcilazo, 2012: 36). 캘리포니아의 경우, 1928년 철로 회사에서 월급 명세서를 받은 노동자가 1만 700여 명에 다다랐다(Garcilazo, 2012: 54). 1880년에서 1910년 사이 이들이 미국에서 일당 1달러를 받는 동안 멕시코에서는 고작 4분의 1에 해당하는 임금을 받았다. 반면, 동일 기간 동안 미국의 아일랜드 출신 이민자는 이것에 3배에 해당하는 3달러를 벌었다(Garcilazo, 2012: 37). 이런 연구를 통해 당시 멕시코의 정치경제적 위기로 인해 이민 노동자가 될 수밖에 없는 사정과 더불어 미국 사회 내에 그들에 대한 종족적 편견과 차별이 이미 고착되어 있었다는 사실을 알 수 있다.

정확한 수치는 알 수 없으나 1950년까지 약 13만 명의 트라케로스가 있었다고 한다. 1920년대 최초의 치카노 소설로 알려진 『돈치포테의 모험 혹은 앵무새가 젖을 먹일 때(Las Aventuras de Don Chipote o, Cuando los pericos mamen)』에는 트라케로스의 희생과 차별에 관한 이야기가 사실적이자 풍자적으로 실려 있다. 주인공인 돈치포테가 애리조나 지역의 '산타페 철도'에서 노동을 하다가 다리 부상을 입는 장면이 나오는데, 이 사건은 작가인 다니엘 베네가스(Daniel Venegas)의 자전적인 경험으로 알려져 있다. 이 소설에 의하면 이들에 대한 처우가 어떠했는지 짐작할 수 있다. 구체적으로 잘 알려지지 않은 당시의 근로 조건과 노동자들의 상황을 살펴보면, 마르틴이 빚과 일자리를 걱정하며 길을 잃고 한 철도역에 들어가 현실 감각을 점점 상실해가는 소설의 장면을 보다 현실적으로 이해할 수 있다.

마르틴은 정식 미술교육을 받지 않고 기존 유파나 지향과 상관없이 창작 활동을 펼치는 아웃사이더 예술가에 속한다. 후반기 작품에 이르면 스타일이 보다 실험적이고 안정적으로 되는데, 전문가들은 정신분열증의 영향력이라는 테두리를 벗어나 미학적 가치에 온전히 주목한 평가를 내려야 한다고 주장한다. 그의 작품 전반은 두뇌의 일부분이 매우 정상적으로 작동하고 있는 것이 아닌가하는 의구심마저 들 정도로, 광기의 표현으로는 해석할 수 없는 천재적인 표현성을 보여준다. 분열적이라기보다는 명상적이고, 환각적이라기보다는 비판적이자, 흰색 공간에 대해서도 집착적이라기보다는 통제적이기 때문이다.

파스 솔단은 『노르테』에서 마르틴이 왜 입을 다물게 되었고, 어떤 동기에 의해 이런 그림을 그리게 됐는지 여러 일화들을 통해 전달하고자 한다. 작가는 마르틴의 독백과 전지적 시점을 통해서 그가 느꼈을 공포와 폭력의 두려움을 연극적으로 재구성한다. 그의 상상력에 의하면, 마르틴은 구어의 상실을 시각 언어의 획득으로 보상하면서 자기 보호의 수단을 획득하게 된다. 수용된 병원 밖을 나갈 가능성에 대해서는 전혀 인지하지 못한 채 마치 주어진 운명처럼 자신에게 지정된 공간을 견디기 위해 그림이라는 피신처에 기거하게 된다. 즉, 철로와 병원의 흰 공간으로부터 화지로 인식의 중심을 옮기면서 본인의 의지대로 세상을 움직일 수 있는 권한을 획득하게 된 것이다.

마르틴의 실존 인물인 라미레스의 사례는 주로 밀입국자들의 죽음과 관리에 초점을 두고 있는 국경 중심의 생명 정치 분석과는 다소 거리가 있다. 밀입국자는 추적과 송환의 두려움으로 인해 정신 건강에 위기를 겪고 심리치료 대상으로 '예외 상태'에 놓이는 경우가 많은데, 이것은 '불법성에 기반한 생명 정치적 운영'과 관련되어 있다(장세용, 2014: 339). 그러나 포괄적 의미에서 "주권성을 재형성하고 재정립시키는 과정에서 살게 하거나 죽게 내버려두는 일에 집중"(버틀러·아타나시오우, 2016: 270)

하는 생명 권력은 이들 이민자 전체에게 끊임없이 작동하고 있다. 라미레스와 같은 불법 이민자들은 개인과 집단 전체에 작동되는 주권-훈육-통치로 이뤄진 권력 형태[2]의 보다 명시적 대상자들이다. 라미레스의 수용은 사회와의 유리를 통해 고국과 가족의 치료를 차단시킴으로써 시민적 자유를 박탈한 경우에 해당한다. 또한 라미레스가 경찰에 의해 구금되고 이후 병원에 송치되는 과정은 범죄학의 낙인 이론에서 말하는 낙인 효과가 이민자들에게 적용되는 방식을 보여준다. 여기서 말하는 낙인효과는 외국인 이주자를 잠재적 범죄자로 여기는 현상인데, 이민과 범죄와의 인과적 관계 속에서 상징적 폭력의 형태로 나타난다(김정규, 2013: 163). 그러나 파스 솔단은 라미레스의 삶을 허구화하면서 이와 같은 생명 정치의 작동에 관심을 환기시킨다기보다는 어떻게 개인이 권력의 박탈에 자발적으로 대응하는지를 보여주는 데 집중한다.[3]

작가는 마르틴이 "계속되는 효과, 즉 대칭을 좋아했다"(Paz Soldán, 2012: 141)[4]라고 작품의 구조적 특징을 화가의 미적 선호로 해석하며 이야기를 진행해간다. 나약한 이민자가 과거 노동의 기억을 시각적으로 재현하는 과정 속에서 예술적 감성을 발현시키는 데 그 동력이 병원의

---

2) 렘케의 『생명정치란 무엇인가』(2015)의 「생명정치 분석학을 위한 백가쟁명」 참조. 생명 정치의 계보에서 푸코가 분석한 이 세 권력의 형태는 강조점을 달리하며 유지되고 있다.

3) 버틀러는 감금과 같은 상황에서 "유일한 저항이란 주체 그 자체를 허무는 실천을 통해서 이뤄집니다. 한 생명으로서의 스스로를 박탈하는 것은 강압적이고도 탈취적인 힘으로부터 그와 같은 형태의 권력을 박탈해내는 것이라 할 수 있습니다"(버틀러·아타나시오우, 2016: 234)라고 저항의 실천에 대해 설명한다.

4) 이하 「노르테(Norte)」를 인용할 시에는 쪽수만 표시한다.

흰 벽과 열악한 시설, 전기 고문 등의 강압적 병원 치료였음을 상상적 재현을 통해 보여준다.

> 마르틴은 대신 눈을 닫고 그들을 사라지게 할 수 있었다. 간호사 한 명이 그를 의사가 있는 방으로 데려가 케이블에 묶으려 하면, 마르틴은 골똘히 생각해 의사를 사라지게 했다. 전기는 그를 괴롭혔고, 그는 의사가 존재하지 않게 만들고 싶었지만 이건 불가능했다. 의사들, 간호사들, 벽과 정원이 사라지도록 하는 게 나았다. 의사가 나가도록 하는 건 훨씬 복잡했다. 항상 어느 곳엔가는 의사가 있었다. 머리가 쑤시지 않으면 심장이 망치처럼 변해 그를 때렸다. 피부를 수축시키는 화장실의 찬물이나 피부를 벌겋게 만드는 뜨거운 물이 아니라면, 그림을 그리고 싶게 만드는 흰 벽의 방에서 생기는 전기 충격이 그를 뒤흔들었다(141~142).

이렇듯 작가는 세상으로부터의 사라짐을 선택적 시도, 혹은 주도적 격리로 해석한다. '말할 수 없음'과 '말하지 못함'을 정확히 구별하지 못하는 마르틴의 의식 세계로 들어가 마치 이해 가능한 판단과 의지가 개입한 행동인 양 설명하고 있다. 그래서 마르틴의 미술은 이제 기억에 의한 예술로 평가받는다. 작가는 마르틴이 화가로서의 꿈을 타국의 병원에서 이루게 되는 비정상적 과정을, 환자로서의 고통과 가족에 대한 배신감, 고향에 대한 두려움, 후원자 교수와 이별한 이후의 외로움 등을 통해 전개한다.

2) 철도 연쇄살인범과 비극의 대물림

마르틴의 이야기와 병행해서 전개되는 헤수스의 이야기는 마치 범죄

소설의 일부처럼 폭력 장면에 많이 할애되어 있다. 헤수스의 실제 인물은 앙헬 마투리노 레센디스(Ángel Maturino Reséndiz)라는 철도 연쇄살인범(railroad killer)으로 미디어를 통해 잘 알려진 멕시코 출신 범죄자다. 그는 1990년 이후 미국과 멕시코 사이를 화물 열차로 넘나들면서 15명 이상의, 주로 여성들을 잔혹하게 살해했는데, 살인을 저지른 장소가 철로 주변이었기 때문에 살인범 앞에 철도라는 명사가 덧붙여졌다. 화물칸은 한때 멕시코 철도 노동자들에게는 경제적 생존 수단이자 심지어 열악한 거주 공간이기도 했는데, 이제는 죄악의 욕구를 법적, 사회적 규제 없이 분출하도록 만드는 살인의 수단이 되었다는 점에서 아이러니하다.[5)]

『노르테』의 첫 장에 등장하는 헤수스는 멕시코 북부의 '비야 아우마다'라는 소도시에 거주하는 15세의 비행 청소년으로, 점차 살인의 광기에 사로잡힌 범죄자에서 이단적 광신자로 변화해간다. 헤수스는 청소년기부터 여성에게 성적으로 거부당할 때 일말의 주저함 없이 폭력적으로 돌변하는 광기를 보여준다. 살인을 저지른 후 미국에서 훔친 차량을 멕시코로 운반해 판매하는 범죄 집단에 가담하여 월경을 일삼는데, 도미 후 얼마 지나지 않아 이미 수차례 여성을 살해하기에 이른다.

실제로 레센디스는 자신이 육화한 천사라고 믿으며 죄악에 대한 처벌과 복수의 환각 증세를 보였다. 1998년 벤톤 강간 살해로 인해 살인죄가 구형되었을 때, 정신병 이유를 들어 구형을 정지해 달라는 인권 단체의 탄원이 있었으나 결국 2006년 집행이 되었다. 그가 끔찍한 범행을 저지

---

5) 미-멕 국경까지 향하는 철도 노선은 불법 이민자들의 이동 수단으로서, 매년 수많은 청소년들이 '죽음의 열차'를 타고 밀입국을 시도한다. 열차 천장까지 빼곡하게 차 운행하다가 전복 사고가 발생해 생명을 잃기도 한다.

른 범죄자라는 점에서 일말의 동정심이 생길 수 없는 상황이었지만, 조현병 증세로 인해서 인권적 선처를 해주어야 한다는 법리적 소견과 변호하는 시선이 생겨났다. 이에 더해 어린 시절부터 길거리 폭력에 노출되었던 점, 수감 중 각종 폭력에 시달렸던 사실, 또한 19세부터 정신분열적 증세를 보였던 이력에서, 범죄자를 단순히 단죄하고 처벌해야 한다는 생각에 제동이 걸렸던 것이다. 범죄로 내몰린 개인에 대해서 사회적/국가적 책임을 물어야 한다는 생각이 마치 아무런 죄의식 없이 범행을 저지른 레센디스를 보다 복합적 시선으로 바라보게 만들었다.

파스 솔단은 상관없어 보이는 이 두 주인공들을 통해 미-멕 국경을 넘어 미국에 거주하는 이민자들의 비극적 대물림을 보여주고자 한다. 1931년생 마르틴과 1969년생 헤수스(실제 인물은 1959년생)는 그들에게 고통과 희생의 트라우마를 안긴 미국의 철도를 복수의 수단과 상징으로 바꿔놓는다. 세대를 내려오며 삶의 비극성이 점차 중첩된다. 개인적 고통에서 출발해 타인을 대상으로 하는 범행으로 진화하고, 단순한 희생자에 머물지 않고 사이코패스와 같은 사회적 괴물로 변화한다. 마르틴은 고독과 배신의 감금 생활 후 자연사를 하지만 헤수스는 폭력의 자행 끝에 사형에 의한 인위적 죽음을 맞는다. 즉, 한층 더 악화된 운명의 최후를 맞는 것이다. 또한 정신적 감금 상태를 만든 병원에서 신체적 감금을 강제한 감옥으로, 그 폭력과 억압, 규율의 정도 또한 강화된다.

1977년도 작품으로 브라세로 노동자를 다룬 영화 <알람브리스타(Alambrista)>도 브라세로 노동자의 비극적 대물림을 다루고 있다. 이 작품에 등장하는 철도 이동 장면이 충격적인데, 멕시코계 노동자와 철도 사이의 비극적 관계를 보여주는 듯하다. 멕시코 불법 노동자인 주인공은 친구와 함께 철도 화물차 외부 아래에 널빤지를 깔고 누워서 이동하다가 기차가 정차를 하자 친구가 사라진 것을 보고 망연자실해 한다.

주인공은 농장에서 일을 하다가 노르테에서 돌아오지 않았던 아버지의 죽음을 우연히 발견하게 된다. 브라세로 노동자가 마주할 운명의 종점을 본능적으로 직감하고 발작적 반응을 일으키며 불법 노동자 단속에 나선 경찰에 자수함으로써 귀향길에 오른다. 브라세로 노동자들이 세대를 거듭하며 동일한 노동과 굴레에 놓이게 된다는 점을 암시하는 지점이다. 헤수스의 아버지 또한 미국으로 건너가 다시는 돌아오지 않았고, 마르틴 자신은 정신 병원에서 죽음을 맞으며 가족에게 돌아갈 수 없는 아버지가 되었다는 점에서 이 영화의 구조와 맞닿아 있다.

두 인물에게 철도는 일차적으로 생존의 경제를 가능케 한 수단이었다. 그것은 노동의 현장이자 물자와 인력의 수송 수단이기에 마르틴과 헤수스는 기차를 통해 경제 활동을 시작했다. 미국 남서부 경제 발전이 이뤄지는 동안, 철도가 멕시코 노동자들을 미국의 다른 일터로 이동시키는 물리적 통로 역할을 했던 것과 마찬가지다. 그러나 헤수스는 기차라는 이동 매체를 통해 감시라는 주권의 사각지대, 비정상의 통제를 교묘히 비껴가면서, 사법적 처벌과 정체성 발각의 위험 앞에서 불안전한 삶을 연장하는 아슬아슬한 가능성을 선택한다. 파스 솔단은 그가 해방의 기차 안에서 만끽했을 자유와 함께 죽음의 기차 안에서 느꼈을 외로움, 보호받지 못한다는 불안감을 교차시킨다. 헤수스에게 국경 저 너머, 노르테는 마음껏 범죄를 저지를 수 있는 영토이자 죽음의 선고 장소로 변한다.

이 광활한 영토가 그의 것인 양 드나들었다. 어떻게 움직이는 줄 알았다. 그의 몸은 그들이 지니지 않은 민첩함이 있었다. 코요테들에게 구입한 위조된 사회보장카드, 훔친 운전면허증, 심지어 도서관과 체육관 출입증까지 지니고 있었다. 그들의 약점을 알았다. 멕시코처럼 사방에 무기가 깔려 있고, 거의 매일 폭력이 일어난다. 그러나 멕시코와는 다르다(192).

이 인용은 헤수스의 완전한 이중 생활을 보여준다. 그는 미국에서 더욱 더 강력한 폭력 범죄를 저지르면서도 멕시코에서 정체성이 발각되지 않고 평범한 일반 시민으로 살아가고자 위장된 삶의 조건을 조성한다. 노르테에서는 자신의 본성을 숨기지 않은 채 범죄의 흔적을 지우지 않고 의식적 탈주를 위험의 극단까지 감행한다. 그러나 멕시코로 돌아오면 다른 인물의 가면을 쓰고 새로운 범죄로 이끄는 동기를 찾기 위해 심리적 평정심을 회복한다. 이런 측면에서 헤수스로 대변되는 라틴아메리카의 어두운 면은 노르테에 의해 추동되고 조장된다고 해도 과언이 아니다.

3) 장르 소설과 경계 문학

이 작품을 라티노 경계 문학이라는 범주에 포함시키는 데 무리가 없다. 작품의 배경과 소재 등이 그동안 논의되어왔던 것에 상당히 부합하기 때문이다. 다만 파스 솔단은 멕시코계 이민자가 중심인 이 작품을 통해 다원화된 라티노 이민자 정체성을 재현할 필요를 강조한다. 그래서 이것이야말로 경계 문학에서 그가 가장 크게 기여한 바(Sánchez, 2016: 484)라고 얘기할 수 있다. 경계 문학의 대상에서 비껴난 사람들, 즉, '노르테' 속에서 사라진 사람들 중에는 선량하지 않은 이들, 사회에서 격리가 되어야 하는 문제아들, 헤수스처럼 극단적 증오에 휩싸인 범죄인들, 이런 이들을 재현해야 할 가치가 있는가 하는 문제를 근본적으로 제기한다. 이들에게는 삶과 죽음의 문제 또한 국가적 틀을 벗어나기에 사회적 규범 또한 장소에 얽매이지 않는다.

작가는 또한 현상적으로 존재하는 다양한 라티노 군상을 사실적으로 투영하는 데 관심을 쏟는다. 볼리비아 출신 라티나인 미셸이 미국 사회에 완전히 동화된 것과 달리 그녀의 아버지는 볼리비아로의 재이민을 꿈꾸면서 가족과 불화를 일으킨다. 아르헨티나 출신임에도 파비앙은 라티노라는 정체성을 지녔는지 불확실하고, 멕시코계 텍사스인 페르난데스는 치카노 이민자와는 다른 보수적 사회 인식을 지니고 있다. 이렇게 출신과 삶의 궤적이 다양한 천차만별인 사람들의 개인성이 기록되어야 함에도 경계 문학은 이민자들이 주류 사회 내에서 겪는 고통과 희생, 차별에 집중함으로써 서사의 빈약과 소재의 고갈을 드러낸 측면이 있다. 그래서 파스 솔단은 라티노 이민자들이 구축해온 고유한 신화를 재현하기 위해서는 기록되지 못한 라티노 비주류를 가시화시켜야 한다고 역설한다.

> 이들은 라티노 이민자라는 복잡한 역사의 일부다. 우리 공동체는 긍정적인 역할 모델에서 벗어난 이들을 신화에 포함시킬 만큼 성숙해졌다. 긍정 혹은 부정의 평가와 상관없이 복잡한 이들의 이야기는 그들이 투쟁해온 것이 무엇이고 이 땅에 있다는 사실이 무얼 의미하는지를 보여줄 것이다.[6]

경계 문학의 전형적 한계를 극복하고 서사의 역동성과 영화적 속도감을 지닌 내러티브를 만들기 위해 파스 솔단은 장르 문학의 묘미를 이 소설에서 잘 활용하고 있다. 자서전, 범죄소설, 공포소설, 메타 소설 등의 요소들을 부분적으로 혼합하여 일면 폭력적이고 자극적인 대중소설의 경향을 보완하고 있다.

---

6) https://www.kirkusreviews.com/features/edmundo-paz-soldan/

특히 좀비를 주제로 하는 만화책 내용이 소설의 여러 장에 걸쳐 언급된다는 점이 주목할 만하다. 작가는 디스토피아적 재난 상황을 빗대기 위해 좀비를 도입시켰는데, 그 상황을 제압하는 복수의 화신을 라티노 주인공으로 만듦으로써 일종의 히어로물이 연상되도록 만들었다. 미셸은 좀비라는 소재를 통해 후안 룰포(Juan Rulfo)의 「루비나」라는 단편을 패러디한다. 「루비나」라는 동일 제목의 만화에서 초능력을 지닌 도서관 사서인 주인공 사만타는 자신의 남자친구를 죽인 좀비에게 복수를 하고자 한다. 그녀는 뱀파이어, 좀비, 늑대 인간들이 장악한 이 세상을 정화하는 데 집착한다. 만화의 배경으로 언급되는 장소는 "종말 이후(포스트아포칼립스)의 영토로 강에 의해 남과 북으로 나뉜 곳"(207)인데, 미-멕 국경지대의 리오그란데를 쉽사리 연상시킨다. 3인층으로 서술되는 마르틴과 헤수스의 이야기와 달리 미셸의 일화는 1인칭 서술 시점으로 전개된다. 그녀는 파비앙의 전 연인이자 제자로서, 박사과정을 중퇴한 후 피자가게 점원으로 일하면서 만화 습작을 이어가고 있다. 그녀를 중심으로 과거 실존 인물들이 현재 속으로 복원되기 때문에[7] 가상의 현실이 오히려 작가가 속한 라티노의 현재와 내면을 대변하고 있다고 하겠다.

좀비 소재에서 알 수 있듯이 파스 솔단은 대중이 애호하는 B급 문화를 의도적으로 표출되도록 만든다. "좀비나 전염병을 소재로 한 대중문화 텍스트의 범람은 최근 전 세계의 문화적 코드다"(어수웅·변희원, 2013.3.19)라는 기사의 분석처럼, 최근 들어 자연적 혹은 인공적 재난이

7) 미셸은 정신분열증 예술을 공부하는 연구원 친구 샘과 만나 마르틴에 대해 이야기하거나 헤수스의 기사를 읽는 등 소설의 모든 주인공들이 서로 관여하도록 복선을 만든다.

반복되면서 디스토피아적 상상력에 가속도가 붙은 탓인지 과히 좀비 열풍이라 할 정도로 많은 수의 작품이 생산되었다. 작가 또한 이런 흐름을 반영하고 있는데, 미셸의 만화 내용과는 별개로 외국인 타자를 좀비로 지칭하는 장면 또한 포함시키고 있다. 멕시코계 텍사스 주민인 페르난데스는 마르틴과 같이 "국경을 넘는 범죄자들은 적국에서 보낸 좀비들과 같다"(234)라고 불만을 토로한다. "좀비들이 판치는 세상"에 대한 상상력은 "피를 빨고 나면 국경 밖으로 사라지는 이들을 절대로 생포할 수 없다"는 페르난데스의 확신에서 보다 생생하게 구체화된다. 그는 불법 이민자 범죄인들을 제대로 관리하지 못하는 INS, 국경경비대, FBI의 무능력을 한탄하지만, 막상 자신이 불법 이민자를 검거해야 할 상황 앞에서는 인간적인 고뇌와 동정심으로 실행에 옮기지 못하는 우유부단함을 드러낸다. 좀비들의 무질서와 폭력에 대한 혐오는 멕시코 불법 이민자에 대한 동포적 이해로 인해 오히려 한층 사실적으로 전달된다.

이런 파격적인 묘사는 흡사 대중소설에나 나옴직한데, 작가의 의도는 불법 이민자들을 공포를 자아내는 좀비, 즉 끝도 없이 몰려드는 새로운 종으로 인식하게 만드는 국가권력, 혹은 주류 사회의 인식을 고발하는 데 있지 않다. 이보다는 디스포피아의 음울한 판타지를 만드는 서사적 전략으로 보는 것이 보다 타당하다. 좀비는 1960~1970년대는 '살아 있는 시체'로 노동자를 상징했지만, 1990년대에는 소비에 매몰된 무비판적 시민들, 최근 들어서는 인터넷 상에서 조정당하는 일군의 네티즌으로 비유된다.[8] 그래서 공포를 만드는 좀비는 세뇌된 인간이나 소외된

8) ≪조선일보≫ 기사 "어쩌다 세상은 좀비·전염병에 열광하게 됐나"에서 가장 최근의 좀비 형태에 대해 분석하고 있다. "좀비는 기본적으로 떼를 형성하고, 무뇌(無腦)

존재를 넘어 공권력을 무시하고 국가의 경계를 넘는 불법 이민자라는 생각에까지 연결될 수 있다. 이렇게 좀비라는 문화적 코드를 사용함으로써 파스 솔단은 이 시대의 공포와 폐허의 사회상을 그리면서 동시에 종말론적 감수성을 스며들게 만든다. 이런 이유로 인해 "이 작품이 라틴아메리카의 거대한 두 갈래의 전통, 즉, 탐험의 전통과 종말론적 전통을 잇는다. 우리 시대를 결정짓는 두 개의 양식을 혼합해 이제 심연이라는 경계에 다다르는 탐험을 수행한다"[9]는 평가를 받는 것이다.

파스 솔단의 국경지대는 티후아나를 배경으로 하는 볼라뇨의 소설 『2666』을 연상되는데, 종말론적 분위에 대한 묘사도 그렇지만, 작품에서 볼라뇨라는 이름을 직접 언급하고 있기 때문이다. "노르테 속에서 사라진 라틴아메리카인들", 작가는 볼라뇨의 『야만스러운 탐정들』의 "멕시코에서 사라진 멕시코인들"로부터 이 작품의 핵심적 문구를 착안했다고 밝힌다. 소설 내용상 거의 관계가 없다손 치더라도 이 문구가 이 작품을 탄생시킨 동인이 된 것은 사실이다.

볼라뇨를 직접 언급하는 것을 보면 그가 왜 B급 정서로 불릴 만한 장르 문학의 요소들을 의도적으로 삽입하고 있는지를 보다 명확히 이해할 수 있다. 볼라뇨로 위시되는 미국 라틴아메리카 학계에서 벌어지

이며, 무한 증식한다. 온라인에서는 거침없는 내용의 게시물을 올리는 전사이지만, 막상 현실의 오프라인에서는 전혀 힘을 쓰지 못하는 소심한 사람들과도 같다. 문화평론가 이명석 씨는 '인간성을 잃어버린 채 떼 지어 다니면서 인간을 사냥하는 좀비는 온라인의 익명성을 이용해 하나의 이슈에 몰려드는 키보드 워리어(전사)와 닮았다'고 했다. 『뉴욕타임스』는 또 <워킹 데드> 방영 당시 '현대인이 무방비로 접하는 인터넷과 미디어가 바로 현대의 좀비'라고 보도했다"(어수웅·변희원, 2013.3.19).

9) http://eleconomista.com.mx/entretenimiento/2011/11/01/latinoamerica-se-ha-desplazado-norte

는 유행병과 같은 몰입 현상과 대중문화의 얄팍한 상업적 계산 등을 에둘러 비판하면서, 볼라뇨 소설이 지닌 역사적 무거움과 사유의 진지함에 상반되는 장르 문학의 자극성과 감각적 흥미를 부각시키고자 하는 것이다.

파스 솔단은 라틴아메리카 문학 전공자로서 볼라뇨를 하나의 큰 브랜드로 만든 미국 출판업계의 상업성, 박사학위 논문 트렌드로 만든 라틴아메리카 학계의 경박함을 냉소적 어투로 비판한다. 이것은 볼라뇨에 대한 반대라기보다는 학계의 패권적 분위기와 라틴아메리카 문학을 대하는 진정성 부족에 대한 비평적 자성을 반영하기 위한 것이다. 그래서 파스 솔단은 『노르테』에서 라티노 작가이자 라틴아메리카 문학 교수로서 겪어왔던 고민과 갈등, 자기반성을 메타 비평 방식으로 표출하고, 주인공들의 창작과 실패, 자기 파괴적 실험과 집착에 자전적 고통을 투영한다.

볼라뇨를 정점으로 한 본격 문학 혹은 순수문학에 대한 대항적 시도로 장르문학을 활용했다는 점은 공포물의 요소를 많이 차용한 데서도 드러난다. 기존 문학계에서 변방으로 홀대받던 공포 소설, 특히 연쇄살인범을 다룬 범죄소설의 형태를 차용하여 여성의 신체 훼손 장면을 적나라하게 묘사한다. 사이코패스인 헤수스가 현실에서 충족되지 않는 욕망을 무자비하게 발산하는 장면, 더구나 페르난데스라는 멕시코계 텍사스 경찰이 추적하는 장면 등은 흡사 범죄 스릴러를 연상시킨다. 작가는 내면/외면의 공포 분위기를 전달하기 위해 잔인하고 괴기스러운 장면을 마치 영화 카메라가 작동 중인 것처럼 시각적으로 자세히 보여준다.

파스 솔단은 경계 문학의 외연을 확장시키고, 라틴아메리카와 라티노 문학을 소비하는 미국 독자와 학계의 패권적 분위기와 결별하기 위해,

국경과 이민의 문제를 기존의 흐름과는 달리 대중의 B급 정서와 접목시킨다. 이런 서술적 실험성과 정서적 위기감으로 인해 이 작품은 경계 문학의 문제의식을 공유하면서도 새로운 서사를 탐구하는 파스 솔단의 고유한 문학적 경향을 지니게 된다. 작가는 천재적 예술가의 정신병원 수용과 밀입국하는 범죄자의 이중생활에, 정상과 비정상, 사법적 세계의 거부와 생명 권력에 대한 개입을 혼재시키고, 여기에 실존적인 폐허 상황과 종교적 분위기를 덧입힌다. 이 소설은 비주류의 광신적 범죄와 망상의 합리적 문제제기를 문학 경계의 해체를 통해서 새롭게 던진다. 이를 통해 미-멕 국경이라는 물리적 공간에 초점을 둔 경계 문학이라는 좁은 의미의 정의를 거부하고, 인류 보편적인 불안과 시대상을 반영하는 내러티브로 나아간다.

4) 광기와 감금의 미학적 가능성

두 실존 인물의 병리적 현상과 일탈은 현재의 주인공들을 통해 보다 일상적이자 현실적인 형태로 지속된다. 볼리비아계 라티나인 미셸과 아르헨티나계 라티노인 파비앙은 실존 인물들을 한 페이지에 불러 모으는 역할에 그치지 않고, 비록 마르틴과 헤수스의 인지적 경계와는 다를지라도 여전히 새로운 의미의 고통스러운 경계와 투쟁하고 있음을 보여준다(Sánchez, 2016: 486~487). 과거의 주인공들은 국경이라는 경계를 넘어서 차단과 단절이라는 다른 경계 속으로 사라졌지만, 현재를 사는 이들은 정상과 비정상을 가르는 내면의 경계에 스스로 갇혀 이것에서 벗어나려는 보다 실존적인 시도를 드러낸다.

그래서 모든 주인공들은 서로 다른 모습의 광기에 시달리고 있다. 개인의 상처와 집착을 만든 배신감 혹은 좌절감에 맞서기 위해 스스로 정립해놓은 광기어린 신념과 싸운다. 파비앙은 라틴아메리카 문학을 아우르는 단 하나의 거대 담론, 그만의 독보적 해석을 담은 책을 써야 한다는 강박 관념에 시달린다. 라틴아메리카를 정형화시키는 문학계의 상업적 성과(?)를 거부하고 조롱어린 시선을 보내면서도 정작 자신은 전체주의적 틀에 대해 광신을 하고 있는 셈이다.

> 라틴아메리카 문학은 겉으로 보기에 사회적·정치적인 것을 주요 테마로 삼지만, 사실상 작가와 예술가들은 이 세상하고는 동떨어져 현대의 천박함과 현기증으로부터 도망쳐 나와 피난처를 만들어내고자 발버둥치는 사람들이다. 내게는 파비앙이 이런 종류의 사람이다(66).

그래서 작가는 광기, 감금이라는 코드를 불법 이민자라는 맥락을 넘어서 인간의 보편적인 문제로 확대시킨다. 미국 주류 사회에서 성공한 파비앙의 집착과 무절제를 통해 개인의 의도적 무책임과 불능을 광기의 한 측면과 연결시킨다. 문학비평을 하나의 이론적 테두리에 가둘 수 있다는 파비앙의 지나친 믿음이 광기에 버금간다는 점을 그의 비현실적 집착과 자기애를 통해 암시한다.

> 라티노가 길을 잃고 거주하는 이 광대한 나라. 나는 광기를 생각했다. 파비앙을 생각했다. 거기에는 광기가 아닌 지나친 명민함과 이성이 있었다. 지속적으로 멍청한 짓을 저지를 만큼 충분히 넘쳐나는 이성. 비록 우리가 멍청이들이 아니었다 할지라도 그처럼 편집증 환자였음에는 틀림없다. 그처럼 자신의 편집증을 의심하는 자들 말이다(258).

그는 점점 현실과 동떨어져 자신만의 문학관에 몰두하고 마약에서 벗어나지 못하며, 안정에 대한 거부를 통해 스스로를 나락에 빠뜨리고 인간관계를 파멸시켜간다. 안정된 사회적 지위와 자기 파괴적 행위, 이기심과 애정 결핍 등이 모두 극단으로 치달으면 광기의 본질에 닿는 것이다.

마르틴은 어떠한가. 그는 멕시코의 아내가 크리스테로 전쟁이 일어나자 가톨릭 교회의 반란을 진압하는 혁명정부군에 가담하기 위해 마을을 떠났다고 믿는다. 수호하는 신앙을 저버리고 교회를 파괴하는 신성 모독적 행위를 일삼는 군인들과 산속으로 도망갔다는 착각이 그의 이성을 마비시킨다. 농민들을 착취하고 농지를 독점했던 교회에 맞서 개혁을 시도했던 멕시코 정부의 움직임을 전혀 이해하지 못하는 마르틴은 자신과 가정, 교회를 배반한 아내에 대한 그리움과 미움이라는 이율배반적 감정에 매몰된다. 이 상황을 견디기 위한 수단으로 스스로를 전쟁 포로로 인식한다. 전쟁 포로로서 적에게 굴복하지 않기 위해 끈질기게 견디는 것이 정신병원의 수용 생활이라고 확신한다.

> 혁명 정부가 미국의 도움으로 전쟁에서 이겼다. 그는 영원한 포로일 것이다. 이것에 익숙해져야 했다. 그림을 그리게 내버려 둔다면 대신에 모든 것을 인정할 수 있었다. 심지어 마리아 산타 아나의 배신까지. 딸들의 부재까지(179)
>
> 마리아 산타 아나를 생각했다. 다른 남자들과 함께 말을 타고 마을 근처 산맥을 가로질러, 얼굴에 바람이 스쳐가는 동안에도 여전히 멕시코 정부군을 수호하고 있는 것인지 자문해 보았다(27).

마르틴은 그림 속 터널의 끝에서, 잡지의 여성 모델의 얼굴에서 아내의 얼굴을 본다. 아내의 배신에 대한 분노에는 크리스테로 전쟁 시

가톨릭교회를 지지했던 농민들의 맹신과 오해가 뿌리내리고 있어, 그에게 혁명 정부는 "미국에서 온 개신교와 프리메이슨으로 인한 박해자이며 배신자, 하나님과 멕시코의 조국에 반역하는 적"(이남섭, 2001: 336)으로 남아 있을 뿐이다. 파스 솔단은 이로써 철도 브라세로가 생겨난 보다 큰 역사적 맥락, 즉 멕시코 혁명과 크리스테로 전쟁으로 현재의 비극을 확장시킨다. 『노르테』에서 마르틴의 말하지 않음은 배신하지 않겠다는 의지의 발현이 된다. 그는 감금된 상태를 농민반란의 일부로 환치하는 방식을 통해 저항의 내적 프레임을 만든다.

한편, 이름조차 아이러니하게도 헤수스는 감옥에서 스스로를 예수(헤수스: 스페인어로 예수)로 착각하며 마치 계시록을 적고 있는 것처럼 행동한다. 그의 폭력과 살인 이면에는 여동생 마리아 루아사에 대한 해결되지 않는 비뚤어진 애정이 깊숙이 똬리를 틀고 있다. 마리아 루이사를 향한 왜곡된 성적 집착이 여성 연쇄살인의 계기가 되었기에, 그의 계시록은 그녀에게 바치는 편지이자, 범행과 살인에 대한 자기 항변서이며 죽음을 준비하는 고백문이기도 하다. 그에게 폭력을 행사하는 사람들을 짐승으로 치부하며, 지금의 범행이 그들을 향한 복수어린 각오를 지속적으로 축적해온 결과라는 점을 고백한다: "나는 복수를 하는 천사다. 언젠가 이 땅의 한 주민이 일어나는 그 날이 오면 내가 그 유일한 자가 될 것이다. 나는 영생을 누리는 자. 짐승들, 짐승들, 전부 죽여야 해"(131).

헤수스는 기독교적 메시지를 패러디해서 "우리를 유혹에 빠지게 하고 악에서 구하지 마소서"(111)라는 웅얼거림을 반복하기도 한다. 그는 자신의 극단적 범행은 단지 "호명할 수 없는 분(Innombrable)"으로부터 메시지를 받았기 때문이라고 주장한다. 헤수스는 이 땅의 죄악에 대해 단죄자 역할을 완수해야 한다는 믿음에 사로잡혀, 살인은 단지 "모두

죽여(Kill Them All)"라는 환청을 실행에 옮긴 것이라고 정당화하면서, 스스로를 구원자로 광신한다. 마치 인간 세계를 배반하고 미국의 종교적 기반을 파괴하려는 것처럼 점점 극단으로 치닫는다. 기차에 또 다른 실존적 의미를 부여하는 마지막 글에서는 "나는 죽음을 향해 가는 돌아오지 않는 기차 안에 있다. 여기서 내릴 수 없지만 죽은 후에 다시 돌아올 것이다"(278)라고 예언하며 예수의 부활을 모방하고자 한다.

레너드 카수토(Leonardo Cassuto)는 20세기 미국 범죄소설사를 저술하면서 연쇄살인범을 주인공으로 하는 범죄소설은 근본적으로 미국의 가족에 대한 불안감에 기인하기 때문에 범인은 반가족적 인간으로 이해되어야 한다고 주장한다. 반공감적, 반가정적, 반감상주의적 인물인 "연쇄살인범은 개인, 가족, 공동체의 관계에 대한 미국 범죄소설 작가들의 묵상 또는 강박의 절정을 표상한다"(카수토, 2012: 442)고 카수토는 분석한다. 그러나 이와 달리 파스 솔단은 미국의 무고한 여성들을 살해하며 가족의 이미지를 난도질한 "정신적으로 결함이 있는 국가적 괴물로서의 연쇄살인범"(448)인 헤수스를 비록 위장이나마 가족적으로 묘사한다. 감상적 자기 고찰, 가족의 부재에 대한 상실감, 비록 이단적 광신도의 모습이라 할지라도 기독교적 가치를 언급하는 모습까지 드러내도록 그린다.

파스 솔단은 마치 "자신이 겪고 있는 구조적인 고통을 합리적으로 설명하고 이야기할 수 있는 가능성 — 즉 자신이 겪는 경험을 상징화할 수 있는 서사 — 이 불가능하게 될 때 그에 저항하는 행동은 어쩔 수 없이 비이성적인 것이자 비합리적인 것, 즉 정신병적 광기를 분출하는 것으로 치부된다"(서동진, 2016: 94)는 사실을 마르틴과 헤수스를 통해 강변하고 있는 듯하다. 알베르토 토스카노는 『광신』에서 "광신을 무작정 병리화하는 담론의 이면을 의심하는 동시에 광신에 담긴 본질적인 정치적 차원들을 새롭게 되살린다"(토스카노, 2013: 425)라고 책의 취지를 밝히며, 역사적 맥락하에서 광신을 연구하는 목적에 대해 설명한다. 그는 광신적 움직임들이 비록 역사의 흐름에 반하는 한계에도 불구하고 현실의 정치적, 사회적 억압이 심화될 때마다 꾸준히 등장해 혁명적인 상황을 가능하게 만들었다고 해석한다. 이런 점에서 주인공들이 보여주는 이 파국적이고 묵시록적인 광신적 행위가 비록 허구의 세계라고 할지라도 단순히 정신적 이상이 아닌 역사적 복수의 가능성이 될 수 있지 않을까 하고 반문하게 된다. 작가가 재현하는 광신의 징후를 살펴보면, 거부할 수 없는 비정상적 국가적/탈국가적 권력의 집행 앞에서 '내 자신의 광기로 그의 광기를 맞설 수밖에 없다'라는 식의 개인 차원의 도발이 감지되기 때문이다.

주디스 버틀러는 『박탈: 정치적인 것에 있어서의 수행성에 관한 대화』에서 박탈당한 이들이 그들의 박탈에 대해 무방비 상태로 있지 않고 움직일 때, 즉, "박탈의 위험에 처해 있거나 규범에 의해 불가능한 존재로 배제된 이들이 정치적 주체로 거리에 나설 때"(버틀러·아타나시오우, 2016: 343) 일종의 정치적 수행을 한다고 주장한다. 그런데 마르틴과 헤수스가 겪는 박탈은 외부를 향한 목소리를 드러내는 정치적 수행성마저 차단당한 극단적 성격의 것이다. 여기서 우리는 그 실존 인물들이 예술가와 범죄자로서 보여준 시각적 이미지뿐 아니라 작가가 재구성하는 이들의 의식/무의식 세계를 통해서 이런 정치적 수행성의 가능성을 점쳐볼 수 있다. 이들은 권력의 '박탈' 가능성을 광신이라는 기제를 통해 스스로 차단하는 방식, 즉 부정하는 방식으로 저항을 실천하고 있다. 왜냐하면 혼돈의 인식 세계에서도 "생존을 좌지우지할 수 있는 권력을 지닌 그 힘들에 근본적으로 의존"(버틀러·아타나시오우, 2016: 23) 하지 않겠다는 선명한 의지를 드러내기 때문이다.

주인공들은 정신 착란증, 조현병, 혹은 현실과의 괴리 등, 다양한 분열 양상을 드러내지만, 한편으로는 너무도 강력한 자기 보호와 창조적 열정을 통해 상황을 꿰뚫고 본질을 파악하는 이성의 명민함을 섬뜩하리만큼 날카롭게 보여준다. 보편적 인간을 능가하는 뛰어난 능력이 기저에서 작동하고 있는 듯하다. 마르틴은 비정상적 단절과는 달리 지극히 정상적이고 고도로 계산된 그림을 창작하고, 헤수스는 정상적 현실 판단력을 기반으로 이중적 생활과 도주 생활을 지속한다. 조현병과 조절할 수 없는 폭력성 사이의 극단을 치닫고 있는 이들이 완전히 미친 사람들이라고 할 수 있는가.

그래서 작가는 정상성에서 일탈을 한 '비합법적 체류자들', '미등록된 이주자들'에게 이 사회가 행한 가혹한 권력 집행을 단순히 고발하기보다는 도리어 이들이 이런 상황하에서 보여준 미학적 반란 혹은 추악함의 미에 주목한다. '노르테'에 대한 반격은 파괴적이든 창조적이든 그들이 강력한 무언가를 창조함으로써 '노르테' 내부에서 일정한 변화를 가하고 있다는 점이다. 즉, 이들에 대한 이해와 평가, 재인식이 또 다른 라티노들에게 삶의 창조적 소재와 미학적 고찰을 제공한다는 점이다. 미셸의 경우 헤수스의 이야기에 관심을 보이며 극단적 광기를 자신의 이야기에 적용한다. 이는 파스 솔단이 『노르테』를 창작해낸 동기와 과정을 우회적으로 보여주는 것이다.

미셸과 파비앙은 이 사회에 대한 대항, 자신들의 생존 전략을 허구의 세계를 구축하는 데서 구하고 있다. 마르틴은 정신병원 내에서 현실 너머에 존재하는 자신만의 허구적 공간에 천착하고, 헤수스는 정신 도착 증세를 뒷받침하는 왜곡된 종교관을 기록하는 작업에 몰두한다. 자신의 범죄에 관해 기록하길 원했던 헤수스는 살인 행위를 스케치한 끔찍한 삽화를 덧붙여 노트를 채워나가기 시작한다. 이처럼 파스 솔단은 광기와 감금이 야기하는 통제의 틈새에서 생겨나는 반복된 기억과 생존의 의지, 저항의 뒤틀린 욕망에 미학적 반란과 정치적 새로움이 살아 있다는 점을 보여준다. 그래서 작가는 독자에게 살아온 나라와 살고 있는 나라가 다른 사람들, 그들의 험난한 삶과 소외감이 극단의 상황에 이르러 창조해내는 무언가가 우리의 마음을 움직이는 숭고와 추함의 모순을 지니는지 묻고 있다. 작가는 이렇게 생겨나는 예술과 범죄 사이의 간극, 그 사이에서 벌어지는 딜레마를 성찰하도록 요구한다.

3. 나가며

미-멕 국경을 둘러싸고 감시와 감금, 폭력이 자행되는 현실의 역사적 반복에 대해 예술, 문학, 미디어, 민속, 증언 등에 많은 기록이 남아 있다. 『노르테』는 폭력의 희생자와 가해자가 세대를 달리하며 점차 증폭된 신체적 고통과 정신적 트라우마에 시달리는 모습을 증언하고 있다. 사라진 실존 인물을 한 시공간으로 불러낸 현재의 주인공들, 이들에 육화된 작가의 목소리는 광기와 감금, 그것을 야기한 국경의 의미를 보다 실존적 차원으로 심화시키고 있다.

『트라케로스(Traqueros)』와 같은 철도 브라세로 노동자 관련 연구서, 라미레스의 미술, 국경 지대의 범법 행위를 주제로 한 소설과 영화, 치카노 감옥 예술, 국가 검열과 감시를 다룬 저널 등, 많은 자료들이 미-멕 국경이 생명(신체)을 담보로 권력이 자행되는 방식을 추적할 수 있게 해준다. 치카노 감옥 예술을 다룬 『라핀타: 치카노 감옥 문학, 문화, 정치학(La Pinta: Chicano Prisoner Literature, Culture, and Politics)』의 저자는 이 책 자체가 투쟁의 도구라고 밝힌다. 치카노 범죄성에 대한 모호한 기준과 이민자를 대상으로 한 사법 시스템의 불합리한 인권 의식에 대해 도전하고 있기 때문이다. 저자는 수감자들이 생산한 예술 작품과 다양한 대중문화에 드러난 정치적 저항의 의미를 분석하고 있는데, 파스 솔단이 『노르테』를 통해서 보여주고자 하는 바와 일맥상통한다고 하겠다.

사스키아 사센(Saskia Sassen)은 『축출 자본주의』(2016)에서 1980년대 이후 자본주의의 '약탈적 동력'이 축출을 확산시킨다고 주장한다. 선진 경제와 첨단 기술, 자본주의에 의해 기획된 축출은 난민과 강제 이주, 퇴출, 감금을 통해 더 많은 사람들을 '체제의 변두리'로 밀어낸다. 점점 더 많은 사람들이 사회적 배제보다 더 엄혹한 축출로 인해 시스템에서 제거 당하는 위험에 처한다. 사센은 축출이 이제 거의 모든 영역에 내재되어 일상적으로 기능하고 있다고 경고한다. 실업, 빈곤, 자살, 실향, 추방, 수감 같은 현상은 서로 달라 보이지만, 같은 목적과 효과를 지닌다고 사센은 설명한다. 그들 모두 '쫓겨나는 것'이다.

주인공인 헤수스와 마르틴은 이런 의미에서 쫓겨난 자들이다. 물론 이들이 축출된 배경과 동기는 사센의 설명에서 다소 비껴나 있지만, 여전히 축출 자본주의의 작동 방식에 의해 밀려나는 상황은 유효하다고 할 수 있다. 마르틴은 1900년 이후 멕시코의 정치 불안과 혁명이라는 사회적 소요 속에서 멕시코 사회를 떠난 경우에 해당하고, 헤수스는 1990년대 멕시코의 경제 위기로 인해 미-멕 국경을 넘는 불법 이민자들 그룹에 속한다. 미-멕 국경을 소재로 다룬 문학작품은 멕시코 출신 이민자들이 미국 사회에 진입하면서 겪는 고통과 억압, 희생 등을 부각시켰다. 반면, 미국 사회 내에서 예상치 못한 방식, 즉, 비정상적 자아의 예술적 승화나 연쇄살인이라는 극단적 방식의 일탈은 탐구의 대상 밖이었다. 파스 솔단은 경계 문학으로 정의되는 다소 담론 과잉의 성격을 지닌 작품에서 벗어나기 위해 미-멕 역사의 특수한 관계로 인해 개인이 놓일 수 있는 불행의 영역을 정신병과 악마성으로 확장시키고, 장르 문학이 지닌 대중적 전략을 차용한다. 이를 통해 생존의 불안을 야기하는 국경의 감시와 통제, 그것을 조소하는 개인들의 일탈이 낳는 비극적 결말을 미국 사회를 넘어 지구적으로 진행되는 박탈에 대한 경종으로 들릴 수 있도록 만든다. 이것을 지구 곳곳에서 살아 있음을 담보로 국가적 관리를 당하는 이들이 유일하게 감행할 수 있는 비정상적 대응이자, 희생자라는 카테고리에 완전히 부합하지 않는 박탈당한 자들의 반란으로 볼 수 있지 않을까?

미주만 하더라도 많은 사람들이 남에서 북으로 향한다. 노르테의 문제가 정치경제적 차원에서 끝나지 않는다는 사실이 그동안 많이 논의되어 왔다. 그럼에도 이민이 만드는 다양한 문화적·심리적 파장에 관한 보다 광범위하고 심층적인 분석의 필요성이 여전히 남아 있다. 이 작품은 미-멕을 다룬 경계 문학의 범주를 훌쩍 넘어 남에서 북으로 향하면서 집을 잃어버린 사람들이 이 세상에서 머물 곳을 찾는 이야기가 되었다. 아이러니하게도 병원과 감옥이 마르틴과 헤수스에게 집이 되었듯이, 작가는 현대인들이 머무는 곳이 감금과 광기라는 축출 기제와 무관하지 않다는 근본적 질문을 던진다.

참고문헌

고미숙. 2014. 『계몽의 시대: 근대적 시공간과 민족의 탄생』. 북드라망.

김정규. 2013. 「외국인 이주자에 대한 상징적 폭력: 범죄와 처벌의 차별적 인식」. ≪한국범죄학≫, 제7권 1호, 153~194쪽.

렘케, 토마스. 2015. 『생명정치란 무엇인가』. 심성보 옮김. 그린비.

박홍수. 2015. 『달리는 기차에서 본 세계』. 후마니타스.

버틀러, 주디스·아테나 아타나시오우. 2016. 『박탈: 정치적인 것에 있어서의 수행성에 관한 대화』. 김응산 옮김. 자음과 모음.

사센, 사스키아. 2016. 『축출 자본주의』. 박슬라 옮김. 글항아리.

서동진. 2016. 「증오, 폭력, 고발 : 반지성주의적 지성의 시대」. ≪황해문화≫, 2016년 봄호.

어수웅·변희원. 2013.3.19. "어쩌다 세상은 좀비·전염병에 열광하게 됐나." ≪조선일보≫. http://news.chosun.com/site/data/html_dir/2013/03/19/2013031900033.html

이남섭. 2001. 「멕시코 혁명과 종교」. ≪라틴아메리카연구≫, Vol.14, No.2, 317~356쪽.

장세용. 2014. 「미국-멕시코 국경지대와 밀입국자-'생명정치 개념과 연관시켜」. ≪역사와 경계≫, 91호, 313~351쪽.

카수토, 레너드. 2012. 『하드 보일드 센티멘털리티』. 김재성 옮김. 뮤진트리.

토스카노, 알베르토. 2013. 『광신: 어느 저주받은 개념의 계보학』. 문강형준 옮김. 후마니타스.

Borja-Villel, Manuel. 2010. *Martín Ramírez: Reframing Confinement*. Madrid: Museo Nacional Centro de Arte

Garcilazo, Jeffrey Marcos. 2012. *Traqueros*. Denton: University of North Texas Press.

Olguín B. V. 2010. *La Pinta: Chicana/o Prisoner Literature, Culture, and Politics*. Austin: University of Texas Press.

Paz Soldán, Edmundo. 2012. *Norte*. New York: Vintage Español.

Sánchez, Pablo. 2016. "Después de cruzar la frontera se llega al límite: Norte, de Edmundo Paz Soldán." *Anuario de Estudios Americanos*, Vol.73, No.2, pp.483~498.

http://eleconomista.com.mx/entretenimiento/2011/11/01/latinoamerica-se-ha-desplazado-norte

https:// www.kirkusreviews.com/features/edmundo-paz-soldan/

한울아카데미 2085
라틴아메리카의 미래: 소통과 연대(하)

엮은이 | 서울대학교 라틴아메리카연구소
지은이 | 김은중·박수경·양은미·우석균·이경민·이성훈·이은아·임태균·조영현
펴낸이 | 김종수
펴낸곳 | 한울엠플러스

편집 | 조수임

초판 1쇄 인쇄 | 2018년 7월 20일
초판 1쇄 발행 | 2018년 8월 15일

주소 | 10881 경기도 파주시 광인사길 153 한울시소빌딩 3층
전화 | 031-955-0655
팩스 | 031-955-0656
홈페이지 | www.hanulmplus.kr
등록번호 | 제406-2015-000143호

Printed in Korea.
ISBN 978-89-460-7085-1 93950(양장)
978-89-460-6508-6 93950(학생판)

* 가격은 겉표지에 있습니다.
* 이 책은 강의를 위한 학생판 교재를 따로 준비했습니다.
강의 교재로 사용하실 때에는 본사로 연락해주십시오.